U0693616

国家社科基金丛书
GUOJIA SHEKE JIJIN CONGSHU

儒家忠德思想与实践研究

Research on Confucian Loyalty and
Virtue Thought and Practice

欧阳辉纯　著

人民出版社

目　录

自　序

—— 如何传承和弘扬中华优秀传统文化①

习近平总书记在党的二十大报告中指出："我们必须坚定历史自信、文化自信，坚持古为今用、推陈出新，把马克思主义思想精髓同中华优秀传统文化精华贯通起来、同人民群众日用而不觉的共同价值观念融通起来，不断赋予科学理论鲜明的中国特色，不断夯实马克思主义中国化时代化的历史基础和群众基础，让马克思主义在中国牢牢扎根。"②这就要求我们传承和弘扬中华优秀传统文化必须坚持把马克思主义与中华优秀传统文化结合起来。那么，我们应该如何把传承和弘扬中华优秀传统文化同马克思主义立场观点方法结合起来？习近平总书记指出："要推出具有独创性的研究成果，就要从我国实际出发，坚持实践的观点、历史的观点、辩证的观点、发展的观点，在实践中认识真理、检验真理、发展真理。"③这为我们传承和弘扬中华优秀传统文化同马克思主义立场观点方法结合起来提供了重要指导。

---

① 原载《走进孔子》2023 年第 3 期，有删改。

② 习近平：《高举中国特色社会主义伟大旗帜 为全面建设社会主义现代化国家而团结奋斗——在中国共产党第二十次全国代表大会上的报告》，人民出版社 2022 年版，第 18 页。

③ 《习近平谈治国理政》（第二卷），外文出版社 2017 年版，第 341 页。

一、坚持历史唯物主义的观点传承和弘扬中华优秀传统文化

习近平总书记指出："优秀传统文化是一个国家、一个民族传承和发展的根本,如果丢掉了,就割断了精神命脉。"①中华优秀传统文化为我们安身立命、守正创新、奋发图强、崇尚和平等民族性格和民族精神提供了精神滋养。这是我们运用马克思主义方法得出的中华优秀传统文化价值的结论。因此,对待中国传统文化,我们坚持历史唯物主义的观点,要回到历史的实践中去审视中国传统文化。马克思说："思想、观念、意识的生产最初是直接与人们的物质活动,与人们的物质交往,与现实生活的语言交织在一起的。人们的想象、思维、精神交往在这里还是人们物质行动的直接产物。表现在某一民族的政治、法律、道德、宗教、形而上学等的语言中的精神生产也是这样。"②任何一种文化的产生必然有其时代背景,离开历史背景去讨论传统文化,就可能是一种抽象的、形而上学的,很难得出令人信服的结论。例如皇帝制度。皇帝制度由秦始皇创建,在两千多年的封建社会中,起到过重要作用。这种体制与封建社会经济基础是相适应的,在历史上对稳定社会、促进经济发展起到了积极作用,但是随着社会的发展,皇帝制度越来越显示出其局限性,到了清朝晚期,高度集权专制的皇帝制度,阻碍了社会的发展。辛亥革命推翻了皇帝制度,建立了中华民国,这是历史的进步。所以,当我们在研究和评价皇帝制度时,就不能一概而论抹杀皇帝制度的价值,而应该用马克思主义历史唯物主义的观点来看待中国的皇帝制度,既要看到皇帝制度的积极价值,也要看到皇帝制度的消极影响。

对待中国传统文化,我们不能不顾历史背景和社会条件去抽象地讨论。陈寅恪先生在冯友兰著的《中国哲学史》的《审查报告一》中指出："对于古人之学,应具了解之同情,方可下笔。盖古人著书立说,皆有所为而发;故其所处

---

① 《习近平谈治国理政》(第二卷),外文出版社 2017 年版,第 313 页。
② 《马克思恩格斯文集》(第 1 卷),人民出版社 2009 年版,第 524 页。

之环境,所受之背景,非完全明了,则其学说不易评论……所谓真了解者,必神游冥想,与立说之古人,处于同一境界,而对于其持论所以不得不如是之苦心孤诣,表一种之同情,始能批评前其学说之是非得失,而无隔阂肤廓之论。"①传统文化的问题,我们不能仅仅用"对"或"错"的思维方式来解决,而应该回到当时的历史语境中来分析,"对于古人之学,应具了解之同情,方可下笔",否则很容易得出错误的结论。

同时,对待中国传统文化,我们也不能假设。杜佑在《通典·职官·王侯总叙》中提出了一个著名的史学研究方法,即研究历史不能"将后事以酌前旨"。"将后事以酌前旨",就是不能依据后来的历史事实来评论前人当时的思想与看法,而是要回到当时的历史语境中来审视历史事件。这个方法也适合我们对传统文化的理解。而对待杜佑的"将后事以酌前旨"这种历史研究方法的本身,我们也要运用历史唯物主义的观点,否则,就很容易陷入历史"教条主义"和"本本主义"的窠臼。所以说,我们传承和弘扬中华优秀传统文化,就必须要运用马克思主义历史唯物主义的观点。

二、坚持辩证唯物主义的观点传承和弘扬中华优秀传统文化

美国学者希尔斯认为,传统是活着的现在。他说:"现代生活的大部分仍处在与那些从过去继承而来的法规相一致、持久的制度之中;那些用来评判世界的信仰也是世代相传的遗产的一部分。"②面对传统文化,如果我们不做辩证的分析,只是抽象地或形而上学地看待传统文化,那就很难认识到传统文化的价值,甚至会消极对待传统文化。例如明代开国皇帝朱元璋。他看到孟子的一句话:"民为贵,社稷次之,君为轻",感觉孟子是在贬低皇帝,轻视皇帝,这是在挑战自己的君主权威,于是他命令文臣删除《孟子》中自己不喜欢的所有的言论,最后编出一本《孟子节义》。从历史上看,《孟子》没被打倒,反而是

---

① 冯友兰:《中国哲学史》,华东师范大学出版社2000年版,第432页。
② [美]希尔斯:《论传统》,傅铿、吕乐译,上海人民出版社1991年版,第2页。

朱元璋自己弄出一个历史笑话。《孟子》一书诞生在战国时期,到明代已经有一千多年了,算是明代的传统文化之一。但是朱元璋看不到《孟子》的价值,他下令删编此书,成为历史笑柄。

"文化大革命"时期极左思想盛行,《〈论语〉批注》一书把孔子说成政治骗子、大恶霸。它批判孔子说:"孔老二(孔子——引者注)是我国春秋末期腐朽没落的奴隶主阶级的代言人,他逆历史潮流而动,坚持倒退,反对前进,坚持复辟,反对变革,是一个臭名昭著的复辟狂、政治骗子、大恶霸。《论语》是他的徒子徒孙们根据他的一生反革命言行编撰的,其中记载了他复辟奴隶制的反动纲领","《论语》是毒害人民的大毒草。""《论语》黑话连篇,毒汁四溅,荒谬绝伦,反动透顶,完全是糟粕,哪里有什么'合理因素'?"①这种离开马克思主义辩证法观点的极左批评,是极不理性的,值得我们警觉。

因此,我们在面对传统文化的时候,就要采用马克思主义辩证的观点来分析,不能凭直觉或者感觉来分析。习近平总书记指出:"要坚持古为今用、以古鉴今,坚持有鉴别的对待、有扬弃的继承,而不能搞厚古薄今、以古非今,努力实现传统文化的创造性转化、创新性发展,使之与现实文化相融相通,共同服务以文化人的时代任务。"②只有这样才能对中华优秀传统文化进行创造性转化和创新性发展,只有这样中华优秀传统文化才能不断为中国特色社会主义文化自信提供丰厚的文化滋养。

三、坚持马克思主义发展的观点传承和弘扬中华优秀传统文化

习近平总书记强调:"如果没有中华五千年文明,哪里有什么中国特色?

---

① 北京大学哲学系 1970 级工农兵学员:《〈论语〉批注·前言》,中华书局 1974 年版,第5 页。

② 《习近平谈治国理政》(第二卷),外文出版社 2017 年版,第 313 页。

如果不是中国特色,哪有我们今天这么成功的中国特色社会主义道路?"①我们在传承和弘扬中华优秀传统文化的过程中,要运用马克思主义发展的观点。否则,就很难实事求是地把握中华优秀传统文化的精髓。

社会在发展,传统文化也在发展。如果我们不用发展的眼光去审视中华传统文化,那么,我们就很可能陷入文化虚无主义和文化复古主义的泥潭。因为文化随着社会的发展而发展,所以我们不能一成不变地固守传统文化。在通常情况下,社会的发展和文化的发展是同步的。但当先进的文化超前于社会发展的时候,这种先进的文化就很难被当时的人们所理解。但有时候文化的发展,也会滞后于社会的发展,这就是落后的文化。因此,这就需要我们用马克思主义发展的观点来审视传统文化。比如朱熹的理学。它是理学集大成者朱熹创立的。朱熹综罗百代,在吸收传统儒学、道家和佛学的基础上创立了体系庞大的理学思想体系,将中国传统哲学推向了一个新的高度。元代将朱熹的理学定位官方哲学,这对促进社会发展、政治稳定和文化进步,具有重要的意义和价值。但是,随着社会的发展,朱熹的理学也越来越成为保守的文化,因此,这就需要发展朱熹的理学,所以明代出现了王阳明心学,以此来发展和弥补朱熹理学的不足。也正是因为这样,不同的时代,才出现了不同的文化形态。比如哲学形态。先秦有道德哲学,汉代有天人哲学,魏晋南北朝出现了有无哲学,隋唐五代产生了性情哲学,宋元明清则出现心性哲学,民国时期出现了实践哲学。这是中国哲学在不同的时代出现的不同的哲学形态。这表明,文化是不断发展的,没有一成不变的文化。

因此,我们要运用马克思主义发展的观点来传承和弘扬中华优秀传统文化。面对传统文化,不应该持一种保守的态度,要批判文化复古主义,也要批判历史虚无主义。正如徐复观先生所指出:"今日中国哲学家的主要任务,是要扣紧《论语》,把握住孔子思想的性格,用现代语言把它讲出来,以显现孔子

① 《习近平谈治国理政》(第四卷),外文出版社2022年版,第315页。

的本来面相,不让浮浅不学之徒,把自己的思想行动,套进《论语》中去,抱着《论语》来糟蹋《论语》。"①

四、坚持马克思主义实践的观点传承和弘扬中华优秀传统文化

习近平总书记在党的二十大报告中指出:"坚持和发展马克思主义,必须同中国具体实际相结合。我们坚持以马克思主义为指导,是要运用其科学的世界观和方法论解决中国的问题,而不是要背诵和重复其具体结论和词句,更不能把马克思主义当成一成不变的教条。"②这指导我们要用马克思主义实践的观点去传承和弘扬中华优秀传统文化。传承和弘扬中华优秀传统文化不是仅仅停留在书本上、口头上,而是应该在实践生活中去践行。如传统文化的孝德。我们研究孝德产生的历史背景、孝德的价值内涵、孝德的方式等,这当然很重要,也很有必要。但是,如果只是去研究,而从来没有去践行孝德,那么这样的孝,就很难落到实处,就很难产生孝德的实际效果,甚至还可能产生愚孝、伪孝、假孝等现象。如果是这样,这不仅不能传承和弘扬中国传统孝文化,甚至会误读、扼杀中国传统孝文化。

再如忠德。它是古代"八德"之一,最其基本的含义是"尽己"。宋代理学集大成者朱熹说:"尽己之谓忠。"(《论语集注·学而》)这是概括了忠德的基本内涵。在传统社会实践中,出现了许多可歌可泣的尽忠报国的忠德行为,但也出现了许多愚忠、伪忠和假忠的行为。如果我们不从马克思主义实践的观点去看待忠德,就很可能把忠理解为政治上的无原则、无条件的服从和盲从。

东汉著名思想家王充说:"世谷所患,患言事增其实;著文垂辞,辞出溢其真,称美过其善,进恶没其罪。"(《论衡·艺增》卷八)一个人研究什

---

① 徐复观:《中国思想史论集续篇》,上海书店出版社 2004 年版,第 283 页。

② 习近平:《高举中国特色社会主义伟大旗帜 为全面建设社会主义现代化国家而团结奋斗——在中国共产党第二十次全国代表大会上的报告》,人民出版社 2022 年版,第 17 页。

么，就往往把研究的对象说得言过其实，"美过其善"，一个人讨厌什么，就将其讨厌之物，说得十恶不赦，"进恶没其罪"。要坚持马克思主义实践的观点实事求是地看待中国传统文化。习近平总书记在党的二十大报告中指出："我们必须坚持解放思想、实事求是、与时俱进、求真务实，一切从实际出发，着眼解决新时代改革开放和社会主义现代化建设的实际问题，不断回答中国之问、世界之问、人民之问、时代之问，作出符合中国实际和时代要求的正确回答，得出符合客观规律的科学认识，形成与时俱进的理论成果，更好指导中国实践。"①这个论断也适用于我们传承和弘扬中华优秀传统文化。

总之，马克思主义是人类历史上的先进理论，中华传统优秀文化是中国几千年积累下来的文化瑰宝，因此，弘扬中华优秀传统文化必须要同马克思主义立场观点方法结合起来。习近平总书记强调："我们要特别重视挖掘中华五千年文明中的精华，把弘扬优秀传统文化同马克思主义立场观点方法结合起来，坚定不移走中国特色社会主义道路。"②笔者研究儒家忠德思想，开始于笔者的博士论文的选题，至今已经十多年了。笔者采取传承和弘扬中华优秀传统文化同马克思主义立场观点方法结合起来研究，取得了一定的成果，出版了《传统儒家忠德思想研究》(人民出版社 2017 年版)和《朱熹忠德思想研究》(人民出版社 2022 年版)。这本《儒家忠德思想与实践研究》，算是第三本研究儒家忠德思想的书。《传统儒家忠德思想研究》是属于范畴研究，《朱熹忠德思想研究》属于个案研究，《儒家忠德思想与实践研究》属于应用研究。我称这三部专著为"忠德研究三部曲"。现在"第三部曲"即《儒家忠德思想与实践研究》要出版，算是"忠德研究三部曲"的完成。这对于我的学术研究来说，是非常有意义的事情。黄宗羲说："读书不博，无以证斯理之变化。

---

① 习近平：《高举中国特色社会主义伟大旗帜 为全面建设社会主义现代化国家而团结奋斗——在中国共产党第二十次全国代表大会上的报告》，人民出版社 2022 年版，第 17 页。
② 《习近平谈治国理政》(第四卷)，外文出版社 2022 年版，第 315 页。

博而不求于心,是谓俗学。"(全祖望《梨洲先生神道碑文》)我的研究做得还不够,需要在今后的学习中继续努力,"勇猛精进,志愿无倦"(《无量寿经》卷上)!

是为序!

2023 年 5 月 15 日于南宁

绪　　论

　　儒学是一门以行动诠释学建构可普遍化规范的普遍主义伦理学,它是以经典阅读为主的诠释性哲学,其本身即是一种行动理论①。因此,从这个角度上来说,儒学就是以实践为基础的行动伦理学。儒学"是一种尝试结合正义与关怀的后习俗责任伦理学,它一方面依据本真性的责任伦理学,从孝亲从兄的根源性情感出发,透过追求圣贤理想人格的努力,扩充不忍人的仁心,以能依忠恕之道而平等地对待所有其他人与天下万物,从而转化自己成为以德润身的理性存有者;另一方面,它透过团结的责任伦理展开外王的礼乐建制,以能使每一个人的自我认同与身份转化,都能依正名论的道德文法,透过真诚而正确的语言行动表达,而得到社群共同体的公开承认,并同时使得我们愿意共同遵守的规范,能在正名论的规范建构中,为良序整合的社会体制提供正当性的证成基础。"②在儒学整体性的责任伦理学的理论体系之中,"忠"是传统儒家最基本的道德实践范畴之一。仁、义、礼、智、信、廉、耻等范畴都在道德实践上归根溯源在于"忠"。可见,"忠"的内涵非常丰富,孔祥林先生说,品德高尚

---

　　①　林远泽:《儒家后习俗责任伦理学的理念》,联经出版事业股份有限公司 2017 年版,第21 页。

　　②　林远泽:《儒家后习俗责任伦理学的理念》,联经出版事业股份有限公司 2017 年版,第20 页。

的人被称为忠人、忠士、忠友,死后被称为忠魂、忠灵、忠骸、忠骨,优秀的品格
被称为忠介、忠良、忠孝、忠公、忠允、忠正、忠壮、忠勇、忠直、忠果、忠厚、忠固、
忠恪、忠劲、忠贞、忠耿、忠廉、忠义、忠勤、忠敏、忠惠、忠敬、忠肃、忠谨、忠恕、
忠信、忠粹、忠俭、忠贤……几乎人类的一切美德都可以和"忠"联系在一起。
因此,"忠"在中华民族心目中近乎是第一美德①。忠,或者叫忠德②,产生的
历史文化背景是什么? 理论基础是什么? 传统忠德的实践方式是什么? 我们
如何审视儒家忠德价值? 它在现代社会的价值如何? 我们如何创造性继承和
创新性发展? 这是本书需要关注的问题。

一、忠德思想遭遇的现代挑战

忠,最基本的含义就是"尽己"。宋代理学集大成者朱熹说:"尽己之谓
忠。"(《论语集注·学而》)这是概括了忠德的基本内涵。因此,我们说,忠德
思想其实就是一种实践伦理学。它是指道德主体在道德行为实践过程中尽心
尽力而为的一种道德品质、道德心理、道德行为、道德信念和道德境界。这个
道德行为包括道德行为之前、道德行为过程中、道德行为结束之后等环节。朱
熹说:"忠只是实心,直是真实不伪。"(《朱子语类》卷十六)还说:"忠,是要尽
自家这个心。"(《朱子语类》卷六)当然,对于忠德的事和忠德的人,这是两个
不同的领域,其评价方式是不同的。对于忠德的人,往往属于德性伦理学的范
畴。对于忠德的事,又往往涉及规范伦理学理论,需要从道义论或功利论的角
度来评价。但是,无论是德性伦理学意义上的忠德之人,还是规范伦理学意义
上的忠德之事,尽心尽力做人或做事都是忠德的范畴。

从这个意义上来说,现实社会忠德的人和事是不是遭遇了现代物质或功

---

① 孔祥林:《孔子"忠"的意义及其当代价值》,《孔子研究》2003 年第 4 期。
② 在本书的论述,忠、忠德、忠道、忠思想、忠伦理、忠德思想等概念是同一个层面的意思,
不做严格的区别,在行文过程中,为了论述的方便或灵活,有时候用忠,或忠德,或忠道,或忠思
想,忠伦理或忠德思想。

利主义的挑战？这是值得我们反思的问题。但不论是功利的还是道义的，忠，都是一种德性和德行。

忠德和其他道德规范一样，与人类的道德主体和道德实践相关联，是人类追求的普遍行为和品德。但是，忠德具体产生在什么时间，目前还没有考古学材料的证实。因为中国的信史，就如同其他文明一样，被认为只有在发明了文字之后才算正式开始①。我们在《甲骨文编》已经考释的九百余字当中，还没有看到"忠"字的痕迹。即便是在目前国内最完备的金文辑录《殷周金文集成》中，也仅能见到两例关于"忠"的释文，且均是出于战国时期的铭器。在《诗经》和《尚书》等传世文献中也大抵如此，《诗经》中的"忠"字并无一见；《尚书》中虽有 7 处出现，但都出于《古文尚书》，无法作为西周"忠"字及其观念已经产生的确证。因此，我们可以大胆地假定，在西周时期，"忠"观念作为伦理道德范畴还没有产生。② 我们认为，尽管"忠"或者"忠德"的字出现得比较晚，但是这不能说明忠德的行为出现得比较晚。毛泽东说："道德起源于道德哲学之先，故道德哲学之成，成于经验，下更畅发之。"③这就是说，忠德的实践往往先于忠德的理论出现。人们对于理论的总结往往滞后于实践。同时，理论的总结又指导将来新的实践。忠德的实践和忠德的理论总结亦是如此。毛泽东说："伦理学未成立以前，早已人人有道德，人人皆得其正鹄矣。"④同理，尽管我们说"忠"或"忠德"的字出现得比较晚，但是忠德的行为或忠德的实践早就出现了。马克思说："物质生活的生产方式制约着整个社会生活、政治生产和精神生活的过程。不是人们的意识决定人们的存在，相反，是人们的社会存在决定人们的意识。"⑤所以，我们不能因为夏、商、西周时期没有出现"忠"或"忠德"的字或词，就否定忠行或忠德德性行为在夏、商、西周三代的

---

① ［美］牟复礼：《中国思想之渊源》，王重阳译，北京大学出版社 2016 年版，第 20 页。
② 张继军：《先秦时期"忠"观念的产生及其演化》，《求是学刊》2009 年第 2 期。
③ 《毛泽东早期文稿》，湖南人民出版社 2013 年版，第 102 页。
④ 《毛泽东早期文稿》，湖南人民出版社 2013 年版，第 191 页。
⑤ 《马克思恩格斯文集》（第 2 卷），人民出版社 2009 年版，第 591 页。

存在。

那么,忠德作为一种道德价值,在任何时代都是人们价值追求的目标之一。从中国伦理思想史的角度来说,忠德的价值,在任何时代都会遭遇不同程度的挑战。在古代,有君不忠于民,掠民扰民,奸臣谋反,父不慈子不孝,夫妻同床异梦,朋友背信弃义等现象,这些都是对忠德的挑战。

古代如此,现代社会的忠德也是在个体、家庭、社会、国家等方面遭遇挑战。

从个体忠德方面来看,随着中国特色社会主义经济体制改革的深入和全面发展,一些人平时不加强理论学习,不提高道德修养,不去努力提高自己的思想觉悟、理性思维能力和专业技术水平。一些人在利益、诱惑、美色面前,失去道德价值判断力和法律判断力,成为道德堕落者,敢踩道德底线和法律底线,甚至沦为人民的罪犯。这就是个体忠德缺失的表现。近年来盛行的"精致的利己主义""道德虚无主义""极端功利主义""历史虚无主义"和"极端自我主义"等现象就是明证。"一些人对中国特色社会主义政治制度自信不足,有法不依、执法不严等问题严重存在;拜金主义、享乐主义、极端个人主义和历史虚无主义等错误思潮不时出现,网络舆论乱象丛生,严重影响人们思想和社会舆论环境"[①]。有的人,往往以自我为中心,宣扬"宁愿坐在宝马车上哭,也不愿坐在单车上笑",严重扭曲了人的价值观、金钱观和名利观。在人与人的交往中,往往把自己看得比别人重要,忽视他人的价值和尊严。只要是不符合自己的要求和兴趣爱好的,就不喜欢,就以自己的任性来忽视甚至践踏别人的尊严。有时候,为了一点小事,就大打出手,甚至酿成悲剧。有的人为了自己所谓的"面子"就忽视别人的生命,把人给杀了,甚至宣扬自己"喜欢杀人"。这些都是道德缺失,忠德缺失的体现。这样的人必将受到道德谴责和法律惩罚。

---

① 习近平:《高举中国特色社会主义伟大旗帜 为全面建设社会主义现代化国家而团结奋斗——在中国共产党第二十次全国代表大会上的报告》,人民出版社 2022 年版,第 5 页。

　　我国是社会主义国家,任何人都享有道德尊严,在法律面前人人平等。这需要我们不断提高自己的道德水平,增强守法意识。尤其在现代社会忠德遭遇如此戕害的社会条件下,提倡和研究忠德建设十分必要。

　　从家庭忠德方面来看,家庭是社会的细胞,一个社会是否稳定,主要是看家庭是否稳定。家庭不稳定,社会就很难稳定。家庭包括父母、配偶、子女等成员。虽然现代的家庭结构主要是核心家庭,但是在家庭忠德方面,也出现了许多不尽如人意的地方。孝道缺失就是明证。养老问题,已经成为社会高度关注的重要问题之一。一些成年的子女,往往只顾及自己的小家庭,把父母放在农村或者另外一个小区,对父母不管不闻不问。有的老人,有几个子女,死后几天子女居然都不知道。每个子女都在借口忙自己的工作,没有时间照顾老人,尽孝道。有的老人和子女甚至仅隔一条街居住,老人过世了都不知道。无论是城市还是农村,"空巢老人"的生活、保健、医疗等问题,已经引起了政府的高度重视和社会的广泛关注。

　　夫妻之间,本应该是和睦相处的。但是我国自 2000 年以来连续 20 年离婚率不断攀升,很多人甚至不相信爱情和夫妻感情。一些人,为了一点家庭鸡毛蒜皮的小事,就对簿公堂,闹到离婚的地步。有的人依赖性极强,习惯性地把配偶当成保姆使唤,自己却坐在沙发上吆三喝四,做出一副高高在上的样子。这样的夫妻怎么可能长久? 这些现实的家庭矛盾正折射出忠德建设缺失的缩影。

　　从社会忠德方面来看,社会由各种职业的人组成,社会的维持需要道德规范、法律规范和个体的道德修养来维持。但是现代社会,一些人表现出来的冷漠,让人不寒而栗。前些年发生的"小悦悦事件""毒奶粉事件""瘦肉精事件"等等,就反映出一些人在利益面前,忽视一些人的社会尊严,敢于践踏任何道德底线和法律底线。这些也是忠德缺失的表现。

　　《忠经》说:"天下尽忠,淳化而行也。君子尽忠,则尽其心,小人尽忠,则尽其力。尽力者,则止其身,尽心者,则洪于远。"(《忠经·尽忠章》)意思是说,在这个世界上每个人都应具有尽心尽力地做人做事的德性和德行。有道德修养的文化人用道德文化来尽心尽力,文化程度不高有体力的人,就用自己的体力来尽心尽力。只是,靠体力尽心尽力的人,他的影响只限于他自己一人,身体衰竭了,尽心之力也就消失了;用奉献知识尽心尽力的人,其影响的社会效度更强,影响的社会广度更大,影响的时间就更久远。尽管《忠经》在这里具有明显的"劳心者治人,劳力者治于人"的社会等级观点,同时也拔高了忠德的社会效益和价值效益,但它对忠德的社会影响力和社会价值的广度、深度和高度作了精彩分析。一个社会,如果每一个人都不讲忠义、忠诚、忠恕、忠信等道德规范,那么人类社会就不可能实现持续性的发展,人类文明的绵延就很难顺利进行,甚至会导致人类的灭亡。

从国家忠德方面来看,我们是社会主义国家,建设富强民主文明和谐美丽的社会主义国家,实现中华民族伟大复兴中国梦,需要全体中国人共同努力奋斗。一些公职人员,尤其是一些领导干部,无视党纪国法,脱离人民群众,以权谋私,跑官要官,为了自己升官发财极尽能事。一些公职人员,丧失理想理念,不思进取。在"功利化、商品化、消费化、享乐化的世俗化浪潮"①中迅速丧失自我,忘记初心,结果沦为人民的罪人。资料显示,中共十八大以来,经党中央批准立案审查的省军级以上的党员干部及其他中管干部440人,其中十八届中央委员、候补委员43人,中央纪委委员9人。② 自2014年我国掀起力度空前的国际追逃追赃风暴,截至2018年底,中央追逃办共从120个国家和地区追回外逃人员5201人,其中曾经是党员和国家工作人员的有1063人,追赃131.59亿元。③ 这些数据,一方面反映了我国采取反腐败霹雳手段所取得的成果,另一方面反映了我国反腐败永远在路上,一刻也不能松懈。一些党员干

---

① 卢风:《应用伦理学概论》,中国人民大学出版社2007年版,第297页。

② 《十八届中央纪委检查委员会向中国共产党第十九次全国代表大会的工作报告》,《人民日报》2017年10月10日。

③ 张琰:《中央追逃办:共追回外逃人员5200余名》,《中国日报》2019年1月25日。

部,丧失了忠于人民、忠于国家、忠于社会主义的价值理念,对现代政府的公信力和党的形象产生了极大的损害和极坏的影响,使得忠德建设在现代社会遭遇了严峻的道德挑战。

我们的社会主义建设需要人才,我国的政治建设重在坚持建设德才兼备的高素质公务员队伍。习近平总书记指出:"全面依法治国,必须着力建设一支忠于党、忠于国家、忠于人民、忠于法律的社会主义法治工作队伍。"①这是2018年8月24日习近平总书记在中央全面依法治国委员会第一次会议上的讲话所强调的,虽然主要是面对政法干部队伍的讲话,但也是适合整个公职人员队伍建设。

习近平总书记在党的十九大报告中指出:"党政军民学,东西南北中,党是领导一切的,是最高的政治领导力量。"②"党是对一切工作的领导。"③中国共产党的领导是中国特色社会主义最本质的特征。"坚持党对一切工作的领导,是党和国家的利益所在、命脉所在,是全国各族人民的利益所在、幸福所在。"④党和人民的利益是一体的,忠于党就是忠于人民。党的领导地位不是自封的,而是历史和人民选择的,是由党的性质决定的。⑤习近平总书记在党的二十大报告指出:"我们全面加强党的领导,明确中国特色社会主义最本质的特征是中国共产党领导,中国特色社会主义制度的最大优势是中国共产党领导,中国共产党是最高政治领导力量,坚持党中央集中统一领导是最高政治原则,系统完善党的领导制度体系,全党增强'四个意识',自觉在思想上政治

---

①　《习近平谈治国理政》(第三卷),外文出版社2020年版,第286页。

②　习近平:《决胜全面建成小康社会 夺取新时代中国特色社会主义伟大胜利——在中国共产党第十九次全国代表大会上的报告》,《人民日报》2017年10月28日。

③　习近平:《决胜全面建成小康社会 夺取新时代中国特色社会主义伟大胜利——在中国共产党第十九次全国代表大会上的报告》,《人民日报》2017年10月28日。

④　中共中央宣传部:《习近平新时代中国特色社会主义思想学习纲要》,学习出版社、人民出版社2019年版,第68页。

⑤　中共中央宣传部:《习近平新时代中国特色社会主义思想学习纲要》,学习出版社、人民出版社2019年版,第69页。

上行动上同党中央保持高度一致,不断提高政治判断力、政治领悟力、政治执行力,确保党中央权威和集中统一领导,确保党发挥总揽全局、协调各方的领导核心作用,我们这个拥有 九千六百多万名党员的马克思主义政党更加团结统一。"①从 1840 年鸦片战争到 1919 年五四运动,中国的"才智之士"进行了"淬厉精进"②,经历了洋务运动、戊戌变法、义和团运动、辛亥革命、护国运动、护法运动、五四运动等多次思想政治文化运动,其中主要是以洪秀全为代表的太平天国农民起义和孙中山为代表的资产阶级领导的辛亥革命。但是这些都相继失败了,中国的社会性质依然没有改变,人们依然生活在水深火热之中。历史证明,中国的农民阶级和民族资产阶级由于他们的历史局限性和阶级局限性,都不能领导民主革命取得彻底胜利。

中国的先进分子最终才找到振兴国家和民族独立与发展的思想真理——马克思主义。中国共产党是以马克思主义为指导的政党。"中国共产党人深刻认识到,只有把马克思主义基本原理同中国具体实际相结合、同中华优秀传统文化相结合,坚持运用辩证唯物主义和历史唯物主义,才能正确回答时代和实践提出的重大问题,才能始终保持马克思主义的蓬勃生机和旺盛活力。"③

毛泽东指出:"自从一八四〇年鸦片战争失败那时起,先进的中国人,经过千辛万苦,向西方国家寻找真理。洪秀全、康有为、严复和孙中山,代表了在中国共产党出世以前向西方寻找真理的一派人物。那时,求进步的中国人,只要是西方的新道理,什么书也看。向日本、英国、美国、法国、德国派遣留学生之多,达到了惊人的程度。国内废科举,兴学校,好像雨后春笋,努力学习西

---

① 习近平:《高举中国特色社会主义伟大旗帜 为全面建设社会主义现代化国家而团结奋斗——在中国共产党第二十次全国代表大会上的报告》,人民出版社 2022 年版,第 6—7 页。

② 梁启超在《清代学术概论》中提出的概念。他说:"一代才智之士,以此为好尚,相与淬厉精进;阘冗者犹希声附和,以不获厕于其林为耻。"(梁启超:《清代学术概论》,中华书局 1989 年影印版,第 1 页。)

③ 习近平:《高举中国特色社会主义伟大旗帜 为全面建设社会主义现代化国家而团结奋斗——在中国共产党第二十次全国代表大会上的报告》,人民出版社 2022 年版,第 17 页。

方。这些是西方资产阶级民主主义的文化,即所谓新学,包括那时的社会学说和自然科学,和中国封建主义的文化即所谓旧学是对立的。要救国,只有维新,要维新,只有学外国。那时的外国只有西方资本主义国家是进步的,它们成功地建设了资产阶级的现代国家。日本人向西方学习有成效,中国人也想向日本人学。这就是十九世纪四十年代至二十世纪初期中国人学习外国的情形。"①

毛泽东还说:"帝国主义的侵略打破了中国人学习西方的迷梦。很奇怪,为什么先生老是侵略学生呢? 中国人向西方学得很不少,但是行不通,理想总是不能实现。多次奋斗,包括辛亥革命那样全国规模的运动,都失败了。国家的情况一天比一天坏,环境迫使人们活不下去。怀疑产生,增长了,发展了。第一次世界大战震动了全世界。俄国人举行了十月革命,创立了世界上第一个社会主义国家。过去蕴藏在地下为外国人所看不见的伟大的俄国无产阶级和劳动人民的革命精力,在列宁、斯大林领导之下,像火山一样突然爆发出来,中国人和全人类对俄国人都另眼相看了。这时,也只是在这时,中国人从思想到生活,才出现了一个崭新的时期。中国人找到了马克思列宁主义这个放之四海而皆准的普遍真理,中国的面目就起了变化了。"②

我们国家的强大、社会的发展、人民生活水平的不断提升,一刻也不能离开马克思主义,一刻也不能离开中国共产党。毛泽东指出:"中国的民主革命,没有共产主义去指导是决不能成功的。"③同埋,我们现在进行社会主义现代建设,在全面建成小康社会的基础上,也必须坚持马克思主义指导,必须坚持党的领导。那些不忠于党,不忠于人民,不忠于社会主义的错误思想和观点及行为,是对党、人民和社会主义的背叛,这是党和人民坚决不答应的。现在我们已经进入中国特色社会主义新时代了,要一如既往地坚持党的领导。在

① 《毛泽东选集》(第4卷),人民出版社1991年版,第1469—1470页。
② 《毛泽东选集》(第4卷),人民出版社1991年版,第1470页。
③ 《毛泽东选集》(第2卷),人民出版社1991年版,第686页。

中国特色社会主义新时代,要完成伟大的社会主义建设事业必须靠党的领导。"中国共产党人能不能打胜仗,新中国的成立已经说明了;中国共产党人能不能搞建设搞发展,改革开放的推进也已经说明了;中国共产党人能不能在日益复杂的国际国内环境下坚持住党的领导、坚持和发展中国特色社会主义,这个还需要一代一代共产党人继续做出回答。历史和人民把我们党推到了这样的位置,我们就要以坚强有力的政治领导承担起应该承担的政治责任。"①

习近平总书记指出:"我们党的全部历史都是从中共一大开启的,我们走得再远都不能忘记来时的路。"②这就需要我们时时刻刻保持清醒的头脑,时时刻刻把人民装在心中,"各级领导干部要带头转变作风,身体力行,以上率下,形成'头雁效应'"③这就需要我们力戒和整治形式主义和官僚主义,从思想和利益根源上来破解。形式主义背后是功利主义、实用主义作祟,政绩观错位,责任心缺失,只想当官不想干事,只想出彩不想担责,满足于做表面文章,重显绩不重潜绩,重包装不重实效。官僚主义背后是官本位思想,价值观走偏、权力观扭曲,盲目依赖个人经验和主观判断,严重脱离实际、脱离群众④。形式主义和官僚主义是现代社会主义政治建设中不忠的主要表现。这也是目前党内存在的突出矛盾和问题,是阻碍党的路线方针政策和党中央重大决策部署贯彻落实的大敌。⑤

因此,这就要求共产党人"全面推进党的政治建设、思想建设、组织建设、作风建设、纪律建设,把制度建设贯穿其中,深入推进反腐败斗争,在坚持中深化、在深化中发展,实现党内政治生态根本好转,在不断增强党的创造力、凝聚力、战斗力,为决胜全面建成小康社会、全面建设社会主义现代化国家提供坚

① 中共中央宣传部:《习近平新时代中国特色社会主义思想学习纲要》,学习出版社、人民出版社 2019 年版,第 78—79 页。
② 《习近平谈治国理政》(第三卷),外文出版社 2020 年版,第 497 页。
③ 《习近平谈治国理政》(第三卷),外文出版社 2020 年版,第 499 页。
④ 《习近平谈治国理政》(第三卷),外文出版社 2020 年版,第 502 页。
⑤ 《习近平谈治国理政》(第三卷),外文出版社 2020 年版,第 502 页。

强保证。"①重整行装再出发,以永远在路上的执着把全面从严治党引向深入②。

中华人民共和国建立在中国被瓜分的 100 多年之后的基础上。从 1840 年清政府被迫签订丧权辱国的《南京条约》开始,中国的国土就被西方列强不断瓜分,到抗日战争伪满洲国和伪南京政府建立达到高峰。中华人民共和国是在国家遭侵略、国土被分裂、人民遭凌辱,在帝国主义、封建主义、官僚资本主义三座大山压迫的历史困境中诞生的。因此,共和国的思想亟须一个统一的思想来统摄一切,这个统一的思想就是马克思列宁主义、毛泽东思想、邓小平理论、"三个代表"重要思想、科学发展观、习近平新时代中国特色社会主义思想。没有统一的国家思想理论,国家的精神和价值体系就会陷入多元话语陷阱。

近年来历史虚无主义、复古主义、极端自由主义、精致利己主义的出现就是对国家主流意识形态的挑战。现代的中国在面对价值失序和西方中心主义"普世价值"的冲击下,更加需要国家意识形态的统一。这就要求我们必须坚持马克思主义指导地位不动摇。"马克思主义是我们立党立国、兴党兴国的根本指导思想。实践告诉我们,中国共产党为什么能,中国特色社会主义为什么好,归根到底是马克思主义行,是中国化时代化的马克思主义行。拥有马克思主义科学理论指导是我们党坚定信仰信念、把握历史主动的根本所在。"③而"坚持和发展马克思主义,必须同中华优秀传统文化相结合。只有植根本国、本民族历史文化沃土,马克思主义真理之树才能根深叶茂。中华优秀传统文化源远流长、博大精深,是中华文明的智慧结晶,其中蕴含的天下为公、民为邦本、为政以德、革故鼎新、任人唯贤、天人合一、自强不息、厚德载物、讲信修

① 《习近平谈治国理政》(第三卷),外文出版社 2020 年版,第 504 页。
② 《习近平谈治国理政》(第三卷),外文出版社 2020 年版,第 504 页。
③ 习近平:《高举中国特色社会主义伟大旗帜 为全面建设社会主义现代化国家而团结奋斗——在中国共产党第二十次全国代表大会上的报告》,人民出版社 2022 年版,第 16 页。

睦、亲仁善邻等,是中国人民在长期生产生活中积累的宇宙观、天下观、社会观、道德观的重要体现,同科学社会主义价值观主张具有高度契合性。我们必须坚定历史自信、文化自信,坚持古为今用、推陈出新,把马克思主义思想精髓同中华优秀传统文化精华贯通起来、同人民群众日用而不觉的共同价值观念融通起来,不断赋予科学理论鲜明的中国特色,不断夯实马克思主义中国化时代化的历史基础和群众基础,让马克思主义在中国牢牢扎根。"[1]

这就要求我们必须忠诚于党、忠诚于人民、忠诚于马克思主义。因此,在新时代弘扬儒家忠德文化对促进中国特色社会主义道德文化建设,"不断回答中国之问、世界之问、人民之问、时代之问,作出符合中国实际和时代要求的正确回答,得出符合客观规律的科学认识,形成与时俱进的理论成果,更好指导中国实践"[2]依然具有重要的启示价值和借鉴意义。

二、忠德思想研究的文献综述

儒家忠德是儒家思想体系的重要组成部分。《忠经》说:"昔在至理,上下一德,以徵天休,忠之道也。天之所覆,地之所载,人之所覆,莫大乎忠。忠者,中也,至公无私。天无私,四时行;地无私,万物生;人无私,大亨贞。忠也者,一其心之谓矣。为国之本,何莫由忠。忠能固君臣,安社稷,感天地,动神明,而况于人乎?夫忠,兴于身,著于家,成于国,其行一焉。是故一于其身,忠之始也;一于其家,忠之中也;一于其国,忠之终也。"(《忠经·天地神明章》)。总体来说,忠德的基本内涵是指真心诚意,尽心尽力做人做事。"忠也者,一其心之谓也"(《忠经·天地神明章》)。作为道德现象,它贯穿在人们的道德感情和道德行为中,是人们的一种道德原则和行为规范。那么,作为近乎第一

---

① 习近平:《高举中国特色社会主义伟大旗帜 为全面建设社会主义现代化国家而团结奋斗——在中国共产党第二十次全国代表大会上的报告》,人民出版社 2022 年版,第 18 页。

② 习近平:《高举中国特色社会主义伟大旗帜 为全面建设社会主义现代化国家而团结奋斗——在中国共产党第二十次全国代表大会上的报告》,人民出版社 2022 年版,第 17 页。

美德的"忠德"，学术界对它的研究已经取得丰硕的研究成果。兹综述如下：

第一，儒家忠德范畴研究。主要有：朱汉民的《忠孝道德与臣民精神——中国传统臣民文化论析》（河南人民出版社 1994 年版），该书重点论述了中国传统臣民忠德精神产生的历史原因、发展和演变。作者认为中国臣民忠德精神的核心是为了维护皇权，这样的忠德精神在本质上扼杀臣民的独立人格。欧阳辉纯的《传统儒家忠德思想研究》（人民出版社 2017 年版），该书认为忠德是中国伦理思想史上重要的德目之一。忠德主要包括做人之忠和为政之忠。儒家忠德的丰富内涵是在历史长河中变化发展而形成的。它经历了先秦整合与创建、汉唐至明清发展与抗争以及近现代批判与重构几个阶段。立德、立言、立功是儒家忠德实践的主要表现形式。作者在本书对忠德的起源和含义做了准确地阐释。作者是在前人研究的基础上对忠德历史演变做了系统的分析。本书分为四个部分，第一章主要论述"忠"字考辨、忠德的起源和忠德的两个主要的维度：做人之忠和为政之忠。第二章对忠德观点的演变特点和规律做了分析。第三章主要论述忠德的历史实践。第四章是忠德的价值审视。结语部分在总结的基础上，进一步阐释了忠德的主要内涵、儒家之忠的现代命运和当代价值。孔祥安、何雪芹著的《中国传统忠伦理研究》（青岛出版社 2018 年版）该书从伦理的角度，对传统忠观念作了详细梳理。

王成的《忠》（华夏出版社 2020 年版），对传统忠的政治文化作了充分论述。其他论文主要有：赵克尧的《论忠与君权观念的历史演变》（《浙江学刊》1989 年第 1 期）、刘厚琴的《忠伦理与汉代官吏激励制度》（《鲁东大学学报》2007 年第 3 期）、黄娟的《中国古代"忠"的思想对当前思想政治教育的启示》（《高等教育与学术研究》2009 年第 1 期）、姚顺月的《忠的观念与近代中国民族主义》（《学海》2010 年第 4 期）、欧阳辉纯的《论"忠"的道德内涵》（《齐鲁学刊》2013 年第 3 期）和《论儒家忠孝的统一与冲突》（《道德与文明》2013 年第 5 期）等。

第二，儒家忠德应用研究。李好的《行政忠诚理论与实践》（湖南大学出版社 2008 年版)是其代表。该书从行政忠诚的思想渊源、行政忠诚的概念与内涵、行政忠诚的道德基础、行政忠诚的实践困境和行政忠诚的实现等方面对行政忠诚进行了论述,提出了许多学术观点。

第二,儒家忠德历史梳理。这些研究梳理了历史上忠德的发展演变,多层次多角度地分析了忠德的内涵和历史演变。王子今的《"忠"观念研究——一种政治道德的文化源流与历史演变》(吉林教育出版社 1991 年版)一书是从"忠"的政治道德视角来论述其历史演变。该书从"忠"的初探、早期文化遗存、民俗文化"忠"的地位等方面,论述了"忠"的内涵和特征。该书资料丰富,论述深刻,提出了许多建设性的观点。王成的《中国古代忠文化研究》(香港天马出版有限公司 2004 年版),该书按照历史朝代更迭的顺序,以文化史作为背景,对每个朝代重要的思想家和文化形态关于忠的论述做了详细的分析,具有开拓性。2020 年华夏出版社出版了王成的《忠》,该书将"忠"视为一种文化,阐述了在历史上不同朝代的忠文化表现。这是近年来不可多得的忠德研究成果。孔祥安、何雪芹的《中国传统忠伦理研究》(青岛出版社 2018 年版),该书把"忠"作为一种伦理范畴,梳理了其在不同历史时代的内涵和演变。该书内容丰富,资料充实。

第四,儒家忠德个案研究。主要的代表作是欧阳辉纯的《朱熹忠德思想研究》(人民出版社 2022 年版)。该书对朱熹忠德起源、理论基础、基本内容和当代价值作了分析,提出了忠德在朱熹的视野就是一种德性,纠正了学术界仅仅把忠德作为政治规范的看法。此外,个案研究方面的代表论文主要有:裴传永的《孔子的忠德观探析》(《伦理学研究》2005 年第 6 期)、孔祥林的《孔子"忠"的意义及其当代价值》(《孔子研究》2003 年第 4 期)、王成的《董仲舒"忠"思想研究》(《山东社会科学》2005 年第 3 期)、王成和张旭东的《韩非"忠"思想研究》(《山东大学学报》2005 年第 4 期)、欧阳辉纯的《论孔子的忠德观及其嬗变》(《甘肃理论学刊》2011 年第 6 期)等。

第五,儒家忠德"政统"层面研究。主要代表作是雷学华的《忠——忠君思想的历史考察》(广西人民出版社 1996 年版),该书只有一百多页,篇幅不长,但对忠德的事例方面做了精确的分析。此外,郭学信的《范仲淹人格与儒家忠道意识》(《学海》2002 年第 5 期)、王成和裴植的《〈管子〉思想研究》(《管子学刊》2007 年第 3 期)、王子今的《〈吕氏春秋〉"大忠""至忠"宣传及其政治文化影响》(《宝鸡文理学院学报》2008 年第 1 期)、刘伟的《论〈三国志〉中的忠观念》(《西华师范大学学报》2004 年第 3 期)等。

总体来说,学术界对忠德的研究成果颇多,值得肯定。但也存在不足:

第一,重视忠德的历史梳理,不重视传统儒家忠德内涵研究。中国是一个历史大国,历史资料丰富,对历史的研究,也是我国人文社会科学一个极为重要的内容。这样的研究,直接影响到了学术界对忠德的研究。因此,重视忠德历史演变的研究,成为学术的亮点,但却忽视了忠德在不同历史时期的内涵。忠德的内涵,不是一成不变的,而是一个历史发展的过程。不同的朝代,忠德的内涵是不一样的。如韩非子强调的忠,更多的是政治之忠,几乎忽略了忠德的伦理维度。他说:"知而不言,不忠。为人臣不忠,当死。"(《韩非子·初见秦》)到了宋代,理学集大成者朱熹将忠德作为一种德性来看待。他说:"一心之谓诚,尽己之谓忠。"(《朱子语类》卷六)又说:"尽己之谓忠,推己及物之谓恕。"(《朱子语类》卷二十七)学术界对忠德作为一种"令德",一种道德德性和品行等内涵,关注不够。

第二,重视忠德的道德规范研究,但对忠德的个案研究和实践研究不足。学术界强调"忠"是一种规范,将其与儒家的仁、义、礼、智、信等道德规范并列起来研究。这是学术界的研究特点。但是对忠德作为一种德性的应用研究明显不够重视。忠德在历史上是怎样在人们生活中体现出来,以什么样的方式来体现,这是目前学术界研究不足的地方。

总之,学术界对忠德的研究有成绩,也有不足。笔者在前人的基础上,既重视儒家忠德的历史演变研究,更重视儒家忠德的实践研究。研究忠德在历史上的个体之忠、家庭之忠、社会之忠和国家之忠的实践行为和方式。这是本课题的出发点,也是本课题研究的重要内容,更是本课题的闪光点。对于弥补学术界研究的忠德的不足,笔者提供了自己的学术洞见,贡献了自己的学术观点,对学术界进一步研究忠德提供了新的领域,开拓了新的视野。笔者在前人研究的基础上,采取史论结合和跨学科研究的方法延伸忠德研究视域、拓展忠德的范围、完善忠德深层的政治和文化机制及道德生态环境。这对传统忠德的现代转化与社会忠德建设研究开拓出新的学术领域,做出了新的学术努力。

三、忠德思想研究的方法框架

本书的研究方法主要有以下几种:

第一,辩证唯物主义和历史唯物主义方法。任何思想的产生都不可能脱离历史文化土壤和社会现实,儒家忠德思想的产生和发展及实践表现也是如此。因此,采用辩证唯物主义和历史唯物主义方法去研究儒家忠德是必需的。如对忠德的起源,如果抛开历史史料,是不能得出令人信服的结论的。

第二,文献解读法。我国研究忠德的历史文献非常丰富。朱熹说:"读史当观大伦理、大机会、大治乱得失。"(《朱子语类》卷十一)如果纯粹做哲学的思想演绎,不读历史文献,就很可能走偏。当然,我们不是说对儒家忠德做哲学分析不重要,而是说,忠德研究的哲学分析,必须建立在历史文献研究的基础之上。这是由儒家忠德本身的特点所决定的。因为忠德本身就是实践性很强的一种理论,这也是儒家文化的特点。儒家文化是一种实践文化,这决定了忠德研究,必须要依靠大量的历史史料和文献。否则,就是一种理论臆想和无材料的逻辑演绎。这样的研究难以得出令人信服的结论。

第三,案例研究法。忠德的历史实践内容丰富,中国历史上出现了许多可歌可泣的历史人物。他们的忠德行为,感天地,泣鬼神,值得今人学习。如尽忠报国的岳飞、抗击倭寇的戚继光等都是值得现代人敬仰的。这些个案是值得研究的。

第四,跨学科研究方法。中国的历史浩如烟海,需要采用历史学、伦理学、社会学和文献学等研究方法,去整理儒家忠德理论,总结其实践经验。只有这样才能全面、整体分析,多角度、多层面研究儒家忠德思想,这样才能将丰富多彩的儒家忠德思想呈现出来。这有利于为当代中国特色社会主义忠德建设提供历史参考和借鉴。

本书的主要框架如下:

绪论,主要介绍忠德思想遭遇的现代挑战,忠德思想研究的文献综述,忠德思想研究的方法与框架等。

第一章,阐述了忠德的起源与儒家忠德的内涵、儒家忠德产生的历史背景和理论基础。

第二章,研究了儒家先秦忠德的创建与整合,包括孔子之忠、孟子之忠、荀子之忠。同时也分析了汉至清代儒家忠德的发展和成熟及近代思想家对儒家的批判与重建。

第三章,研究儒家个体忠德思想和忠德境界追求。个体忠德修养包括正心诚意、尽己为人和尽心做事。儒家忠德境界追求包括:安仁乐道、浩然之气、天人合一。

第四章,儒家忠德思想与家庭忠德。研究家庭中对祖先和长辈的忠,其包括慎终追远、尊老敬贤、忠孝一体。家庭中对平辈和晚辈的忠,包括夫义妇贞、兄友弟恭、父慈母爱。

第五章,儒家忠德思想与社会忠德。忠德与社会公德的实践包括移风易俗、诚实守信、扶危济弱。忠德与职业道德之忠,包括尽职尽责、循礼守法、精益求精。

第六章,研究儒家忠德思想与国家忠德的关系。忠德与官德包括廉洁奉公、举贤任能、以民为本。忠德与爱国主义,包括抗暴御侮、尽忠殉国和天下一统。

结语,本章笔者概括论述了儒家忠德思想主要内容和与中国特色社会主义忠德的伦理精神。

第一章　忠德的起源和内涵与历史背景和理论基础

忠德是传统儒家伦理思想的重要道德规范之一,在传统伦理思想上占有重要的地位。忠德作为一种道德规范和品德,具有丰富的内涵。对国家的忠,《左传·昭公元年》记赵孟之言说:"临患不忘国,忠也。"对人民的忠,《左传·桓公六年》记载季梁谏随侯说:"所谓道,忠于民而信于神也;上思利民,忠也。"对君主之忠,孔子言:"君使臣以礼,臣事君以忠。"(《论语·八佾》)对职责之忠,《左传·闵公二年》记载记羊舌大夫之言说:"违命不孝,弃事不忠。"对家庭之忠,《忠经·天地神明章》说:"夫忠,兴于身,著于家,成于国,其行一也。"忠德如此多的内涵,是如何产生的呢? 忠德起源于何时? 其内涵是什么? 儒家忠德产生的历史背景和理论基础是什么? 这是本章需要回答的问题。

第一节　忠德的起源与儒家忠德的内涵

戴震说:"一字之义,当贯群经,本六书,然后为定。"(《戴震全书·与是仲明论学书》)"忠"就是贯彻在政治伦理和社会伦理中,在传统社会中起到十分重要作用的一个字。

一、"忠"的起源

忠或者忠德的起源问题，是一个复杂的问题。但是在讨论忠德起源问题之前，我们首先要详细讨论文明的起源。因为，忠德的起源不是孤立的，它是文明的组成部分。忠德，从来就不是单独独立于文明和实践之外的道德意识和道德行为，总是和社会的总体文明纠缠在一起。

"文明"一词在中国文献上最早出现在《周易·大有》爻辞中："其德刚健而文明，应乎天而时行，是以元亨。"①这是《周易》中的"大有"卦的爻辞。意思是说阳光普照使得地面带来光明，种植庄稼又顺应季节变化，所以庄稼丰收，黎民百姓因为丰收而生活亨通安顺。"德"古代特指天地化育万物的功能。如《大戴礼记·四代》："阳曰德，阴曰刑。"王聘珍解诂引董仲舒《对策》："阳为德，阴为刑。天使阳常居大夏，而以生育长养为事；阴常居大冬，而积于空虚不用之处。""文"指自然界的某些现象。《左传·昭公二十八年》："经纬天地曰文。""明"即光明。《诗经·齐风·鸡鸣》："东方明矣。""文明"这里主要是指阳光。这与现代"文明"的概念相去甚远。此外，《周易·文言》还有："天下文明"意指天下光明。《尚书·虞书·舜典》也说："濬哲文明"。这里的"文"，指的是空间的，即经天纬地曰文。"明"指临照四方的阳光。这里的"文明"主要还是对自然物的理解，还不具有现代"文明"的内涵。

现代的文明主要指相对于"野蛮"的"文明"的自然状态来说的，指人类进

---

① "其"根据情况所指的、提到的或认为的那个人、物、意思或时间。《孔雀东南飞》："其日牛马嘶，新妇入青庐。""刚"强盛；健旺。《诗经·小雅·北山》："旅力方刚，经营四方。""健"强有力。《说文》："健，伉也。""而"能够。《墨子·非命下》："桀纣幽厉……不而矫其耳目之欲。""应"符合；适应；顺应。《庄子·马蹄》："曲者中钩，直者应绳。""乎"助词。用于语句中表示停顿。《论语·雍也》："于从政乎何有？""天"天气，时令，季节。《史记·高祖本纪》："高祖自往击之。会天寒，士卒堕指者什二三，遂至平城。""而"表示顺接，即连接的两部分在意义上是并列、承接或递进关系。可译作：就，并且，有时也可不译。《荀子·劝学》："君子博学而日参省乎己。""时"通"蒔"。种植。《尚书·舜典》："汝后稷，播时百谷。"孙星衍注引郑玄曰："时，读曰蒔。""行"做；从事某种活动。《尚书·汤誓》："非台小子，敢行称乱，有夏多罪，天命殛之。""是以"即所以、因此。《史记·屈原贾生列传》："举世混浊而我独清，众人皆醉而我独醒，是以见放。"

步的物质文化、精神文化和器物文化等整体的文明状态。英国考古学家柴尔德(V.Gordon.Childe)1950 年在英国利物浦大学《城市规划评论》上发表《城市革命》一文。该文认为,文明出现的标志就是城市,即"城市革命"。他对以城市为标志的文明做了充分的论述,认为城市生活应该包括食物生产、较多的人口、职业、阶级、冶金术、文字记载系统还有神庙等①。柴尔德是用"革命"来指称文明的标志。在他的研究中,认为在英国土地上,人类至少经历了三次革命,即"新石器时代的革命""城市革命"和"工业革命"②。"城市革命"的结果就是"文明"的出现。他对"文明"的界定,具有复杂的因素。在某种程度上说,这是"文明"繁荣的标志。此外,美国人类学家克拉克洪(Clyde Klukholn)认为,文明也应该包括有围墙的城市,居民人口不少于 3000 人,还应该有文字和复杂的礼仪系统等③。柴尔德和克拉克洪对文明的起源,明显带有"西方中心主义"的立场,并不适合讨论中国文明的起源。夏鼐指出:"现今史学界,一般把'文明'一词用来指一个社会已由氏族制度解体而进入有了国家组织的阶级社会的阶段。这种社会中,除了政治组织上的国家以外,已有城市作为政治(宫殿和官署)、经济(手工业以外,又有商业)、文化(包括宗教)各方面活动的中心。它们一般都已经发明文字和能够利用文字作为记载(秘鲁似为例外,仅有结绳记事),并且都已知道冶炼金属。文明的这些标志中以文字最为重要。"④这是中国学者比较详细地论述中国文明起源的观点。但是,这样的"文明"其实不是起源问题,而是"文明"的繁荣了。

美国民族学家摩尔根在《古代社会》一书中,把原始社会分为蒙昧和野蛮时代,每个时代又分为低级、中级和高级阶段,每个阶段以发明和发现为主要标志,他把阶级社会归入文明社会。这里其实就孕育了以生产力发展作为社

---

① [英]柴尔德:《远古文化史》,周进楷译,上海文艺出版社 1990 年版,第 131—216 页。
② 张光直:《中国青铜时代》(第二集),联经出版事业股份有限公司 2020 年版,第 2 页。
③ 陈星灿:《文明诸因素的起源与文明时代》,《考古》1987 年第 5 期。
④ 夏鼐:《中国文明的起源》,文物出版社 1985 年版,第 81 页。

会进步的重要决定性的因素。摩尔根的观点产生了深远的影响,得到了马克思和恩格斯的高度评价。恩格斯在《家庭、私有制和国家的起源》一书中,继承和发展了摩尔根的古代社会学说。恩格斯说:"摩尔根在他自己的研究领域内独立地重新发现了马克思的唯物主义历史观,并且最后还对现代社会提出了直接的共产主义的要求。"①

因此,文明出现的标志不是因为城市的出现,也不是因为限定多少人口。文明出现应该是以国家的出现为标志。恩格斯在《家庭、私有制和国家的起源》一书中说:"从铁矿石的冶炼开始,并由于拼音文字的发明及其应用于文献记录而过渡到文明时代。"②"国家是文明社会的概括,它在一切典型的时期毫无例外地都是统治阶级的国家,并且在一切场合在本质上都是镇压被压迫被剥削阶级的机器。"③国家是各种文明的集中表现。

那么,"国家"的标志又是什么? 恩格斯在《家庭、私有制和国家的起源》中认为,国家形成主要有两个标志:其一,是按地区划分它的国民;其二,凌驾于社会和其他组织之上的公共权力的设立。这个观点对于古希腊罗马来说是适合的,但是不一定适合中国,因为古代中国,到了夏商周时代,氏族、宗族和家族血缘组织和结构,还在社会政治生活中占有十分重要的地位。甚至到了唐代,家族势力还在国家政治社会中占有重要的地位。这种家族势力在政治生活中被完全清除是到了宋代。宋代发达的科举考试实行之后才逐渐由"家族""门阀""士族"过渡到"士大夫"主导的社会。因此,中国的一些学者修正了恩格斯的整个看法,他们认为:"国家形成的标志应修正为:一是阶级的存在,二是凌驾于社会之上的公共权力的设立。阶级或阶层的出现是国家这一管理机构得以建立的社会基础,凌驾于全社会之上的公共权力的设立则是国

---

① 《马克思恩格斯全集》(第36卷),人民出版社1974年版,第36页。
② 《马克思恩格斯选集》(第4卷),人民出版社2012年版,第34页。
③ 《马克思恩格斯选集》(第4卷),人民出版社2012年版,第193页。

家的社会职能,是国家机器的本质特征。"①

那么,国家的形成具体是在什么时代? 根据现在的文献资料,我们大致可以确定早期国家形成时期大概是在尧舜禹时期,尧舜禹时期大概是维持了一千多年。从时间年代来说,大概是在公元前 3000—2000 年左右,距今大概是在 5000—6000 多年。"我们把中国古代国家形态的演进划分为三个阶段:邦国时代(夏代之前的颛顼尧舜禹时期)——王国(夏商周三代)——帝国(秦至清王朝)。"②也就是说,邦国时代在颛顼尧舜禹时期就已经形成,这是国家的形成时期,也是文明发展的标志。在颛顼尧舜禹时期,属于原始社会,或者是史前社会,文明还处于萌发状态。自然忠德的也是处于一种朦胧的意识状态。

从地球表面的物质进化开始到形成构成人类的物质元素,如碳、氢、氧、氮、钠、钾、钙、磷等构成人体的元素,地球大概经历了 46 亿年。除去地球初期前生物化学演变及早期原始生物进化阶段,人在自然界大致经历了动物界(Animalia)——脊索动物门(Chordate)——脊椎动物亚门(Vertebrata)——哺乳动物纲(Mammalia)——灵长目(Primates)——人猿科超科(Hominoides)——人科(Hominidea)——人属(Homo)——人种(homo sapiens)等漫长的自然过程③。人类是自然界长期进化的产物,经历了自然界的生物——类人猿——人类等漫长的自然进化过程。从公元前五十万年前"北京人"到原始社会,经历了几十万年的自然进化过程。原始社会之前的史前社会,随着科学技术和人类知识文明的不断丰富,逐渐被现代人所认识。但是,毕竟史前社会,历史学、考古学、民族学、科学技术等还处于不断探索和研究阶段,很多问题没有确定的结论。本书对于史前的研究暂不涉及。但是总体来说,自人类诞生的那一天开始,人类虽然能够支配自然,但是也受制于自然的支配,不可能摆脱自然的束缚,即人类能够控制"物理",又受"物理"支配。同时,人类社会本身也

① 王震中:《文明与国家——东夷民族的文明起源》,《中国史研究》1990 年第 3 期。
② 曹大为等:《中国大通史·导论》(第 1 册),学苑出版社 2018 年版,第 162 页。
③ 曹大为等:《中国大通史·导论》(第 1 册),学苑出版社 2018 年版,第 104—106 页。

受人类自身和社会条件的支配,即"伦理"的支配。人类在支配和受支配于"物理"和"伦理"的双重控制与被控制、支配与被支配、创造和被创造等的状态下,促进自然、社会和人类自身的发展和进步。

根据现代科学分析,人类的化石大约在 190 万年至 290 万年以前。旧石器时代距今约 250 万年至约 1 万年以前。大体上相当于人类进化的能人、直立人、早期智人和晚期智人阶段。旧石器时代的人类主要是通过采摘果实、狩猎或捕捞获取食物。

中石器时代大约距今 15000 至 10000 年至 8000 年,以石片石器和细石器为代表工具,石器已小型化。旧石器时代和新石器时代之间的人类物质文化是发展过渡性阶段。这个阶段人类直接取之于自然的攫取性经济高涨、并孕育向生产性经济转化的时期。这一时期细石器被大量使用,并广泛使用弓箭,已经知道驯狗,在一些地方还发现了独木舟和木桨。新石器时代距今 8000 年到 2000 年。新石器时代是母系氏族全盛时期。婚姻制度由群婚走向对偶婚,形成了比较稳定的夫妻关系和家庭关系。

旧石器时代、中石器时代和新石器时代,统称为原始社会。在原始社会,人们对氏族图腾崇拜,对整个血缘部落的忠诚,对部落母性崇拜等就促进了整个部落的发展。原始社会晚期到夏朝建立,中国先人创造了丰富多彩的"彩陶文化""黑灰陶文化""仰韶文化""龙山文化"等。钱穆先生说:"国人此六十年来之发掘考古工作,因于材料陆续发现,遂使因之而起之推论亦陆续改变。如仰韶、龙山两期文化,以前认为其各自独立发展,今已遭一致之否定。至西方学者早有中国民族与中国文化西来之臆测。民国十年发现仰韶彩陶上绘几何花纹,西方学者仍认其与中亚、南欧一带有关系,但今亦无人置信。据最近考古学家一般之意见,综合旧石器、新石器两时代遗址之发现,大体认为中国文化最早开始,应在山、陕一带之黄土高原。东至太行山脉,南至秦岭山脉,东南至河南西北山地,西北至河套地区。自此逐步向东南发展。及至新石器时代,当转以渭水盆地及黄河大平原为中心。由仰韶彩陶文化向东发展,形成龙山文化。向西传播,乃至黄河上游以抵西北高原。在此六十年之发现中,尚不见西北地区有旧石器时代之遗址,则中国民族中国文化西来之说,可以不攻而自破。"①

大概在夏朝建立之前的一千年,主要是尧舜禹时期。这也可以说是原始社会末期或奴隶社会萌芽时期。中国大致经历了"燧人氏""伏羲氏""神农氏""黄帝"时期等阶段,再到尧舜禹时期。

尧舜禹时期②,其实这不仅仅指尧舜禹是邦国联盟首领,而是指以尧舜禹等为邦国时期的领导为代表。这个时期,大概经历了一千多年,也就是说,文明的发展其实在夏王朝建立以前,中国的文明已经演进了一千多年。至于更早的时期,新旧石器时代,那时候文明还没有产生,人的道德意识尽管已经产生,但是还没有形成道德规范体系。

尧,是黄帝的玄孙,舜是黄帝的八世孙。大概是在公元前 2357 年至前 2184 年之间③。又称有虞氏,出生在姚墟(今河南濮阳市濮阳县)④。《史记·五帝本纪》《正义》引《孝经援神契》曰:"舜生于姚墟。"《河图著命》说:"女登见大虹,意感,生舜于姚墟。"(《太平御览·皇亲部一·舜母》卷一百三十五)《瑞应图》说:"大虹竟天,握登见之,意感生帝于姚墟。"(《太平御览·

---

① 钱穆:《国史大纲》,九州出版社 2011 年版,第 4 页。
② 我们认为尧舜禹是历史上真实存在的人物,但是后世的儒家对尧舜禹的人格魅力和道德形象又进行了雕塑,使得他们成为儒家道德的典范。这就引起了历史疑古学派的警觉。如顾颉刚认为中国的历史是累积型的,是一代一代人雕塑出来的历史意象包括道德意象,因此他对待历史就热衷于考证一番,有一分史料说一分话。这本来是合理的历史求实精神,但是如果这种历史求实精神过了头,就很危险,也许会论证出大禹是一条虫的历史笑柄。退一万步说,即便历史上尧舜禹不存在,但是我们也会无法否定尧舜禹时期人类和文明的存在,不然中国人的历史就会被改写。既然尧舜禹时期有人的存在,即使儒家描绘的尧舜禹的高尚的道德形象不是尧舜禹的本人,也会有类似于尧舜禹这种"类道德之人"的存在。这是我们无法否定的。所以当我们说尧舜禹是不存在的,这本身就是违反历史规律的。笔者在本课题中是肯定了尧舜禹是历史存在的人物,尧舜禹时期也是中国文明的时代,尽管这个时代带有浓厚的原始氏族部落的陋习。
③ 傅乐成:《中国通史》,贵州教育出版社 2010 年版,第 12 页。
④ 唐《括地志》记载姚墟在古濮(今河南濮阳市濮阳县)。《水经注》曰:"瓠子故渎,又东南经桃地,今鄄城西南 50 里(大概位置在今河南省濮阳县徐镇集)有桃城,或谓之洮也。"

天部十四・虹霓》卷十四)《帝王世纪》也说:"陶唐之世,握登见大虹,意感,生舜于姚墟。"(《艺文类聚・符命部・符命》卷十)《帝王世纪》还说:"舜,姚姓也。其先出自颛顼。颛顼生穷蝉,穷蝉有子曰敬康,生勾芒。勾芒有子曰桥牛,桥牛生瞽叟。妻曰握登,见大虹,意感而生舜于姚墟,故姓姚,名重华,字都君。"(《太平御览・皇王部六・帝舜有虞氏》卷八十一)尧,生在姚墟,养在母亲家即伊侯国姓,后来迁往祁地,所以尧成为伊祁氏,并以伊祁为姓,所以姓名伊祁,名叫放勋。尧十三岁的时候辅佐挚,封于陶地。到十五岁又改封于唐地,所以尧号曰陶唐氏。"尧"其实不是他的名,"尧"只是他的谥号。《谥法》上说:"翼善传圣曰尧"。尧在位,德高望重,倾心民众,为百姓竭尽效力。《史记》说:尧帝"其仁如天,其知如神,就之如日,望之如云。富而不骄,贵而不舒。"(《史记・五帝本纪》卷一)是一位仁慈的邦国首领。

尧年老之后,传位给舜。舜,成为邦国首领。但是,最后尧还是被舜囚禁而死。《竹书纪年》记载:"昔尧德衰,为舜所囚。舜囚尧,复偃塞丹朱,使不与父相见也"。又云:"舜囚尧,复偃塞丹朱,使不与父相见也。"《汲冢琐语》云:"舜放尧于平阳。"《汲冢纪年》云:"后稷放帝子丹朱于丹水。"舜帝后来禅位给禹,禹成为夏代的始祖,他的儿子启建立夏朝。开启中国古代真正的王国时代。历史上尧舜禹实行的禅让制度,先秦儒家为了道德论证的需要,认为禅让反映了尧舜禹道德的高尚。其实,这是一种误读。禅让制,在当时是邦国的一种制度。那时候的邦国领袖并没有多大的权力,而且当时生产力低下,没有多余的剩余产品。所有的产品都归邦国公有,然后再平均分给大家。不这样做,大家都得饿死。因此,这就必然需要一系列的道德规范来调整和规范人们的行为。

马克思恩格斯合著的《德意志意识形态》一书中说,现实的生产和再生产,其实包括了"两种生产理论":物质资料的生产和人自身的生产。"人们为了能够'创造历史',必须能够生活。但是,为了生活,首先就需要吃喝住穿以及其他一些东西。因此第一个历史活动就是生产满足这些需要的资料,即生产物质生活本身,而且,这是人们从几千年前直到今天单是为了维持生活就必须每日每时从事的历史活动,是一切历史的基本条件。"①"物质资料的生产"是维持社会正常发展必需的资料。缺少这些,人类的生活生产和社会关系就不能形成,人类社会也不能进步。同时,除了物质资料的生产,还必须考虑到人类自身的生产,即繁殖。马克思恩格斯说:"每日都在重新生产自己生命的人们开始生产另外一些人,即繁殖"②,"可以根据意识、宗教或随便别的什么来区别人和动物。一当人开始生产自己的生活资料,即迈出由他们的肉体组织所决定的这一步的时候,人本身就开始把自己和动物区别开来。"③因此,邦国时期的人,为了生产资料的增加和人自身的繁殖和发展,即人的自身的生产,就不得不采取禅让制。这就是为什么在先秦文献中,"忠"的意思首先就是为了国家而尽忠的道德内涵。

既然文明时代的标志是国家,而忠德是属于"道德文明"的组成部分。因此,笔者认为忠德的产生主要在尧舜禹时期,而到夏代,忠德理论已经较之以前已经有了更大的发展和改变。到了商朝,忠德已经成为一种政治上主要的道德规范了。

那么,忠德起源的原因是什么?我们知道,人类在地球上诞生,经历了一个漫长的历史过程。而在人类诞生的同时,文明的诞生也经历了一个漫长的过程。当然,笔者无法确定人类诞生的具体年份,因为人类的诞生是一个漫长的逐渐形成的历史过程。同理,文明的诞生也是如此,笔者也无法用确定的纪年来分析文明诞生于某年某月。大概文明的萌芽和人类诞生是一个同步进步的过程。笔者把国家的诞生当作文明形成的标志,这是因为国家产生概括了文明的基本内容。但是,这并不是说,在国家诞生之前,文明就没有一点萌芽和发展。同理,忠德的起源和文明的起源一样,也是多种原因形成的。

---

① 《马克思恩格斯选集》(第 1 卷),人民出版社 2012 年版,第 158 页。
② 《马克思恩格斯选集》(第 1 卷),人民出版社 2012 年版,第 159 页。
③ 《马克思恩格斯选集》(第 1 卷),人民出版社 2012 年版,第 147 页。

第一，社会关系的形成是忠德产生的客观原因。社会关系的形成，也是一个逐步形成的过程。摩尔根将人类的史前文明分为蒙昧时代、野蛮时代和文明时代。其中，蒙昧时代和野蛮时代又分别分为低级、中级和高级阶段。蒙昧时期处于人类的童年，大概相当于古代传说中的"有巢氏"时期。韩非子说："上古之世，人民少而禽兽众，人民不胜禽兽虫蛇，有圣人作，构木为巢，以避群害，而民悦之，使王天下，号之曰有巢氏。"(《韩非子·五蠹》)这个时候，人们刚刚脱离动物世界，几乎还没有生产力工具，"冬则居营窟，夏则居橧巢"(《太平御览·皇王部三·有巢氏》卷七十八)，以此来对抗自然灾害和自然界豺狼虎豹等猛兽的侵害。这个时候人口少，野兽多。人们为了生存不得不筑巢于树上，过着"巢居"的生活。项峻《始学篇》说："上古皆穴处，有圣人教之巢居，号大巢氏。今南方人巢居，北方人穴处，古之遗俗也。"(《太平御览·皇王部三·有巢氏》卷七十八)

蒙昧时期的中级阶段，大概相当于中国传说中的"燧人氏"阶段。这个时候人们懂得制造和使用粗糙的石器，而且还掌握了"小枝钻火"(《太平御览·皇王部三·燧人氏》卷七十八)技术。"民食果蓏蚌蛤，腥臊恶臭而伤害腹胃，民多疾病，有圣人作，钻燧取火以化腥臊，而民说之，使王天下，号之曰燧人氏。"(《韩非子·五蠹》)"生火"技术的发明，这是人类战胜自然的一大进步。"修火之利，范金合土，以炮以燔，以烹以炙，以为醴酪。"(《太平御览·皇王部三·燧人氏》卷七十八)这为人类的生存提升了一大步，使人们摆脱了"茹毛饮血"的时代。《古史考》说："古之初，人吮露精，食草木实，穴居野处。山居则食鸟兽，衣其羽皮，饮血茹毛；近水则食鱼鳖、螺蛤。未有火化腥臊，多害肠胃。于是有圣人以火德王，造作钻燧出火，教人熟食，铸金作刃，民人大悦，号曰燧人。"(《太平御览·皇王部三·燧人氏》卷七十八)

蒙昧时代的高级阶段，相当于中国上古传说中的"伏羲氏"(或说"庖牺氏""炮牺氏""宓羲氏")阶段。这个时候，人们发明了弓箭，用弓箭捕杀猎物，"宓羲氏之世，天下多兽，故教民以猎。"(《尸子·君治》)人们学会了使用石斧和建造简单的木屋及独木舟,过着较为稳定的生活。《白虎通义》说:"谓之伏羲者何? 古之时未有三纲六纪,民人但知其母,不知其父,能覆前而不能覆后,卧之詓詓,起之吁吁,饥即求食,饱即弃余,茹毛饮血而衣皮苇。"(《白虎通义·号》卷一)

同时,在伏羲时代,人们已经懂得了婚礼的嫁娶之礼。《皇王世纪》说:"太昊帝庖牺氏,……制嫁娶之礼,取牺牲以充庖厨,故号曰庖牺皇。后世音谬,故或谓之,'宓牺'。一号雄皇氏,在位一百一十年。"(《太平御览·皇王部三·太昊庖牺氏》卷七十八)这个时代,在婚嫁方面,人们懂了"制嫁娶之礼"。这正是"夫妇之道"。"伏羲仰观象于天,俯察法于地,因夫妇正五行,始定人道,画八卦以治下。治下伏而化之,故谓之伏羲也。"(《白虎通义·号》卷一)可见,这个时候"夫妇之道"和"人道"的意识开始出现。

野蛮时代的低级阶段,相当于中国的"女娲氏"阶段。这个阶段,人们学会了制陶技术,开始从渔猎变成畜牧业阶段,有了动物的豢养、繁殖和植物的种植。这个时期人们的道德意识较之前有了更进一步的发展。这个时期,人们已经懂了生育"造人之道"。《风俗通》说:"俗说天地开辟,未有人民,女娲抟黄土作人,剧务,力不暇供,乃引绳于絙泥中,举以为人。故富贵者黄土人也,贫贱凡庸者絙人也。"(《太平御览·皇王部三·女娲氏》卷七十八)这里是说女娲造人之说,同时反映了这个时代的人们懂得通过嫁娶之礼,充当媒人,懂得了"造人"的方法,来繁衍人口,并且有了富贵者和贫贱者的阶级意识。这是道德意识的进一步发展,也是忠德意识的提高。

野蛮时代的中级阶段,相当于中国的"神农氏"阶段。这个阶段人们开始懂得一些金属加工技术。不过,这个时期的金属,还是"奢侈品",主要还是依赖石器或木制的"耜""耒"等劳动工具。这时期,农业已经相当发达了,谷物成为人们的主要食物来源了。"古者,民茹草饮水,采树木之实,食嬴蚌之肉。时多疾病毒伤之害,于是神农乃始教民播种五谷,相土地宜,燥湿肥墝高下,尝百草之滋味,水泉之甘苦,令民知所辟就。当此之时,一日而遇七十毒。"(《淮南子·修务训》卷十九)神农时代,人们已经懂得播种五谷,选择适宜的土地,耕种庄稼。《帝王世纪》说:"炎帝神农氏,长于姜水。始教天下耕种五谷而食之,以省杀生。尝味草木,宜药疗疾,救夭伤人命。"(《太平御览·方术部二·医一》卷七百二十一)在使用劳动工具方面,以"斫木为耜,揉木为耒"(《太平预览·皇王部三·炎帝神农氏》卷七十八)。《周易·系辞下》曰:"神农氏作,斫木为耜,揉木为耒。耒耜之利,以教天下,盖取诸《益》。"《礼含文嘉》曰:"神者,信也。农者,浓也。始作耒耜,教民耕,其德浓厚若神,故为神农也。"(《太平御览·皇王部三·炎帝神农氏》卷七十八)"斫木为耜,揉木为耒",这是农业社会文明初期的主要表现,但这种农业耕种,是集体劳动,产品是归集体的。"神农之世,男耕而食,妇织而衣,刑政不用而治,甲兵不起而王。"(《商君书·画策》)神农时代,已经开启了日常物质产品的物物交易。"神农氏作,……日中为市,致天下之民,聚天下之货,交易而退,各得其所。"(《周易·系辞下》)也就是说,神农时代,人们不仅懂得农业,而且还懂得市场交易和医学。因此,我们说炎帝神农是农耕文明的始祖。这其实反映了炎帝神农时期,人们已经掌握了初级的农耕技术,过上了定居的生活。这个时候的社会关系已经形成。只是这种社会关系还比较简单,属于氏族公有制社会,或者是属于"原始共产主义社会"。神农时代尽管是属于原始社会状态,但是,人们已经"开启了文明的曙光"①。

野蛮时代的高级阶段,相当于中国的"黄帝"时代。《周易》说:"神农氏没,黄帝、尧、舜氏作,通其变,使民不倦,神而化之,使民宜之。"(《周易·系辞下》)这个时期,铜矿的冶炼技术已经掌握,《管子》说:"上有丹砂者下有黄金,上有慈石者下有铜金,上有陵石者下有铅、锡、赤铜,上有赭者下有铁,此山之见荣者也。"(《管子·地数》)司马迁说:"黄帝采首阳山铜,铸鼎于荆山下。"(《史记·封禅书》)这个时期,文字已经发明,作为常用的书写工具,并且用于

① 王泽应:《中华民族道德生活史》(先秦卷),唐凯麟主编,东方出版中心2014年版,第86页。

文献记录,人们慢慢过渡到文明时代。《四体书势》说:"昔在黄帝,创制造物。有沮诵、仓颉者,始作书契,以代结绳,盖睹鸟迹以兴思也。"(《晋书·卫恒传》)

黄帝时期,生产力已经有了进一步的发展,人们对自然的改造有了很大的进步。陆贾说:"天下人民野居穴处,未有室屋,则与禽兽同域。于是黄帝乃伐木构材,筑作宫室,上栋下宇,以避风雨。"(《新语·道基》)黄帝时代,人们为了交往的方便,还制作"舟车"。班固说:"昔在黄帝,作舟车以济不通,旁行天下,方制万里,画野分州,得百里之国万区。"(《汉书·地理志》)黄帝时代人们的物质生活已经发展,道德精神生活也得到了进一步的提高。司马迁说:"炎帝欲侵陵诸侯,诸侯咸归轩辕。轩辕乃修德振兵,治五气,艺五种,抚万民,度四方。"(《史记·五帝本纪》)商鞅也说:"神农既没,以强胜弱,以众暴寡,故黄帝作为君臣上下之义、父子兄弟之礼、夫妇妃匹之合,内行刀锯,外用甲兵,故时变也。"(《商君书·画策》)男女性别道德意识也在黄帝时代有了进一步的提高,人们淳朴的原始道德意识达到了高峰。《淮南子·览冥训》说:"昔者黄帝治天下,而力牧、太山稽辅之,以治日月之行律,治阴阳之气,节四时之度,正律历之数。别男女,异雌雄,明上下,等贵贱,使强不掩弱,众不暴寡,人民保命而不夭,岁时孰而不凶,百官正而无私,上下调而无尤,法令明而不暗,辅佐公而不阿,田者不侵畔,渔者不争隈。道不拾遗,市不豫贾,城郭不关,邑无盗贼,鄙旅之人相让以财,狗彘吐菽粟于路,而无仇争之心。"

总之,无论是"有巢氏""燧人氏""女娲氏""神农氏"还是"黄帝"时代,我们不能把这些始祖当成一个圣人,而应该要看成一个时代。"《绎史》说,神农氏七十世,黄帝始起而代之;《春秋命历序》说黄帝传十世,少昊传八世,颛顼传二十世,帝喾传十世,而后尧、舜继之。"[①]在尧舜禹前原始社会时期,道德意识已经从萌芽阶段过渡到了发展阶段。

---

① 姜广辉:《中国经学思想史》(第一卷),中国社会科学出版社 2003 年版,第 65 页。

尧舜禹时代社会关系日益复杂化,这为忠德的起源提供了社会基础。尧十五岁被封在陶唐。陶唐氏的居住地,位于现在的襄汾陶寺遗址,这与西周时期的晋国始封地是一致的。"在时代上,陶寺遗址早中晚三期碳14测定的年代范围是公元前2300年至前2000年左右。陶寺晚期的碳14测年为公元前2000年左右,已进入夏初纪年范围,恰巧陶寺晚期,城垣被废弃,宫殿和具有观象授时功能的大型建筑被毁坏,此时的陶寺已由都城沦为普通村邑。作为都邑而存在的陶寺早期和中期,碳14测定的年代为公元前2300年至前2100年左右,这一年代范围恰好属于夏代之前的尧舜时期,这样就可以从时间和空间(地域)上推定陶寺遗址乃帝尧陶唐氏的都邑遗址。"①这也表明,夏代建立之前,中国的历史也确实经历了尧舜禹时期。

这个时期,对偶式的一夫一妻制的婚姻关系已经成熟。这种个体婚姻式的家庭是从原始群婚制发展而来的。一夫一妻制是人类历史进化的产物。男女婚恋的开始,是从礼品交换开始的。"这种礼品交换的源头自然是肇始于氏族公社晚期个体婚姻发生阶段上。"②这个时期,婚恋的男方可以向女方赠送一些天然的材料,如贝壳、精致的打磨石头、羽毛、兽骨或兽牙等③。但这是男女之间私人赠送的礼品,不得动用集体财物。礼品交换,不在于礼品价值本身的货币价值,而是指其感情的象征价值。

礼品交换是婚恋的开始,因为人类为了自身的延续,就必然要生育下一代。问题是谁来供养下一代? 对于儿童来说,母亲就是天然的供养者。因此对于原始社会的人来说,母亲是儿童供养的第一责任人。但问题是,如果供养儿童的责任全部由成年的女子来承担,这与氏族社会流传下来的公平原则是相悖的,因此,还需要具有儿童血缘关系的另外成年的男性或女性,即母亲所生的兄弟姊妹来承担,这即是亲族的形成。这样亲族就成为氏族公社即原始

---

① 曹大为等:《中国大通史·导论》(第1册),学苑出版社2018年版,第237页。
② 曹大为等:《中国大通史·导论》(第1册),学苑出版社2018年版,第307页。
③ 曹大为等:《中国大通史·导论》(第1册),学苑出版社2018年版,第307页。

社会最小的消费单位①。因此,"亲族才真正是人类历史上第一个由血缘纽带联系起来的社会单位。"②亲族"最早的大约存在于2.4万年至2.5万年前(即巴甫洛沃时代)"③。

随着生产力的发展,社会物质"剩余产品"的不断增多,亲族作为最小的消费单位出现以后,就为个体婚姻即家庭的社会联系提供了现实的经济关系。因为起初母亲是儿童主要的供养方,男方即父亲只是供养妻子所生的子女。之后,随着男方供养女方产品的不断增多,"只要丈夫的供给超过了妻子的回赠,向来那种平等的、相互的礼品交换就发生了性质的变化,变为丈夫对妻子所生子女的供养,他就开始尽做父亲的职责,因而,也就应当承认个体家庭开始产生。"④因此,家庭的产生,应该是先经历了"活生生的亲族"⑤关系这样一个消费单元,才最后变成以个体家庭为主体的社会最小的消费单元。

可以这样说,原始社会时期,最初是女方和女方的男性亲属或女方所生的男性姊妹供养子女,男方即丈夫只是供养自己所生的子女,因为男方所供养的财物不断增多,男方就逐渐成为供养子女的主要责任人,最后发展到丈夫成为养家糊口的经济支柱,妻子则成为家庭或者丈夫的附属产品。所以,尧舜禹时期,家庭关系已经非常成熟。《尚书》说:舜"慎徽五典,五典克从。纳于百揆,百揆时叙。"(《尚书·尧典》)"五典",即五种伦常,就是父义、母慈、兄友、弟恭、子孝。孟子概括为五伦:"君臣有义,父子有亲,夫妇有别,长幼有序,朋友有信。"(《孟子·滕文公上》)而夫妻相互忠诚,家庭成员对家庭的忠诚,氏族成员对酋长的忠诚就成为家庭和社会的道德规范。总之,社会家庭关系为忠德的形成提供了社会客观环境。

---

① 曹大为等:《中国大通史·导论》(第1册),学苑出版社2018年版,第309页。
② 曹大为等:《中国大通史·导论》(第1册),学苑出版社2018年版,第309页。
③ 曹大为等:《中国大通史·导论》(第1册),学苑出版社2018年版,第309页。
④ 曹大为等:《中国大通史·导论》(第1册),学苑出版社2018年版,第311页。
⑤ [苏]谢苗诺夫:《婚姻和家庭的起源》,中国社会科学出版社1983年版,第240页。

第二，人的自我意识的形成是忠德产生的主观原因。人类的道德意识不是天生的，而是长期的自然进化的结果。人类起初从古猿人变成智人的时候，不仅仅是人的身体功能发生变化，如人的手，是劳动进化的结果。手是进化的产物。同理，忠德意识的产生，也不是天生的，而是自然进化和人类社会长期实践的结果。劳动的产生改变了人。劳动主要体现在制造工具和使用工具。这样就促进了人的自我形体和精神的发展。恩格斯说："劳动创造了人本身。"①劳动将人和动物区别开来。研究显示，直立人最早出现在 200 万年前的非洲，现代智人最早出现在 10 万年前左右的非洲②。理查德·利基说，从 250 万年以前的南方古猿（包括能人），到 200 万年直立人，到 25 万年前的古智人，再到 10 万—3.5 万年前的现代智人③，这样一个漫长的过程，人类通过劳动不断促进自己进化。

当然，在这个过程中，人类经历多次不同的自然环境的改变和气候的改变。在这过程中，不同的分支的人种，很可能就灭绝了。但同时，人类又在同大自然的征服与被征服过程中，不断通过劳动改造自我，使得自我的意识也不断发展。大概在 250 万年以前，某个"天才"人类的祖先，发明了适应环境的行为模式，然后通过学习就把这种"先进"的技术传布到整个族群。而人造石器，就是人类祖先某个"天才"通过对石头与石头相互撞击——打制，制造出了旧石器技术。这个"天才"对石头与石头之间的撞击，就是人类第一次劳动的开始④。这是"天才"的一撞。现代学者研究认为，人类在 250 万年以前人造石器的出现，就是劳动产生的标志⑤。这种劳动，又促使人类的意识产生并

---

①　《马克思恩格斯选集》（第 3 卷），人民出版社 2012 年版，第 988 页。

②　[美]理查德·利基：《人类的起源》，上海科学技术出版社 1995 年版，第 72 页。

③　[美]理查德·利基：《人类的起源》，上海科学技术出版社 1995 年版，第 28 页。

④　现代学者拿日本雪猴做实验可以印证。日本雪猴学习洗地瓜和把带沙子的麦粒放在水里，然后"捞"麦粒吃的行为，都是首先由一个聪明的雌猴伊莫发明出来的，然后传布全群的。（孟祥銮编译《聪明的雪猴》），原载《野生动物》1987 年第 5 期。）

⑤　曹大为等：《中国大通史·导论》（第 1 册），学苑出版社 2018 年版，第 255 页。

不断发展。

忠德意识经历了一个漫长的时期。从氏族社会到酋邦社会到国家,这是一个长期的发展过程。忠德的实践活动首先是从氏族社会开始,因为如果不忠于氏族社会,单个的个体可能很难在原始社会中生存下来。在进入文明时代之前,原始人甚至还没有意识到人的本身与自然的分离。他们认为自我、自然和集体是融为一体的。二十世纪学者关于北美印第安人和阿留申群岛土著居民的调查材料研究表明,他们的语言中就有四百多种动词的变形,诸如"早上走""晚上走""穿鞋走"等都有专门的表述,但就是没有一般的"走"这个词。这就不难推断,原始群时代的最初的人类的意识处于何等低下的状态,甚至他们的意识中还"没有把自己同自然界区分开来"①。心理学家对现代婴儿的意识研究也能得出同样的结论,婴儿在出生后的一段时间,他(她)并没有意识到自我,在他(她)的眼中,周围的世界包括父亲母亲和自我是一体的。婴儿在不断地成长过程中才逐渐意识到,自我和他者他物的区别。他们的自我意识在后天的成长过程中才逐渐独立发展起来的。

可以说,没有自我意识,就没有道德意识或忠德意识。道德意识或忠德意识是随着人类社会发展和人的实践活动发展起来的。当然,在道德意识发展的同时,非道德的意识,甚至"恶"的意识也在逐步发展,人的"私心"意识也在不断萌发。中国先民的忠德意识到了尧舜禹时代就已经非常成熟。这时候的自然崇拜、图腾崇拜和祖先崇拜等意识就已经形成,这些崇拜意识中,贯穿了忠德意识。

自然崇拜,是先民最先认识的对象之一。自然界一年四季春夏秋冬循环往复,每天太阳东升西落周而复始,先民们在长期的劳动生活中,逐渐意识到自然的这些规律,以便更好地认识和利用自然规律为先民的生存生活提供服务。当然,当时他们对自然的认知还是粗浅的,对于复杂的雷电、风暴、冰雹、

---

① 唐凯麟:《伦理学》,安徽文艺出版社2017年版,第47页。

洪水、星辰、火灾、地震等自然现象产生的原因，还不能深度认识，因此就对自然产生了敬畏心理。久而久之，就把对自然的崇拜作为一种宗教崇拜的对象。恩格斯说："最初的宗教表现是反映自然现象、季节更换等等的庆祝活动。一个部落或民族生活于其中的特定自然条件和自然产物，都被搬进了它的宗教里。"①在尧舜时代，春分要举行祭祀，迎接太阳出来，秋分时节也要举行祭祀，恭送太阳离去。《尚书·尧典》说："寅宾出日，平秩东作。日中，星鸟，以殷仲春。""寅饯纳日，平秩西成。宵中，星虚，以殷仲秋。"这是对大自然的一种意识的觉悟，也是对大自然忠诚的一种宗教道德体现。

不仅对太阳崇拜是如此，对月亮的崇拜也一样体现了先民的忠德意识。《山海经》说："地之所载，六合之间，四海之内，照之以日月，经之以星辰，纪之以四时，要之以太岁，神灵所生，其物异形，或夭或寿，唯圣人能通其道。"(《山海经·海外南经》)先民还都认为日月都是有父母的。"羲和者，帝俊之妻，生十日。"(《山海经·大荒南经》)这是说羲和，生了十个太阳。帝俊的妻子常羲，生了十二个月亮。"帝俊妻常羲，生月十有二。"(《山海经·大荒西经》)先民不仅对太阳月亮充满敬畏，对雷电风雨也是充满崇拜，于是他们赋予了雷电风雨"神"的意志，称之为雷神、电母、风神、雨神等。"雷泽中有雷神，龙身而人头，鼓其腹。"(《山海经·海内东经》)《淮南子》说："雷泽有神，龙身人头，鼓其腹而熙。"(《淮南子·地形训》)甚至原始社会有的部落，还相信自己就是雷神所生。《诗含神雾》中说："大迹出雷泽，华胥履之，生伏牺。"(《太平御览·地部三十七·泽》卷七十二)意思是说，伏羲(牺)部落的祖母华胥脚踩到了雷神的脚印，就怀孕了，生下伏羲(牺)。此外，先民们还对山石水火、土地生物等自然物产生崇拜。如对想象的生物"龙"赋予了一种神奇的宗教臆想。伏羲时代"以龙纪官"。有潜龙、居龙、降龙、土龙、水龙、青龙、苍龙、赤龙、白龙、黄龙等。《纲鉴易知录》说："太昊时有龙马负图出于河之瑞，因而名

---

① 《马克思恩格斯全集》(第27卷)，人民出版社2007年版，第63页。

官,始以龙纪,号曰龙师。命朱襄为飞龙氏,造书契;昊英为潜龙氏,造甲历;大庭为居龙氏,治屋庐;浑沌为降龙氏,除民害;阴康为土龙氏,治田里;栗陆为水龙氏,繁滋草木,疏导泉源。又命五官:春官为青龙氏,又曰苍龙;夏官为赤龙氏;秋官为白龙氏;冬官为黑龙氏;中官为黄龙氏。于是共工为上相,柏黄为下相,朱襄、昊英常居左右,栗陆居北,赫胥居南,昆连居西,葛天居东,阴康居下,分理宇内,而政化大治。"(《纲鉴易知录·五帝纪·太昊伏羲氏》)"龙"至今成为中国人的图腾意象,成为一些人膜拜的对象。先民对自然的崇拜,源自于自然知识的缺乏,因此,他们对自然的神秘充满敬意,"慑服于自然界"。马克思和恩格斯说:"自然界起初是作为一种完全异己的、有无限威力的和不可制服的力量与人们对立的,人们同自然界的关系完全像动物同自然界的关系一样,人们就像牲畜一样慑服于自然界,因而,这是对自然界的一种纯粹动物式的意识(自然宗教);但是,另一方面,意识到必须和周围的个人来往,也就是开始意识到人总是生活在社会中的。"①自然崇拜是如此,图腾崇拜也是如此。

图腾崇拜。这也是一种意识,是人特有的一种精神现象。早在13万年左右,人们就已经产生了图腾意识,这是根据考古学发现的,当时先民们已经懂得将动物的头骨,有时候包括动物全身的骨骼有序地摆放在一些非常特别的地方,与其他非图腾动物的骨骼散乱无序存放的状态形成鲜明的对照②。这是先民们图腾意识的表现形式。

那么,图腾是如何产生的? 这是一个复杂的问题。学术界至今还在讨论。王震中认为,图腾起源于原始社会的妇女对其怀孕生育现象的解释,"它(图腾——引者注)受原始思维中人与自然、自然物与自然物之间都可以互渗感应转化这样一种思维机制的支配,它在原始人祈求人丁兴旺,绵绵不绝的要求下得到了充分的发展,形成独具一格的崇拜形式。"③

①　《马克思恩格斯文集》(第1卷),人民出版社2009年版,第534页。
②　曹大为等:《中国大通史·导论》(第1册),学苑出版社2018年版,第312页。
③　王震中:《中国古代文明的探索》,云南人民出版社2005年版,第373页。

图腾意识在实践中的表现就是图腾崇拜。在原始社会,图腾相当于原始公社的"社徽",是权力的一种象征,是一个氏族部落的符号。曹大为教授等主编的《中国大通史》认为,图腾意识经历了几个阶段:第一个阶段是产生灵魂不死、灵魂和肉体相分离的观点;第二阶段产生了精灵观点;第三阶段产生人肉身神化阶段。① 人肉身神化阶段,是图腾的升华,"有了图腾意识升华的最终成果——被当作真实历史看待的神话史","氏族公社时期的社会结构就不再是一种抽象的时间和空间形式,而成为活生生运转起来的社会形态了。"②图腾意识出现后就产生图腾崇拜。先民们主要是以动物作为图腾。黄帝时代的图腾主要有熊、狼、豹、貅、雕、鹰等。这些猛兽,有时候甚至是作为战胜敌人的武器。《史记·五帝本纪》记载说:"轩辕之时,神农氏世衰,诸侯相侵伐,暴虐百姓,而神农氏弗能征。于是轩辕乃习用干戈,以征不享,诸侯咸来宾从……炎帝欲侵陵诸侯,诸侯咸归轩辕。轩辕乃修德振兵,治五气,艺五种,抚万民,度四方,教熊、罴、貔、貅、躯虎,以与炎帝战于阪泉之野,三战,然后得其志。"这是说黄帝为了战胜炎帝,动用了熊、罴、貔、貅等猛兽,作为征战的武器,最后大获全胜。这当然是一种神化的描写,却是人类意识产生的表现。

图腾不仅是作为一种战争的想象符号产生,而且也是一种道德规范和道德禁忌,是氏族部落的道德标准。奥地利心理学家弗洛伊德说:"图腾系统是部落内一切其他社会关系、道德约束的基础。"③图腾具有神圣不可侵犯的政治崇拜。氏族首领还可以利用图腾发布命令,代表"天意"下达旨意,全休氏族民众都要无条件地执行。弗洛伊德说:"大致说来,图腾总是宗族的祖先,同时也是其守护者。它发布神谕,虽然令人敬畏,但图腾能识得且眷顾它的子民。同一图腾的人有着不得杀害(或毁坏)其图腾的圣神义务,不可以吃它的肉或用任何方法来以之取乐。任何对于这些禁令的违背者,都会自取祸端。

---

① 曹大为等:《中国大通史·导论》(第1册),学苑出版社2018年版,第312—320页。
② 曹大为等:《中国大通史·导论》(第1册),学苑出版社2018年版,第320页。
③ [奥]弗洛伊德:《图腾与禁忌》,文良文化译,中央编译出版社2009年版,第11页。

图腾的特征并非仅限于某只动物或某种东西,而是遍及同种类的每一个体。"①当然,以现代人的视野来看,图腾仅仅是一种象征,不可能具有神圣不可侵犯的特权。但是这反映了先民的道德意志,也是文明发展的一种标志。

祖先崇拜。这是图腾崇拜的进一步发展,是血缘道德意识的升华和发展。英国学者 E.B.泰勒说:"在中国,正如任何人都知道的,祖先崇拜是国家的主要宗教。"②祖先崇拜进一步表明了,人类自我意识的觉醒。祖先崇拜最先是从崇拜女性开始的,因为那个时代,人们对生育知识是贫乏的。他们甚至认为,女性祖先,踩了自然之神的脚印,就可以怀孕生育的。北魏郦道元《水经注·渭水》记载:"故渎东经成纪县,故帝太皞庖牺所生之处也。"唐代司马贞注释说:"母曰华胥,履大人迹于雷泽而生庖羲于成纪。"《帝王世纪》记载:"太昊帝庖犠氏,风姓也,燧人之世,有巨人迹出于雷泽,华胥以足履之,有娠,生伏羲于成纪。"

伏羲母亲华胥,常年生活在华胥河边,有一次踩到了神的足迹而怀孕,生下伏羲。《绎史》说:"燧人之世,有巨人迹出于雷泽,华胥以足履之有娠,生伏羲于成纪。"(《绎史·太皞纪》卷三)炎帝出生,也是其母亲姜嫄踩了巨神的脚印而受孕的。《帝王世纪》说:"神农氏,姜姓也。母曰任姒,有乔氏之女,名女登,为少典妃。游于华阳,有神龙首感女登于常,生炎帝。"(《太平预览·皇王部三·炎帝神农氏》卷七十八)《诗经·生民》③也记载姜嫄生下后稷的故事:"厥初生民,时维姜嫄。生民如何? 克禋克祀,以弗无子。履帝武敏歆,攸介攸止,载震载夙,载生载育,时维后稷。"这是先民对生殖知识缺乏了解的一种表现,因为不知道受孕知识,因此,就产生了对生育的一种神秘的信仰。但是

---

① [奥]弗洛伊德:《图腾与禁忌》,文良文化译,中央编译出版社 2009 年版,第 4 页。
② [英]泰勒:《原始文化》,广西师范大学出版社 2004 年版,第 581 页。
③ 《诗经》为"五经"之一。在现代高等教育学科教学体系中,《诗经》主要在大学的文学院开设。其实,从儒学发展史的角度来说,《诗经》既然是"经",主要还是体现在思想史方面的价值,尽管它具有丰富的文学因素。在本书中,主要是把《诗经》当作儒学思想史的著作来看待的。

这种信仰,又从另外一个角度反映了先民道德意识的觉醒。德国哲学家卡西尔指出:"中国是标准的祖先崇拜国家,在那里我们可以研究祖先崇拜的一切基本特征和一切特殊含义。然而,那产生祖先崇拜的普遍宗教动机并不依赖于特殊的文化或社会条件,在完全不同的文化环境中我们都可以发现它们。"①

祖先崇拜是由生殖崇拜发展而来的,"原始人对长者的依恋、敬畏情感,加上对长者死后灵魂不灭的信仰,是祖先崇拜产生的重要的心理基础。"②因为长者对生活和社会的认知与经验,是年轻一代值得学习的。古代年轻人对社会经验、人生经验是缺乏的,那时候书写的文字还没有出现,记载生活经验和社会经验的事物,往往需要长者的指引、教诲和传授。从某种程度上来说,长者的生活和实践经验是年轻一代快速成长和获得经验的一种最佳方式。在这个意义上,先民的长辈相当于现代人的书本知识,他们具有长期生活和实践的经验。现代人阅读书籍,可以增长见识和知识。同理,先民们从长者那里获得生活和实践经验,就获得了认知、对抗和抵御大自然灾害的知识,并且获得了避免野兽对人群伤害的知识,也懂得自己生火、饲养家禽和农耕的知识等,这些都需要长者的传授。因此,当长者离世之后,后人就自然产生了对长者的崇拜。这是祖先崇拜的社会经验产生的主要原因。

人自从十万年之前,能够直立行走了,同时,人也必然是带着情感去生活。与长者长期生活,自然就产生了深厚的情感。这种血缘关系的存在,是无法割舍的,因为情感是人类一种客观的存在现象,或者说,情感是人类无法割舍的一种精神存在。父母对子女的情感存在是天然的。但是晚辈对长者的感情,是需要长期的生活实践和教育才能产生。这也就是后来的儒家为什么要强调忠和孝的重要原因之一。因为忠是尽心,孝是晚辈对长辈的爱、尊重和崇敬。这是需要在社会和生活中不断教育和强化才能产生的。自然,祖先崇拜,也是

① [德]恩斯特·卡西尔:《人论》,甘阳译,学苑出版社 2003 年版,第 109 页。
② 曹大为等:《中国大通史·导论》(第 1 册),学苑出版社 2018 年版,第 441 页。

先民们觉得祖先具有一种"超自然的能力",犹如我们现代的儿童对父母崇拜一样。在先民们看来,长者的死亡,会影响后人的生活。法国人类学家布留尔说:为什么整个部落忧虑地想到他们的首领的逝世时,就会如此扰攘不安呢?显然是因为部落的安宁、它的繁荣,甚至它的生存,都是由于神秘的"互渗"而取决于活着的或死了的首领们的状况。① 换句话说,先民们对祖先的崇拜,一方面是出于情感的考量,另一方面是出于部落稳定和血缘氏族的考虑,其实这是一种道德利益的因素在里面。但是,无论是出于何种因素的考虑,祖先崇拜都反映了先民们道德意识的觉醒,是道德主体意识的解放。张岂之教授在主编的《中国思想学说史》中说:"祖先神是一种'超人'甚至是'超自然'的力量,它的出现,是初民对人的力量认识的提高,是'人'的神话,标志着人不再是自然的奴隶,人的祖先也能左右自然。"②

除了自然崇拜、图腾崇拜和祖先崇拜之外,还有神灵崇拜、生殖崇拜、圣人崇拜等。但是,无论是何种崇拜都反映了先民们忠德或道德的觉醒。这为后世忠德规范化的生成奠定了思想基础。恩格斯在《反杜林论》中说:"一切宗教都不过是支配着人们日常生活的外部力量在人们头脑中的幻想的反映,在这种反映中,人间的力量采取了超人间的力量的形式。"③

先民们在进入夏商周奴隶社会时代,这已经是文明时代了,因为文明在尧舜禹时代就已经产生。商代的甲骨文,是一种非常成熟的文字。甲骨文有3000多个字,我们至今可以正确辨认的字数有1500多个。但是任何文字的成熟,犹如文化的成熟一样,不是一蹴而就的,而是经过了漫长社会文化发展阶段。甲骨文的成熟也不可能一蹴而就的。它是经历一个漫长的发展过程。但是文字的发明也不是具体某个人或某个年代突然出现的,而是一代一代先民们在社会生活、实际劳动和意识发展过程中逐步形成。马克思说:"人们自

---

① [法]列维·布留尔:《原始思维》,丁由译,商务印书馆1981年版,第73页。
② 张岂之:《中国思想学说史》(先秦卷上),广西师范大学出版社2007年版,第103页。
③ 《马克思恩格斯文集》(第9卷),人民出版社2009年版,第333页。

己创造自己的历史,但是他们并不是随心所欲地创造,并不是在他们自己选定的条件下创造,而是在直接碰到、既定的、从过去继承下来的条件下创造。"①

德国哲学家雅斯贝尔斯(1883—1969年)把公元前800—前200年人类文明称为"轴心时代"(Axial Age)。他认为,在"轴心时代",全球各文明的中心地带都诞生了影响后世的大思想家。西方有柏拉图、苏格拉底、亚里士多德;古代印度有释迦牟尼;古代中国有孔子、老子、墨子、庄子等思想家。如果说"轴心时代"成立的话,我们也可以称轴心时代之前的时代为"前轴心时代"。这个"前轴心时代"自然包括了进入夏代文明门槛之前的尧舜禹时代。或者说,"前轴心时代"其实就是先民们道德觉醒时代。因为年代久远,又由于文字记载流传下来的遗存物或考古资料很少,我们至今没有办法详细了解他们那个时代的所思所想。但是有一点我们可以确定,他们创造的劳动和实践是存在的,这种劳动包括精神劳动和物质劳动。没有创造性的劳动和实践,人类文明就不能发展繁荣,人类也不可能出现"轴心时代"。而前轴心时代,因为形成了早期国家的"酋邦"制度和形成了社会关系,这使得人的主体意识也日益完善,人的社会实践关系也已经形成,因此,忠德意识在那个时代其实就已经产生。又因为那个时代,没有具体的关于忠德文字记载,我们也只能通过现代人的考古学、历史学理论的论证以及残留现代的古代实物的辩证,做出忠德起源可能的结论。这是结论,但不是定论。随着文明的发展和科学技术的进步,后人还会不断地去追寻先民们创造的文化和文明的起源(包括忠德的起源),犹如人们探索宇宙奥秘一样,这是一个永无止境的过程。

第三,实践是忠德产生的主客观统一的原因。德国生物学家海克尔在十九世纪就首次提出猿到人类的过渡阶段称之为"猿人"。猿人名称由此而诞生。人类学家把猿人阶段,列为人类发展历史发展的第一阶段。根据现代人类学和考古学的发现,"在地球各大陆中,作为人类诞生的最初地点,只有亚

---

① 《马克思恩格斯文集》(第2卷),人民出版社2009年版,第470—471页。

洲和非洲可能性最大。"①这是目前所知的人类诞生的地方。大概在公元前170万年前,中国云南出现了元谋人。公认的猿人阶段,大概在公元前50万年②。那是什么原因使得猿人进化到现代人?又是什么原因使得人类的忠德意识或道德意识得到充分的发展?笔者认为,是实践。实践是主观之于客观的活动,包括理论实践即认识活动,也包括现实的物质活动。生产活动是实践的最基本的内容。人的自我实现其实是实践的产物。实践使得人类由猿人变成现代人。实践的活动方式多种多样,但是劳动是实践最为集中的表现,劳动也是实践最直接的方式。

猿人进化到现代人是劳动的结果。恩格斯在《劳动在从猿到人的转变中的作用》一文中,详细地论述了劳动的价值。恩格斯说:"劳动创造了人本身。"③而"劳动是从制造工具开始的。"④人类的手、语言和大脑都是在劳动过程产生的。实践的劳动,犹如劳动主体和劳动客体的"中介",将自然改造成人类需要的自然,同时,这种劳动又反过来,促进人类自身的发展,这种发展也自然包括人类道德意识的产生。

忠德意识是道德意识锁链上一个重要的环节,是人们道德意识觉醒的一个重要的标志。在尧舜禹时期,先民们最重要的劳动就是征服大自然,解除大自然对人类的威胁。因为中国的文明发源地主要集中体现在黄河流域。而黄河经常洪水泛滥。大禹正是因为治水有功而被禅让为王的。《山海经·海内经》说:"洪水滔天。鲧窃帝之息壤以堙洪水,不待帝命。帝令祝融杀鲧于羽郊……帝乃命禹卒布土以定九州。"治水,就是一种劳动的体现。大禹因为治水,三过其门而不入。这也是一种忠于事业,忠于职责和忠于民众的体现。《拾遗记》说:"禹尽力沟洫、导川夷岳,黄龙曳尾于前,玄龟负青泥于后。"

---

① 曹大为等:《中国大通史·导论》(第1册),学苑出版社2018年版,第115页。
② 曹大为等:《中国大通史·导论》(第1册),学苑出版社2018年版,第113—115页。
③ 《马克思恩格斯选集》(第3卷),人民出版社2012年版,第988页。
④ 《马克思恩格斯选集》(第3卷),人民出版社2012年版,第994页。

（《太平预览·仪式部四》卷六百八十三）大禹治理洪水,采用疏导的办法,
"黄龙曳尾"即为疏;"玄龟负泥"则为导。这是顺导洪水的正确方法。据说,
大禹这是汲取了鲧采取堵洪水失败的教训。这也是先民们劳动实践的体现。

　　当然,因为尧舜禹时代,缺乏文字的具体记载。我们只是通过后世记载的
文献来了解先民们的情况。任何一种文明的出现或者道德的觉醒,不可能一
下子就从天上掉下来,成为一种成熟的文明或道德文化。它们是一层一层、一
代一代慢慢积累发展而来的。我们不能像疑古派那样,认为"东周以上无史
论",甚至还认为,大禹其实不是一个人,而是一条虫。我们应当走出疑古时
代,"重新估价中国古代文明,走出疑古时代,方能重写学术史,重新认识我们
的国学。"①通过现代考古学的发现,中国其实有辉煌的早期文明。李学勤认
为,我们的早期文明,大概在五帝时期,"我们的五帝时期大概在公元前3000
年到前2070年"②。

　　另外,考古学家徐旭生在《中国古史的传说时代》一书中认为,五帝时代
是存在的。只是人们把"五帝"时代的记载称为"传说",所以他称存在的五帝
时代为"传说时代"。许顺湛不同意徐旭生的观点,许顺湛认为:"五帝不是传
说时代,应该是一个历史时代。"③随着中国最近几十年考古学的发展,"不仅
夏代的物质文化遗存已被发掘出来,夏代已被证明为信史,而且关于夏代以前
的五帝时期的物质文化遗存也已有了许多重要的发现……这就使五帝时代在
考古学上得到了初步证实,说明五帝时代也应为信史。"④同时,最近几十年的
考古学的发展也让我们知道,那些记载五帝时代的传世文献,如《尚书》《诗
经》《逸周书》《左传》《国语》以及诸子之书等也是基本可信的,其可信的程度
不亚于发掘出来的考古资料⑤。笔者赞同上述学者的看法,在笔者看来,五帝

----

① 李学勤:《李学勤谈国学》(上卷),宫长为编,中华工商联合出版社2020年版,第1页。
② 李学勤:《李学勤谈国学》(上卷),宫长为编,中华工商联合出版社2020年版,第17页。
③ 马世之:《五帝时代与华夏文明——读五帝时代研究》,《中原文物》2005年第5期。
④ 李先登、杨英:《论五帝时代》,《天津师大学报》1999年第6期。
⑤ 李先登、杨英:《论五帝时代》,《天津师大学报》1999年第6期。

时代是存在,只是五帝,可能不是指黄帝、颛顼、帝喾、尧、舜五个人,而应该指五个朝代。具体来说,五帝时代(也可以说是传说时代、英雄时代、酋邦时代等)包含禹时代在内的时间分段,大概在公元前3000年至公元前2070年。也就是从母系社会向父系社会过渡时期。当然这个阶段尽管我们不能认识其社会的政治、经济和文化的具体情况,但是,五帝时代是历史上曾经存在的可信的时代,这点我们是可以确证的。而且文明的发展在尧舜禹时代已经出现了,这也是可以确信的时代。

总之,李学勤先生认为,传说中的炎帝、黄帝,按古书的记载推算,大约是公元前3000年。接着就是夏朝,根据"夏商周断代工程",我们从考古学、天文学等各方面给出了一个估计数字,是从公元前2070年开始。夏的灭亡、商的开始,我们估计是公元前1600年。商的结束,也就是周武王伐纣的年代,我们把考古学、天文学、文献、古文字等各方面的资料集中起来,选择了一个最好的年份——公元前1046年。根据李学勤先生的看法,我国的早期文明取得了辉煌的成就,而且中华早期辉煌的文明从来没有间断过①。自然,忠德的出现也是源远流长。但是这个时候,"忠"的意识还是处于朦胧阶段。而到了尧舜禹时期,因为社会生产力的发展,剩余的产品逐渐增多,这为节约一些劳动力作了准备。又因为剩余产品的出现,一些人就不再从事劳动生产,转而从事精神文明生产了,这个时期忠德意识也发展成熟了。

二、忠德的内涵

忠德在中国伦理思想上占有重要的地位,其含义非常丰富。可以这样说,离开了家庭的"孝",就是"忠"。如果说"孝"是家庭的核心道德规范,那么"忠"就是家庭之外的核心道德规范。因为"忠"与任何道德规范的词组合都是成立的。孔祥林先生说,品德高尚的人被称为忠人、忠士、忠友,死后被称为

---

① 李学勤:《李学勤谈国学》(上卷),宫长为编,中华工商联合出版社2020年版,第15—29页。

忠魂、忠灵、忠骸、忠骨,优秀的品格被称为忠介、忠良、忠孝、忠公、忠允、忠正、忠壮、忠勇、忠直、忠果、忠厚、忠固、忠恪、忠劲、忠贞、忠耿、忠廉、忠义、忠勤、忠敏、忠惠、忠敬、忠肃、忠谨、忠恕、忠信、忠粹、忠俭、忠贤……几乎人类的一切美德都可以和"忠"联系在一起。可以说,"忠"在中华民族心目中近乎是第一美德。① 那么,"忠"到底有哪些基本内涵呢? 笔者从四个方面做出分析。

第一,从"忠"的字源上说,"忠"与"中"相通。"忠"字究竟出现在什么时候? 从流传下来的传统纸质文献和出土文献,我们发现,在夏商周三代的文献当中,并没有出现"忠"字。甚至在早期的甲骨文中,我们也没有找到"忠"字。至少在《甲骨文编》和《金文编》中,我们没有找到"忠"字。范正宇说:"在中华书局 1989 年印行的国内最为详备的《甲骨文编》、②和 1985 年出的同样详备的《金文编》里,都找不到见于商代甲骨文或西周铭文的忠字。不仅如此,就是在成就于西周之前的《尚书》(中国最古老的史书和政典汇编)与《诗经》(我国第一部诗歌总集)里,仍无有关忠的文字记载。考古学、文献学所提供的有力证据,可以直接说明三代还没有忠的观念。"③

曲德来先生的看法与范正宇先生的观点相同,也认为"忠"在春秋以前不曾产生。他认为:"甲骨文中无'忠'字。西周以前的金文中亦无'忠'字。《周易》的卦爻辞中无'忠'字,只在十翼的《文言》中出现过一次。据考,《文言》非孔子作,应产生在战国之初。《诗经》中无'忠'字。《尚书》的情况比较复杂。今文《尚书》中无'忠'字。古文《尚书》中'忠'字出现七次:《仲虺之命》(命,应为诰,引者注)《泰誓》《蔡仲之命》《君牙》《冏命》五篇各出现一次,《伊训》一篇出现两次。但是这六篇都是伪古文,不能证明西周以前已经有了'忠'观念。"④曲先生这是要证明,"忠"字在春秋之前没有出现。

---

① 孔祥林:《孔子"忠"的意义及其当代价值》,《孔子研究》2003 年第 4 期。
② 引者注:按现代标点,此书顿号应该删除,但是因为是原文引用,故保留。
③ 范正宇:《"忠"观点溯源》,《社会科学辑刊》1992 年第 5 期。
④ 曲德来:《"忠"观念先秦演变考》,《社会科学辑刊》2005 年第 3 期。

　　李奇认为:"'忠'作为政治道德规范,在两周奴隶社会的鼎盛时期还没有产生。"①她引用了两个证据。一个是王国维在《殷周制度论》中的观点,王国维考证认为;"自殷以前天子与诸侯君臣之分未定也,故当夏后之世,而殷王庆、土恒,累叶称工,汤未放桀之时,亦已称王,当商之末而周之文、武亦称王,盖诸侯之于天子,犹后世之诸侯于盟主,未有君臣之分也。周初亦然,于《牧誓》、《大诰》皆称诸侯曰'友邦君',是君臣之分未全定也。"(王国维《观堂集林·殷周制度论》)这是李奇引用的第一个证据。第二个证据,她说:"今文《尚书》、《诗经》中没有'忠'字,是当时社会情况的实际反映。"②

　　张继军先生也认为,"忠"字在西周没有出现。他说:"可以大胆地假定,在西周时期'忠'观念作为伦理道德范畴还没有产生。"③他提供的证据与曲德来的是一样的。他说:"在《甲骨文编》已经考辨的九百余字当中,我们还看不到'忠'的痕迹。即便是目前国内最完备的金文辑录《殷周金文集成》中,也仅能见到两例关于'忠'的释文,且均出于战国之铭器。在《诗》及《尚书》等传世文献中也大抵如此。《诗经》中的'忠'字并无一见,《尚书》中虽有7处出现,但都出于《古文尚书》,无法作为两周'忠'字及其观念已经产生的确证。"④

　　以上学者说的是"忠"字出现的情况。但是这些学者的观点存在一个问题:忠观点的产生或者忠德意识的产生和"忠"字的出现,这是两个不同的概念。一般地说,忠德意识产生在"忠"文字出现之前。也就是说,"忠"字出现之前,"忠"观点其实已经产生了。"忠"字的出现和忠德意识或忠德行为产生这两者不一定是同步的。毛泽东说:"道德起于道德哲学之先,故道德哲学之

---

① 李奇:《论孝与忠的社会基础》,《孔子研究》1990年第4期。
② 李奇:《论孝与忠的社会基础》,《孔子研究》1990年第4期。
③ 张继军:《先秦时期"忠"观念产生及其演化》,《求是学刊》2009年第2期。
④ 张继军:《先秦时期"忠"观念产生及其演化》,《求是学刊》2009年第2期。

成，成于经验，下更畅发之。"①他还说："伦理学未成立以前，早已人人有道德，人人皆得其正鹄矣。"②自然，我们说，"忠"观点的出现和"忠"字的出现不一定是同步的。通常情况下，道德行为出现在道德理论之前，实践往往较之于理论，是走在前面的。马克思说："物质生活的生产方式制约着整个社会生活、政治生活和精神生活的过程。不是人们的意识决定人们的存在，相反，是人们的社会存在决定人们的意识。"③在原始社会，尤其是文明出现在的尧舜禹时期，"忠"的行为其实已经出现了。例如对酋长、部落首领的忠诚，就是忠的一种表现。再如尧舜禹实行禅让制，这也是一种忠，忠于禅让制的"忠"，这是对进入国家诞生前夜的"忠"。雷学华说："在原始社会，没有君，则自然没有忠君思想。但并非说当时的人也不具有'忠'的本义思想（即敬、忠诚）和行为。大家共同劳动、战斗和生活，依赖集体的力量过着平等、自由的生活。由于生产力低下，集体就成为他们赖以生存的力量和保证，因而他们自觉地维护集体，自觉地敬爱头人，视集体和头人比自己的生命更重要，头人的威信和地位至高无上……他们忠于集体、忠于酋长（头人）、忠于朋友，不惜以生命而捍卫之。这些思想和行为，皆为'忠'。"④因此，我们说"忠"字尽管出现得比较晚，但是忠德行为和实践，在原始社会就已经出现。

王子今教授说："'考古学、文献学所提供的有力证据'，是可以'直接说明'历史存在的，但是却不能够'直接说明'历史的不存在，就是说，可以证明'有'，却不能证明'没有'。这是因为，'考古学、文献学所提供的'，只是历史存在的片断的不完整的遗留。这样的'证据'无论怎样'有力'，也是不能够证明'直接'地彻底否定某种历史存在的可能性的。"⑤

---

① 《毛泽东早期文稿》，湖南人民出版社 2009 年版，第 119 页。
② 《毛泽东早期文稿》，湖南人民出版社 2009 年版，第 216—217 页。
③ 《马克思恩格斯选集》（第 2 卷），人民出版社 2012 年版，第 2 页。
④ 雷学华：《忠——忠君思想的历史考察》，广西人民出版社 1996 年版，第 8 页。
⑤ 王子今：《"忠"观念研究——一种政治道德的文化源流与历史演变》，吉林教育出版社 1999 年版，第 18—19 页。

李学勤先生指出:"甲骨文的不同字数据说已逾五千,但必须承认,其中已经释定,为学者所公认的,数目并不很多。有些在卜辞中经常出现的字,到现在还不认识,不懂得怎么讲。"还说,"卜辞很多字我们是不认识的,很多辞我们不能通解。"①张传玺也说,甲骨文单字数约有四千五百字,其中可以认识的,大约有两千字。② 甲骨文是一种成熟的文字,经历许多年代的积淀才成熟起来。我们总不能假设,甲骨文一开始产生就是成熟的文字。它一定是经过了长时间的积淀和一代又一代人的智慧,才在商代成为成熟的文字。而且流传至今的甲骨文有 4000 多字,我们目前能够认识的只有 2000 多字,还有绝大部分需要今人和后人去辨认。

那么"忠"字何时出现的?目前我们所知的"忠"字最早出现是在战国时期中山王厝方壶和中山王厝圆鼎的铭文上③。方壶铭文上面刻有"竭志尽忠,以佐佑厥辟,不贰其心"的字样。鼎的铭文刻有"天降休命于朕邦,有厥忠臣贮"的字样。这是目前存在的所有文献中,最早发现刻有"忠"字的文献资料。但是,"竭志尽忠"这四个字,在何种意义上提出来的,具体想表达什么,或者说,这个"竭志尽忠"的主体是什么,对象是谁,采取什么样的"竭志尽忠"的途径,我们目前不得而知。但是我们可以知道,当中山王厝方壶和圆鼎上出现的"忠"字的时候,其实"忠"已经经历了漫长的历史发展时期。这些在前文中,我们已经做了详细的分析。但现在的问题是,对于字面意义上的"忠"我们应该做何种意义的解释?目前,我们所知的"忠"的含义,在《古代汉语词典》和《辞源》中至少有三种解释。

《古代汉语词典》解释"忠",有三种含义。一是指办事尽心竭力,如《论语·学而》:"吾日三省吾身,为人谋而不忠乎?"二是指忠于君主,如《世说新语·贤媛》:"为子则孝,为臣则忠。"三是通"中"、符合,如《管子·禁藏》:"顺

① 李学勤:《失落的文明》,上海文艺出版社 1997 年版,第 36—37 页。
② 张传玺:《中国古代史纲》(上),北京大学出版社 1991 年版,第 60 页。
③ 王成:《忠》,华夏出版社 2020 年版,第 2 页。

天之时,约地之宜,忠人之和。"词组有:忠说、忠款(作"忠诚"解)、忠良、忠言、忠贞,等等①。《汉语大词典》解释"忠"有四种意思:一指忠诚无私,尽心竭力;二特指事上忠诚;三指忠厚;四指姓。②《辞源》解释"忠",主要指忠诚③。这是"忠"字现代意义上的解释。

笔者认为,"忠"字尽管出现得比较晚,但是"忠"的行为,出现比较早,原因是"中"在早期代替了"忠"的含义。也就是说,最早出现的"中"代替了"忠"的含义。"中"的早期频繁地使用代替了"忠"。因此,我们在三代的文献中,没有找到"忠"。其实,"忠"从道德词源上来解释,"忠"就是"中","中"和"忠"的意思是相通的,即"忠"与"中"互训。

许多学者认为,"忠"字由"中"演化而来。《周礼·春官·大司乐》:"以乐德教国子中、和、祗、庸、孝、友。"著名经学家郑玄认为:这里的"中",当作"忠"解,即"中,犹忠也。"(《周礼注疏》卷二十二)"忠",通"中",表示公正、公平、正义、正直等含义。或者说,在"忠"字出现之前,"中"代替了"忠"的意思在被使用。这大概是"忠"字出现得比较晚的原因④。《尚书·仲虺之诰》记载有大臣仲虺美赞成汤的话:"王懋昭大德,建中于民,以义制事,以礼制心,垂裕后昆。"唐代学者陆德明在《经典释文》卷三《古文尚书音义上》中解释说中字说,"本或作忠字"。《诗经·小雅·隰桑》说:"中心藏之,何日忘之?"《诗经·唐风·有杕之杜》又说:"中心好之,曷饮食之。"这里的"中"都可以作"忠"来解释的。

清代学者惠栋在《九经古义》中说:"'中'与'忠',古字通。汉《吕君碑》云:'以中勇显君。'义做'忠'。《后汉书》:'王常为忠将军',《冯异传》作'中将军'。《古文孝经》引《诗》云:'中心藏之。'今《毛诗》作'中'。"《隶辨》卷一

---

① 《古代汉语词典》,商务印书馆1998年版,第2033页。
② 《汉语大词典》,上海辞书出版社2007年版,第4242页。
③ 《辞源》,商务印书馆2009年版,第1207页。
④ 欧阳辉纯:《传统儒家忠德思想研究》,人民出版社2017年版,第20页。

说:"《张迁碑》:'中骞于朝',《金石文字记》云:'中'者'忠'之误。按:《书·仲虺之诰》:'建中于民',《释文》云:'中',本作'忠','中''忠'字古或通用。又《魏横海将军吕军碑》:'君以中勇,显名州司',亦以'中'为'忠'。"《两汉金石记》也说:"'中'为'忠'。"《授裔堂金石跋》:"顾氏所指'中'为'忠'之误,'中''忠'自通用,非误也。"①所以说,"忠"与"中"是可以互训互解的。

同时,在甲骨文中,"中"就有 27 种写法②。最先的"中",源自于人们对大自然的认识,是为了测量日期的。温少锋、袁廷栋指出:"中"字中间的"竖"(即"丨")"就是指太阳当木表之顶,期所投日影垂直,故为'上下通',故'和也',即互相'对和(合)'之义。"③从这个意义上来说,"中"字里面的"丨"就相当于一旗杆,意为"徽帜"。后来逐步引申为"公平""公正""中正"等含义。唐兰先生说:"中者最初为氏族社会中之徽帜,《周礼·司常》所谓'皆画其象焉,官府各象其事,州各象其名,家各象其号',显为皇古图腾制度之孑遗。此其徽帜,古时用以集众,《周礼》大司马教大阅,建旗以致民,民至,仆之,诛后至者,亦古之遗制也。盖古者有大事,聚众于旷地,先建中焉,群众望见中而趋附,群众来自四方,则建中之地为中央矣。列众为阵,建中之酋长或贵族,恒居中央,而群众左之右之望见中之所在,即知为中央矣。然则中本徽帜,而其所立之地,恒为中央,遂引申为中央之义,因更引申为一切之中。"④《说文解字》说:"中,内也。"⑤段玉裁训为:"中者,别于外之辞也,别于偏之辞也,亦合宜之辞也。作内,则此字平声、去声之义,无不赅矣。"这里"内",实质上具有"别于外""别于偏""合宜"三种含义,而这正是"忠"的重要内涵⑥。萧兵先生直

---

① 王子今:《"忠"观念研究——一种政治道德的文化源流与历史演变》,吉林教育出版社1999 年版,第 2—4 页。
② 中国社会科学院考古研究所:《甲骨文编》,中华书局 1965 年版,第 17—18 页。
③ 温少锋、袁廷栋:《殷墟卜辞研究——学科技术篇》,四川省社会科学院出版社 1983 年版,第 14 页。
④ 唐兰:《殷商文字记》,中华书局 1981 年版,第 53—54 页。
⑤ [汉]许慎:《说文解字》,中华书局 1963 年版,第 14 页。
⑥ 欧阳辉纯:《传统儒家忠德思想研究》,人民出版社 2017 年版,第 22 页。

接指出:"设'中'于心就构成了'忠'的意象。"①这就符合逻辑地将"中"演变成"忠"了,表示"忠"的公正无私的内涵。现存中国最古最长的文献《尚书·盘庚中》,记载了盘庚对臣民的一次政治训话:"汝分猷念以相从,各设中于乃心。"盘庚要求臣民团结一致,同心同德,把"忠"设于心中。孔安国解释说:"群臣当分明相与谋念,和以相从,各设中正于汝心。"

《论语·尧曰》:"咨尔舜! 天之历数在尔躬,允执其中。"这里的"中"体现为不偏不倚。又如《尚书·洪范》:"无偏无陂,遵王之义;无有作好,遵王之道;无有作恶,遵王之路。无偏无党,王道荡荡;无党无偏,王道平平;无反无侧,王道正直。"这里虽然没有出现"中"字,其实隐含了"中"的公正、正直的内涵。《国语·周语》说:"考中度衷,忠也。"这里"忠"与"中"应该是相通的。《韩非子·五蠹》说:"则有仇雠之忠"。这里的"忠",高亨先生解释为"忠,借为中。"

综上所述,我们可以得知,从"忠"的字源上说,"忠"与"中"相通,互训,表示公正无私。所以,解颉理说:"作为一种道德观念,'忠'起源于原始社会末期。'忠'源于'中','忠'乃'中'滋生而来,在人类进入文明之前就已广泛存在。"②

第二,从"忠"的道德内涵上说,"忠"指尽心尽力,不偏不倚,公平公正。王成教授说:"'忠'自'中'出,至少可以说明两个问题:其一,在'忠'字出现之前,其意义往往是由'中'代劳的。'中'最初是用来指示方位的。上古时期文字稀少,'中'的含义开始出现具体向抽象的演化,由地处'中'之位,发展出不偏不倚之意。可以看出,没有'忠'字的时候,'忠'的内容是潜藏于'中'字之中的。其二,在'忠'字出现之后,'中'原本所具有的复杂含义开始外溢、简化,使公平、公正、无偏之意更多地赋予'忠'字之中。这样,'中'表达思想、品

---

① 萧兵:《中庸的文化省察——一个字的思想史》,湖北人民出版社 1997 年版,第 820 页。
② 解颉理:《中国古代忠观念的渊源》,《湖州师范学院学报》2008 年第 5 期。

质的内涵渐渐为'忠'所取代,从而加速了"忠"在社会生活,尤其是政治生活中地位的提升进程。"①因为"中"的"丨",代表一种"徽旗"或"旌旗",代表中心,将"中"移于"心",即是"忠",代表尽心尽力做人做事,做到不偏不倚,公平公正。因此,从道德内涵上来说,"忠"的意思就是尽心尽力,外溢出不偏不倚和公平公正无私的意思,而尽心尽力则是其最基本的道德内涵。

最早将"忠"做"尽心尽力"道德解释的文献是《左传》。《左传·桓公六年》说:"所谓道,忠于民而信于神也。上思利民,忠也;祝史正辞,信也。今民馁而君逞欲,祝史矫举以祭,臣不知其可也。"②这是季梁对随侯说的话。说这句话的语境是,当时楚武王准备攻打随国,随国派了一名少师主持议和。楚国在议和的时候故意军纪松散,军队做出不堪一击的样子。在随国主持议和的少师就回去报告给随侯,建议出兵抵御楚国。季梁就是在这样的语境下对随侯说的。季梁说,所谓的道,就是忠于民众,一方面要尽心尽力为民众着想;一方面要取信于神灵。国君为民尽心尽力办事,这叫忠。祷告的官员老老实实事求是向神灵祭祀,就是信。现在民众正在挨饿受冻而君王却纵情享乐以逞物欲之欢,祷告的祝官史官却在祭神时虚情假意虚报功德,臣等面对这样的处境不知道如何才能抵御楚国这样大国攻打。这里的"忠"和"信"某种程度上,就是一个意思。"忠"是尽心,针对的是民众,是上对下的"忠"。"信"是下对上的"忠"。在先秦文献中,民众相对于神来说,是下层。因此,"信"其实是另外一个"忠",是下对上的"忠"。这与我们现在说的"我相信你"其实从

① 王成:《忠》,华夏出版社2020年版,第15—16页。

② 为了论述的方便,笔者将上述引文的语境全文摘录如下:季梁止之曰:"天方授楚。楚之赢,其诱我也,君何急焉?臣闻小之能敌大也,小道大淫。所谓道,忠于民而信于神也。上思利民,忠也;祝史正辞,信也。今民馁而君逞欲,祝史矫举以祭,臣不知其可也。"公曰:"吾牲牷肥腯,粢盛丰备,何则不信?"对曰:"夫民,神之主也。是以圣王先成民,而后致力于神。故奉牲以告曰'博硕肥腯。'谓民力之普存也,谓其畜之硕大蕃滋也,谓其不疾瘯蠡也,谓其备腯咸有也。奉盛以告曰:'洁粢丰盛。'谓其三时不害而民和年丰也。奉酒醴以告曰:'嘉栗旨酒。'谓其上下皆有嘉德而无违心也。所谓馨香,无谗慝也。故务其三时,修其五教,亲其九族,以致其禋祀。于是乎民和而神降之福,故动则有成。今民各有心,而鬼神乏主,君虽独丰,其何福之有?君姑修政而亲兄弟之国,庶免于难。"(《左传·桓公六年》)

道德语境的角度来说,是一个意思。唐代孔颖达解释说:"所谓道者,忠恕与民而诚信于神也。"①

"忠"的主体,包括了上对下的忠,也包括了下对上的忠。《左传·文公十八年》说:"忠者与人无隐,尽心奉上也。"这是"忠"下对上的行为主体。《左传·僖公九年》也说:"公家之利,知无不为,忠也。"因此我们可以说,"忠"的最基本的道德内涵就是尽心尽力。许慎在《说文解字》中说:"忠,敬也,尽心曰忠。从心,从声。"《左传·成公九年》也说:"无私,忠也。"王弼说:"忠者,情之尽也,恕者,反情以同物也。"②北魏时期桓范也说:"为小臣者,得任则治其职,受事修其业,思不出其位,虑不过其职,竭力致诚,忠信而已。"(《世要论·臣不易》)这里的"忠"就是对"尽心"的肯定和发展。宋代邢昺在《论语注疏·里仁》中,对"夫子之道,忠恕而已矣"之"忠"的解释是:"忠,谓尽中心也。"这个解释肯定了忠的"尽心"这层含义。朱熹后来说:"一心之谓诚,尽心之谓忠。诚是心之本主,忠又是诚之用处。用者,只是心中微见得用。"(《朱子语类》卷二十一)

由此可知,"忠"的道德内涵就是尽心尽力,不论是上对下,还是下对上,都要尽己之心,否则就不忠。《国语·周语》说:"出自心意为忠"。《周礼·大司徒疏》也说:"中心曰忠。"宋代陈淳说:"尽己是尽自家心里面,以所存主者而言,须是无一毫不尽方是忠。如十分底话,只说得七八分,犹留三分,便是不尽,不得谓之忠。"(陈淳《北溪字义·忠信》)

当然,"忠"除了尽心尽力的含义之外,还具有"诚""敬""信"等意思。王成教授在《忠》一书中,将"忠"的意思,归纳为八个方面,分别是忠为令德,为"德之正",为宽容、公正,为俭朴、廉洁,为爱国,为怙邪生死,为忠诚,为忠于民等③。尽管"忠"德意思较多,但是从道德内涵来说,主要指尽心尽力的

---

① 《十三经注疏》(清嘉庆刊本),阮元校刻,中华书局 2009 年版,第 3799 页。
② 程树德:《论语集注》,中华书局 1990 年版,第 265 页。
③ 王成:《忠》,华夏出版社 2020 年版,第 20—21 页。

意思。

第三，从"忠"的道德理论上说，忠为"令德"，它与仁、义、礼、智、信等任何道德规范都相通。"令德"即美德。《左传·成公十年》说："忠为令德，非其人犹不可，况不令乎？"这里的"令"即是美好、善的意思。《诗经·小雅·角弓》："此令兄弟，绰绰有裕；不令兄弟，交相为愈。""忠为令德"，指忠作为一种美德，属于德性道德范畴。那其它的忠德意思，都可以用美或善来代替。如"忠，德之正也。"（《左传·文公元年》）忠，作为道德准则。"相三君矣，而无私积，可不谓忠乎？"（《左传·襄公五年》）忠为俭朴、廉洁。"杀身赎国，忠也。"（《国语·金语四》）忠为爱国。"无私，忠也。"（《左传·成公九年》）忠为美好。"所谓道，忠于民而信于神也。上思利民，忠也，"（《左传·桓公六年》）忠为忠于人民。这些忠德内涵，尽管多种多样，但是，总归于一个意思，即美好、善的意思。因此，忠为"令德"，是忠德在道德理论上的突破。道德的最根本的价值就是追求"善"。

忠德，为什么出现善的内涵？前面我们在论述忠德起源的时候，已经详细分析了人类进入文明时代的大致过程。在这个过程中，人除了物理功能，如手和大脑的发展之外，人类精神文明也在不断地发展。先民们在征服大自然和抵抗攻击野兽过程中，都是采取集体的劳动。单个人的劳动，是不足以对抗强大的自然环境和野兽的攻击。因此，这就需要他们共同为氏族酋邦共同体付出各自的努力，才能保存自己和发展氏族共同体。这是一种"忠"的行为意志的表现。这种为氏族共同体付出的行为实践，就是"善"。正是这种"忠善"促进了文明的形成、发展和成熟。苏秉琦先生说："中国人有一双灵巧的手，精于工艺，善于创造。这一特点在北京人时代已经形成。北京人文化的突出特点是用劣质石材制造出超越时代的高级工具，例如用脉石英石片修整成尖锐、锋利的小型石器等。这种勇于开拓、善于实践的精神在其后几十万年中得到传承。"①这是先民们对"善"的实践行动的体现,也是"忠"的一种方式。同时,这种"忠善"的道德精神,在精神文化上,逐步形成了中华民族的主体民族——汉族。苏秉琦先生说:"中华民族极富兼容性和凝聚力。史前不同文化区系的居民,通过不断组合、重组,百川汇成大江大河,逐步以华夏族为中心融合为一个几乎占人类四分之一的文化共同体——汉族。它虽然占地辽阔,方言众多,但在文化上却呈现出明显的认同趋势。"②对于先民们来说,个体意识还不够成熟,他们认为,自己是氏族或酋邦成员的一员,自己的努力就是集体的努力。这犹如婴儿一样,婴儿自我意识缺乏,他们眼中的自我和父母是一体,父母就是自我,自我即是父母。先民们在自我即集体、集体即自我的意识中,共同参与集体劳动,为了集体努力劳动,贡献自己,甚至是奉献牺牲自己。在先民们的意识中,自我和集体是一体化的。我们今天在爱斯基摩人那里还能找到印证。爱斯基摩人"一圈人围着一大块肉,每一位出席者从上面割下只能放进口里的一块,然后传给下一个人。下一个人也做同样的动作,就按这样的方式,一直循环到大家不吃为止。同样的方式是大家围着一个盛汤的器皿,每人喝一口,然后传给下一个人。"③原始人的生活与爱斯基摩人的生活方式具有类似的情况,这样长期的集体生活,就形成了先民们集体意识的深刻记忆。因此,忠德在集体中就成为一种"令德",一种善意。

总体来说,忠德具有多种多样的内涵,但追求"善"是最根本的,但是这种内涵不是一两天形成的,而是人们在长期的生活实践中逐渐形成的。到了春秋战国时期,忠德各种各样的实践内涵就多种多样了。王泽应教授在《中华民族道德生活史》先秦卷中,概括了先秦"忠"的四种主要的实践内涵,分别是:第一,忠是尽心;第二,忠是专一;第三,忠为忠君爱国;第四,忠为大公无

---

① 苏秉琦:《中国文明起源新探》,生活·读书·新知三联书店 2019 年版,第 161 页。
② 苏秉琦:《中国文明起源新探》,生活·读书·新知三联书店 2019 年版,第 162 页。
③ 苏联科学院民族学研究所:《原始社会史》,浙江人民出版社 1990 年版,第 329 页。

私①。这些实践内涵,概括起来,其实就是"令德"的分解,是对"善"的追求。这样就涉及了忠德的实践运用的具体内涵,我们将忠德分为"大忠"和"小忠"或"公忠"和"私忠"两个层面。

第四,从"忠"的道德实践上说,可以分为"大忠"和"小忠"。大忠指对天、神、国家、宗庙、祭祀、民族等而言。"大忠"的实践意义,主要是对天、神、国家和祖先等的忠,是对整个天、神、祖先和国家的忠诚。忠和古代占卜或者巫是联系在一起的。在先民们看来,天是有意志或者神格的天,这与后天人们理解的自然意义的天是不同的。因此,在忠德的实践意义上,对天或神的忠诚,就显得尤其重要。统治者认为,忠于天和神或者天神是十分重要的伦理实践。也就是说,率领民众进行忠德行为的主要是统治者。统治者掌控了宗教神权,通过忠德实践形式来呈现其统治的合法性,从而在伦理层面上使得普通民众处于臣服状态并过一种忠德的精神生活。那时候的政治领袖就是宗教领袖,也是忠德实践的领袖。陈梦家说:"由巫而史,而为王者的行政官吏。王者自己虽为政治领袖,同时仍为群巫之长。"②这些通天的巫者(王者、君主)是通过对神或天的忠,来展示其政权的合法性。他们是"巫君合一"或"神人合一"的人间代表。因此,这是"大忠"的主要实践表现。这些统治者,因为自己认为掌握着沟通天神的代理权,就对自我的统治充满自傲。他们借助于对神的忠德的道德意志和权利,可以忽视民众的存在和价值。因此,对于统治者来说,这些下层的民众只不过是君主的财产和被统治的对象。所以,商纣王在临死前还在满怀自信地呼喊:"呜呼! 我生不有命在天!"(《尚书·商书·西伯戡黎》)

因为君王或者统治者是天神在人间的代表,君王或统治者占有绝对的统治地位,他们在这种超自然力的统治理念中,掌握着忠德的解释权和自然执行

---

① 王泽应:《中华民族道德生活史》(先秦),唐凯麟 主编,东方出版中心 2014 年版,第328—329 页。

② 陈梦家:《古代神话与巫术》,《燕京学报》第 20 期。

力。美国学者史华慈说:"在自然的超自然能力——对它的关注远远超出了对于祖先的特殊关注——之中寻求其谱系的合法性的终极来源。尽管似乎有证据表明,即使不属于亲属系列的下级官员偶尔也会参与王家的祖先祭祀仪式,但最终讲来,国王的终极权威存在于它与高高在上的神'帝'以及受'帝'管辖的一群自然神祇之间建立的关联之中。"①

总体来说,大忠具有超越时间和空间的价值,是超越个体、家族和族群,具有宏观的视野。它是中国长期历史文化发展的产物。大忠是不以个体意志为转移的客观性。个体不可能改变大忠的对象,否定大忠,就是"不忠"。如不忠于祖先,不忠于先祖的遗训,就是不忠的行为表现。

小忠,是相对于某个人和某个具体对象物的忠,是大忠范围的缩小。荀子曾经区分了"大忠""次忠""下忠"和"国贼"。他说:"有大忠者,有次忠者,有下忠者,有国贼者:以德复君而化之,大忠也;以德调君而辅之,次忠也;以是谏非而怒之,下忠也;不恤君之荣辱,不恤国之臧否,偷合苟容,以之持禄养交而已耳,国贼也。若周公之于成王也,可谓大忠矣;若管仲之于桓公,可谓次忠矣;若子胥之于夫差,可谓下忠矣;若曹触龙之于纣者,可谓国贼矣。"(《荀子·臣道》)"下忠"是属于"以是谏非而怒之",还是属于忠德范畴,属于"正确"。"国贼"才是属于非忠。只是,下忠的行为、境界要比"大忠"和"次忠"低一个层次。在笔者看来,荀子的"下忠"范畴,相当于"小忠"。小忠的行为、境界要比"大忠""次忠"的要求要低。

《吕氏春秋》也谈了"小忠",它是从"小忠"和"大忠"的对比中来分析的。《吕氏春秋》说:"利不可两,忠不可兼。不去小利,则大利不得;不去小忠,则大忠不至。故小利,大利之残也;小忠,大忠之贼也。圣人去小取大。"(《吕氏春秋·权勋》)忠和利是不能兼顾的,只有去掉了"小忠"才能实现"大忠"。"小忠"不去掉,"大忠"就不能实现。其实,这也说明,只有牺牲"小忠",才能

---

① [美]史华慈:《古代中国的思想世界》,程钢译,江苏人民出版社2004年版,第28—32页。

成就"大忠"。但是,什么是"小忠"和"大忠"呢?《吕氏春秋》并没有说清楚。但是,它是通过利和忠的比较来分析的,因此,笔者认为,这里的"小忠"就是属于"小利"的范畴,因为在《吕氏春秋》中,是把"小忠"和"小利",把"大忠"和"大利"并列起来分析的。但在忠德行为实践中,一般情况下是要牺牲"小忠"成就"大忠"。所以,《吕氏春秋》说:"小忠,大忠之贼也。"(《吕氏春秋·权勋》)韩非子就认为,"小忠"就是"大忠"的障碍,要成就"大忠"必须牺牲"小忠",因为"小忠"是有害的。韩非子说:"行小忠则大忠之贼也。"(《韩非子·十过》)并且认为,"小忠"是"十过"之首。他说:"十过:一曰行小忠,则大忠之贼也。"(《韩非子·十过》)韩非子属于法家集大成者,他的理论的一种重要的特点,是为君主专制进行理论论证。因此,凡是"小忠"的行为都应该摈弃。

在传统社会里,一般主要是接受"大忠",对于"小忠"是排斥的。《说苑》也这样说:"小忠,大忠之贼也。"(《说苑·谈丛》)到了晋代,甚至认为"小忠"是属于"小人"的行为,只有"大忠"才是真正的"忠"。《晋书》说:"自古以来,欲为左右耳目者,无非小人,皆先因小忠而成其大不忠。"(《晋书·儒林传》卷九十一)

当然,我们还是认同荀子的看法,"小忠"尽管格局、境界和实践行为的方式不如"大忠"高尚,但是"小忠"至少还是属于"忠"德范畴。在忠德的实践中,其实有时候很难区别"大忠"和"小忠"。我们在忠德实践中这样区别"大忠"和"小忠",只是理论论述的需要。在忠德实践中,它们是相互联系的忠德行为的整体。

总之,儒家忠德的内涵是十分丰富的,具有多层次、多角度、多视野的特点,同时在忠德的实践过程中,忠德又不是一成不变的,而是随着忠德的实践,不断作出相应的调整,具有灵活变通的气韵。

第二节　儒家忠德产生的历史
背景和理论基础

我们分析了"忠"的起源和内涵,那么,儒家忠德起源的历史背景和理论基础是什么？这是本节需要回答的问题。

一、历史背景

"忠"起源的时间是尧舜时代,儒家忠德产生的历史时间是孔子创立儒家的时代,所以,从这个角度来说,儒家之前的"忠"和儒家创立之后的"忠"或"忠德"①这是两个不同时间段位的概念和范畴。儒家忠德产生在春秋时期,孔子做了系统的阐发,有其深厚的历史背景。

姜广辉教授指出:"儒学不只是反映了一定的时代性、阶级性,也反映了民族共同生活的基本准则。"②民族共同生活的准则,自然就具有该民族共同认同的价值系统。儒家忠德是儒家价值系统重要的组成部分,因为,在民族共同生活的价值系统里,儒家忠德的产生有其政治的因素。这需要追溯到夏代和"汤武革命,顺乎天而应乎人"(《周易·革卦》)的政治背景之中。

启的父亲禹,是通过舜而被推荐为首领的,因为尧和舜等"圣王"都是遵守天命而获得统治的合法性。夏启夺取政权,认为自己是代表上天的意志,夏启在《甘誓》中,对"六卿"说自己就是在"恭行"天道。他说:"嗟! 六事之人,予誓告汝:有扈氏威侮五行,怠弃三正,天用剿绝其命,今予惟恭行天之罚。"(《尚书·夏书·甘誓》)夏启示打着"天"的旗号战败了有扈氏。

---

① 为了行文的方便和表述的灵活性,儒家忠德,笔者有时称为"忠",有时候称为"忠德",有时候称"忠伦理"。这三者是同一个内涵,笔者不再做区别。尽管有的学者可能认为,忠,忠德和忠伦理三者是不同的概念的。本文说的忠德,主要指儒家的忠德。

② 姜广辉:《中国经学思想史》(第一卷),中国社会科学出版社2003年版,第31页。

商代统治者,也宣称自己和自己的权力都来自天。《诗经·商颂·玄鸟》说:"天命玄鸟,降而生商,宅殷土茫茫。古帝命武汤,正域彼四方。方命厥后,奄有九有。"①商代统治者认为,商王是奉天命而降生在人间,代表天意在人间实行统治。商汤伐夏的誓言就说:"格尔众庶,悉听朕言,非台小子,敢行称乱! 有夏多罪,天命殛之……予惟闻汝众言,夏氏有罪,予畏上帝,不敢不正。"(《尚书·尚书·汤誓》)商汤认为,夏桀实行暴政,上天需要商代取代夏代。这是利用"天"的合法性进行革命。

利用天来竞争政治合法性的论证,夏商周三代都是如此。商代的统治者认为,自己就是天子,代表天在统治人间。夏代的"天"通过商汤革命后,就成为商代的"天"。商纣王后期,周武王作为地方诸侯即"方伯"(local lords),推翻了商纣王的暴政。但是"周在灭商之前,是商朝的属国(border feudatory),在文化和政治上都是商的臣民。当周夺取了世界的中心(就当时所能了解的地域范围而言),它热切地期望继承掌控这个独立文明之中心的权力。周渴望名正言顺地成为道德和政治上的继承者,而不是徒以戎武为胜的蛮夷。"②从政治上来说,武王伐纣,这是以下犯上,属于下级对上级的僭越。但是从政治伦理学角度来说,商纣王是暴君,周王克商,具有道德正义。诚如孟子说的,"残贼之人,谓之'一夫'。闻诛一夫纣矣,未闻弑君也。"(《孟子·梁惠王》)周王在取得政权之后,反思了商代灭亡的原因,也需要说明周克商的政治合法性与道德合理性。周代统治者也认为,自己是代表天意在人间实行统治。《诗经·周颂·思文》说:"思文后稷,克配彼天。立我烝民,莫匪尔极。贻我来牟,帝命率育,无此疆尔界。陈常于时夏。"周人也把自己扮演成上天在人间的统治者,是承受天命的。"维此文王,小心翼翼。昭事上帝,聿怀多福。

---

① 关于《诗经》,学术界更多地是从文学的角度来分析,但是《诗经》既然被列为十三经之一,应该首先体现的是其经学价值或思想的价值。仅仅是从文学的角度来分析《诗经》而忽视《诗经》经学的价值,这是应该值得大家注意的问题。

② [美]牟复礼:《中国思想之渊源》,王重阳译,北京大学出版社2016年版,第32页。

厥德不回,以受方国。天监在下,有命既集……有命自天,命此文王……上帝
临女,无贰尔心。"(《诗经·大雅·大明》)这是将周朝的统治和天命密切结合
起来,为自己的政治合法性进行论证。

周伐商,是打着"天"的旗号进行"革命"的。周武王在《牧誓》中,列举了
商纣王的几大罪状:第一,"惟妇言是用"。这是指责他宠幸妲己,不理朝政,
不顾民生,致使民众怨声载道。第二,"昏弃厥肆祀弗答"。这是指责他废弃
祖庙,不祭祀祖先,不敬神灵。第三,"昏弃厥遗王父母弟不迪"。这是指责他
不用贤能的兄弟,任用逃亡夏朝的罪人,还实行残暴统治,如挖心比干,流放
箕子等。商纣王这些败迹,导致他失去民心,"纣师虽众,皆无战之心,心
欲武王亟入"(《史记·周本纪》)。结果在牧野之战中,商纣王的军队见
到周武王的军队,"皆倒兵以战,以开武王"(《史记·周本纪》)。商纣王
的战败是他不忠于民众,不忠于职守等导致的。这不能不给西周统治者
以极大的警示。所以,周武王说:"今商王受惟妇言是用,昏弃厥肆祀弗
答,昏弃厥遗王父母弟不迪,乃惟四方之多罪逋逃,是崇是长,是信是使,
是以为大夫卿士。俾暴虐于百姓,以奸宄于商邑。今予发惟恭行天之
罚。"(《尚书·周书·牧誓》)周武王说,商纣王被惟妇(妲己)言是从,
"昏弃厥肆",他自己是"恭行天之罚"。取得政权的西周统治者,也需要
对自己统治合法性进行论证。

但是仅仅说自己代表上天在人间实行统治,这在理论上还不完善,因为他
们这遇见一个理论难题:夏代和商代的统治者,都自称自己是上天在人间统治
的代表,是天子。但是为什么天子在人间的统治需要改朝换代呢?既然是天
意在人间的统治,为什么政权被推翻了呢?所以,仅仅说自己是上天在人间
的代表,是天意决定他们在人间实行统治。这就很难回答,商汤灭夏桀、武
王灭商等政治事件的合理性。因为"君权神授"理论很难解释夏商的灭亡
的原因。

既然"君权神授",那么政权的稳定应该是必然的和可持续性的,不能因

为某个君王的残暴统治而改变国运,也不能因为某个君王的贤能而江山永固。统治者只要祭祀和诚信供奉上天就应该可以保其国祚永葆平安。这也就是为什么商纣王临死前要大喊:"呜呼! 我生不有命在天!"(《尚书·商书·西伯戡黎》)也许他自己都觉得奇怪,统治强大的商朝,为什么就被西边的一个蕞尔小邦打败了。为什么"汤武革命"能成功? 西周初期统治者不能不对此重大政治事件做出理论反思。不仅如此,西周初期的统治者也要论证其政权的合法性和合理性。

于是,西周初期的统治者周公就高举了"德"的大旗,提出了"天命靡常,惟德是辅"的理论。在周公看来,一个政权的合法性,不仅仅是"天授神权"的合法性,而且还应该有道德的合理性。天命会眷顾有德者。只有有德的统治者才能获得上天的眷顾,才能在人间实行合法合理的统治。周公指出,"成汤革命夏""武王伐商",是因为桀纣之人已经失去了道德,放肆纵欲,奢靡残暴,已经违反了"天德",是"天降丧于殷",认为商纣王是"自绝于天,结怨于民"。这是上天要其灭亡。周王因为是有德之君,所以天命就眷顾周王。周伐商,是以有德伐无德,具有合理性。周武王以地方诸侯攻打商纣王,他自己反复说自己是受命于天:"孟侯,朕其弟,小子封。惟乃丕显考文王,克明德慎罚;不敢侮鳏寡,庸庸,祗祗,威威,显民,用肇造我区夏,越我一、二邦以修我西土。惟时怙冒,闻于上帝,帝休,天乃大命文王。殪戎殷,诞受厥命越厥邦民,惟时叙,乃寡兄勖。肆汝小子封在兹东土。"(《尚书·周书·康诰》)周武王认为自己有德行而受命于天,这样武王伐商就是合理的了。所以取得胜利的西周统治者,就非常重视"德"的价值。周公就要求周代统治者:"明德慎罚,不敢侮鳏寡"(《尚书·周书·康诰》)

周代统治者取得了政权之后,就必须考虑如何巩固政权。周公对西周的政治实行了改革,即周公改制。王国维曾经说过,历史上第一次政治和文化的动荡是殷周之际。他在《殷周制度论》中说:"中国政治与文化之变革,莫剧于殷周之际。"①不论学术界是否承认王国维的观点，但是有一点是可以肯定的：西周政权的巩固与夏和商朝②是不同的。因此，周公改制的历史意义就显得十分重要。

周公，是西周政治制度的实际设计者。曹大为主编的《中国大通史·夏商西周》说："在西周初年，及时对商朝的政治历史经验和教训加以总结，并结合本族历史文化制定出新的政策的政治设计者，主要是周公。"③周公的主要成就体现在制礼作乐和实行分封制上。《尚书大传》说周公至少有七大功绩："一年救乱，二年克殷，三年践奄，四年建侯卫，五年营成周，六年制礼作乐，七年致成王。"这"七大"政绩，归纳起来主要是制礼作乐和周公改制。

西周取得政权，主要采用分封制，即"建诸侯，封藩卫"的意思。尽管分封制，在夏商代就实行了，周代分封制和夏商代分封制不同。夏代的分封制是主要是通过原始社会遗留的以氏族集团为中心流传下来的传统进行分封，分封的地方氏族政权称为"某某氏"。司马迁说："禹为姒姓，其后分封，用国为姓，故有夏后氏、有扈氏、有男氏、斟寻氏、彤城氏、褒氏、费氏、杞氏、缯氏、辛氏、冥氏、斟戈氏。"(《史记·夏本纪》)夏代的分封制具有浓厚的血缘关系和亲族色彩，具有原始血缘地域政治和原始分封政治的双重色彩。

---

①　王国维：《王国维全集》(第八卷)，浙江教育出版社，广东教育出版社 2010 年版，第 302 页。笔者认为，从中国历史上看，中国政治和文化剧烈变化，主要有四个重要的时期。第一是殷周之际。这个时期是西夷文化对中原文化的挑战。第二是魏晋南北朝时期。这个时期是佛教对中国儒学的挑战。第三是明末清初之际。这是西方基督教文化、满清少数民族文化对儒学的挑战。第四是近现代鸦片战争至 1949 年新中国成立之际。这是西方现代文化对中国固有的传统文化的挑战。

②　对于夏朝和商朝，一些学者认为历史史料不充足，认为是猜测的历史朝代。笔者认为夏商代是历史上真实存在的朝代，是国家形态。只是夏代和商代，我们不能标出具体的年代，时间上没有公元前 841 年之后的准确。《夏商周断代工程 1996—2000 年阶段成果报告(简体)》(世界图书出版社 2000 年版)的报告认为，夏代是公元前 2070 至公元前 1600 年；商代是公元前 1600 年至公元前 1046 年；西周是公元前 1046 年至公元前 771 年。尽管这也是夏商周起止的大致年代，但是我们不能因此而否定夏商代国家形态的存在。笔者认为，夏商周三代的时间是经历了 1300 年时间，即从公元前 21 世纪(公元前 2070 年)至公元前 770 年周平王东迁洛邑为止。

③　曹大为等：《中国大通史》(夏商西周卷)，学苑出版社 2018 年版，第 90 页。

商代的分封制比夏代的分封制有了进步,其分封制主要分为两种情况:第一种分封属于"内服"。"内服"是与商王关系亲密的或者具有较近的血缘关系的地方政权,他们称之为"子某"。称为"子某"的分封政权,还属于商王的"土族身份"。这些分封政权主要居住在王畿附近,对拱卫商王中央政权,起到了重要的保卫作用。第二种分封是属于"外服"。"外服"政权属于离商王血缘关系比较远,是出了"五服"地方封建政权。这些被称为"侯、甸、男、卫邦伯"(《尚书·酒诰》)这些侯、甸(甲骨卜辞称为"田")、男(甲骨卜辞称为"任")等封国统统被称为"邦伯"。这些"邦伯"随着时间的推移就称为后期的"诸侯"①。同时,商代还有些诸侯,是一些土著子弟,通过血缘关系形成的"诸侯",这些"诸侯"是血缘关系形成的"自然政权"。这些诸侯其实和商王并没有多大的政治隶属关系。美国学者牟复礼教授大致分析了周初分封制的数量:周的缔造者和继起者文王武王将他们通过姻亲结成的宗族和亲戚分封到大约五十个重要的封国,在战略上让他们掌控要道重地。此外,他们还分封了二十个伐纣时的主要盟友。作为昔日天下共事的宗主,商朝的后裔也获得了一个重要的封地——宋,让他们能继续奉祀先祖。在这七十多个封国之外,大概还有两百多个方伯(local lords),他们也拥有自己主宰的弹丸之地②。

由此可知,夏代和商代的分封制还具有浓厚的血缘和地缘政治,"分封政治"还不成熟。周代的分封制,是成熟的"分封建制",是"授民授疆土"的分封政治制度。周公分封制,是将被征服地区的民众和疆土分封给周室亲族子弟。这些"授民授疆土"的亲族子弟在自己的封国,实行再次一级的"封建制"。但是这样的分封的诸侯国,有一条最基本的政治原则就是:要忠于周王室。这是他们最核心的一条政治原则。

---

① 裘锡圭:《甲骨卜辞中所见的"田""牧""卫"等职官的研究》,《文史》第 19 辑,中华书局 1983 年版。

② [美]牟复礼:《中国思想之渊源》(第二版),王重阳译,北京大学出版社 2016 年版,第 32 页。

这条政治原则,在西周前期得到了很好地贯彻和执行,但是随着社会生产力和经济的发展,以及诸侯国自身势力的增强和周王室的衰微,这种忠于周王室的政治原则后来被长期打破。周王室的共主地位也岌岌可危。到了春秋时期更是如此。西周时期的"礼乐征伐自天子出"变为春秋时期的"礼乐征伐自诸侯出"。周王共主的地位,只是名义上的,诸侯国甚至还可以侵占周王室的土地。

根据周初的政治设计者,周王室的有德之人,应该是上天眷顾的,所以,天下所有的臣民都要忠于周王。周王就成为天下人的共主。这在理论上是可以贯通的,也能说明周王政治统治的合法性和合理性。被统治的老百姓也要忠于周王室,那些分封的诸侯王也要把周王视为天下的共主。"当成周者,南有荆蛮、申、吕、应、邓、陈、蔡、随、唐;北有卫、燕、狄、鲜虞、潞、洛、泉、徐、蒲;西有虞、虢、晋、隗、霍、杨、魏、芮;东有齐、鲁、曹、宋、滕、薛、邹、莒;是非王之支子母弟甥舅也,则皆蛮、荆、戎、狄之人也。非亲则顽,不可入也。其济、洛、河、颍之间乎!是其子男之国,虢、郐为大,虢叔恃势,郐仲恃险,是皆有骄侈怠慢之心,而加之以贪冒。君若以周难役之故,寄孥与贿焉,不敢不许。周乱而弊,是骄而贪,必将背君,君若以成周之众,奉辞伐罪,无不克矣。"(《国语·郑语》)这是郑桓公说的当时成周①的政治情况。这些分封的国家,通过"忠"的原则和秩序,忠于周王室,天下就形成一个合理和合法的忠德秩序。

但是,周王的"共主"地方在春秋时期不断受到挑战。春秋时期,礼乐征伐自诸侯出,周王只是名义上的共主了。而礼乐征伐自诸侯出,出现各自为政的局面。而天下共主的局面,就无法实现。春秋前期,周王室的王权和霸权之间关系非常紧张。孔子说:"天下有道,则礼乐征伐自天子出;天下无道,则礼乐征伐自诸侯出。自诸侯出,盖十世希不失矣;自大夫出,五世希不失矣;陪臣执国命,三世希不失矣。天下有道,则政不在大夫;天下有道,则庶人不议。"

---

① 西周,也称之为宗周。东周,称为成周。

(《论语·季氏》)西周时代,是"礼乐征伐自天子出",而春秋时代是"礼乐征伐自诸侯出"的时代。

春秋时期,是大崩地裂的时代,每个诸侯国都担心自己被对方吞并,都不断让自己的国家发展强大。这个时期的周王室只是一种摆设,是名义上天下的共主,其实已经没有任何经济、政治、军事实力制约甚至抗衡诸侯了。所以,春秋五霸纷纷登上历史舞台。但是对于儒家思想来说,构建大一统的政治格局和社会结构是必须的,也是必要的。所以,孔子自始至终就在追求西周天下统一的格局。尽管他努力最后的结果是如"丧家之犬",他想构建一个理想的社会结构、国家形态和精神意识层面的"大一统"的局面,以恢复尧舜禹等圣贤的统治时代。儒家将尧舜禹的时代称为圣贤时代或"大同"时代,而夏商周三代还是"小康"时代。而要恢复尧舜禹统一的时代,忠德的政治道德和伦理价值就显得十分重要。孔子说:"君使臣以礼,臣事君以忠。"(《论语·八佾》)这是一个圣贤时代典型的政治伦理关系。君主要对臣以"礼",而不是实行绝对残暴的政治统治,这时候,臣子对君主才能尽"忠"。因此,在孔子的道德世界里,忠的主体和客体是对等的,具有互惠性和对等性。孟子进一步提出"民为贵,社稷次之,君为轻"(《孟子·尽心下》)。这是对孔子"君使臣以礼,臣事君以忠"的政治理念的继承和发展。荀子是通过"礼制"的方式,来实现国家的统一。他的学生韩非子主张建立统一的中央集权国家,以便更好地实现大同社会。

《左传·襄公二十二年》说:"忠信笃敬,上下同之,天之道也。"无论是从自然天道的角度,还是从伦理政治的角度,忠德在一个统一的王权体制内是必需的。所以,从这个角度来说,一些学者说儒家忠德理论有利于君主实现大一统的统治①,有一定道理的。汉代的董仲舒将儒家大一统的政治发挥到了极

---

① 五四新文化运动提出"打倒孔家店",奉行西方的民主和和科学。但是,五四新文化运动打倒的孔家店,主要还是清朝建国以来改造的清代儒家"礼教",对先秦孔子创立的儒家理论是有所保留的。

致。这也是我国几千年的政治统治中，统一的时间多于分裂的时间的一个重要的理论原因之一。汉代司马迁，这个浸润儒家甚深的历史学家，在《史记·五帝本纪》中，也是以大一统的历史意识，描绘了五帝时代的统一的政治格局。从现代史学的角度来说，司马迁描绘的《五帝本纪》其实更多是根据当时的传说书写而成，其史料的真实性，很值得怀疑。但是这并没有影响司马迁写《史记·五帝本纪》的历史价值。甚至从某种意义上来说，《五帝本纪》中阐述的中华民族统一的共同体的价值意识要比史料价值的真实性更为重要。所以说，儒家创始人孔子和继任者孟子、荀子都看到这样的政治格局，所以就非常重视忠德的价值。

二、理论基础

儒家忠德的产生，不是一蹴而就的，而是经历了一个漫长的发展过程。根据《夏商周断代工程 1996—2000 年阶段成果报告（简体）》，夏代是公元前 2070 至公元前 1600 年；商代是公元前 1600 年至公元前 1046 年；西周是公元前 1046 年至公元前 771 年。夏商周三代是经历了 1300 年时间，即从公元前 21 世纪（公元前 2070 年）至公元前 770 年周平王东迁洛邑为止。如果算到孔子出生公元前 591 年，就有 1500 多年的历史。在这个漫长历史中，文化的发展史延续不断。恩格斯说："国家是文明社会的概括。"①夏商周三代已经具备了国家所有的一些基本特点，尤其是从国家公共权力的设置上来看，夏商西周三个王朝无疑已经进入了国家状态②。因此，三代文明发展到孔子创立儒学已经经历了一个漫长的历史时间。从文化发展史的角度来说，任何一个文明的诞生都不是一蹴而就的，儒家忠德的产生也是如此。王尔敏说："研讨古代

---

① 《马克思恩格斯选集》（第4卷），人民出版社2012年版，第193页。
② 曹大为等：《中国大通史》（夏商西周卷），学苑出版社2018年版，第1页。当然，有些学者认为夏商西周还不是国家形态，最多算是"早期国家"类型。笔者认为，夏商西周属于国家形态，尽管对于夏商西周的历史我们并没有确定的年代记载，但是其大致的年代是可以确定的。

思想,可以产生一项直觉了解,可知儒家在孔子以前必有其取资之思想素材,经孔子发扬光大,酝酿而成儒家学说。参考上古文献,孔子之若干言论观点,实普遍保存于'金文'以及《尚书》《诗经》之中。诗书礼乐之成为孔子思想根源,并为儒学施教教材,固已可见孔子自称,干今早为共喻之常识。即孔子自谓从周,自言梦见周公,《尚书》'金文'文字所载,均为可靠之旁证,'六经'非儒家独创,原自各具生成背景,为上古遗留文献,实即孔子时代所存全部之文化遗产。儒家一一承受,奉为正统经典。盖可知儒家实即上古中华民族所创文化之总继承者,而儒学则代表中国古代一切学问之总汇。"①儒家忠德思想的产生也是上古忠德思想的总汇,是吸收了夏商周三代以来的忠德文明的影响。也就是说,研究儒家是不可能脱离夏商周三代的,尽管孔子是儒家产生的标志。陈来教授说:"离开了三代以来的中国文化发展,去孤立考察儒家的发展,就难以解决儒家思想起源这一思想史的问题。"②

第一,儒家忠德对夏商周政治文化的吸收。我国的文化起源与欧洲文化不同。西方文化起源于海洋文明,而中国文化起源于农耕文化。在社会形态的发展中,欧洲文化是经历原始社会到奴隶社会到封建社会到资本主义社会的发展轨迹,但是中国文化有时候并没有严格按照原始社会、奴隶社会、封建社会和资本主义社会的发展轨迹,有的地方是直接从奴隶社会进入封建社会。

尧、舜、禹、汤、文王、武王、周公等人在儒家看来,就是圣人,是儒家最为尊奉的古代圣贤。他们声望最大的特点就是有德。这些圣贤都是儒家"道统"的发源之身。这些人的功绩在前文,笔者已经做了详细论述。这里我们以大禹为例来分析。

大禹在治水过程中,体现了他的忠诚品德。他为了治水,在外十三年,三过家门而不入。司马迁说:"禹伤先人父鲧功之不成受诛,乃劳身焦思,居外十三年,过家门不敢入。薄衣食,致孝于鬼神。卑宫室,致费于沟淢。"(《史

---

① 王尔敏:《中国近代思想史论续集》,社会科学文献出版社 2005 年版,第 22 页。
② 陈来:《古代宗教与伦理》,生活·读书·新知三联书店 1996 年版,第 342 页。

记·夏本纪》卷二)他汲取了父亲鲧治水失败的教训,认真研究治水的方法,采用"高高下下,疏川导滞"(《国语·周语下》)的疏导办法,将洪水泄洪,而不是采用鲧"壅防百川,堕高堙庳"(《国语·周语下》)的办法去堵洪水。这反映了大禹忠心治水的敬业精神。经过十三年的努力,大禹将洪水成功治理①。大禹治水成功,是他忠于岗位、忠于氏族、忠于职业的一种体现。正是他的治水功绩,让他赢得了极大的声望②。韩非子称赞他:"禹之王天下也,身执耒臿以为民先,股无胈,胫不生毛,虽臣虏之劳不苦于此矣。"(《韩非子·五蠹》)

大禹治水有功被推荐为部落联盟首领,但是随着社会生产力的发展,人的意识不断觉醒,这个部落联盟首领的内涵就发生了变化,原本部落联盟首领是"社会公仆"。大禹逐渐就变为地位显赫的氏族首领之王了。文献这样记载:"皇天嘉之,祚以天下,赐姓曰'姒'、氏曰'有夏',谓其能以嘉祉殷富生物也。"(《国语·周语下》)大禹被推上部落联合体的首领,赐姓姒,氏为夏。不仅如此,大禹还在领导部落联盟征伐古代苗蛮族,即"三苗"(或"群蛮"),并取得了胜利。这使得他的威望更加提高了。他在征伐"三苗"誓师中说:"济济有众,咸听朕言! 非惟小子,敢行称乱。蠢兹有苗,用天之罚。若予既率尔群对(封)诸群(君),以征有苗。"(《墨子·兼爱下》引《禹誓》)据说在这次战斗中,大禹亲自用箭射中了"有苗之祥",使得"苗师大乱"(《墨子·非攻下》)。征伐"三苗"胜利之后,大禹在涂山召开了四方诸侯大会,据说参加这

---

①　治水问题一直是中国古代历史上重要的问题,从夏代到民国时代,一直到现代,治水问题都是政府重要的事情,也是古代农耕社会最为基本的政治治理内容之一。

②　大禹是历史上真实存在的人物,不是虚构的。顾颉刚、童书业两位先生认为,鲧禹都是虚构的,是后人加上去的神话人物。顾颉刚采用疑古方法,认为对于三代的历史是累计重叠而成。最后他得出的结论大禹是有足的虫,是九鼎上来的。顾颉刚说:"至于禹从何来? ……我以为都是从九鼎上来的。禹……以虫而有足蹰地,大约是蜥蜴之类。我以为禹或是九鼎上铸的一种动物,当时铸鼎象物,奇怪的形状一定很多,禹是鼎上动物的最有力者;或者有敷土的样子,所以就算他是开天辟地的人。"(顾颉刚:《古史辨自序·与钱玄同先生论古史书》(上册),商务印书馆 2011 年版,第 5 页)

次大会的诸侯有上万之多。大禹在这次大会上,在全国范围内划分了各个诸侯的领地。各路诸侯手执玉帛,向大禹臣服,大禹确定了自己的统治地位,他把国都定在阳城(今河南登封境内)。一般认为,涂山会议,是夏王朝建立的标志性的事件。

大禹去世后,他的儿子启正式建立了夏朝,成为夏朝第一位真正的君主。夏朝的建立标志着尧舜禹以来的氏族政权的禅让制已经退出历史舞台,世袭制成为传统王权社会的主流。世袭王权的产生虽然是历史的进步,但是王权的绝对权威也导致了政治独断专行和政治腐败。因为,传统社会任何一个王朝的末期,基本都是政治独裁、专断和生活奢靡从而导致民不聊生而产生民变,最后王权被推翻或被外族入侵而亡。

商代的历史发展和西周的历史发展也是如此。商汤本人"以宽治民,而除其邪"(《国语·鲁语上》)这种宽厚仁义的政治道德与夏桀形成鲜明的对比。夏桀生活奢靡"作倾宫瑶台,殚百姓之财"(《文选·东京赋》)。夏桀甚至暴虐百姓,统治残暴,"不务德而武伤百姓,百姓弗堪"(《史记·夏本纪》),因此老百姓对他恨之入骨。商汤在讨伐夏桀的誓师大会上说:"夏王率遏众力,率割夏邑。有众率怠弗协,曰时日曷丧?予及汝皆亡。"(《尚书·汤誓》)最后商汤"十一征而无敌于天下"。灭掉了夏桀,建立商朝。最后商纣王也是因为残暴无道被西周灭掉。

三代以来的政治文化,不能不引起儒家学派创始人和继任者的高度关注。从政治学的视野来说,国家统一和政权的稳定,是人们生活稳定、安居乐业的保证,也是统治者忠于百姓的表率。所以,从这个意义上说,儒家忠德的产生是三代以来政治文化的产物。先秦儒家在强调忠德的时候,不仅仅是下对上的忠,也包括了上对下的忠。忠德具有对等性。这是从现实的政治历史出发概括出来的,这也是儒家忠德的基本特点。这与后世专制主义强调绝对的忠诚不一样。因此,儒家提出统治者要忠于百姓,百姓才能忠于统治者,如果是统治者横征暴敛,残害百姓,不忠于百姓,百姓就有权推翻其统治。孟子说:

"贼仁者谓之'贼',贼义者谓之'残'。残贼之人,谓之'一夫'。闻诛一夫纣矣,未闻弑君也。"(《孟子·梁惠王》)孟子认为,商纣王"贼仁贼义",不配称为纣王,而是"一夫"。因此老百姓诛商纣,不是弑君,而是诛一夫。在儒家看来百姓这样做,具有道德合理性和合法性。因此,三代以来的政治文化和历史经验是儒家提出忠德理论基础之一。从忠德的主体和客体的角度为儒家忠德的提出准备了理论条件和政治条件。

第二,齐国"礼文化"和鲁国"仁诚"文化为儒家提出忠德产生了积极影响。

司马迁在《史记》中谈到齐鲁文化,他这样说:"天下并争于战国,儒术既绌焉,然齐鲁之间,学者独不废也。"(《史记·儒林列传》)"夫齐鲁之间于文学,自古以来,其天性也。故汉兴,然后诸儒始得修其经义,讲习大射乡饮之礼。"(《史记·儒林列传》)司马迁的意思是说,尽管天下战争频繁,但是齐鲁之间的学术是独存的,齐鲁对儒学的爱好,自古以来就存在。司马迁从文化层面对齐鲁地区的文化繁荣作了历史记录。这是历史事实,战国时代的百家争鸣的学术中心就是齐国的稷下学宫。当时著名的学者如孟子、鲁仲连、荀子等学术大师,都在此讲学和论学。

齐鲁文化长期的繁荣,为儒家忠德创建和发展提供了坚定的理论基础。笔者这里从齐国和鲁国文化的两个角度来分析。

齐国最先是西周姜尚的封地,姜尚崇尚事功,这是在姜尚封国之初就既定的国策。"昔太公始封,周公问:'何以治齐?'太公曰:'举贤而上功。'"(《汉书·地理志下》)这种"举贤而上功"的国策,使得齐国很快发展起来,人才也被吸引过来。《汉书》说:"初,太公治齐,修道术,尊贤智,赏有功,故至今其土多好经术,矜功名,"(《汉书·地理志下》)此外,齐国在立国之初就建立较完备的经济发展政策,"通商工之业,便鱼盐之利"(《史记·齐太公世家》)。因此齐国很快就发展了经济。到了春秋中期,经鲍叔牙推荐,齐桓公不记管仲一箭之仇,任命管仲为相,管仲提出"政不旅旧"(《国语·齐语》),进行了一系列改革,以使齐国达到富国强兵的目的。孔子说:"管仲相桓公,霸诸侯,一匡天下,民到于今受其赐。微管仲,吾其被发左衽矣。岂若匹夫匹妇之为谅也,自经于沟渎而莫之知也。"(《论语·宪问》)齐桓公时代,齐国是当时最为强大的国家之一。经济的强大,必然需要合理的礼法制度才能保证,否则就不可能持续性地发展。因此,齐国的礼法文化是春秋战国时期主要的代表文化之一。齐国文化注重礼法,或者说当时齐国是著名的礼法中心,《吕刑》是其标志。杨向奎先生说:"《吕刑》讲刑,故齐为最先产生中国法家的地区。"①齐国法家追求"劝之一赏赐,纤之以刑","匹夫有善,可得善举;匹夫有不善,可得而诛。"(《国语·齐语》)齐国的礼法,追求法治精神。这为齐桓公以后"尊王攘夷"称霸中原提供强大的经济基础。

从伦理学的角度来说,富裕的国家如果没有合理的礼法来规范,那么,这个国家和统治者最后会归于灭亡。齐国作为当时临海的国家,还残留原始社会的习俗,礼法相对于中原文化来说,是落后的。当时的齐国还保留有"男从妇居"的婚姻制度,甚至还有长女不嫁而娶男子"入赘"的习俗。鲁庄公曾经想去齐国观社和"矢鱼",结果遭到大臣的反对,因为"矢鱼"的活动,都是关于男女青年幽会的事情,这对于鲁国来说,接受不了的②。孔子时代,齐国还保留了许多原始社会的群婚的"陋习"。如宋襄公的妹妹已经嫁给鲁桓公了,但是齐襄公还和妹妹私自幽会。《史记》记载:"鲁桓公与夫人如齐。齐襄公故尝私通鲁夫人。鲁夫人者,襄公女弟也,自釐公时嫁为鲁桓公妇,及桓公来而襄公复通焉。"(《史记·齐太公世家》)东方诸侯国,男女关系相当混乱,但是像齐襄公这样极端的兄妹私通,是少见的。再如,崔杼娶棠公的遗孀为妻,齐庄公见了崔妻,竟然迷上了,与其私通,最后被崔杼杀死,立庄公异母弟杵臼为王,是为齐景公。齐景公时候,崔杼为右相,庆封为左相,最后庆封利用崔杼和

① 杨向奎:《论〈吕刑〉》,《管子学刊》1990年第2期。
② 白寿彝:《中国通史》(第三卷),上海人民出版社、江西教育出版社2015年版,第753页。

儿子的矛盾就灭了崔氏。庆封掌权,他暴虐嗜酒好猎,最后被齐国的栾、高、陈、鲍四大家族围攻,庆封最后逃往吴国①。因为齐国长期的贵族权力斗争,导致贵族地位下降,最后被田氏取代,吕氏政权灭亡。公元前481年,田常弑齐简公。从公元前480年开始,史称"政由田氏"。齐国的贵族的失败,是礼法混乱导致的。这对于儒家来说,不能不说是惨痛的历史经验教训。所以先秦儒家创始人孔子和后继者孟子和荀子都非常重视"忠"。孔子曾经到齐国弘道,齐国晏婴反对,在夹谷之会中,孔子又挫败了齐国的阴谋。孟子和荀子都在齐国稷下学宫讲学,荀子还三次出任稷下学宫的祭酒。因此齐国的社会现实不可能不起引起先秦儒家的重视。

鲁国是殷商移民居住的地方,自古就有"商奄之民"和"殷明六族",具有浓厚的殷商文化传统。因此,鲁国最早是周公的封地,比其他诸侯国享有更高的地位,保留了丰富的文化资源和文物典籍,是春秋时期忠德思想文化的中心。

鲁国享有其他诸侯没有的两大特权:其一就是郊祭周文王;其二就是祭祀周公可以用天子礼乐。"昔者,周公旦有勋劳于天下。周公既没,成王康王追念周公之所以勋劳者,而欲尊鲁,故赐之以重祭。外祭则郊社是也,内祭则大尝禘是也。夫大尝禘,升歌《清庙》,下而管《象》,朱干玉戚,以舞《大武》,八佾,以舞《大夏》,此天子之乐也。康周公,故以赐鲁也。子孙纂之,至于今不废,所以明周公之德而又以重其国也。"(《礼记·祭统》)因此,鲁国非常重视礼乐,讲授和研究礼乐成为鲁国的礼乐文化中心。孔子年少的时候就学习礼乐了。所以孔子说:"俎豆之事,则尝闻之矣。"(《论语·卫灵公》)孔子本人也非常重视礼乐的学习,"生,事之以礼;死,葬之以礼,祭之以礼。"(《论语·为政》)而忠德的产生就是礼乐文化的一种表现形式。因此,对于当时礼崩乐坏的时代,孔子几次都宣称自己"从周",这里的周就代表了鲁国礼乐文化的

---

① 白寿彝:《中国通史》(第三卷),上海人民出版社、江西教育出版社2015年版,第757页。

中心,面对"礼乐征伐自诸侯出"的时代,孔子和他的弟子孜孜以求,周游列国去弘扬自己的学说,希望能够让各个诸侯国采纳自己的政治主张,以其恢复周礼。孔子说:"我观周道,幽厉伤之,吾舍鲁何适矣!"(《礼记·礼运》)当然,儒家忠德产生的理论基础除了上述几个方面之外,还有殷商留下来的巫术文化、西周的礼乐文化等,到孔子这里就汇成成熟的儒家文化包括忠文化。

　　总之,先秦儒家文化是对整个先秦文化的总结,是先秦文化集大成者。杨向奎教授说:"儒家思想在发展中实在吸取了道家及法家的思想,所以,在中国古代思想文化的发展中,儒家实在是集大成者,因之成为中国传统文化中的正统者。这正统派文化,并没有辱没我们,它陶冶了我国人民,锻炼了中华民族,因而使我们民族性格的表现是'极高明而道中庸';不高明不会有五千年的灿烂文明,而'中庸'引导我们走向和平通达的康庄大道。"①儒家忠德文化是儒家文化不可分割的重要组成部分,因此,先秦儒家忠德文化又是对三代以来忠德文化的总结。它的产生不是一蹴而就的,而是长期的历史文化和先秦儒家孜孜以求的产物。

---

① 陈戌国:《中国礼制史·序言》(先秦卷),湖南教育出版社 2011 年版,第 2—3 页。

第二章 儒家忠德历史演变与价值审视

习近平总书记指出:"研究孔子、研究儒学,是认识中国人的民族特性、认识当今中国人精神世界历史来由的一个重要途径。春秋战国时期,儒家和法家、道家、墨家、农家、兵家等各个思想流派相互切磋、相互激荡,形成了百家争鸣的文化大观,丰富了当时中国人的精神世界。虽然后来儒家思想在中国思想文化领域长期取得了主导地位,但中国思想文化依然是多向多元发展的。这些思想文化体现着中华民族世世代代在生产生活中形成和传承的世界观、人生观、价值观、审美观等,其中最核心的内容已经成为中华民族最基本的文化基因。这些最基本的文化基因,是中华民族和中国人民在修齐治平、尊时守位、知常达变、开物成务、建功立业过程中逐渐形成的有别于其他民族的独特标识。"①儒家是中国文化的主干,这个文化主干是由儒家哲学、伦理、政治、经济、军事等文化组成的。忠德,是儒家伦理重要的组成部分,因此研究先秦孔子、孟子和荀子的儒家忠德思想的发展与演变,是本章需要重点阐述的问题。

---

① 习近平:《在纪念孔子诞辰 2565 周年国际学术研讨会暨国际儒学联合会第五届会员大会开幕会上的讲话》,《人民日报》2014 年 9 月 25 日。

第一节　创建与整合:先秦儒家之忠德

先秦儒家主要包括孔子、孟子和荀子等代表人物①。他们的思想对后世儒家产生了深远的影响,影响了整个中华民族的伦理性格和伦理品质,在中华民族发展史上具有不可磨灭的贡献。其忠德思想也同样在中国伦理思想上占有崇高的地位。先秦儒家忠德理论为后世儒家理论的发展奠定了理论基础和思想路径。孔子的"忠恕之忠",孟子的"良知之忠",荀子的"礼法之忠",为后世忠德发展产生了深远影响。

一、孔子之忠

孔子(公元前551年—公元前479年),春秋时期鲁国人,是我国儒家学派的创始人,伟大的思想家、教育家,是夏商西周文化的总结者,也是儒家忠德理论的创建者和奠基人。他的忠德思想在儒家思想上占有崇高的地位。

首先,从忠德的内涵上来说,孔子认为忠的基本内涵就是忠恕之道,是爱人,是"情之尽也",是"众德之基",是每个人应该具有的道德义务和道德责任。孔子的忠,具有丰富的道德内涵,从目前已知的资料来分析,孔子的忠包括忠信、忠诚、忠爱以及爱国主义忠德等内涵。但是忠总归于一个基本内涵,就是忠是一种德性,即"忠恕之道"。孔子非常重视"忠",《论语》20章,谈"忠"的就有15章,共18处②。孔子说,他有一种"一以贯之"的理念,这个理念就是曾子概括出来的"忠恕之道"。《论语》说:"子曰:'参乎! 吾道一以贯之。'曾子曰:'唯。'子出,门人问曰:'何谓也?'曾子曰:'夫子之道,忠恕而已

---

① 先秦儒家人物众多,包括创始人孔子和后继者孟子、荀子等,还包括孔门弟子儒颜回、子贡、子路等。新近出土的竹简更多地揭示了先秦儒家的人物和著作,本书只谈及孔子、孟子和荀子三位代表人物。

② 欧阳辉纯:《传统儒家忠德思想研究》,人民出版社2017年版,第71页。

矣!'"(《论语·里仁》)"忠恕之道"即忠道,其最基本的内涵就是"己欲立而立人,己欲达而达人"和"己所不欲,勿施于人"。即一个人在道德实践中,尽自己的一切德性做好本职工作,同时,在道德情感上做到有"仁爱"之心,自我在道德实践中,做忠德之人,行忠德之事。这种忠德德性和德行,是一种道德自觉,不是在"他律"的监督下完成的。忠,就是尽己之所能,或尽己之本分。孔子认为,忠的最本质内涵就是尽心尽力,是一个人的德行和德性的要求,这个"忠"是每一个人应该尽的道德义务。孔子说:"主忠信。无友不如己者。过则勿惮改。"(《论语·学而》)这里的忠,是没有任何阶级和政治内涵,而是一种纯粹的道德德性和德行。孔子在回答子张的问政时,也说:"居之无倦,行之以忠。"(《论语·颜渊》)尽管子张问的是政事,但是孔子还是强调"忠"不仅仅是社会角色的职责,而且是人的道德义务。孔子说:"居处恭,执事敬,与人忠。虽之夷狄,不可弃也。"(《论语·子路》)还说:"言忠信,行笃敬,虽蛮貊之邦行矣。言不忠信,行不笃敬,虽州里行乎哉?"(《论语·卫灵公》)在孔子看来,"与人忠"的普遍德性,即使处在缺少文化的"夷狄"之地,也不应该放弃忠德德性和德行。宋代朱熹概括说:"天地是无心底忠恕,圣人是无为底忠恕,学者是求做底忠恕。"(《朱子语类》卷二十七)即在孔子看来,"忠"就是忠于自己的道德义务而完成属于自己角色的责任①。

其次,从忠德的主体上来说,孔子认为忠德具有平等性和互惠性。孔子认为,忠德是每个人应该尽的道德义务,不论是统治者还是百姓,每个人在社会上都必须承担自己的道德义务和道德责任。但是忠作为道德义务和道德责任,是具有平等性和互惠性,是双向的、对等的道德义务,不是单向的道德维度。君主作为统治者,需要忠于自己的作为君主的责任,臣子成为君主的下属也要做好臣子的本分。但是如果只要求臣对君主尽忠,君主可以为所欲为,这就不是忠德的道德义务责任了。当定公孔子问:"君使臣,臣事君,如之何?"

---

① 刘纪璐:《中国哲学导论——从古代哲学至中国佛学》,联经出版事业股份有限公司2021年版,第89页。

孔子回答说:"君使臣以礼,臣事君以忠。"(《论语·八佾》)"君礼""臣忠"这是一种双向的责任伦理,而且"君礼"是"臣忠"的前提,"臣忠"是对"君礼"的后置条件。君无礼,臣可以不忠,甚至可以辞职不干。孔子说:"所谓大臣者,以道事君,不可则止。"(《论语·先进》)

为政者要想使老百姓对统治者尊重,尽忠去干活,就应该以庄重的态度对待老百姓,为政者对老百姓的父母孝顺,对子女慈祥,老百姓才会忠于为政者。《论语》里季康子问孔子:"使民敬,忠以劝,如之何?"子曰:"临之以庄,则敬;孝慈,则忠;举善而教不能,则劝。"(《论语·为政》)。有一次子张问孔子,令尹子文多次被罢免,多次任职,都没有怨恨的神色,每次都把公家事物交办得妥妥当当的。孔子认为这就是一个臣子的忠。《论语》说:"子张问曰:'令尹子文三仕为令尹,无喜色;三已之,无愠色。旧令尹之政,必以告新令尹。何如?'子曰:'忠矣。'"(《论语·公冶长》)令尹在春秋战国时期在楚国,属于高级官员,相当于宰相,辅佐楚王掌管全国军政事务①。孔子称赞令尹子文的行为就是一个忠德行为。因此,在孔子看来,忠德的行为是双向的,不是单方面的付出。所以,当齐景公文问政于孔子的时候,孔子回答:"君君、臣臣、父父、子子。"(《论语·颜渊》)这就明确点出了伦理主体的双向责任。

最后,从忠德实践来说,孔子强调智慧之忠,而非愚忠。儒家伦理是一种智慧伦理。忠德作为孔子"仁"的一种价值呈现,是一种智慧的体现。孔子说:"夫仁者,己欲立而立人,己欲达而达人。"(《论语·雍也》)这是"仁"的精神,但也是"忠"的道德智慧。《韩诗外传》曾记载一件事,说是曾子犯了错误,曾子的父亲曾皙用大杖把曾子打晕了,等了很久曾子才苏醒过来②。这件事

---

① 郑天挺等:《中国历史大辞典》,上海辞书出版社2007年版,第1567页。
② 《韩诗外传》卷八记载:曾子有过,曾皙引杖击之。仆地,有间乃苏。起曰:"先生得无病乎?"鲁人贤曾子,以告夫子。夫子告门人:"参来勿内呀也。"曾子自以为无罪,使人谢夫子。夫子曰:"汝不闻昔者舜为人子乎?小箠则待笞,大杖则逃。索而使之,未尝不在侧;索而杀之,未尝可得。今汝委身以待暴怒,拱立不去。汝非王者之民?杀王者之民,其罪何如?"《诗》曰:"优哉柔哉,亦是戾矣。"又曰:"载色载笑,匪怒伊教。"

让孔子知道,孔子很生气,就告诉曾子"小箠则待笞,大杖则逃"(《韩诗外传》卷八)。曾子是孝子,孝敬父母,也算是忠,但是因为犯错,看见父亲拿大杖打自己就应该逃走,不然就会让自己陷于危险的境地,这是对自己生命的不忠,同时,又将自己的父亲陷入"不义"的困境。面对大杖打来,就赶紧"逃走",这并不影响曾子的"孝道"。这也显示了孔子强调忠德的道德智慧。儒家的这个故事,也影响到了孟子谈到"男女授受不亲"的原则问题。

孟子也遇见过类似"男女授受不亲"的问题。"男女授受不亲"是男女有别的道德原则,但是如果嫂嫂落水,救不救呢? 在孟子看来,必须救,不救,和豺狼没有区别,因此必须救。但是救了嫂嫂就违反了"男女授受不亲"的原则,但在孟子看来,这是权宜之计。"淳于髡曰:'男女授受不亲,礼与?'孟子曰:'礼也。'曰:'嫂溺,则援之以手乎?'曰:'嫂溺不援,是豺狼也。男女授受不亲,礼也。嫂溺,援之以手者,权也。'"(《孟子·离娄上》)这里也彰显了儒家的道德智慧。

因此,孔子和孟子说的忠的道德智慧,是后期儒家的经权问题。经权问题,是儒家道德智慧的一种体现。这不是一种形而上的机械的道德原则论。孔子说:"忠告而善道之,不可则止。"(《论语·颜渊》)孔子说忠心地劝告他并善意地开导他,如果不听从也就算了,不要自取其辱。

综上所述,我们可以得知,孔子的忠德思想充满了道德智慧,尽管这是儒家忠德的开创者,但是在忠德的内涵、忠德主体和忠德的实践方面都作出了开拓性的贡献,为后世儒家忠德理论的发展奠定了良好的基础。

二、孟子之忠

孟子(约公元前 372 年—公元前 289 年),名轲,字子舆,战国邹国(今山东邹城东南)人。他是鲁国孟孙氏的后代,鲁国"三桓"衰败之后,后代四散,孟子的先祖就从鲁国迁往邹国。孟子是战国时期著名的思想家,是先秦孔子之后著名的儒学大师,与孔子并称为"孔孟",其儒家思想并称为"孔孟之道"。

孟子本身也是私淑孔子的,他经常引用孔子的话,说:"乃所学,则学孔子。"(《孟子·公孙丑上》)孟子曾"受业于子思之门人"(《史记·孟轲荀卿列传》)。台湾胡志奎先生统计,《孟子》中涉及孔子的地方有29处,其中与《论语》有关的达14处,不见于《论语》者15处①。孟子被称为"亚圣",其思想和孔子是一脉相承的。孟子继承了孔子忠德思想,又有所突破。孔子的忠是"仁忠",孟子的忠主要是"良知"或"善"。

首先,从忠德的内涵上看,孟子认为"忠"就是"良知"。孟子生活的战国时代正是战争频发的时代。孟子说:"争地以战,杀人盈野;争城以战,杀人盈城,此所谓率土地而食人肉,罪不容于死。"(《孟子·离娄上》)一方面,各个国家为了富国强兵,扩大自己的地盘和增加人口数量,不断发动战争。另一方面,也是各个国家为了自我保存势力,都在努力想办法实现富国强兵。在政治上,本国如果不发奋图强,就有可能被别的国家兼并。西周初期通过大宗小宗分封制,起初形成了几百个国家,到了公元前4世纪大概就剩下七个强大的国家,成为"战国七雄"。这几个强大的诸侯国家,不断轮流坐庄称霸中原,为了扩展土地,抢夺人口,不断对别国发动战争。在思想上,当时成为显学的不是儒家思想,而是杨朱学派和墨家学派。孟子说:"圣王不作,诸侯放恣,处士横议,杨朱、墨翟之言盈天下。天下之言不归杨,则归墨。"(《孟子·滕文公下》)杨朱学派宣扬极端自我主义,"拔一毛利天下而不为也"。墨家学派主张"兼爱""非攻","视人之国,若视其国。视人之家,若视其家。视人之身,若视其身。是故诸侯相爱,则不野战。家主相爱,则不相篡。人与人相爱,则不相贼。君臣相爱,则惠忠。父子相爱,则慈孝。兄弟相爱,则和调。天下之人皆相爱,强不执弱,众不劫寡,富不侮贫,贵不敖贱,诈不欺愚"(《墨子·兼爱中》)。在孟子看来,杨朱学派的思想是违反了儒家仁义原则,是"无君"。墨子主张"兼爱"是"无父"。孟子说:"杨朱、墨翟之言盈天下。天下之言不归杨,则归墨。

---

① 转引自王博:《中国儒学史》(先秦卷),汤一介、李中华主编,北京大学出版社2011年版,第127页。

杨氏为我,是无君也;墨氏兼爱,是无父也。无父无君,是禽兽也。"(《孟子·滕文公下》)

面对这样的社会现实和思想状况,孟子提出"良能良知"。他说:"人之所不学而能者,其良能也;所不虑而知者,其良知也。孩提之童无不知爱其亲者,及其长也,无不知敬其兄也。亲亲,仁也;敬长,义也;无他,达之天下也。"(《孟子·尽心上》)在孟子看来,人天生应该具有一种"良能良知"。这种"良能良知"是人区别于动物的显著特质。孟子说:"人之所以异于禽兽者几希,庶民去之,君之存之。舜明于庶物,察于人伦,由仁义行,非行仁义也。"(《孟子·离娄下》)人类与动物的区别就是因为人是具有"良能良知"的道德品性、孟子称之为"仁义"。这样一种仁义,也即是忠义。在孟子看来,忠德德性是每个人尤其是青壮年必须修持的。他说:"壮者以暇日修其孝悌忠信,入以事其父兄,出以事其长上,可使制梃以挞秦、楚之坚甲利兵矣。"(《孟子·梁惠王上》)在他看来,只要国人道德修养提高,具备忠诚仁义,就可以抵御秦楚的坚甲利兵。

在孟子看来,儒家忠德的主要是劝人以善,有四端之心。孟子说:"分人以财谓之惠,教人以善谓之忠,为天下得人者谓之仁。"(《孟子·滕文公下》)"分财""教人""为天下",都要做到"惠""忠""仁"。但这不过是道德行为的三个方面,总体归纳起来,还是人的"良能良知"产生的效果。而"惠""忠""仁"三者都是"善",是人的道德情感的自然表达。孟子通过孺子入井来阐发人的道德情感。他说:"所以谓人皆有不忍人之心者,今人乍见孺子将入於井,皆有怵惕恻隐之心,非所以内交于孺子之父母也,非所以要誉于乡党朋友也,非恶其声而然也。由是观之,无恻隐之心,非人也;无羞恶之心,非人也;无辞让之心,非人也;无是非之心,非人也。恻隐之心,仁之端也;羞恶之心,义之端也;辞让之心,礼之端也;是非之心,智之端也。人之有是四端也,犹其有四体也。"(《孟子·公孙丑上》)人的这种"恻隐之心""羞恶之心""辞让之心""是非之心""四端之心"就是人之为人的全部道德良知的体现。具备这"四端之心",就"足以保四海"(《孟子·公孙丑上》)。但是这个"四端之心"的最为根本的道德情感即是"忠",是发自内心深处的仁爱之心。

这是人性善的一种自然表达。孟子把人性的善自然流露出来的特点,类比为水自然往下。认为人的善的情感,是人的自然的表露,不需要"人为"的操作。孟子说:"水信无分于东西,无分於上下乎?人性之善也,犹水之就下也。人无有不善,水无有不下。今夫水,搏而跃之,可使过颡;激而行之,可使在山。是岂水之性哉?其势则然也。人之可使为不善,其性亦犹是也。"(《孟子·告子上》)

当然,孟子这里将忠德的道德情感置于人的道德先验论的范畴,是不合理的。人的道德产生是社会实践长期的道德发展和道德规训的产物。其实,人天生不是道德的人,人的出生是一种自然状态的人,是自然人。人在后天的学习和"道德规训"中,感知周围道德的人和道德的事,并通过自己的学习和感悟与反思,才能逐渐成为道德的人。因此,从这个角度来说,孟子认为忠是一种善,这具有道德合理性,但是认为忠德的道德情感是天生的,即陷入了道德先验论的泥潭。这就无法回答这样一个问题:既然仁和忠先验就是善,那么当时的人为什么还要有战争和杀戮?孟子无法回答这个问题。这也给宋明儒学的发展提供广阔的道德思维空间,某种程度上也促进了宋明道德理论的繁荣、发展和成熟。

其实,从忠德地位来看,"民为贵,君为轻,社稷次之"。孟子是孔子儒学之忠的继承者和发展者。在忠德的实践过程中,孟子常常遇见一个问题,这个问题就涉及忠德对象和忠德主体问题。即忠是上对下的忠,还是下对上的忠,是臣民对君主的忠,还是君主对臣民的忠?在孟子看来,"民为贵,社稷次之,君为轻"(《孟子·尽心上》)。这是孟子思想的闪光点之一,也是他为后代君主所诟病的地方。如明代朱元璋,他因为孟子这句话,就命令大臣删节《孟子》一书。

孟子生活的战国时代,诸侯之间"争地以战,杀人盈野,争城以战,杀人盈城"(《孟子·离娄上》),老百姓的生命如草芥。如果君主不忠于民众,对民众不实行仁政,那整个社会就会陷入无休止的战争。所以,在孟子看来,君主是社会上实行忠德第一责任人。如果君主不忠,百姓有权推翻君主的统治。他对齐宣王说:"君之视臣如手足,则臣视君如腹心;君之视臣如犬马,则臣视君如国人;君之视臣如土芥,则臣视君如寇仇。"(《孟子·离娄下》)只有君主重视大臣和百姓,老百姓才能忠于君主,君主的统治才能维持。君主诚心听取大臣的善意,这是君主忠于自己职责的美德。孟子说:"故将大有为之君,必有所不召之臣,欲有谋焉,则就之。其尊德乐道,不如是不足以有为也。故汤之于伊尹,学焉而后臣之,故不劳而王;桓公之于管仲,学焉而后臣之,故不劳而霸。"(《孟子·公孙丑上》)孟子认为君主要忠于自己的职责就要与民同乐。他说:"乐民之乐者,民亦乐其乐;忧民之忧者,民亦忧其忧。乐以天下,忧以天下,然而不王者,未之有也。"(《孟子·梁惠王下》)由民之乐,再推恩到百姓的日常生活,让民安居乐业才是王道乐土。孟子说:"老吾老,以及人之老;幼吾幼,以及人之幼。天下可运于掌。"(《孟子·梁惠王上》)

君主不仅在精神上要尊老爱幼,而且在物质上也要保障老百姓的生活。孟子设计好了一幅美妙的社会蓝图。他说:"不违农时,谷不可胜食也;数罟不入洿池,鱼鳖不可胜食也;斧斤以时入山林,材木不可胜用也。谷与鱼鳖不可胜食,材木不可胜用,是使民养生丧死无憾也。养生丧死无憾,王道之始也。五亩之宅,树之以桑,五十者可以衣帛矣。鸡豚狗彘之畜,无失其时,七十者可以食肉矣。百亩之田,勿夺其时,数口之家可以无饥矣。谨庠序之教,申之以孝悌之义,颁白者不负戴于道路矣。七十者衣帛食肉,黎民不饥不寒,然而不王者,未之有也。"(《孟子·梁惠王上》)这是从物质上解决了老百姓的生活问题,这样才能构建王道乐土。

但是有的君王"狗彘食人食而不知检,途有饿莩而不知发;人死则曰:'非我也,岁也。'是何异于刺人而杀之,曰:'非我也,兵也。'"(《孟子·梁惠王上》)这是孟子所反对的。对那种完全不听民意和不采纳大臣进谏的残暴的君主,在孟子看来,先可以规劝,如果规劝不听,老百姓有权力推翻这样残暴的君主。孟子说:"君有大过则谏,反覆之而不听,则易位。"(《孟子·万章下》)像商纣王这样的残暴的君主,人们杀死他,不算是弑君,只不过是杀死了一个残暴匹夫而已。孟子说:"闻诛一夫纣矣,未闻弑君也。"(《孟子·梁惠王下》)这里可以看出孟子忠德思想里,闪烁着民本主义的光芒。

最后,从忠德修养来说,要做到"寡欲"和"尽心"。孟子认为,要想每个人具有忠德仁义之心,就要不断提高自己的道德修养。尽管孟子强调人性善,但是如果一个人不提高自己的修养,被外在的"欲望"所充斥,就不能做到忠德。

寡欲是最为基本的修养。孟子说:"养心莫善于寡欲。其为人也寡欲,虽有不存焉者,寡矣;其为人也多欲,虽有存焉者,寡矣。"(《孟子·尽心下》)在孟子看来,人性本来是善良的,但是因为在后天的生活中,没有提高自己的道德修养,被外在的欲望所遮蔽了,坠入了道德恶的陷阱。孟子说:"口之于味也,目之于色也,耳之于声也,鼻之于臭也,四肢之于安佚也,性也。有命焉,君子不谓性也。仁之于父子也,义之于君臣也,礼之于宾主也,知之于贤者也,圣人之于天道也,命也。有性焉,君子不谓命也。"(《孟子·尽心下》)味、色、臭、声、安逸等都是人本性具有的,这是人的合理的基本需求,或者说这是人维持人基本特征所需要的,即孟子说的"命"。但是,如果这些人的基本需要不断扩大,追求自己过多的欲望,那么人性就失去了善,堕入了恶的深渊。所以,孟子说:"体有贵贱,有小大。无以小害大,无以贱害贵。养其小者为小人,养其大者为大人。"(《孟子·告子上》)孟子这里不是强调禁欲主义,不是否定正常人的生活需求,这是他与后世佛教相区别的地方。

孟子认为,一个人即使在贫穷的状态下也要保持自己的节操,坚守人的善端。这是对道义论的推崇,也是一个人修身必需的工夫。孟子说:"尊德乐义,则可以嚣嚣矣。故士穷不失义,达不离道。穷不失义,故士得己焉;达不离道,故民不失望焉。古之人,得志,泽加于民;不得志,修身见于世。穷则独善其身,达则兼善天下。"(《孟子·尽心上》)孟子强调,即使一个人在最为困顿的时候,也不要放弃自己的道德理想,做到"穷则独善其身,达则兼善天下"。那么,这里就产生一个问题,当一个困顿到极端甚至快要饿死的时候,是否有权力去偷一片面包? 德国古典哲学家黑格尔认为,一个人饿得快要死的时候,是有权力去偷一块面包维持生活的。他说:"好比说,偷窃一片面包就能保全生命,此时某一个人的所有权固然因而受到损害,但是把这种行为看作寻常的偷盗,那是不公正的。一人遭到生命危险而不许其自谋所以保护之道,那就等于把他置于法之外,他的生命既被剥夺,他的全部自由也就被否定了。"① 孟子是否也是这样认为呢? 在孟子看来,一个人只要平常注意自己的道德修养,注意自己的日常修为,甚至平常都不要站在险恶的危墙之下②,这样的人是不会陷入快要饿死去偷吃一片面包的处境,"穷不失义,达不离道"(《孟子·尽心上》)。

这涉及了孟子提出忠德修养的第二个问题:"尽心"。"尽心"也可以说是"养心"。孟子认为,一个人要成就大业,就必须要经历多种苦难,"苦其心志""劳其筋骨""饿其体肤",经历多种苦难,才能完成人的善行和大志。孟子说:"故天将降大任于斯人也,必先苦其心志,劳其筋骨,饿其体肤,空乏其身,行拂乱其所为,所以动心忍性,曾益其所不能。人恒过,然后能改。困于心,衡于虑,而后作。征于色,发于声,而后喻。入则无法家拂士,出则无敌国外患者,国恒亡。然后知生于忧患而死于安乐也。"(《孟子·告子下》)所以在孟子的忠德世界里,那种人快要饿死的时候,是可以偷吃一块面包的道德困境是不存在的。因为,一个人在正常情况下,要不断提高道德修养,坚守"生于忧患而死于安乐"的道德箴言,就不会陷入困顿。孟子说:"尽其心者,知其性也。知其性,则知天矣。存其心,养其性,所以事天也。殀寿不贰,修身以俟之,所以立命也。"(《孟子·尽心上》)只有"尽心"的人才能达到道德修养的制高点,才能成为忠德仁义之人。只要一个人做到了"尽心"和"寡欲",那么"人皆可

---

① [德]黑格尔:《法哲学原理》,范扬、张企泰译,商务印书馆 1961 年版,第 149 页。

② 孟子说:"知命者不立乎岩墙之下。"(《孟子·尽心上》)

以为尧舜"(《孟子·告子下》)。

总之,在孟子看来,忠德是仁义的一种形式,仁其实就是仁心。孟子说:"仁,人心也。"(《孟子·告子上》)因此,仁心就是忠心。孟子的忠德理论,相对于孔子来说,是一种继承和发展。孔子因为是采取"述而不作"的方式进行,搭建了整个儒家忠德的理论大厦,孟子从心性论的角度,对孔子的忠德仁爱理论进行了发展。孟子的忠德的理论一直影响到宋明理学和心学的忠德理论。

三、荀子之忠

如果说孟子开创的是心性论忠德理论,那么荀子开创的就是礼法忠德理论。或者说,孟子开创的是"内圣"的忠德路径,荀子开创的是"外王"的忠德理论。两者都实现了儒家忠德理论的"哲学突破"。孟子是内在的突破或超越,荀子是外在的突破或超越。

荀子,名况,被人尊称为"卿",大概是因为古代荀和孙是同音,因此,荀卿也叫孙卿。他是赵国(今山西省安泽县)人,出生年代不详。根据汪中的《荀卿子年表》的记载,荀子大概生在周赧王十七年(公元前298年,也有说是公元前313年)至秦王政九年(公元前238年)之间。《史记·孟子荀卿列传》,荀子大概在五十岁的时候游学到齐国,在齐国的稷下学宫三次担任祭酒[①],是齐国著名的"稷下先生"之一。他和孔子孟子一样,也是希望君王实行儒家仁义王道,以便实现富国强兵,但是没有被采纳。后来遭遇谗言离间,出走楚国。客居楚国期间,曾经到过秦国,建言秦昭王实行仁义王道,不被采用,不得已又返回楚国。受楚国春申君托,出任兰陵县令,最后病逝于兰陵。荀子首先开创儒家个人著作的先河,他的著作流传甚广,到汉代抄本达300多篇,后经汉代

---

① 祭酒:官名。西晋设置国子监祭酒(郑天挺等主编:《中国历史大辞典》(上),上海辞书出版社2007年版,第1139页)。荀子担任祭酒,是指担任齐国稷下学宫的尊长,不能算是正式的官职。

著名目录学家刘向校勘定《荀子》三十二篇,这是目前通行的版本。唐代杨倞撰有《荀子》注本二十卷。近人王先谦著有《荀子集解》,是学术界最具权威性的版本。今人王天海以王先谦的《荀子集解》为底本,著有《荀子校释》,为当代学林所关注。

荀子生于乱世,经历坎坷,他的思想集先秦大成。"荀子以儒学为本,但并不以此为牢笼,而是博学广采,集诸子百家之所长,熔儒家的礼与法家的法为一炉,取儒法之精华,弃儒法之糟粕,别开天地"①,他"开启了此后二千余年的封建社会的所谓纲常名教"②。谭嗣同说:"二千年来之政,秦政也,皆大盗也;二千年来之学,荀学也,皆乡愿也。"(《仁学·二十九》)谭嗣同说,二千年的封建帝制,就是荀子开创的,足见荀子在中国思想史上的影响。荀子是先秦儒家思想的总结者,其忠德思想也是如此。他的忠德理论与孟子的路径不同,孟子是内向的突破,荀子是外向的突破。

首先,人性恶是忠德思想的理论基础。人只有不断教化,才能培养出忠德之人。荀子主张人性恶,这与孟子主张人性善,形成鲜明对比。荀子说:"人之性恶,其善者伪也。今人之性,生而有好利焉,顺是,故争夺生而辞让亡焉;生而有疾恶焉,顺是,故残贼生而忠信亡焉;生而有耳目之欲,有好声色焉,顺是,故淫乱生而礼义文理亡焉。"(《荀子·性恶》)荀子认为,人性是倾向于恶的,只有"善性"才是教化的结果。不过,值得注意的是,孟子人性善或荀子的人性恶,不是一个固定的道德先验论的价值判断,他们并不是固定认为人性善或人性恶,而是说,人性有向善或向恶的可能性。这为后天的教育留下了广阔的空间。这是我们在研究孟子人性善或荀子人性恶的时候要特别注意的问题。同理,一个人不是天生就是忠德之人,忠德是后天学习的结果。

其实,单纯地谈论"性",荀子和孟子没有什么区别,都认为"性"是人本性固有的特征,植物有植物的"性",动物有动物的"性",人有人的"性"。这种

---

① 马平安:《走向大一统·序言》,团结出版社2018年版,第6页。
② 郭沫若:《十批判书》,中国华侨出版社2008年版,第164页。

"性"是不可学的，是自然天生的。荀子说："凡性者，天之就也，不可学，不可事。"(《荀子·性恶》)还说："生之所以然者谓之性。性之和所生，精合感应，不事而自然谓之性。"(《荀子·正名》)荀子认为"性"就是人的自然的"天性"，这是人自然中每个物种都具有的。这也为宋明理学家提出"性即理也①"(《二程遗书》卷二十二)，埋下了伏笔。对于人的"天性"来说，就是喜怒哀乐等人的本性。荀子说："人之性，饥而欲饱，寒而欲暖，劳而欲休，此人之情性也。"(《荀子·性恶》)又说："目好色，耳好声，口好味，心好利，骨体肤理好愉佚，是皆生于人之情性者也。"(《荀子·性恶》)荀子这里谈论的是人的"自然本性"，自然人性是人本身所固有的，"目好色，耳好声，口好味，心好利"的人性不管是"小人""贤人"还是"君子""圣人"等都是一样的。就是尧舜这样的人性与夏桀和盗跖等也是一样的。荀子说："凡人之性者，尧舜之与桀跖，其性一也；君子之与小人，其性一也。"(《荀子·性恶》)这里荀子其实谈论的是人的自然本性，即自然性。但是在涉及了人的社会性的时候，荀子就改变了"性一"的思路，不同的人接受的教育不同，人的自然性就不同了。

荀子认为人性恶，与他所处的时代有关。《荀子》一书这样记载荀子所处的时代："孙卿迫于乱世，鰌于严刑，上无贤主，下遇暴秦，礼义不行，教化不成，仁者绌约，天下冥冥，行全刺之，诸侯大倾。当是时也，知者不得虑，能者不得治，贤者不得使，故君上蔽而无睹，贤人距而不受。然则孙卿怀将圣之心，蒙佯狂之色，视天下以愚。"(《荀子·尧问》)这种不同的社会性的人性，源于人性恶。因此，在讨论荀子人性论的时候，我们要看到荀子讨论的人的自然性和人的社会性两个方面。在自然性方面，荀子认为，人性是一样的，这个"性"是无关于人的道德、教化和伦理。但在谈论人的社会性的时候，不同的人具有不同的"性"。但因为人性恶，所以荀子要强调"礼"。通过礼来训诫或规训人的社会性欲望。荀子说："礼起于何也？曰：人生而有欲，欲而不得，则不能无

---

① 程颐也说："理也，性也，命也，三者未尝有异。穷理则尽性，尽性则知天命矣。"(《二程遗书》卷二十一)

求;求而无度量分界,则不能不争;争则乱,乱则穷。先王恶其乱也,故制礼义以分之,以养人之欲,给人之求,使欲必不穷乎物,物必不屈于欲,两者相持而长,是礼之所起也。故礼者,养也。"(《荀子·礼论》)这是通过礼的方式来调节、节制和分配维持人自然生命所必需的物质,所以他才说"制礼义以分之,以养人之"。

忠德是对这种礼的尊重,是对礼的内化的一种道德自律。荀子说:"若夫忠信端悫而不害伤,则无接而不然,是仁人之质也。忠信以为质,端悫以为统,礼义以为文,伦类以为理,喘而言,臑而动,而一可以为法则。"(《荀子·臣道》)忠是调节社会的一种很好的手段,是维持社会秩序所必需的。荀子说:"人归之如流水,亲之欢如父母,为之出死断亡而愉者,无它故焉,忠信调和均辨之至也。"(《荀子·富国》)这样,荀子从人性恶出发,通过礼的引入,直接落地在"忠"德方面了。这是一种忠德产生的理论推演。

其次,忠的内涵是善,是忠信。荀子认为忠是善,是对礼内化的一种德性。他说:"忠者,惇慎此者也。"(《荀子·君子》)这种"惇慎"的道德行为就是忠。荀子说:"体恭敬而心忠信,术礼义而情爱人,横行天下,虽困四夷,人莫不贵。"(《荀子·修身》)荀子认为,一个心中充满忠信的人,即使处在野蛮的四夷之地,也是受人尊重的。这是人们对道德的尊重,也是对忠信之人的尊重。荀子的这个观点在孔子那里也可以找到影子。孔子曾经说,一个坚持弘扬仁义道德的人,即使外在偏远的野蛮之地,也是不会觉得是简陋的。《论语》说:"子欲居九夷。或曰:'陋,如之何?'子曰:'君子居之,何陋之有?'"(《论语·子罕》)孔子还谈道:"居处恭,执事敬,与人忠。虽之夷狄,不可弃也。"(《论语·子路》)还说:"言忠信,行笃敬,虽蛮貊之邦行矣。言不忠信,行不笃敬,虽州里行乎哉?"(《论语·卫灵公》)孔子认为,弘扬仁义道德的君子居住的地方,不是简陋之所,而是受人尊重之地。孔子这里彰显了道德的价值,自然也是彰显了忠德价值。荀子这里也是同样阐发了孔子这个观点。

为什么人们对于忠德之人如此尊重?因为忠德之人就是善,善促进了人与人之间的和谐和进步，是维护社会稳定和人际和谐的核心因素。荀子认为，"道"是由三部分组成的，其中一个重要的方面就是"忠信"。荀子说："道也者，何也？曰：礼义、辞让、忠信是也。"（《荀子·强国》）"道"是什么呢？道就是由礼义、辞让和忠信组成的。把握了"忠道"的人就能给社会和国家带来福祉。荀子说："故百里之地，足以竭势矣；致忠信，著仁义，足以竭人矣。两者合而天下取，诸侯后同者先危。"（《荀子·王霸》）要想获得天下就必要"致忠信"，否则就可能失去天下。荀子还说："先王明礼义以壹之，致忠信以爱之。"（《荀子·富国》）即使是君子想要获得天下人的尊重，也必须要对老百姓实行"仁爱"。荀子说："天下之行术，以事君则必通，以为仁则必圣，立隆而勿贰也。然后恭敬以先之，忠信以统之。"（《荀子·仲尼》）对于那些具有忠信和善意的人，既能表达出来，又能躬行践履的人，荀子称为"国宝"。他说："口能言之，身能行之，国宝也。"（《荀子·大略》）而对于那些口是心非的人，荀子斥之为"国妖"。他说："口言善，身行恶，国妖也。"（《荀子·大略》）所以，荀子时时处处告诫人要做到"慎礼义，务忠信"（《荀子·富国》）。

最后，在忠德道德实践中，忠是可以分类的。在荀子看来，忠德不是仅仅停留在口头上，而是要身体力行去践行，做到"忠信而不谀"（《荀子·臣道》）。但是，人在忠德实践过程中，不可能人人都能达到忠德的最高境界。忠德的道德实践有大忠和小忠之分。荀子说："有大忠者，有次忠者，有下忠者，有国贼者：以德复君而化之，大忠也；以德调君而辅之，次忠也；以是谏非而怒之，下忠也；不恤君之荣辱，不恤国之臧否，偷合苟容，以之持禄养交而已耳，国贼也。若周公之于成王也，可谓大忠矣；若管仲之于桓公，可谓次忠矣；若子胥之于夫差，可谓下忠矣；若曹触龙之于纣者，可谓国贼矣。"（《荀子·臣道》）

大忠，"以德复君而化之"，用道德去浸润君主。次忠，"以德调君而辅之"，用道德去调和君主并辅助之。下忠，"以是谏非而怒之"，以纳谏的方式去规劝君主。这三种都是属于忠德范畴，尽管忠德实践的层次不同。最差的就是不忠，"不恤君之荣辱，不恤国之臧否，偷合苟容，以之持禄养交而已耳"。

在荀子看来,不管是大忠、次忠还是下忠,都是善的一种表达方式,是出于仁义忠义。只有国贼才只顾自己苟活于世,尸位素餐。

但是,荀子对这些忠德分类,不是为了一味地迎合君主,而是要以善和仁义为标准。那种"逆命而利君"的也可以叫忠。荀子说:"逆命而利君谓之忠,逆命而不利君谓之篡。"(《荀子·臣道》)荀子主张以道事君,从道不从君。荀子说:"君有过谋过事,将危国家、殒社稷之惧也,大臣父兄有能进言於君,用则可,不用则去,谓之谏。"(《荀子·臣道》)纳谏,是臣子向君逆命而行的忠德行为。荀子概括了臣向君"逆命而利君"的几种忠德行为。他在《臣道》中说:"有能进言于君,用则可,不用则死,谓之争;有能比知同力,率群臣百吏而相与强君挢君,君虽不安,不能不听,遂以解国之大患,除国之大害,成于尊君安国,谓之辅;有能抗君之命,窃君之重,反君之事,以安国之危,除君之辱,功伐足以成国之大利,谓之拂。故谏、争、辅、拂之人,社稷之臣也,国君之宝也,明君所尊厚也,而暗主惑君以为己贼也。故明君之所赏,暗君之所罚也;暗君之所赏,明君之所杀也。伊尹、箕子,可谓谏矣;比干、子胥,可谓争矣;平原君之于赵,可谓辅矣;信陵君之于魏,可谓拂矣。《传》曰:'从道不从君。'此之谓也。故正义之臣设,则朝廷不颇;谏、争、辅、拂之人信,则君过不远;爪牙之士施,则仇雠不作;边境之臣处,则疆垂不丧。故明主好同而暗主好独,明主尚贤使能而飨其盛,暗主妒贤畏能而灭其功。罚其忠,赏其贼,夫是之谓至暗,桀、纣所以灭也。"(《荀子·臣道》)这里荀子提出臣行忠德的几种方式,即谏、争、辅、拂。这些方式,不是唯君命是从,而是坚持从道不从君的原则。君与臣的结合是道义的结合。这种道义的结合是以仁义为基础。这也是一种忠德的行为。

总之,荀子作为先秦儒家思想集大成者,其忠德思想闪烁着古典人文主义的光芒和浓厚的民本思想。在忠德实践过程中,孔子、孟子和荀子三代儒学大师,都坚持仁义和善的原则。这为后世儒家忠德理论的发展和成熟提供了广阔的道德思想史空间,也为后世儒家伦理思想的发展奠定了良好的理论基础。

第二节　发展与成熟：汉至清代儒家之忠德

儒家是中国传统文化的主干，是传统社会里人们安身立命的重要的精神支柱，在当代社会里儒家思想依然还闪烁着耀眼的光芒。诺贝尔物理学奖获得者瑞典科学家汉内斯·阿尔文博士（Dr. Hannes Alfven）1998 年在诺贝尔奖获得者聚集巴黎会议时说："人类要生存下去，就必须回到两千五百年前，到孔子那里去汲取智慧。"①儒家思想博大精深，需要一代一代人去继承和发展。汉代有人请教扬雄："或问：'圣人之经不可使易知欤？'曰：'不可。天俄而可度，则其覆物也浅矣。地俄而可测，则其载物也薄矣。大哉！天地之为万物郭，五经之为众说郛。'"（《法言·问神》）扬雄的意思是说儒家是包罗万象的庞大的理论体系，不是一下子就能把握住，需要不断努力研修。儒家忠德理论是儒家庞大理论体系的组成部分，其思想发展也是经历了一个漫长的过程。先秦儒家孔子、孟子和荀子是儒家忠德理论的主要代表，奠定了后世儒家忠德理论发展的基本精神和伦理品质。但是先秦儒家忠德理论，不是儒家忠德理论的终点，而是起点，需要后世儒家学者不断地继承、整合、发展和完善。汉唐宋元明清的儒家忠德理论，是沿着先秦儒家忠德理论的基础，不断发展和成熟的。

一、汉魏隋唐时期忠德的发展

汉魏隋唐时期，简称汉唐时期。这个时期是儒家忠德的发展时期，解决了忠德本体论，拓展了忠德的内容，吸收了阴阳五行思想，为中国大一统的皇权社会的巩固提供了理论支持。同时，对稳定社会秩序，和谐人际关系和缓解家

---

① 这句话刊发在 1988 年 1 月 24 日从巴黎发来的在澳大利亚出版的《堪培拉报》上，题目是《诺贝尔奖获得者说要汲取孔子的智慧》。转引自姜广辉著的《中国经学思想史》（第四卷下），中国社会科学出版社 2010 年版，第 884 页。

庭矛盾起到了重要价值指引作用。这是汉唐时期忠德一个显著的特点。

先秦儒家并没有说清楚忠德的本体论或宇宙论问题,或者说忠德存在的合理性问题。葛兆光教授指出:"很多人都能看到,作为一个民族国家的意识形态,早期儒学中的宇宙论依据并不发达。孔子所谓'天何言哉'的表述实在太简略,而'唯天为大'的说法又实在太笼统,由于这种不发达,一方面使得儒学中关于人与社会的道德学说与礼乐制度的合理性仿佛缺少自然法则的支持,其不言而喻的权威性便不免脚下空虚,一方面使得儒学无法与民众生活所尊奉与需要的实用技术与知识彼此沟通,比如医方的道理、巫觋的道理似乎都与儒学无关,儒家似乎只能处理道德层面上的问题而不能深层地进入生活,不能给人们提供生活上的自信与知识。"①人们为什么要忠?忠德的价值合理性和合法性在哪里?孔子没有提出,只是说"与人忠"。曾子也只是说,"吾日三省吾身,为人谋而不忠乎?与朋友交而不信乎?传不习乎?"(《论语·学而》)孟子是要求君主"施仁政于民,省刑罚,薄税敛,深耕易耨,壮者以暇日修其孝悌忠信"(《孟子·梁惠王上》)。荀子提出"大忠""次忠"和"下忠"等理论。但是忠德原初性问题或者说本体论理论问题没有得到解决。汉唐儒家忠德理论在先秦儒家的基础上,吸收阴阳五行思想和佛教理论,发展了儒家忠德本体论理论。

我国的文化源远流长,其中一个根本的原因是,我国的文明从一开始就具备"大一统"的民族意识。这种"大一统"民族意识源于古代的血缘政治。同时,这种"大一统"的意识为汉唐忠德理论奠定了思想基础。早在春秋时期,晋国的大夫司马季子和晋国公子重耳就谈到了这个问题:"凡黄帝之子,二十五宗,其得姓者十四人为十二姓。姬、酉、祁、己、滕、箴、任、荀、僖、姞、儇、依是也。……昔少典娶于有蟜氏,生黄帝、炎帝。黄帝以姬水成,炎帝以姜水成。"(《国语·晋语》)黄帝生了二十五个儿子,而有姓的就有十二个。炎帝和黄帝

---

① 葛兆光:《中国思想史》(第一卷),复旦大学出版社2019年版,第237页。

是兄弟,是少典的后代。春秋时期的国家君主都是黄帝炎帝的后代,是"甥舅"关系。这是最早的血缘大一统意识。《左传》记载说:"昔武王克商,光有天下。其兄弟之国者十有五人,姬姓之国者四十人,皆举亲也。夫举无他,唯善所在,亲疏一也。"(《左传·昭公二十八年》)武王击败商纣王,其实就是姬姓联合起来的结果,"唯善所在,亲疏一也",这是姬姓国家的人联合起来击败商的壮举,是血缘政治共同体的一次成功的展示。商的祖先和周的祖先其实都是黄帝的后代。因此,还是一家人打一家人。司马迁在《史记》中说:"黄帝二十五子,其得姓者十四人。"(《史记·五帝本纪》)还说:"自黄帝至舜、禹,皆同姓而异其国号,以章明德。故黄帝为有熊,帝颛顼为高阳,帝喾为高辛,帝尧为陶唐,帝舜为有虞。帝禹为夏后而别氏,姓姒氏。契为商,姓子氏。弃为周,姓姬氏。"(《史记·五帝本纪》)

如果从历史实录精神来说,司马迁的《五帝本纪》是《史记》的第一篇,很明显这不是历史的真实,因为司马迁写"五帝"的时代,已经与他相隔 2000 多年,而且还没有文字记载。他是把听说来的史料和自己考证的历史史料结合而写成的《五帝本纪》。从历史实录来说,"五帝"的历史是缺少实证材料的,至少很多方面值得怀疑。因为"中国的信史,就如同其他文明一样,被认为只有在发明了文字之后才算正式开始"①。

如果从历史价值精神来说,司马迁写的《五帝本纪》是真实的。这种真实是中华民族"大一统"的民族意识的价值真实。这是民族精神的真实。这种真实的价值比历史史料的真实更有价值。正是因为有《五帝本纪》的存在,中华民族的大一统意识才源远流长。《史记》中的《夏本纪》《殷本纪》《周本纪》《秦本纪》《楚世家》《越王勾践世家》《匈奴列传》等都把各自的先祖追溯到黄帝炎帝。这是一种民族大一统精神的体现。《诗经》也说:"溥天之下,莫非王土;率土之滨,莫非王臣。"《诗经·小雅·北山》这也是先民们大一统意识的

---

① [美]牟复礼:《中国思想之渊源》(第二版),王重阳译,北京大学出版社 2016 年版,第 20 页。

体现。这是较早的大一统意识。《尚书》中说:"九州攸同,四隩既宅,九山刊旅,九川涤源,九泽既陂,四海会同。"(《尚书·夏书·禹贡》)这也是大一统意识下的管理理念。

孔子提出"仁"的概念,也是希望通过用"礼"的方式来实现国家的统一,恢复周代的"君君、臣臣、父父、子子"的道德秩序。所以,他说经常梦见周公。当然,孔子说恢复周代社会的秩序,只是他的一种道德理想,不是一种"复古主义"。他一生有一个"以一贯之"的道德理想,就是"忠恕之道",即"己欲立而立人;己欲达而达人"(《论语·雍也》),"己所不欲,勿施于人"(《论语·颜渊》)。这是适合人类社会的普遍法则,或者叫"道德金规"。尤其是忠恕之道的"己所不欲,勿施于人"至今还在社会的交往中产生重要影响。郭齐勇教授指出:"孔子所开启的儒学在现代社会的创造性转化有助于促进自然、社会、人生协调和谐地发展,克服民族及人类素质的贫弱化和族类本己性的消解。"①

战国时期,梁惠王曾经问孟子:"天下恶乎定?"孟子回答说"定于一"。再问"孰能一之?"对曰:"不嗜杀人者能一之。"(《孟子·梁惠王上》)孟子当时就意识到了天下需要大一统,但是这种大一统,可以不通过武力统一,可以靠仁义来实现统一。尽管这是一种理想状态,但是大一统的意识是存在的。

荀子也经常说到"四海之内若一家"(《荀子·议兵》),还说:"一天下,财万物,长养人民,兼利天下。"(《荀子·非十二子》)最后实现的是"甲兵不劳而天下服。……天下为一,诸侯为臣"(《荀子·王霸》)。

孟子和荀子讨论天下大一统的理念是一致的,只是方式不一样。孟子强调以德服天下,荀子强调以礼服天下。最后他的学生韩非子,强调用法势术的方式征服天下,秦始皇用韩非子的理论征服六国,统一中国。

秦始皇统一中国,首次开创了皇帝制度。这次统一,是民族大一统意识的

---

① 郭齐勇:《中国哲学通史》(先秦卷),江苏人民出版社2021年版,第189页。

政治实体展示。秦始皇统一中国,是历史必然,也是中华民族大一统意识的要求。秦始皇建立一个庞大的帝国,幅员辽阔:"地东至海暨朝鲜,西至临洮、羌中,南至北向户,北据河为塞,并阴山至辽东。"(《史记·秦始皇本纪》)这样一个庞大的帝国,仅仅使用"王"这个称号,已经不足以显示秦帝国的威严。当时的丞相王绾、御史大夫冯劫、廷尉李斯都认为:"昔者五帝地方千里,其外侯服夷服,诸侯或朝或否,天子不能制。今陛下兴义兵,诛残贼,平定天下,海内为郡县,法令由一统,自上古以来未尝有,五帝所不及。臣等谨与博士议曰:'古有天皇,有地皇,有泰皇,泰皇最贵。'臣等昧死上尊号,王为'泰皇'。命为'制',令为'诏',天子自称曰'朕'。"王曰:"去'泰',著'皇',采上古'帝'位号,号曰'皇帝'。"(《史记·秦始皇本纪》)这是皇帝称呼的由来。

汉承秦制,也是实行皇帝制度,要求天下人都服从皇帝的权威。但问题是,天下人为什么要服从皇帝的权威?或者说,天下人为什么要忠于皇帝?也就是说忠于皇帝的合法性问题需要得到解决。韩非子是法家集大成者,他只是说百姓要忠于皇帝,君要臣死,臣不得不死。他说:"为臣不忠,当死。"(《韩非子·初见秦》)要求大臣做到"贤者之为人臣,北面委质,无有二心。朝廷不敢辞贱,军旅不敢辞难,顺上之为,从主之法,虚心以待令而无是非也。故有口不以私言,有目不以私视,而上尽制之"(《韩非子·有度》)。但是他没有说大臣为什么要忠于皇帝。也就是说,忠于皇帝的忠德道德本体论没有得到解决。这个问题直到董仲舒才做出了理论解决。因此,我们说,汉代是忠德的发展。

董仲舒(约公元前179年—公元前104年),河北广川(今河北省枣强县广川镇)人,西汉著名的思想家。"他上承孔子,下肩朱熹,对中国儒家学说的继承与发展起到了十分重要的承接作用。董仲舒以天为主导,以天人关系为轴心,以阴阳五行为材料,创造出了一套以儒家学说为核心的,融合了先秦诸子思想的天人感应说、三纲五常说,并将它成功实践于国家政治与社会生活的各个领域。经过他的大力提倡,儒家学说成为汉帝国的官方意识形态,儒家学说也从此成为中国传统政治思想的主干,从汉至清,一直在中国思想界与官方的意识形态中处于统治的地位。"①董仲舒最大的理论贡献是将儒学提升为国家意识形态,论证了儒学政治合理性和合法性问题。董仲舒认为,天就是万物的根本。他说:"天地者,万物之本,先祖之所出也。广大无极,其德昭明。历年众多,永永无疆。天出至明,众知类也,其伏无不炤也。地出至晦,星日为明不敢闇,君臣父子夫妇之道取之,此大礼之终也。"(《春秋繁露·观德》)他把天当成是人间"君臣父子夫妇"的终极根源。

那么"天"又是由什么构成的呢?董仲舒认为是"元气"。他说:"臣谨案《春秋》谓一元之意,一者万物之所从始也,元者辞之所谓大也。谓一为元者,视大始而欲正本也。"(《汉书·董仲舒传》)还说:"是以《春秋》变一谓之元,元犹原也,其义以随天地终始也。故人唯有终始也,而生不必应四时之变,故元者为万物之本,而人之元在焉,安在乎?乃在乎天地之前,故人虽生天气,及奉天气者,不得与天元、本天元命而共违其所为也。"(《春秋繁露·玉英》)"元气"构成了天,"天"具有终极的道德正义,人不能违反天意。而人间的君主,就是"元气",就是"天元"或"元神"。董仲舒说:"君人者,国之元,发言动作,万物之枢机,枢机之发,荣辱之端也,失之毫厘,驷不及追。故为人君者,谨本详始。"(《春秋繁露·立元神》)

既然国家之"元气"就是人君,"元气"又构成"天",很自然,天子或人君或者皇帝就具有在人间的终极正义。普天之下的百姓都要服从天的意志,也就要服从皇帝的意志。忠臣孝子等都要法于"地",地法于天。董仲舒说:"是故孝子之行,忠臣之义,皆法于地也。地事天,犹下之事上也。"(《春秋繁露·阳尊阴卑》)同时,他还说,君主代表上天的正义,是天生的仁。董仲舒:"仁之美者在于天,天仁也,天覆育万物,既化而生之,有养而成之,事功无已,终而复始,凡举归之以奉人,察于天之意,无穷极之仁也。人之受命于天也,取仁于天而仁也,是故人之受命天之尊,父兄子弟之亲,有忠信慈惠之心,有礼义廉让

之行,有是非逆顺之治,文理灿然而厚,知广大有而博,唯人道为可以参天。"(《春秋繁露·王道》)天是仁,是纯善的,因此是不能背负骂名的。同样的逻辑,君主代表天,自然是纯善的,是仁义的,因此君主是不能背负骂名的。如果出现骂名,那一定是臣子的问题。董仲舒说:"是故《春秋》君不名恶,臣不名善,善皆归于君,恶皆归于臣。臣之义比于地,故为人臣者,视地之事天也;为人子者,视土之事火也。"(《春秋繁露·阳尊阴卑》)

因此,大臣和百姓都忠于君主,就具有了道德合理性和合法性。在董仲舒看来,圣人最大的贵气,即是忠。他说:"是故圣人之行,莫贵于忠。"(《春秋繁露·五行之义》)人臣委身事君,就必然要忠,不然就是违反天意,属于大逆不道。董仲舒说:"委身致命,事无专制,所以为忠也;竭愚写情,不饰其过,所以为信也;伏节死难,不惜其命,所以救穷也;推进光荣,褒扬其善,所以助明也;受命宣恩,辅成君子,所以助化也;功成事就,归德于上,所以致义也。是故地明其理,为万物母;臣明其职,为一国宰;母不可以不信,宰不可以不忠;母不信,则草木伤其根;宰不忠,则奸臣危其君。"(《春秋繁露·天地之行》)

还说:"臣不忠,而君灭亡,若形体妄动,而心为之丧。是故君臣之礼,若心之与体;心不可以不坚,君不可以不贤;体不可以不顺,臣不可以不忠;心所以全者,体之力也;君所以安者,臣之功也。"(《春秋繁露·天地之行》)董仲舒这里就很自然说清楚了人臣之忠德的必要性和可行性,为忠君理论的完善提供充分的理论论证。

那么,人不忠会怎么样? 在董仲舒看来,人不忠于君主,就是天下的大患。董仲舒指出:"心止于一中者,谓之忠;持二中者,谓之患;患,人之中不一者也,不一者,故患之所由生也,是故君子贱二而贵一。"(《春秋繁露·天道无二》)"常不一,故不足以致功。诗云:'上帝临汝,无二尔心。'知天道者之言也!"(《春秋繁露·天道无二》)因此,在董仲舒看来,人臣必须要忠。董仲舒说:"故忠臣不显谏,欲其由君出也。《书》曰:'尔有嘉谋嘉猷,入告尔君于内,尔乃顺之于外,曰:此谋此猷,惟我君之德。'此为人臣之法也;古之良大夫,其事君皆若是。"(《春秋繁露·竹林》)董仲舒这里就把忠德作为臣道的根本原则。

那么,如果大臣一味忠于君主,君主又不听劝告,导致天下大乱,那怎么办?董仲舒吸收了五行和阴阳学说,提出了天谴理论。他认为,如果君主一意孤行不听忠臣的劝告,上天就会出现灾异(如地震)来警告或谴责君主。董仲舒说:"凡灾异之本,尽生于国家之失,国家之失乃始萌芽,而天出灾害以谴告之;谴告之,而不知变,乃见怪异以惊骇之;惊骇之,尚不知畏恐,其殃咎乃至。"(《春秋繁露·必仁且智》)他在回答汉武帝的策论"三代受命,其符安在?灾异之变,何缘而起?"的时候回答说:"臣闻天之所大奉使之王者,必有非人力所能致而自至者,此受命之符也。天下之人同心归之,若归父母,故天瑞应诚而至。《书》曰:'白鱼入于王舟,有火复于王屋,流为乌',此盖受命之符也。周公曰:'复哉复哉',孔子曰:'德不孤,必有邻',皆积善累德之效也。及至后世,淫佚衰微,不能统理群生,诸侯背畔,残贼良民以争壤土,废德教而任刑罚。刑罚不中,则生邪气;邪气积于下,怨恶畜于上。上下不和,则阴阳缪盭而娇孽生矣。此灾异所缘而起也。"(《汉书·董仲舒传》)这段话的大意是说,只要君主积德行善,仁爱天下臣民,上天就会降下祥瑞。如果君主残暴无道,昏聩腐朽,鱼肉百姓,上天就是降下灾异。他说:"家将有失道之败,而天乃先出灾害以谴告之,不知自省,又出怪异以警惧之,尚不知变,而伤败乃至。"(《汉书·董仲舒传》)

总之,董仲舒的忠德理论,其实解决了皇权合法性问题。中国古代的皇权是一种把历史传统、军事权力以及思想、宗教、文化与精神上的权威性叠加在一起的复合式的"普遍皇权"①。董仲舒从理论上解决了人们为什么要忠于皇权的问题,丰富了儒家忠德理论,对后世儒家忠德理论产生了重要影响,也将儒家上升为国家意识形态提供了理论条件。这是对儒家忠德理论的发展。

---

① 葛兆光:《中国思想史》(第二卷),复旦大学出版社 2019 年版,第 3 页。

当然,经过魏晋南北朝和隋唐,儒家忠德理论尽管有各种各样的形式,包括托名马融撰的《忠经》①,但都没有出现超越董仲舒这样的忠德理论。同时,由于魏晋南北朝处在动乱之中,人们经历战争,流离失所,更加没有环境去对儒家忠德理论进行深层的理论构建。同时,又由于佛教的传入,为安慰人们的精神提供了精致的佛学理论。因此,对儒家忠德理论原创性的发展,在唐代也没有出现。但是到了宋代,儒家忠德理论的发展又出现了新的高峰,尤其是宋明理学的忠德理论标志着中国儒家理论的成熟。

二、宋元明清时期忠德的成熟

汉唐忠德思想,主要还是强调政治方面的。这是受董仲舒的影响所致。而以董仲舒为代表的儒家忠德理论家,采纳了阴阳和五行学说,到了东汉阴阳和五行学说,就越来越神秘化,最后演变为谶纬神学。任继愈先生认为,谶纬是"封建神学与庸俗经学的混合物"②,是"在宣传天可以谴告人的迷信思想"③,"是麻痹人民的思想工具"④。日本学者武内义雄认为,谶纬是堕落的迷信⑤。谶纬理论对秦汉产生了很大的影响,"几乎笼罩了半个思想世界"⑥。而唐代的忠德理论,其实并没有超越董仲舒对忠德理论的阐释。唐代经济繁荣,但是其思想的繁荣主要体现在佛学方面。在儒家理论方面,除了韩愈、柳

---

① 《忠经》一书,一共十八章,该书是仿照《孝经》体例而写的,对"忠"作了全面的分析和阐释,影响巨大。该书的作者一直存在争议:一说是汉代马融,一说是唐代叫马融。唐代的马融和汉代经学家马融同名,这是丁晏考证的。一说是宋代人的伪书。《四库全书总目》卷95认为,该书:"《隋志》《唐志》皆不著录,《崇文总目》始列其名,其为宋代伪书,殆无疑义。"笔者认为该书总体上是汉代的作品,唐代有所修正,原则上应该算是东汉的作品。《忠经》作者至今无可考,存疑。不管《忠经》出自何人之手,总归是儒家作品,这点无异议。因为本书是儒家忠德思想与实践研究,故《忠经》一书的版本考证,与主题无直接关系,只好暂存,他日再作《忠经》版本考证。
② 任继愈:《中国哲学史》(第二册),人民出版社1996年版,第104页。
③ 任继愈:《中国哲学史》(第二册),人民出版社1996年版,第105页。
④ 任继愈:《中国哲学史》(第二册),人民出版社1996年版,第105页。
⑤ 转引自葛兆光:《中国思想史》(第一卷),复旦大学出版社2019年版,第254页。
⑥ 葛兆光:《中国思想史》(第一卷),复旦大学出版社2019年版,第254页。

宗元和刘禹锡等之外,鲜有在儒学上具有董仲舒式的儒家忠德理论家。唐代是"盛世的平庸"[①],从生活的富庶程度上来说是不错的,从诗赋的精彩意义上来说也是不错的,从人们接受各种文明的豁达心态上来说也是不错的,但从思想的深刻方面来说却恰恰相反[②]。清代文廷式说:"唐人以诗赋为重,故《五经正义》既定,而经学遂荒,一代谈经之人,寥寥可数。"(文廷式《纯常子枝语》卷十四)唐代从唐高宗时代开始,知识分子就"薄于儒术,尤重文史。于是醇醲日去,毕竟日彰,犹火销膏而莫之觉也"(《旧唐书·儒学上》卷一百八十九上)。或者说,就儒学方面来说,唐代的思想是平庸的。

唐代思想最为辉煌的是佛学。唐代出现了众多的佛学思想家,可谓群星灿烂[③]。印度佛学在两汉之际传入中国,经过魏晋几百年的发展,到了唐代就演变成了中国化的佛学。唐代佛学的繁荣,对儒家的发展产生了极大的挑战和冲击。这引起了广大士大夫的警觉,以韩愈为代表的思想家提出了"道统"理论以抵制佛学。韩愈引出了问题,但并没有解决问题。对于忠德诸多理论问题,思想界也没有做出深刻的分析。

唐代发生了几件意义深刻的伦理大事:其一,玄武门之变。唐太宗李世民杀兄弟逼父交权。"太宗以兵入玄武门,杀太子建成及齐王元吉。"(《旧唐书·本纪·太宗》卷二)这引发了一系列忠与孝的问题。司马光说:"立嫡以长,礼之正也。然高祖所以有天下,皆太宗之功;隐太子以庸劣居其右,地嫌势逼,必不相容。向使高祖有文王之明,隐太子有泰伯之贤,太宗有子臧之节,则乱何自而生矣! 既不能然,太宗始欲俟其先发,然后应之,如此,则事非获已,犹为愈也。既而为群下所迫,遂至蹀血禁门,推刃同气,贻讥千古,惜哉!"(《资治通鉴·唐纪七·武德九年》卷一百九十一)

---

① 葛兆光:《中国思想史》(第一卷),复旦大学出版社 2019 年版,第 9 页。
② 葛兆光:《中国思想史》(第一卷),复旦大学出版社 2019 年版,第 36 页。
③ 有的学者认为,唐代是物质繁荣的盛世,却是思想贫乏的朝代。这是有失公正的。唐代儒、释、道家思想,都有所发展。只是佛学思想最为发达,流派众多。唐代佛学的发达很容易遮蔽了道家和儒家的思想。

其二，安史之乱。边镇藩将背叛唐中央政府，引发社会问题。安史之乱造成了社会空前浩劫。《旧唐书》说："宫室焚烧，十不存一。百曹荒废，曾无尺椽，中间畿内，不满千户。井邑榛荆，豺狼站嗥，既乏军储，又鲜人力，东至郑、汴，达于徐方，北自覃怀，经于相土，人烟断绝，千里萧条。"（《旧唐书·郭子仪传》卷一百二十）

其三，黄巢起义引发的社会巨大伦理震撼。黄巢起义本是农民起义，但是在黄巢攻入长安之后，其农民起义的社会性质发生了变化，不再是农民起义部队，而是成了新的统治阶级，部队纪律松懈，阶级的局限性就暴露出来了，出现了以百姓尸体为军粮的残酷事实。这引发了社会震荡，尤其是黄巢攻入长安后，掠夺和杀戮百姓，奸淫妇女，引发社会伦理问题。《新唐书》记载说："甫数日，因大掠，缚棰居人索财，号'淘物'。富家皆跣而驱，贼酋阅甲第以处，争取人妻女乱之，捕得官吏悉斩之，火庐舍不可赀，宗室侯王屠之无类矣。"（《新唐书·逆臣列传下》卷二百二十五下）《资治通鉴》也说："居数日，各出大掠，焚市肆，杀人满街，巢不能禁。尤憎官吏，得者皆杀之。"（《资治通鉴·唐纪七十广·明元年》卷二百五十四）黄巢部队甚至杀人做军粮，并且与各地来勤王的藩镇部队做起了人肉生意。藩镇将领将捉拿到的百姓卖给黄巢的部队，黄巢的部队再把这些买来的百姓杀掉，充当"军粮"。《新唐书》说："时京畿百姓皆砦于山谷，累年废耕耘，贼坐空城，赋输无入，谷食腾踊，米斗三十千。官军皆执山砦百姓，鬻于贼为食，人获数十万。"（《新唐书·逆臣列传下》卷二百二十五下）黄巢的部队甚至将捉来的百姓用一种叫做"舂磨砦"巨大的碾机，将人骨肉碾碎，然后再烹饪食用，充当军粮。《旧唐书》说："贼围陈郡百日，关东仍岁无耕稼，人饿倚墙壁间，贼俘人而食，日杀数千。贼有舂磨砦，为巨碓数百，生纳人于臼碎之，合骨而食，其流毒若是。"（《新唐书·逆臣列传下》卷二百二十五下）此外，在黄巢率领部队攻入长安之后，还大肆屠杀进士出身的官员等。这些事件，对儒家的忠德的冲击是巨大的，极大地刺激了儒家思想家。这些事件引起了儒家知识分子的高度关注。总体来说，经历了魏晋南北朝几百年的动乱,又经历了佛教对传统儒家的挤压,魏晋时代的儒家思想界,已经失去了对人们的吸引力,而作为边缘化的佛教和道教,却成了魏晋隋唐时代最为活跃,最富有生气的知识价值体系。

皇帝们企图想通过不断的泰山封禅和祭孔来挽救人民对儒学的兴趣,但是人们却无法抗拒佛教和道教的诱惑。而在这个儒家忠德退却的时代,古代的精英们尽管大都是权力的拥有者,有的却也是自私自利,对百姓充满鄙视,但同时又对国家的繁荣夹杂几分欣赏和崇拜。唐太宗李世民无不自信地说:"曩之一天下,克胜四夷,惟秦皇、汉武耳。朕提三尺剑定四海,远夷率服,不减二君者。"(《新唐书·西域上》卷二百二十一上)这是他对拥有大唐江山的自信。同时,他又对知识精英热衷科举,感到无比骄傲,也自豪地说:"天下英雄入吾彀中。"(王定保《唐摭言·述进士上篇》卷一)尽管如此,作为大唐帝国的思想在整个儒家思想上的,还是显得贫乏和普遍的失语。正如葛兆光教授所言:"七世纪中叶至八世纪中叶的中国,正处在'盛世的平庸'之中,……这是因为主流知识思想已经不再具有自我调整的能力,于是它也不再具有判断当时社会问题的洞察力。"①可以说整个唐代的儒学思想界显得混乱,这个标志性的事件是,神龙元年(公元705年)精通儒学的学术领袖孔颖达不再担任国子监祭酒一职,改由一位道教信仰者叶净能担任。这标志着整个唐代儒学思想体系的边缘化,导致了社会上整体伦理道德的混乱,甚至出现了武三思这样极端的自私自利的为所欲为者。武三思说:"我不知代间何者谓之善人,何者谓之恶人;但于我善者则为善人,于我恶者则为恶人耳。"(《资治通鉴·神龙二年》卷二百八)这种善恶是非观点完全依靠个人的喜好为标准。甚至安乐公主还可以自己"自为制敕,掩其文,令上署之"(《资治通鉴·神龙二年》卷二百八)。皇帝居然"笑而从之,竟不视也。自请为皇太女,上虽不从,亦不谴责"(《资治通鉴·神龙二年》卷二百八)。

---

① 葛兆光:《中国思想史》(第二卷),复旦大学出版社2019年版,第12页。

不过需要说明的是,我们说的魏晋至唐代儒家思想的平庸,尤其是唐代盛世思想的平庸,是相对于先秦和秦汉孔子、孟子、荀子、董仲舒等这样的大思想家来说的,并不是说整个魏晋和唐代没有思想家。魏晋至唐代也出现了像蒋济、桓范、范缜、王肃、王弼、王通和韩愈等这样的儒学家和经学家,但是并没有出现像孔子、孟子、荀子和董仲舒这样的闪烁在思想界的耀眼巨擘。陈弱水将杜甫作为中唐儒家复兴的先驱。他认为,杜甫的思想"属于较新的形态,属于衣蛾重大思潮变化的开端部分",特别强调他是"以儒家价值的实践作为人生的首要目标"①。这是夸大了杜甫的价值,杜甫一生"奉儒守官,未坠素业"(《进雕赋表》),世代"传之以仁义礼智信"(《唐故万年县君京兆杜氏墓志》)。但杜甫主要的贡献还是在文学上,其儒学思想还算不上是先驱②。可以说,宋代忠德理论理学化和普遍化,就是在这样的思想史背景下产生。理学化的忠德理论,到明清出现极端化的变化。

第一,理学化的忠德。唐代建立初期经过十几年的努力,国家趋于统一,一个庞大的唐代帝国开始构建起来。唐太宗李世民为自己建立起来的大唐帝国感到无比自信和自豪。他对房玄龄等人说:"曩之一天下,克胜四夷,惟秦皇、汉武耳。朕提三尺剑定四海,远夷率服,不减二君者。"(《新唐书·西域上》)唐太宗认为自己和秦始皇和汉武帝可以媲美。但是国家的统一,并不代表思想的统一。尽管唐帝国政治上"官吏多自清谨。制驭王公、妃主之家,大姓豪猾之伍,皆畏威屏迹,无敢侵欺细人"(《贞观政要·政体》卷一)。经济上"商旅野次,无复盗贼,囹圄常空,马牛布野,外户不闭。又频致丰稔,米斗三四钱,行旅自京师至于岭表,自山东至于沧海,皆不赍粮,取给于路。入山东村落,行客经过者,必厚加供待,或发时有赠遗。此皆古昔未有也"(《贞观政要·政体》卷一)。

---

① 转引自葛兆光:《中国思想史》(第二卷),复旦大学出版社 2019 年版,第 8 页。
② 关于杜甫的研究,可以参阅陈贻焮的《杜甫评传》(生活·读书·新知三联书店 2022 年版)。

但是在思想上,并没有实现思想上的统一,整个唐代都是儒释道三教并列。

当然,思想的统一和国家统一有时候并不是同步的。春秋天下大乱,国家大一统的意识普遍存在,所以,各诸侯国都努力发展自己的经济军事实力,实现富国强兵,目的是为了实现统一而努力。在思想上,孔子提出的普天之下要实行"仁爱",墨子则主张"兼爱""非攻"也是为了实现天下的和平的。这是思想上要求统一,走在国家统一的前面。秦始皇统一中国,实现了书同文,车同轨,但是并没有实现思想上的统一。思想的统一到了汉代董仲舒的出现才实现。唐代的《五经正义》是经学上的一次总结,但是也没有实现唐代统一的思想理论。究其原因大概就是因为唐代"知识阶层在海内承平、天下统一的时代,逐渐失去了或放弃了对前程的自由选择空间和思想的自由阐述余地,只能拥挤在这个狭窄的仕途上,而当唐王朝又相对比较的多门径宽松取士时,士人们就更把知识与思想集中在考试所涉及的范围内"①。

宋代三百年,尽管是偏安一隅,北宋与辽、大理等政权鼎立,南宋与西夏、金、蒙古等并列,但是在思想上却论证了国家统一的意志。葛兆光教授有一段很精彩的话:"古代中国的一个相当普遍的观念是,人类有一个最终合理的'秩序',而对于这个秩序又有一种非常圆满的解释系统。古代中国的主流思想世界的中心,就是在论证和建构这种解释系统:它需要说明,天地的空间和时间格局,帝王与帝国的政治结构,人间的社会伦理道德,自然的万事万物,是如何完美地被纳入这一秩序中的。"②这个对政治结构、社会伦理道德和自然万事万物做出统一的完美的解释的就是宋代理学。在忠德上,就是理学化的忠德,集中的杰出代表是理学集大成者朱熹。当然,宋代理学家名家辈出,著作浩瀚,除了朱熹集大成之外,还有如周敦颐、程颐、程颢、张载、邵雍、杨时、陆九渊等思想家。这里我们以朱熹为代表来论证。

---

① 葛兆光:《中国思想史》(第一卷),复旦大学出版社 2019 年版,第 6 页。
② 葛兆光:《中国思想史》(第一卷),复旦大学出版社 2019 年版,第 5 页。

朱熹(公元1130—1200年)①,生于南剑州尤溪(今属福建三明),侨居建阳(今福建)。小名沈郎,后字元晦,也字仲晦,号晦庵,晚年称晦翁、遯翁、云谷老人、沧州病叟,别号紫阳。他的学说被称为"闽学"或"朱子学"。又因为朱熹在福建建阳建考亭精舍,所以其学说也称为考亭之学(《宋史·朱熹传》卷四百二十九)。朱熹是南宋著名的哲学家、思想家、易学家和教育家,理学集大成者。钱穆先生称赞他是"吾国学术史上中古唯一伟人"②。

朱熹认为,"理"是天地宇宙间最高的范畴。他说:"太极只是天地万物之理。在天地言,则天地中有太极;在万物言,则万物中各有太极。未有天地之先,毕竟是先有此理。"(《朱子语类》卷一)又说:"未有天地之先,毕竟也只是理。有此理,便有此天地;若无此理,便亦无天地,无人无物,都无该载了!有理,便有气流行,发育万物。"(《朱子语类》卷一)朱熹认为"理"是宇宙的最高法则。自然、人类社会和大自然的万事万物都是"理"的衍生物。朱熹说:"宇宙之间,一理而已。天得之而为天,地得之而为地,凡生于天地之间者,又各得之以为性,其张之为三纲,其纪之为五常,盖皆此理之流行,无所适而不在。"(《朱子全书·读大纪》卷七十)又说:"至于天下之物,则必各有所以然之故,与其所当然之则,所谓理也。"(《朱子全书·大学或问上》)

既然"理"是宇宙的最高法则,大自然的万事万物都是"理"的呈现,那么,很自然"忠"就是"理"的衍生物。那么,什么是忠呢?朱熹说:"一心之谓诚,尽己之谓忠。"(《朱子语类》卷六)还说:"尽己之谓忠,推己之谓恕。"(《朱子语类》卷二十七)在朱熹看来,忠就是发自内心地尽心尽力。这是尽人之性的一种方式,是符合"理"的原则。朱熹说:"发己自尽为忠,循物无违谓信。"(《朱子全书·大学章句》)还说:"诚者实有之理,自然如此。忠信以人言之,须是人体出来方见"(《朱子语类》卷六),"'诚'字以心之全体而言,'忠'字以

---

① 关于朱熹的忠德理论,请参阅欧阳辉纯著的《朱熹忠德思想研究》(人民出版社2022年版)一书。

② 钱穆:《朱子新学案·例言》(新校本),九州出版社2011年版,第4页。

其应事接物而言,此义理之本名也。"(《朱子语类》卷六)这就说明,"忠"是"天理"的"天地万物上下同流"的方式和行为。所以,天理就构成了忠的理论基础,而忠就成了天理在人间呈现的方式和道德实践行为。

这里需要说明的是,在朱熹看来,忠与恕是一体两面。这是对孔子忠恕之道的继承和发展。朱熹说:"主于内为忠,见于外为恕。忠是无一毫自欺处,恕是'称物平施'处。"(《朱子语类》卷二十七)还说:"忠是体,恕是用,只是一个事物……忠是本根,恕是枝叶。非是别有枝叶,乃是本根中发出枝叶,枝叶即是本根。"(《朱子语类》卷二十七)因此,忠恕之道,就是忠之道。

第二,忠德道德实践理论。宋代理学化的忠,既不是过分强调臣对君的政治之忠,也不是过分强调君对臣的皇帝之忠。他们是从道德伦理的角度,来协调忠的个体。也就是说,不管一个人处于什么样的地位,都要做到"尽忠"。忠,是每个人应该具备的道德修养。朱熹认为,忠就是"忠者,诚实不欺之名。圣人将此放顿在万物上,故名之曰恕。一犹言忠,贯犹言恕",是"真实不伪"。他说:"忠者,诚实不欺之名。圣人将此放顿在万物上,故名之曰恕。一犹言忠,贯犹言恕。"(《朱子语类》卷二十七)又说:"忠,只是实心,直是真实不伪。到应接事物,也只是推这个心去。直是忠,方能恕。若不忠,便无本领了,更把甚么去及物!"(《朱子语类》卷十六)在朱熹看来,忠是每个人的道德修养。从天子到平民百姓都必须具备的。忠是真实不欺,尽己之谓。在朱熹之前的程颐也这样说过。程颐说:"忠者,无妄之谓也。"(《二程集·河南程氏遗书》卷二十一)还说:"尽心之谓'忠'"(《二程集·河南程氏遗书》卷十八)心学大师陆九渊也说:"忠者何?不欺之谓也。"(《陆九渊集》卷三十二)还说:"人而不欺,何往而非忠?"(《陆九渊集》卷二十二)朱熹是进一步阐释了忠德内涵,使得忠德合理性的解释更加清晰。

既然忠德是每个人的道德修养,因此,人从小就应该学习忠德。朱熹说:"古者初年入小学,只是教之以事,如礼乐射御书数及孝弟忠信之事。自十六七入大学,然后教之以理,如致知、格物及所以为忠信孝弟者。"(《朱子语类》

卷七）因为朱熹是理学集大成者，弟子众多。他的忠德教育思想就被弟子继承下来。最为典型的是陈淳。他将朱熹忠德教育融入在启蒙读物中。陈淳编撰有《启蒙初训》《训童雅言》等，在这些通俗的启蒙读物中，将朱熹的忠德理念融入课本之中，对教育和促进理学忠德理念的提升起到了重要作用。不仅如此，陈淳还在通俗的诗歌创作中，融入理学化的忠德理念。比如他在《闲居杂咏二十二首》诗中，解释忠为："忠以尽诸己，其中不容伪。一毫苟自欺，在我先有愧。"因为朱熹是理学集大成者，元代将朱熹编撰的《四书章句集注》定为科举考试标准教材，这样朱熹的思想就成为后世传统社会八百年官方意识形态，影响巨大。因此，理学家的忠德理论也更加深入人心了。

　　著名学者汪晖有一段经典的话，这话虽然是讨论儒学礼乐道德世界的，但是也是适合儒家忠德世界。他说："如果把宋代天理观的诞生与宋儒的历史观联系起来观察，我们就可以发现天理在儒学世界中的地位的上升是和他们对于历史变迁的观察密切相关的：三代以上是礼乐的世界，道德、伦理与礼乐、自然完全一体化，对道德的叙述与对礼乐的叙述是完全一致的，因此并不需要一个超离于礼乐范畴的本体提供道德根源；而三代以下是一个经历了'礼乐与制度的分化'的世界，即现实的制度本身已经不能像礼乐那样提供道德根源，对制度的陈述并不能等同于对道德的陈述，从而关于道德的论述必须诉诸于一个超越于这个现实世界的本体。这个分化的过程也体现在'物'这一范畴的转化之上：在礼乐的世界里，物既是万物之物，又代表着礼乐的规范，从而物与理是完全统一的；而在宋儒置身的世界里，礼乐已经退化为制度，即不具有道德内涵的物质性或功能性的关系，从而'物'在礼乐世界中所具备的道德含义也完全蜕化了，只有通过格物的实践才能呈现'理'。"①这个分析也是适合儒家忠德思想的发展与演变。

---

　　①　汪晖：《现代中国思想的兴起·重印本前言》（第一部上卷），生活·读书·新知三联书店 2015 年版，第 5 页。

第三节 批判与重建：近现代儒家之忠德

儒家忠德在朱熹那里达到了理论高峰。朱熹的理论对后世产生了深远影响。公元1313年元仁宗下诏恢复科举考试制度。"科场，每三岁一次开试。举人从本贯官司于诸色户内推举，年及二十五以上，乡党称其孝悌，朋友服其信义，经明行修之士，结罪保举，以礼敦遣，资诸路府。"(《元史·志·选举一》卷八十一)考试的内容主要是以朱熹的《四书章句集注》为标准，阐发义理。《元史》说："考试程式：蒙古、色目人，第一场经问五条，《大学》《论语》《孟子》《中庸》内设问，用朱氏章句集注。其义理精明，文辞典雅者为中选。第二场策一道，以时务出题，限五百字以上。汉人、南人，第一场明经经疑二问，《大学》《论语》《孟子》《中庸》内出题，并用朱氏章句集注，复以己意结之，限三百字以上；经义一道，各治一经，《诗》以朱氏为主，《尚书》以蔡氏为主，《周易》以程氏、朱氏为主，已上三经，兼用古注疏，《春秋》许用《三传》及胡氏《传》，《礼记》用古注疏，限五百字以上，不拘格律。"(《元史·志·选举一》卷八十一)元代将朱熹的思想定为官方意识形态，对社会产生了极大的影响。

中国思想史的经验告诉我们，当一种思想成为权威，并且具有不可挑战的地位的时候，就是该思想衰落的开始。朱熹的思想包括忠德思想经过元代，到了明代就出现了很多问题，甚至畸形发展了。王阳明才从心学的角度，转手接过了朱熹的理学思想。王阳明从心学的思想对朱熹的忠德进行了改造。明代王阳明的心学，尽管影响巨大，但是在当时毕竟还不是官方意识形态，因此明代的忠德思想出现了很多畸形变态的行为。赵园在《明清之际士大夫研究》一书中，对明代士大夫病态的对抗暴政和君主的淫威有精彩的论述①。明代是君主专制集权最为集中的朝代，朱元璋废除宰相制，皇帝独揽大权。同时，

---

① 参阅赵园著的《明清之际士大夫研究》(北京大学出版社1999年版)一书。

明代实行西厂、东厂、锦衣卫等特务制度,四处监控大臣们的活动,稍有不慎就可能引来杀身之祸。清代是少数民族统治,满族和汉族的政治矛盾,在清代一直存在。在思想上,清代的忠德并没有多大的发展,而是将朱熹的忠德理论,不断转化为忠德实践行为。但是到了近代,中国逐步沦为半殖民半封建社会,统治者推行的政治之忠德理论受到了挑战。

一、近代西方思想冲击下忠德思想的批判

近代对忠德挑战,有一个历史发展的过程。明清易代,王纲解纽,满族统治者暂时疲于军事占领而无力顾及思想控制。这在客观上有利于学术思想获得相对宽松的自由空间。① 因此,明清易代之际出现了许多卓有成效的启蒙思想家,如黄宗羲、王夫之等。他们对传统忠德理论提出了批评。黄宗羲在《明夷待访录》中说:"天下之大,于兆人万姓之中,独私其一人一姓乎?"②(《明夷待访录·原君》)黄宗羲认为,君主只是一家一姓,不能代表天下万民。他说:"天下之治乱,不在一姓之兴亡,而在万民之忧乐。"(《明夷待访录·原君》)王夫之说:"一姓之兴亡,私也;而生民之生死,公也。"(《读通鉴论·敬帝》)而且认为君主辱大臣就是辱国。他说:"使诏狱廷杖而有人自裁者,人君之辱士大夫,尚可惩也。高忠宪曰:'辱大臣,是辱国也。'"(《读通鉴论·惠帝》)君辱大臣属于非礼。王夫之说:"至于辱,则君自处于非礼,君不可以为君;臣不知愧而顺承之,臣不可以为臣也。"(《读通鉴论·惠帝》)父亲可以打骂子女,但不可杀子女,君主可以利用绝对权力杀戮大臣,但不可以侮辱大臣。王夫之说:"子之于父母,可宠、可辱,而不可杀。身者,父母之身也。故宠辱听命而不惭。至于杀,则父母之自戕其生,父不可以为父;子不能免焉,子不可

---

① 王法周、刘晨:《中国近代思想通史》(第一卷),耿云志主编,社会科学文献出版社 2022 年版,第 101 页。

② 战国时期《庄子·则阳》一文说:"五官殊职,君不私,则国治。"《吕氏春秋·贵公》就有:"天下非一人之天下也,天下之天下也。"所以说,"公天下"其实是一个古老的命题。只是在明清之际特殊的历史条件下又被提出来并强化了这种"公天下"的观点。

以为子也。臣之于君,可贵、可贱、可生、可杀,而不可辱。"(《读通鉴论·文帝》)这是对皇帝专制的批判。皇帝之所以是皇帝,是因为皇帝拥有至高无上的权力。概括起来,主要有行政权、军事权、司法权、官吏选拔任免权、监察权、财政权、文化专制权、宗教权等①。总体来说,皇帝的权力是无限的,是没有边际的,也是不受控制的。李泽厚指出,黄宗羲等人回应了明末清初的天下未有之大变局的时代问题,"要求用近代的启蒙主义来限制君权以至取缔君权的民主思想问题","它在理论上意味着'意向伦理'(道德动机)与'责任伦理'(现实效果)、价值判断与事实判断相分别的要求,此亦即是经济学、政治学、社会学应该从宗教学、道德学中分化和独立出来,以便取得科学形态恶问题"②,"黄在当时特定历史条件下,以中国思想的传统形式,锐利地开始表述了近代民主政治思想。"③

明末清初启蒙思想家对君主权力和忠德理论有了新的认识④,到了近代就形成了较为完备的忠德批判理论。谭嗣同是近代维新派的代表人物之一,他直接否定君主之忠。他说:"古之所谓忠,以实之谓忠也。下之事上当以实,上之待下乃不当以实乎?则忠者,共辞也,交进之道也,岂专责之臣下乎?"(《仁学·三十二》)谭嗣同主要是否定臣对君的单向维度,他是将忠还原为道德维度。他认为,臣民忠于君,是臣民以实心真情对待,那么君主也应该以实心真情对待臣民。在他的视野中,忠德是相互的,是对等的,不是单向的维度。这是对专制主义皇权的忠德批判。

谭嗣同认为,对暴君的忠,不是忠而是助纣为虐。他批判地说:"君为独

---

①　朱诚如:《中国皇帝制度》,武汉出版社 1997 年版,第 17—19 页。

②　李泽厚:《中国古代思想史论》,生活·读书·新知三联书店 2008 年版,第 295 页。

③　李泽厚:《中国古代思想史论》,生活·读书·新知三联书店 2008 年版,第 296 页。

④　对于明末清初启蒙思想家(如黄宗羲)的言论,日本学者沟口雄三认为,黄宗羲他们的思想并没有触及君主专制政体本身,也不能把他们的思想比拟为资产阶级的近代民权、共和思想。([日]沟口雄三:《中国前近代思想的演变》,索介然、龚颖译,中华书局 1997 年版,第 236 页)沟口雄三这是对黄宗羲他们的要求太高了,明末清初启蒙思想家,在当时的历史条件不可能提出废除君主专制制度,最多也是批判皇帝制度本身。我们不能以现代人的身份过分要求古人。

夫民贼,而犹以忠事之,是辅桀也,是助纣也。其心中乎,不中乎?呜呼,三代以下之忠臣,其不为辅桀助纣者几希!"(《仁学·三十二》)谭嗣同否定了无原则、无正义的忠。助强权为忠,这不是忠,而是一种谄媚行为。谭嗣同在批判专制主义忠德同时,又强调了"仁"的无阶级无压迫的境界。他说:"人人能自由,是必为无国之民。无国则畛域化,战争息,猜忌绝,权谋弃,彼我亡,平等出;且虽有天下,若无天下矣。君主废,则贵贱平;公理明,则贫富均。千里万里,一家一人。视其家,逆旅也;视其人,同胞也。父无所用其慈,子无所用其孝,兄弟忘其友恭,夫妇忘其倡随。若西书中百年一觉者,殆仿佛《礼运》大同之象焉。"(《仁学·四十七》)在谭嗣同看来,"仁以通为第一义"(《仁学·仁学界说》)。他认为,"仁"就是"通"。从地域上贯通内外,即"中外通";从空间上来说,是"上下通";从社会上来说,是"男女内外通""人我通"。他说:"是故仁不仁之辨,于其通与塞;通塞之本,惟其仁不仁。……苟仁,自无不通。亦惟通,而仁之量乃可完。……夫仁、以太之用,而天地万物由之以生,由之以通。星辰之远,鬼神之冥漠,犹将以仁通之;况同生此地球而同为人,岂一二人之私意所能塞之?亦自塞其仁而已。"(《仁学·四》)

近代启蒙者认为,"忠于一人不忠于一国不得谓之忠"①。这是对明清启蒙思想家忠德理论的继承和发展。梁启超强调"公忠",反对"私忠"。他在《新民说》中说:"人非父母无自生,非国家无自存,孝于亲,忠于国,皆报恩之大义,而非为一姓之家奴走狗者所能冒也。"(《新民说·论国家思想》)梁启超批判"私忠",忠于一家一姓,这是"家奴走狗"的行为,只有忠于国家才是忠。他呼吁人们应当做"新民",摆脱一家一姓之私忠,摆脱"奴隶道德"。只有忠于国家,才是新民的道德,这样才能出现新民和新国家。他说:"苟有新民,何患无新制度、无新政府、无新国家?"(《新民说·论国家思想》)

章太炎在《訄书·明独》中批判儒家忠德重视"群",而扼杀了人的个性。

---

① 李书城:《学生之竞争》,载《湖北学生界》第2期,《时论选》(第一卷),第458页。

他认为儒家培养出来的是"卑谄为效忠"的私忠之人,这对国家、民族是不利的。他说:"盖封建末流,务在尊崇贵族,以仕宦为光荣,以卑谄为效忠,举世聋盲,顽不知耻。"①而儒家的"三纲六纪,无盖于民德秋毫",认为"自宋世昌言理学,君臣之义日重,虽古之沮、溺、荷蓧,亦贬斥以为不仕无义,世载其风,逸民日乏。"②章太炎将认为,无论是小德还是大德,无论是公德还是私德都必须一视同仁。他批评《论语》说的"大德不逾闲,小德出入可也"(《论语·子张》),认为康有为解释《论语》里的"公德不逾闲,私德出入可也"这句话也是不对的。章太炎认为,一个人私德做不好,公德也一样做不好的。同理,公德做不好,私德也会做不好,这两者之间是相互促进,共同进步的。因此,他要求革命者,私德和公德都要重视,不可偏颇。他倡导革命者要"知耻""重厚""耿介""必信","重然诺,轻死生"。

章太炎批判了儒家的私忠和儒者中一些人的利禄之心,对孔教的虚伪性进行了无情地揭露。不过,他并没有否定孔子在历史上的地位③。他说:"孔氏,古良史也。辅以丘明,而次《春秋》,料比百家,若旋机玉斗矣。谈、迁嗣之,后有《七略》。孔子后,名实足以伉者,汉之刘歆。"(《訄书·订孔》)总之,章太炎对封建道德、特别是对儒家道德的批判,对革命道德的大力提倡,这对当时正在进行的资产阶级革命显然是有积极意义的④。

孙中山是民主革命的先行者,是中国传统思想与西方理论相结合的实践者。他认为,中国传统思想是从远古到孔子为止,是一种一脉相承的思想,是延续不断的文化发展过程,但到孔子时代就断绝,现代人应该要继承和发展这个正统思想。他认为,就要把这个延绵到孔子而断的中国思想道德发扬光大。孙中山说:"中国有一个正统的道德思想自尧、舜、禹、汤、文、武、周公,至孔子

①　章太炎:《章太炎政论选集》(上),中华书局 1977 年版,第 397 页。
②　章太炎:《章太炎政论选集》(上),中华书局 1977 年版,第 394 页。
③　欧阳辉纯:《传统儒家忠德思想研究》,人民出版社 2017 年版,第 127 页。
④　罗国杰:《中国伦理思想史》(下卷),中国人民大学出版社 2008 年版,第 875 页。

而绝,我的思想,就是继承这个正统思想,来发扬光大。"①

他对传统儒家忠德理论作了彻底地批判和改造。他把传统道德概括为"八德":忠孝、仁爱、信义、和平。忠孝是"八德"中的第一德。对于儒家的忠德,孙中山认为,要保存忠德精神内涵,对皇权社会的忠,进行改造,将忠君改造为忠于国家和人民,去掉私忠,建设公忠。孙中山说:"我们做一件事,总是要始终不渝,做到成功,如果做不成功,就是把性命去牺牲亦所不惜,这便是忠。"(《三民主义·民族主义》第六讲)还说:"在民国之内,照道理上说,还是要尽忠,不忠于君,要忠于国,要忠于民,要为四万万人去效忠。"(《三民主义·民族主义》第六讲)

谭嗣同、梁启超、章太炎、孙中山等对传统儒家道德包括对儒家忠德批判,是维持在理性的范围之内,毕竟他们否定的还是汉代以来被皇权利用的政治化的儒学,或者说是"君学"。袁世凯窃取了辛亥革命果实之后,复辟帝制,这就进一步使得儒学成为批判的对象了。民国二年(公元 1913 年),袁世凯颁布《通令尊孔圣文》,宣布孔学关系到"国家强弱,存亡所系"。民国三年(公元 1914 年),他颁布《祭孔告令》称:"孔子之道,亘古常新,与天无极"(《政府公报》1914 年 9 月 26 日),命令全国举行祭孔典礼。袁世凯这样做是为他登基称帝做舆论准备,这是利用了孔子作为复辟帝制的护身符。这样的倒行逆施,激起了知识分子和民众的极大愤慨,因此,这更加激起了人们对儒家伦理道德的批判热情。鲁迅说:"从二十世纪的开始以来,孔夫子的运气是很坏的,但到袁世凯时代,却又被从②新记得,不但恢复了祭典,还新做了古怪的祭服,使奉祀的人们穿起来。跟着这事而出现的便是帝制。"③袁世凯为了复辟帝制,

---

① 戴季陶:《孙文主义之哲学的基础》,吕希晨、于铁柱编:《中国现代资产阶级哲学资料选辑》,吉林大学哲学系 1980 年编,第 71—72 页。转引自罗国杰:《中国伦理思想史》(下卷),中国人民大学出版社 2008 年版,第 849 页。

② "从",应该是"重"。《鲁迅全集》(第 6 卷),人民文学出版社 2005 年版)原文如此。

③ 《鲁迅全集》(第 6 卷),人民文学出版社 2005 年版,第 328 页。

利用儒学,自然新文化运动就把批评的对象对准了孔学和传统儒家道德,这是必然的,而且这种批判比谭嗣同、梁启超、章太炎和孙中山等人更加猛烈。

王尔敏说:近代思想史的研究,不亚于百家争鸣,但"惟论者所趋,多以反孔排儒为能事,殆至任拾儒家一人一事,一言半语,俱可抵瑕蹈隙,放言高论,嬉笑怒骂,讥讽不绝"①。近代以来启蒙思想家对传统儒家忠德的批判,具有合理性成分,尤其是从批判忠君的角度来说是击中了秦始皇以来中国皇权社会的鹄的。按照先秦儒家忠德的对等性、互惠性、"君视臣以礼,臣视君以忠"等这样良性互动的忠德伦理来说,这是积极的,具有超越性。

总之,自秦始皇建立君主制之后,儒家的忠德理论在皇权的利用和包装下,不仅失去了对等性和互惠性,相反地,进一步巩固了君主专制。君主或皇帝掌控了忠德理论的解释权和主动权,这就由君主专制导致了忠德理论上的专制性,进而这种忠德理论专制性又反过来进一步加强了皇权专制的"合法暴力"。君主专制发展到明清时代,皇帝的权力就越来越大,以至于太监和外戚在分享皇帝专制权力的同时又反过来更加肆无忌惮地大肆屠杀和鱼肉百姓,最后导致晚明和晚清政府无力掌控和治理国家,导致广大百姓饿殍遍野,流离失所。一个明代的末代皇帝在绝望中吊死景山,一个清代的末代皇帝在革命的正义声中颁发退位诏书。从此,皇帝制度退出中国的历史舞台。尽管后来还有袁世凯和张勋等人复辟帝制的回光返照,但是皇帝制度在现代政治文明的历史车轮中,将成为永久的历史。这是忠德思想发展的必然结果。尽管这种必然不是政治逻辑发展的单向思维,而是社会综合发展的合力结果,但是谁也无法阻挡文明车轮前进的步伐。那种开历史倒车的逆流,必然将在历史的耻辱柱上成为人们警示和训诫的反面教材。

二、现代历史唯物主义论域中忠德的重构

自鸦片战争以来,中国的有识之士,已经意识到了民族危机。当时中国先

---

① 王尔敏:《中国近代思想史论续集》,社会科学文献出版社 2005 年版,第 2 页。

进知识分子,也在努力尝试从西方学习先进知识,从传统儒学汲取精神以启发民族意识。十九世纪,中国的思想家形成了一股启蒙运动思潮。著名学者王尔敏称为"醒觉运动"。他说:"19世纪以来,中国逐渐酝酿一种醒觉运动,逐渐弥漫于全国。此种醒觉,启动于西方各种冲击,而一日较一日紧迫。进入20世纪,发展急切而渐趋于激烈,推动各种运动的展现,实为各种思潮的动力根源。"①这些人包括了曾纪泽、严复、皮锡瑞、黄遵宪、梁启超、孙中山等人。他们的思想具有"醒民、苏醒、觉民、警世"②的价值,构成了近代醒觉运动的主流,对五四新文化运动产生了深远影响。当然,这对儒家忠德觉醒和转型也一样具有重要的价值。

中国文化之所以源远流长,其中一个重要的因素是中国文化具有很大的开放性、包容性和吸收功能。历史上有两次外来文化的冲击,都被中国本土文化很好地吸收了。第一次是两汉之际佛教传入中国,经过中国魏晋到唐代成为中国化的佛教。禅宗的产生,标志着中国佛教本体化的产生。第二次是五四新文化运动时期,马克思主义传入中国,与中国文化的结合和发展,成为中国化的马克思主义理论,指导中国革命、建设和改革取得了举世瞩目的成就。在五四新文化运动时期,早期的马克思主义者运用马克思的方法论来论证、阐释和批判中国传统文化本身存在的局限和不足,影响深远。如果说佛学传入中国弥补了中国文化尤其是儒家文化因果论与本体论的不足,那么,马克思主义传入中国则弥补了中国文化尤其是儒家文化方法论的不足。

马克思主义是人类文化智慧的结晶,她诞生在欧洲,但属于全世界。犹如儒学虽产生在中国古代,但也是全世界人类文明遗产的一部分,对人类文明的发展作出了卓越的贡献。因此,五四新文化运动,是一次中国文化和中国思想的彻底解放运动,也是一次马克思主义传入中国的文化运动,同时还是反帝反封建的爱国运动。毛泽东指出:"五四运动是反帝国主义的运动,又是反封建

① 王尔敏:《中国近代思想史论续集》,社会科学文献出版社2005年版,第13页。
② 王尔敏:《中国近代思想史论续集》,社会科学文献出版社2005年版,第17页。

的运动。五四运动的杰出的历史意义,在于它带着为辛亥革命还不曾有的姿态,这就是彻底地不妥协地反帝国主义和彻底地不妥协地反封建主义。"①五四新文化运动,从时间上来说,大概是从1915年《新青年》的创刊开始,到1921年6月截止,大约6年的时间。这6年时间以1919年"五四运动"为标志,分为前期和后期。前期主要是资产阶级与小资产阶级的文化革命的奋起,以资产阶级民主主义的思想为武器向封建主义的文化猛烈开火。后期则出现了具有初步共产主义思想的知识分子为生力军,以马克思主义为武器的反封建主义文化的战斗运动,比前期扩大了战果,加深了影响②。毛泽东指出:"五四运动所进行的文化革命则是彻底地反对封建文化的运动,自有中国历史以来,还没有过这样伟大而彻底的文化革命。"③尽管1915年新文化运动比1919年"五四运动"提前4年,但是为了论述的方便,一般统称为五四新文化运动。

五四新文化运动的巨擘陈独秀,首先在《青年杂志》创刊号上发表了《敬告青年》一文,提出高举科学与民主的大旗,对儒学进行了彻底批判。他说:"今日之社会制度,人心思想,悉自周汉两代而来,——周礼崇尚虚文,汉则罢黜百家而尊儒重道。——名教之所昭垂,人心之所祈向,无一不与社会现实生活背道而驰。倘不改而更张之,则国力将莫由昭苏,社会永无宁日。"这是批判了传统儒学的社会性质,认为儒学是脱离了社会轨道,导致社会的落后。他认为孔子之学适应不了新社会,应该要彻底与之决裂。他说:"对于与此新社会新国家新信仰不可相容之孔教,不可不有彻底之觉悟、猛勇之决心,否则不塞不流,不止不行。"④

陈独秀提出"道德革命"。他认为:"自西洋文明输入吾国,最初促吾人之觉悟者为学术,相形见绌,举国所知矣;其次为政治,历年来政象所证明,以有

---

① 《毛泽东选集》(第2卷),人民出版社1991年版,第699页。
② 罗国杰:《中国伦理思想史》(下卷),中国人民大学出版社2008年版,第890页。
③ 《毛泽东选集》(第2卷),人民出版社1991年版,第700页。
④ 陈独秀:《独秀文存·论文》(上),首都经贸大学出版社2018年版,第64页。

不克守缺抱残之势。继今以往,国人所怀疑莫决者,当为伦理问题。此而不能觉悟,则前之所谓觉悟者,非彻底之觉悟,盖犹在倘恍迷离之境,吾敢断言曰:伦理的觉悟,为吾人最后觉悟之最后觉悟。"①在陈独秀看来,其学术觉醒和政治觉醒不如伦理觉醒重要。在陈独秀看来,政治制度的改变相比于伦理来说,是比较简单的层面,只有伦理的觉醒才是民族最后的觉醒。而要改造社会就首先要彻底批判封建社会的三纲五常。陈独秀说:"儒者三纲之说,为一切道德政治之大原。君为臣纲,则民于君为附属品,而无独立自主之人格矣;父为子纲,则子于父为附属品,而无独立自主之人格矣;夫为妻纲,则妻于夫为附属品,而无独立自主之人格矣……缘此而生金科玉律之道德名词,曰忠、曰孝、曰节,皆非推己及人之主人道德,而为以己属人之奴隶道德也。"②因此,他认为封建道德已经不适应现代社会,需要做彻底改造。传统的忠德,是忠于君主的道德,也不适应现代社会,需要改造。他说:"野蛮半开化时代,有野蛮半开化时代之道德(如封建时代之忠、孝、节、义等是);文明大进时代,有文明大进时代之道德(如平等、博爱、公共心等是)。"③陈独秀认为,当时社会风俗最坏的就是不忠不孝。他说:"浅人所目为今日风俗人心之最坏者,莫过于臣不忠,子不孝,男不尊经,女不守节。然是等谓之不尊孔则可,谓之为风俗人心之大坏,盖未知道德之为物,与真理殊,其必以社会组织生活状态为变迁,非所谓一成而万世不易者也。"④他呼吁要用现代社会平等、自由的观点去应对社会道德,要用"民主"和"科学"的手段去改造社会。

陈独秀在《本志罪案之答辩书》中指出:"他们所非难本志的,无非是破坏孔教,破坏礼法,破坏国粹,破坏贞节,破坏旧伦理(忠孝节),破坏旧艺术(中国戏),破坏旧宗教(鬼神),破坏旧文学,破坏旧政治(特权人治),这几条罪

---

① 陈独秀:《陈独秀文章选编》(上卷),生活·读书·新知三联书店1984年版,第190页。
② 陈独秀:《陈独秀文章选编》(上卷),生活·读书·新知三联书店1984年版,第103页。
③ 陈独秀:《陈独秀文章选编》(上卷),生活·读书·新知三联书店1984年版,第190页。
④ 陈独秀:《陈独秀文章选编》(上卷),生活·读书·新知三联书店1984年版,第156—157页。

案。这几条罪案,本社同人当然直认不讳。但是追本溯源,本志同人本来无罪,只因为拥护那德莫克拉西(Democracy)和赛因斯(Science)两位先生,才犯了这几条滔天的大罪。要拥护那德先生,便不得不反对孔教,礼法,贞节,旧伦理,旧政治。要拥护那赛先生,便不得不反对旧艺术,旧宗教。要拥护德先生,又要拥护赛先生,便不得不反对国粹和旧文学。"①民主(德先生)和科学(赛先生)在五四运动时期,其实不仅是两个概念,而是"作为一种衡量对象的尺度、价值出现在新文化运动的批判'态度'之中的。因此,我们不应到政治哲学和自然哲学,而应到伦理学中去寻找它们的实际的历史意义,应当把它们作为'五四态度'的核心即价值来把握。"②

当然,陈独秀提出的民主,当时也只是停留在口号之中,宣传和启蒙的因素较多,并没有提出实现任何民主政治的具体措施。他提出的科学,也只是作为一种道德觉醒的代名词,并没有组织产生任何一样科学研究的机构和组织,也没有一套具体的科学理论③。他提出的民主和科学总体内涵是模糊的④。但是,其启蒙的价值确实存在的。

吴虞是四川人,是反封建的"蜀中名将"(陈独秀语),是"四川只手打孔家店的老英雄"(胡适语),被誉为"中国思想界之清道夫"(胡适语)。他非常自信地说:"四川反对孔子,殆自余倡之也。"⑤他认为儒家"教忠,也就是教一般

---

① 陈独秀:《陈独秀文章选编》(上卷),生活·读书·新知三联书店1984年版,第317页。

② 汪晖:《中国现代历史中的"五四"启蒙运动》,载许纪霖编选:《现代中国思想史论》(上卷),上海人民出版社2014年版,第56页。

③ 汪晖:《中国现代历史中的"五四"启蒙运动》,载许纪霖编选:《现代中国思想史论》(上卷),上海人民出版社2014年版,第57页。

④ 现代新儒家如牟宗三等人,则试图努力从朱熹和王阳明那里汲取思想资源,并认真研究康德和黑格尔哲学,其目标是为了证明儒学可以改造成与科学和民主相兼容的思想体系。现代新儒家的这种努力是值得肯定的。改革开放以来,儒学究竟会是什么样的形态,不同学者提出了不同的想形态,如郭齐勇教授、陈来教授等主张创新发展的传统儒学、黄玉顺教授提出生活儒学、干春松教授提出制度儒学、蒋庆教授提出政治儒学、李明辉教授提出新新儒学、欧阳辉纯教授提出中国特色社会主义儒学等。

⑤ 吴虞:《吴虞日记》(上册),四川人民出版社1984年版,第36页。

人恭恭顺顺地听他们一干在上的人愚弄,不要犯上作乱,把中国弄成一个'制造顺民的大工厂'。孝子的作用,便是如此!"①吴虞还认为,"儒家费尽苦心,替民贼设法,往往把君父二人并尊,忠孝二字连用。忠孝二字,就是拿来联结专制朝廷和专制家庭的一个秘诀。"②因此,他主张要改革道德。他说:"道德由时代变迁,不能够古今都是一样。譬如水行要用舟,陆行要用车,方才行得动……古今譬如水陆,周鲁譬如舟车,若勉强行周制于鲁国,无异于行舟于陆,劳而无功、礼义法度也是这样,必要应时变通,不可拘执。"③吴虞是五四新文化运动最为猛烈的人,他的反封建言论在当时起到了振聋发聩的功效。

李大钊批评孔教是封建君主专制的护身符。他说:"孔子生于专制之社会、专制之时代,自不能就当时之政治制度而立说,故其说确足以代表专制社会之道德,亦确足为专制君主所利用资以为护符也。历代君主,莫不尊之祀之,奉为先师,崇为至圣。而孔子云者,遂非复个人之名称,而为保护君主政治之偶象矣。"④还说:"孔子者,数千年之残骸枯骨也。"⑤李大钊认为,应该要摈弃孔子的道德说教,不能把孔子学说写入宪法,要采用新的伦理来指导生活。李大钊批评康有为忠德无新旧之分的观点。康有为曾在《孔教为国教配天议》一文中指出:"仁、义、礼、智、忠、信、廉、耻,根于天性,协与人为,岂有新旧哉?"李大钊认为道德是一种意识,它是社会存在的一种反映,不同时代的道德,其内涵是不一样的。他批驳康有为说:道德"断非神秘主宰之惠与物,亦非古昔圣之只遗留品。"⑥道德是上层建筑,是社会存在的反映。社会发生变化,道德就自然发生变化,因此没有一成不变的道德。他说:"依马克思的唯物史观,社会上法律、政治、伦理等精神的构造,都是表面的构造。他的下面,

---

① 吴虞:《吴虞集》,四川人民出版社1985年版,第173页。
② 吴虞:《吴虞集》,四川人民出版社1985年版,第164页。
③ 吴虞:《吴虞集》,四川人民出版社1985年版,第157页。
④ 《李大钊选集》,人民出版社1959年版,第80页。
⑤ 《李大钊选集》,人民出版社1959年版,第77页。
⑥ 《李大钊选集》,人民出版社1959年版,第79页。

有经济的构造作他们一切的基础。经济组织一有变动,他们都跟着变动。"①李大钊运用马克思主义唯物主义观点去批判旧封建旧道德,给了封建旧道德致命的抨击。

鲁迅认为,儒家忠德就是虚伪的。他说:"尊孔,崇儒,专经,复古,由来已经很久了。皇帝和大臣们,向来总要取其一端,或者'以孝治天下',或者'以忠诏天下',而且又'以贞节励天下'。但是,二十四史不现在么?其中有多少孝子,忠臣,节妇和烈女?"②鲁迅认为,应该要尽力去解放封建礼教束缚下的人的思想,对他们要"健全的产生,尽力的教育,完全的解放",使得现代的人不受传统"吃人"礼教的束缚,成为一个独立的人。鲁迅说:"所以觉醒的人,此后应将这天性的爱,更加扩张,更加醇化;用无我的爱,自己牺牲于后起新人。开宗第一,便是理解。往昔的欧人对于孩子的误解,是以为成人的预备;中国人的误解,是以为缩小的成人。直到近来,经过许多学者的研究,才知道孩子的世界,与成人截然不同;倘不先行理解,一味蛮做,便大碍于孩子的发达。所以一切设施,都应该以孩子为本位,日本近来,觉悟的也很不少;对于儿童的设施,研究儿童的事业,都非常兴盛了。第二,便是指导。时势既有改变,生活也必须进化;所以后起的人物,一定尤异于前,决不能用同一模型,无理嵌定。长者须是指导者协商者,却不该是命令者。不但不该责幼者供奉自己;而且还须用全副精神,专为他们自己,养成他们有耐劳作的体力,纯洁高尚的道德,广搏自由能容纳新潮流的精神,也就是能在世界新潮流中游泳,不被淹没的力量。第三,便是解放。子女是即我非我的人,但既已分立,也便是人类中的人。因为即我,所以更应该尽教育的义务,交给他们自立的能力;因为非我,所以也应同时解放,全部为他们自己所有,成一个独立的人。"③鲁迅尽管不是一个马克思主义者,但是他的伦理思想具有战斗精神,充满现实主义的关怀,

---

① 《李大钊选集》,人民出版社1959年版,第233页。
② 《鲁迅全集》(第3卷),人民文学出版社2005年版,第136页。
③ 《鲁迅全集》(第1卷),人民文学出版社2005年版,第140—141页。

这是难能可贵的。所以,毛泽东高度评价了鲁迅的这种精神。他说:"鲁迅是中国文化革命的主将,他不但是伟大的文学家,而且是伟大的思想家和伟大的革命家。鲁迅的骨头是最硬的,他没有丝毫的奴颜和媚骨,这是殖民地半殖民地人民最可宝贵的性格。鲁迅是在文化战线上,代表全民族的大多数,向着敌人冲锋陷阵的最正确、最勇敢、最坚决、最忠实、最热忱的空前的民族英雄。鲁迅的方向,就是中华民族新文化的方向。"①

恽代英认为要从"力行"及实践的角度去改造忠德。他提出"力行救国"。他说:"不力行,则能力不能切实而增长;不力行,不能有明确之责任心;不力行,不能有容异己者之量;不力行,不能感化他人而联系同志。"②通过"力行",对现在的伦理道德反思一番。他说:"现代伦理学上已经决定的理论,都值得重新考虑一番。"③他认为,一个忠厚的人就是要为社会做贡献的人。他说:"吾人不欲为社会事业则已,苟欲为之,则公德之履行,当为重要之条件。"④在他看来,忠不是私心,而是为社会事业积极"力行"。他说:"吾人果为社会倡社会事业,则当以社会之利害为行事之标准,不可以一己之利害参于其中。"⑤

毛泽东继承和发展了儒家忠德思想,提出了"为人民服务"⑥。1944年9月,毛泽东为了纪念革命烈士张思德同志,专门写了《为人民服务》一文。他指出:"因为我们是为人民服务的,所以,我们如果有缺点,就不怕别人批评指出。不管是什么人,谁向我们指出都行。只要你说得对,我们就改正。你说的办法对人民有好处,我们就照你的办。"⑦并进一步说:"只要我们为人民的利

---

① 《毛泽东选集》(第2卷),人民出版社1991年版,第698页。
② 《恽代英文集》,人民出版社1984年版,第363页。
③ 《恽代英文集》,人民出版社1984年版,第152页。
④ 《恽代英文集》,人民出版社1984年版,第27页。
⑤ 《恽代英文集》,人民出版社1984年版,第27页。
⑥ 欧阳辉纯:《中国伦理思想的回顾与前瞻》,广西科学技术出版社2017年版,第73页。
⑦ 《毛泽东选集》(第3卷),人民出版社1991年版,第1004页。

益坚持好的,为人民的利益改正错的,我们这个队伍就一定会兴旺起来。"①后来毛泽东在《论联合政府》一文中,再次强调:"紧紧地和中国人民站在一起,全心全意为中国人民服务,就是这个军队的唯一的宗旨。"②为人民服务,随着社会发展而提出的新的道德原则,具有里程碑式的意义。也是对儒家忠德赓续的改造和转化,是对儒家仁德吸收和革新。为人民服务的核心宗旨就是忠于人民。它"使'仁'这种道德原则真正落到了实处"③,"从'仁'的提出,到'为人民服务'的出现和发展,我们可以看出一种趋势,一个希望,这就是'为人民服务'这种精神将会越来越深入人心"④。要做到"为人民服务",在道德上要注意以下几点:

第一,要在思想上忠于人民。一个人不论当多大的官,有多大的学问,积累多大的财富,都不能脱离人民,要一切从人民利益出发,而不是从个人利益或小集团利益出发,不能有军阀作风,山头主义或地域主义。毛泽东同志说:"全心全意地为人民服务,一刻也不脱离群众;一切从人民的利益出发,而不是从个人或小集团的利益出发;向人民负责和向党的领导机关负责的一致性;这些就是我们的出发点。⑤"必须以合乎最广大人民群众的最大利益,为最广大人民群众所拥护为最高标准"⑥。

第二,在道德实践上,要忠于人民。毛泽东认为,一个人在行动坚持为人民服务,就是要长期坚持为人民服务,而不是偶尔做一件好事,而是要长期坚持做有益于人民和人类的事。毛泽东说:"一个人做点好事并不难,难的是一辈子做好事,不做坏事,一贯地有益于广大群众,一贯地有益于青年,一贯地有

---

① 《毛泽东选集》(第3卷),人民出版社1991年版,第1004—1005页。
② 《毛泽东选集》(第3卷),人民出版社1991年版,第1039页。
③ 罗国杰:《罗国杰文集》(下卷),河北大学出版社2000年版,第1034页。
④ 罗国杰:《罗国杰文集》(下卷),河北大学出版社2000年版,第1036页。
⑤ 《毛泽东选集》(第3卷),人民出版社1991年版,第1094—1095页。
⑥ 《毛泽东选集》(第3卷),人民出版社1991年版,第1096页。

益于革命,艰苦奋斗几十年如一日,这才是最难最难的啊!"①

第三,在道德修养上要忠于人民。一个忠于人民的人是经得起任何困难,经得起"糖衣炮弹"。一个忠于人民的人,是一个高尚的人、一个纯粹的人、一个脱离了低级趣味的人、一个有益于人民的人②。

毛泽东对儒家忠德的重构,是在对传统儒家理论体系的理解基础上产生的,是对传统儒家忠德的继承和发展。我们可以这样说,儒家忠德是整个传统儒家理论体系锁链上重要的内容。

我们常常说,中国的历史文化是延续的,但是问题是为什么是延续的? 这就涉及了传统政治文化的认同和转化问题。从历史上来,中原地区不断受到周边民族的侵占。周边民族侵占甚至征服了中原文明,又将中原文明主要是儒家文明变成自己统治合法性的理论基础。这样不断转化和生成中,就产生了民族文化的延绵。例如,元朝建立之后,就在承认辽国或金国或宋朝的问题上发生过争论,最后还是选择宋朝作为其需要继承的前代王朝,并在公元1314年正式实行科举考试,以朱熹的理学为中心,构建一个不断被汉民族和周边被征服民族认同的合法性政府。再如清朝。它在入主中原以后就不断吸纳儒家文明,经过了顺治、康熙两朝几十年的不断努力,到了乾隆时代清朝的合法性才逐渐得到承认。清朝入主中原过程中,清朝政府不但恢复了科举制和以汉文考试,尊奉儒学尤其是朱子学,而且也从春秋公羊即在其大一统学说中找到思想灵感,用以重新确定自己的政治合法性。如果没有这一以儒学为中心的政治文化或合法性理论,讨论王朝之间的连续性是完全不可能的。③忠德在整个政治合法性和政治文化延续性中扮演了粘合剂的作用,起到了团结和凝固的作用。尽管在近代忠德文化遭遇了近代西方文化的挑战,但是经

---

① 《毛泽东文集》(第2卷),人民出版社1993年版,第261—262页。

② 《毛泽东选集》(第2卷),人民出版社1991年版,第660页。

③ 汪晖:《现代中国思想的兴起·重印本前言》(上卷第一部),读书·生活·新知三联出版社2015年版,第19页。

过孙中山和毛泽东等人的改造,忠德在新的历史文化语境中,又焕发出新的内涵,继续为中国文化的发展和道德水平的提升发挥着别的道德范畴不可替代的作用和价值。

大致说来,中国近代以来,尤其是民国以来的,儒学遭受的巨大冲击与严重挑战,主要以反孔排儒为主要内容,称儒家传统,陈旧保守,阻碍社会进步,妨碍西化,所以主要还是以打倒儒学为主要任务,甚至是成为一代人追逐的时髦风气①。毛泽东从错综复杂的儒家和反儒家思潮中,能够继承和发展传统,重构和发展中国文化(包括忠德文化),这是启蒙运动以来最大的成果。

五四新文化运动对传统儒家忠德的批判和重构,主要还是集中在批判和改造忠德政治层面上,即忠君思想方面。五四新文化运动批判了秦汉代以来忠德成为官方意识形态的忠君观点。早期的马克思主义,将儒家忠君的观点改造成为忠于国家、忠于人民,这是对传统儒家忠德思想的创新性继承和创造性发展。尽管五四新文化运动出现了个别极端的言论,如吴虞的极端反传统文化的观点。但总体上来说,五四新文化运动的成果和精神遗产是值得我们当代人继承和发展的。从儒家忠德思想的角度来说,五四新文化运动将作为意识形态的被皇权利用的忠德理论打倒了,将儒家忠德还原为一种伦理道德规范或原则,是恢复了儒家忠德应有的地位。这为儒家忠德在现代社会的发展提供了机缘,不然儒家忠德就随着皇帝制度的毁灭而消亡了。因此,五四新文化运动,还原了儒家忠德真实的道德内涵。同时,由于孙中山和毛泽东等人对儒家忠德的改造和发展,儒家忠德就得以在新的历史条件下得以继续发展和新生,尤其在中国特色社会主义制度条件下,升华为对人民的忠诚、对国家的忠诚、对党的忠诚。对婚姻爱情的忠诚就成为人们最基本的道德修养和道德要求。这是五四新文化运动留给我们的道德遗产。

---

① 王尔敏:《中国近代思想史论续集》,社会科学文献出版社 2005 年版,第 1—2 页。

第三章　儒家忠德思想与个体忠德

许慎在《说文解字》中说:"忠,敬也,尽心曰忠。"《左传·闵公二年》记羊舌大夫之言说:"违命不孝,弃事不忠。"《忠经·尽忠章》说:"君子尽忠,则尽其心。小人尽忠,则竭其力者,则止其身。尽心者,则洪于远。"朱熹也说:"尽己之谓忠,以实之谓信。"(《论语集注·学而》)忠德的基本内涵指尽心尽力做人做事的德性。儒家强调修身齐家治国平天下,修身是最基本的道德修养。忠德,是道德主体具有尽心竭力做人做事的一种德性。这也可以说是个人的忠德。因此,本章主要是分析儒家个体忠德的实践层面。

第一节　个体忠德修养

宋代历史学家司马光说:"夫才与德异,而世俗莫之能辨,通谓之贤,此其所以失人也。夫聪察强毅之谓才,正直中和之谓德。才者,德之资也;德者,才之帅也。"(《资治通鉴·周纪一》卷一)这是他评价智伯之亡的话,说智伯之亡是"才胜德"之亡。这样说明了,儒家自始至终,都强调人的德性修养。也就是说,人之所以是人,是因为人是一种伦理的存在。以伦理的方式存在的人,就是善人、贤人、君子,能够达到至善的人就是圣人。"成人"的过程就是不断追求善或至善的过程。"圣人"就是"成人"的最高存在。在传统儒家文化中,

"圣人"就是"成人"修养的目标,或者说"圣人是中国传统文化的本体"①。儒家认为,天子和庶民都要为了成为"圣人"而不断修身,"自天子以至于庶人,壹是皆以修身为本"(《四书章句集注·大学章句》)忠德作为儒家道德体系的组成部分,自然就是修身的重要德目之一。对于个体来说,最主要就是正心诚意、尽己为人和尽心做事。正心诚意是人的基本德性,尽己为人指做人之忠,尽心做事是指忠德的行为。

一、正心诚意

《大学》开篇就提到"三纲目"即"明德""亲民""至善":"大学之道,在明明德,在亲民,在止于至善。""八条目"即"格物""致知""正心""诚意""修身""齐家""治国""平天下":"古之欲明明德于天下者,先治其国;欲治其国者,先齐其家;欲齐其家者,先修其身;欲修其身者,先正其心;欲正其心者,先诚其意;欲诚其意者,先致其知;致知在格物。"(《四书章句集注·大学章句》)这是"大学"中的"三纲目,八条目",是儒家伦理基本的道德大纲,并且宣称这"三纲目"和"八条目"是上至天子下至平民都必须要做到的,"自天子以至于庶人,壹是皆以修身为本"(《四书章句集注·大学章句》)。

那么,什么是"正心"呢?《大学》并没有具体说明,但是却采取了排除法来说明何谓"正心"。《大学》说:"所谓修身在正其心者,身有所忿懥,则不得其正;有所恐惧,则不得其正;有所好乐,则不得其正;有所忧患,则不得其正。"(《四书章句集注·大学章句》)这是说,一个人要正心,要端正心智,心中不要有怨恨,不要有恐惧,不要有个人的偏爱喜好,不要有忧患等情绪。如果有这些情绪就会影响"正心"。但是,这毕竟还没有给"正心"下一个概念。这也是中国伦理的特点,面对概念的界定,往往是从道德事实出发来定论,而不

---

① 刘泽华:《圣人——中国传统文化的本体》,见《洗耳斋文稿》,中华书局 2003 年版,第236页。

是从逻辑推演的方式直接界定概念的内涵和外延①。这就增大了中国哲学伦理的解释空间，也体现了中国哲学伦理极大的开放性和包容性。这是中国伦理学的特点。因为，认识世界上最为复杂的生物——人类，伦理是最具有解释性和"实践理论"。因此，从这个角度来看，说中国儒学是伦理学，并没有贬低中国儒学。同时，又因为中国伦理论述概念的时候，是通过实践理性来把握，而不是通过程序理性来把握道德概念的。所以，中国伦理学的概念就非常有实践魅力。当然，这是通过实践的道德叙事来解释道德概念，也不是漫无边际地去定义中国伦理概念，而是用实践控制了伦理概念的内涵和外延。"正心"的概念就是如此。尽管《大学》并没有明确地说明何谓"正心"，但是它说明了

① 这就是为什么德国著名哲学家黑格尔批评《论语》是一些"道德箴言"，缺乏哲学意蕴的原因之一。一些学者也因此认为中国没有哲学。这是对中国哲学和伦理学的最大误解。前些年甚至对中国哲学合法性危机产生了相当广泛的讨论。笔者认为，这些讨论很有必要的，但是不能用西方哲学范式、框架去生搬硬套或者移植到中国哲学本身，不然就会失去中国哲学应有的特点和内蕴，会出现在中国的西方哲学的学术尴尬。中国哲学或中国伦理学有自身的实践逻辑和道德智慧，需要我们"正心诚意"去批判地继承和发展，或者说，我们不需要照西方哲学去套中国哲学，而是要接着中国哲学固有的实践逻辑和实践理性及情感逻辑去传承和发展中国哲学本身固有的价值。这才是我们当代应该反思的学术态度和学术视野。笔者素来对西方哲学概念运用到中国哲学研究保持一种谨慎的态度。这不是出于一种文化保守的心理，而是保持一种冷静的学术态度。笔者在《论先秦"儒"的道德意象与"儒家"道德体系的创建及传播——以孔子为中心的中国伦理思想史的考察》(原载《思想理论战线》2022 年第 3 期)一文的注释中认为：如果是中国哲学固有的概念，当代学术人应该尽可能继承和发扬，或者进一步阐释清楚，对固有的概念赋予一种时代的色彩。习近平总书记在 2021 年"七一"重要讲话中明确提出"两个结合"，即把马克思主义基本原理同中国具体实际相结合，同中华传统优秀文化相结合。笔者认为，要把马克思主义基本原理同中华优秀传统文化相结合，最基本就是要把中华优秀传统文化固有的学术概念解释清楚，否则，谈结合就是一本学术"糊涂账"。王凤炎教授在谈到传统文化研究时，说了一段很精彩的话："中国学人(尤其是从事人文社会科学研究的学人)在自己的研究里，要善待中国文化尤其是中国传统文化里的一些重要概念，不能仅是引用或借用外国学人(主体是古希腊学人和近现代英、德、美、俄、法、意、日等国学人)的概念。因为'为往圣继绝学'(张载语)是每一位后来的学人应尽的义务，这里的'往圣'虽然既包括外国的'往圣'，但更包括中国人自己的'往圣'。毕竟，在当代西学占优势的大背景下，外国的'往圣'中国人即便不去继承，自有其自己国家的学人去继承。而中国自己的'往圣'若连中国学人都不去继承，还能指望外国学人去发扬光大吗？答案是否定的。因为受制于语言、价值观、兴趣等因素，外国学人不可能承担起全面弘扬中国优秀文化的重任。"(汪凤炎：《中国养生心理学思想史》，上海教育出版社 2015 年版，第 33页)对汪教授的这番话，笔者深以为然。

哪些不是"正心",如忿懥之心、恐惧之心、好乐之心、忧患之心等都不是"正心"。《大学》说的"正心"的内涵就是端正自己的道德态度,不存邪念,不为外在的喜、怒、哀、乐、忧、思等控制道德主体和道德立场。"正心"使得道德主体最后达到道德"自得"。魏晋著名儒学家傅玄在《傅子》一文对"正心"作了很深刻的分析。他认为"忠正仁理"存于心,就是"正心","立德"的根本就是"正心"。他说:"立德之本,莫尚乎正心。"(《全晋文·傅子》)还说:"忠正仁理存乎心,则万品不失其伦矣。"(《全晋文·傅子》)这样的解释是把握了"正心"的鹄的。朱熹认为,一个人如果被情绪控制就会失去"自身",这就不是"正心",而是"失心"。朱熹说:"盖是四者①,皆心之用,而人所不能无者。然一有之而不能察,则欲动情胜,而其用之所行,或不能不失其正矣。"(《四书章句集注·大学章句》)心不正,就会出现"心不在焉,视而不见,听而不闻,食而不知其味"(《四书章句集注·大学章句》)的状态,因此"心有不存,则无以检其身,是以君子必察乎此而敬以直之,然后此心常存而身无不修也。此谓修身在正其心"(《四书章句集注·大学章句》)。傅玄也说:"礼度仪法存乎体,则远迩内外,咸知所象矣。"(《全晋文·傅子》卷四十八)这也是深刻说明了"正心"的道德行为效果。

儒家有时候把"正心"等同于"洗心"。洗心,出自《后汉书·顺帝纪》:"嘉于海内,洗心自新。"洗心,就是剔除内心的邪念,重新悔过自新。邵雍将"洗心"作为一种道德"神妙"的境界来追求。他说:"无思无为者,神妙致一之地也。圣人以此洗心,退藏于密。"(《邵雍集·观物外篇》)程颐认为,"心"如果受到私欲蒙蔽,就会偏离"心本善"的轨道。"洗心"有时候,又常常叫作"养心"。"养心"这是孟子提出的概念。孟子说:"养心莫善于寡欲。"(《孟子·尽心下》)程颐说:"理与心一。而人不能会为一者,有己则喜自私,私则万殊,宜其难一也。"(《二程集·粹言》)还说:"心本至善,必应物无迹也,蔽交于

---

① 四者指忿懥、恐惧、好乐、忧患之心。

前，其中则迁。"(《二程集·粹言》)人不提高自己的道德修养，很容易"失心"，因此，"养心"就是日常道德修养所必需的。二程①说："孟子言'养心莫善于寡欲'，寡欲则心自诚。荀子言'养心莫善于诚'，既诚矣，有何养？此已不识诚，又不知所以养。"(《二程集·遗书》卷二上)陆九渊有时候把"洗心"，称为"剥落"。陆九渊说："人心有病，须是剥落。剥落得一番，即一番清明。后随起来，又剥落，又清明，须是剥落得净尽方是。"(《陆九渊·语录下》)本质上来说，"正心""洗心""养心"都是道德修养过程，但是"正心"是根本，"洗心"和"养心"的目的是"正心"。

那么，什么是"诚意"呢？《大学》说："所谓诚其意者：毋自欺也，如恶恶臭，如好好色。"(《四书章句集注·大学章句》)朱熹解释说："诚其意者，自修之首也……自欺云者，知为善以去恶，而心之所发有未实也……言欲自修者，知为善以去其恶，则当实用其力，而禁止其自欺。使其恶恶则如恶恶臭，好善则如好好色。皆务决去，而求必得之，以自快足于己，不可徒苟且以徇外而为人也。然其实与不实，盖有他人所不及知而己独知之者，故必谨之于此，以审其几焉。"(《四书章句集注·大学章句》)这里的"诚"就是指真实无妄，是道德主体与自然、社会和人类社会的言、行、事等合而为一。儒家所谓的"诚"，是从人的道德实践中抽象概括出来的，指的是道德实践中高度自觉的品质或心理状态②。徐复观说："诚则己与天合一，因而即与物合一，自然人与物同时完成；所以又说'合内外之道也'。"③

"诚意"即"诚"。它在儒家思想史上占有重要的地位。孟子和朱熹等都认为，"诚"即是天道自然。《中庸》说："惟天下至诚，为能经纶天下之大经，立

---

① 二程，指宋代理学家程颢和程颐。两人都是理学家，尽管他们思想有细微差别，但总体来说都是属于理学范畴。因为两人的著作交融在一起，有事时候很难分清楚是谁说的话，因此，本课题就以"二程"总体言之。

② 复旦大学哲学系中国哲学教研室：《中国古代哲学史》(下卷)，上海古籍出版社2011年版，第470页。

③ 徐复观：《中国人性论史》，华东师范大学出版社2005年版，第94页。

天下之大本,知天地之化育。夫焉有所倚。肫肫其仁,渊渊其渊,浩浩其天。苟不固聪明圣知达天德者,其孰能知之。"(《四书章句集注·中庸章句》)朱熹解释说:"惟圣人之德极诚无妄,故于人伦各尽其当然之实,而皆可以为天下后世法,所谓经纶之也。其于所性体,无一毫人欲之伪以杂之,而天下之道千变万化皆由此出,所谓立之也。其于天地之华育,则亦其极诚无妄者有默契焉,非但闻见之知而已。此皆至诚无妄,自然之功用,夫同有所倚著于物而后能哉?"(《四书章句集注·中庸章句》)总体是说,"诚"就是指世间万事万物的存在方式,是本体论,也是目的论。徐复观说:"按'经纶天下之大经'三句,正说的是'诚者所以成物','夫焉有所倚',是说明诚则子无不中。'肫肫其仁'乃所以指明至诚之实。诚即是仁,所以,至诚的状态便是肫肫其仁。能肫肫其仁,在此仁的精神内在世界中,便天人物我,合而为一,所以便'渊渊其渊','浩浩其天'了。"①

孟子将"诚"视为一种天道。他说:"诚者,天之道也;思诚者,人之道也。至诚而不动者,未之有也;不诚未有能动者也。"(《孟子·离娄上》)《中庸》说:"诚者,天之道也;诚之者,人之道也。诚者不勉而中,不思而得,从容中道,圣人也。诚之者,择善而固执之者也。"(《礼记·中庸》)这是将"诚"当做了道德的最高境界。

如果说孟子和《中庸》把"诚"提高到道德修养境界的高度,那么周敦颐就把"诚"提高到了宇宙论的高度。周敦颐说:"诚者,圣人之本。'大哉乾元,万物资始',诚之源也。'乾道变化,各正性命',诚斯立焉。纯粹至善者也。故曰:'一阴一阳之谓道,继之者善也,成之者性也。''元、亨',诚之通;'利、贞',诚之复。大哉《易》也,性命之源乎!"(《通书·诚上第一》)又说:"圣,诚而已矣。诚,五常之本,百行之源也。静无而动有,至正而明达也。五常百行,非诚,非也,邪暗塞也。故诚则无事矣。至易而行难,果而确,无难焉。故曰:

---

① 徐复观:《中国人性论史》,华东师范大学出版社2005年版,第95页。

'一日克己复礼,天下归仁焉。'"(《通书·诚下第二》)周敦颐将"乾元"作为"诚"的来源,这是从"天道"的角度来解释"人道"中的伦理概念。又因为"乾元"是《周易》说的"太极",而"太极"又是宇宙的本源。因此,"诚"就有宇宙论的意义。

大自然春、夏、秋、冬四季的更替,年复一年的循环往复,那是自然"诚"的体现。如果自然界的春夏秋冬四季错乱,出现六月飞雪,那就会给自然和人类本身造成极大危害①。自然的"诚"是如此,人间的仁义礼智信都是要以"诚"为本,即周敦颐说的"五常之本,百行之源也"。周敦颐的论证思路,就是从《周易》出发,从天道入手再入人道。"诚"的论证就是这样的。周敦颐是理学的开山,因此他的这种论证方式一直影响到了后来的理学家,如程颢、程颐、朱熹等都是从《周易》入手来论证自己的思想体系。甚至可以说,理学家无一例外都是从研究《周易》来阐释理学思想的。周敦颐对"诚"的论证是拔高了儒家道德修养的高度,把人间的道德修养和宇宙秩序贯通起来,进一步发展了先秦儒家"天人合一"思想,也将儒家和佛教和道家区别开来了。所以明代的王畿干脆就把"正心"视为先天所成,把"诚意"视为后天所得。王畿说:"正心先天之学也,诚意后天之学也。"(《三山丽泽录》)

《左传》载了一段"荀息守诺"的历史,这是儒家"正心诚意"的典范,受到历代儒家的赞扬。事情发生在公元前651年,晋献公病危,担心死后他宠幸的骊姬之子里克会杀掉奚齐,荀息答应了晋献公要保护好奚齐。最后里克杀了奚齐,荀息殉葬了。也是践行了他的"公家之利,知无不为,忠也。送往事居,耦俱无猜。贞也"的诺言。这就是忠德的正心诚意。事情经过是这样,兹录如下:"初,献公使荀息傅奚齐,公疾,召之,曰:'以是藐诸孤,辱在大夫,其若之何?'稽首而对曰:'臣竭其股肱之力,加之以忠贞。其济,君之灵也;不济,则以死继之。'公曰:'何谓忠贞?'对曰:'公家之利,知无不为,忠也。送往事

_____
① 欧阳辉纯:《从"无极而太极"的自然意志到伦理秩序——周敦颐自然观的价值构建与审视》,《自然辩证法研究》2017年第3期。

居,耦俱无猜。贞也。'及里克将杀奚齐,先告荀息曰:'三怨将作,秦、晋辅之,子将何如?'荀息曰:'将死之。'里克曰:'无益也。'荀叔曰:'吾与先君言矣,不可以贰。能欲复言而爱身乎?虽无益也,将焉辟之?且人之欲善,谁不如我?我欲无贰而能谓人已乎?'冬十月,里克杀奚齐于次。书曰:'杀其君之子。'未葬也。荀息将死之,人曰:'不如立卓子而辅之。'荀息立公子卓以葬。十一月,里克杀公子卓于朝,荀息死之。"(《左传·僖公九年》)荀息作为人臣"正心诚意",以股肱之力,辅佐新君,誓死践履了自己的诺言,受到后人的赞扬。人们用"白圭之玷,尚可磨也,斯言之玷,不可为也"的诗句来赞扬他的忠诚。

总之,儒家认为,进德修业"莫先于正心诚意"(《二程集·遗书》卷十八)"正心诚意"就成为儒家的"万世学者之准程"(《朱文公文集·复斋记》卷七十八)。

二、尽己为人

如果说"正心诚意"是儒家忠德修养的理论层面,那么,"尽己为人"就是忠德的做人层面。关于人性论,儒家有人性善论、人性恶论、人性善恶混论、善恶由习论等各种观点,但是人性善还是主流,尤其是以孟子为代表。那么,人一出生就要不断学习做人,作为"成人"。"成人"过程就是不断剔除人心私欲的过程,所以儒家叫"做人"或者叫"为人"。这与西方以人性恶为主流观点形成鲜明对比。西方最为典型的理论是"原罪理论",认为人类的祖先亚当和夏娃违背了上帝的意志,偷吃了禁果,有了意志和智慧,脱离了上帝的管束,因此人类要接受苦难的惩罚,这是《新约》创世里的故事。所以,西方的做人,主要是限定在宗教和司法秩序里,通过宗教和法律来规范人的行为和习惯。因为"困难在于世俗道德无法提供宗教道德的承诺:宗教努力通过统一信仰来提供统一理性。有多少宗教道德就有多少世俗道德,两者必须首先在基本假设、证明程序和推论规则达成一致,因此形成一个多元的世俗生命伦理学,同时也形成一个多元的宗教生命伦理学。"①而在中国传统社会里,伦理和法律是纠缠在一起的,伦理即法律,法律即伦理,伦理是法律的伦理,法律是伦理的法律。伦理的信条和规范,就是法律的信条和规范,因此,人一出生就要学会"做人"。尽己,就是尽自己的一切去做人,这是忠德的体现。朱熹说,"尽己之谓忠",就是这个意思。尽己为人或尽己做人,就是将儒家忠德理论化为人的道德实践。

尽己为人就是尽自己最大的努力去帮助别人,成就别人,实现人的"仁"的最大价值。在儒家看来,人的最大价值就是超越自己成就别人。这是儒家道德义务论的规定,是仁的道德内涵,也是忠的修养要求。《忠经》说:"天之所覆,地之所载,人之所覆,莫大乎忠。忠者,中也,至公无私。"(《忠经·天地神明章》)忠是一个人安身立命,为人处世最为基本的道德诉求。谭嗣同也说:"忠者,中心而尽乎己也。以言乎彼己之己,则华夏之自治为尽己。"(《谭嗣同全集·治言》)他认为,忠德根本就是尽自己所有的才行能力,才是尽己。每个人都尽己,不论是对自己的道德行为还是对别人,那么推而广之,人的自治就是忠的自治。谭嗣同是将尽己之忠发挥到了一个新的高度,也是开启了近代忠的新的内涵。正是因为谭嗣同的"忠者,中心而尽乎己也"的理念,他在维新变法失败之后,尽管有机会从狱中逃走,但是还是以身试法,留下了"我自横刀向天笑,去留肝胆两昆仑"(《谭嗣同全集·狱中题壁》)的尽忠为人的真实写照。

在大自然生物链中,作为自然物种之一的人类,与别的动物最大的不同就是,人类的后代需要花很长的时间才能学会生存,学会独立生活和提高道德修养。荀子说:"力不若牛,走不若马,而牛马为用,何也?"(《荀子·王制》)人的力气没有牛大,跑得也没有马快,为什么牛马能为人所用呢?是因为"人能群,彼不能群也"(《荀子·王制》)。因为人能通过仁义或伦理或忠义等将人

<hr/>

① [美]祁斯特拉姆·恩格尔哈特:《基督教生命伦理学基础》,孙慕义主译,中国社会科学出版社2014年版,第508页。

联合起来,形成道德合力,共同去征服人类在自然界遇见的困难。因此,人是最为珍贵的。荀子说:"水火有气而无生,草木有生而无知,禽兽有知而无义,人有气、有生、有知,亦且有义,故最为天下贵也。"(《荀子·王制》)人是具有伦理的存在物,"有气、有生、有知,亦且有义",因此,人是最为珍贵的。天地之间人为"贵"。人的"贵"的价值是,每个人都在为对方付出,尤其是父母之爱。因此,尽己为人就一直为儒家忠德所重视。"天下尽忠,淳化而行也。"(《忠经·尽忠章》)

尽己为人就是尽忠为人,尽自己最大的努力去做善的事。尽己,即尽忠,即尽心为人。孟子说:"尽其心者,知其性也。知其性,则知天矣。存其心,养其性,所以事天也。"(《孟子·尽心上》)孟子认为,一个人尽心了,就是尽性了,尽性了就是做到为人的极限,就能洞悉人间的真性情。在孟子看来,尽心做人之人就要做到"四心",即"恻隐之心""羞恶之心""辞让之心""是非之心"。孟子说:"人皆有不忍人之心。先王有不忍人之心,斯有不忍人之政矣。以不忍人之心,行不忍人之政,治天下可运之掌上。所以谓人皆有不忍人之心者,今人乍见孺子将入于井,皆有怵惕恻隐之心,非所以内交于孺子之父母也,非所以要誉于乡党朋友也,非恶其声而然也。由是观之,无恻隐之心,非人也;无羞恶之心,非人也;无辞让之心,非人也;无是非之心,非人也。恻隐之心,仁之端也;羞恶之心,义之端也;辞让之心,礼之端也;是非之心,智之端也。人之有是四端也,犹其有四体也。有是四端而自谓不能者,自贼者也;谓其君不能者,贼其君者也。凡有四端于我者,知皆扩而充之矣,若火之始然,泉之始达。苟能充之,足以保四海;苟不充之,不足以事父母。"(《孟子·公孙丑上》)

孟子通过孺子落井事件来阐释人的"四心"。他说的人有"四心"是从道德先验论的角度来分析的。他从道德先验论的角度来说明道德的生成,这肯定是不对的。孟子说:"仁义礼智,非由外铄我也,我固有之也。"(《孟子·告子上》)这是孟子在道德起源问题上犯的错误。德国著名哲学家康德说,善和恶的概念必定不是先于道德法则被决定的,而是后于道德法则并且通过道德法则被决定的①。道德法则的产生源于人们的伟大的实践,归根结底,道德的源头在社会实践中。也就是说人的道德,是后天长期学习和训练的产物,是社会发展的产物。恩格斯说:"一切以往的道德论归根到底都是当时的社会经济状况的产物。"②因此,道德是社会经济关系的产物,是社会存在的反映。孟子这里强调人的道德先验性,这是他在道德起源问题上的错误。但是,人经过后天的学习和道德训练,具有"四心",是合理的。人是有道德情感的,这是一个正常的成人应该具备的。从儒家伦理思想史的角度来说,孟子的"四心"影响巨大,这里笔者在论述忠德尽己为人的时候就以孟子的"四心"为层次来分析,当然,人的尽心为人不仅仅局限于这"四心"。

第一,"恻隐之心"。恻隐之心,指人的同情心和怜悯心。孟子说,一个人看见小孩掉入井中,引起的同情和怜悯的道德感情就是"恻隐之心"。朱熹说:"恻,伤之切也。隐,痛之深也。此即所谓不忍人之心也。"(《孟子集注·公孙丑章句上》)恻隐之心,就是对他人的痛苦的同情。越是道德痛苦的主体越是能感觉到自己会产生痛苦,越是能激发人的恻隐之心或同情心③。如孟子说的落井的婴儿、初生牛犊不怕虎等之类事件,更能激发人的恻隐之心。

何怀宏教授说,恻隐之心有两个基本的特征,一个特征是它蕴涵着的痛苦,指示着痛苦,这一痛苦的蕴涵就是它的内容,这一内容本身又是人生的道德内容;另一个特征则是说它是向他人趋赴。是对他人的一种忧虑、担心和关切,这一趋赴即是它的指向,这一指向是道德的指向,恻隐之心的纯道德的情感正是根据这一指向④。恻隐之心,是需要恻隐的主体经历一定的道德实践而产生的一种道德情感。没有经历道德实践或者接受道德训练的人,很难具备恻隐之心。因此,从这个角度来说,恻隐之心可以说是道德主体对自己道德

---

① [德]康德:《实践理性批判》,韩水法译,商务印书馆1999年版,第68页。
② 《马克思恩格斯文集》(第9卷),人民出版社2009年版,第99页。
③ [英]休谟:《人性论》,关文运译,商务印书馆1980年版,第408—409页。
④ 何怀宏:《良心论》,北京大学出版社2017年版,第85页。

经验或道德实践的感受和怜悯,是一种道德同情或道德移情。

文学阅读理论有阅读的体验,即我们阅读小说主人公的悲剧时,阅读者会产生一种阅读情感,将主人公的悲欢离合移情为自己的悲欢离合,达到一种"共鸣"①的阅读体验。鲁迅谈到《红楼梦》的阅读体验是:"单是命意,就因读者的眼光而有种种:经学家看见《易》,道学家看见淫,才子看见缠绵,革命家看见排满,流言家看见宫闱秘事⋯⋯"②这既是一种阅读移情,也是一种阅读"共鸣"。但是这样的阅读移情,不能等同道德恻隐。道德恻隐是善意的。恻隐之心必定是出于一种道义,而不是一种功利。孺子落井引发的道德恻隐之心,不是这个恻隐之心的人需要获得婴儿的父母物质回报或利益交换,也不是为了别的其他的目的,而是纯粹是出于一种道义,无任何功利之心。

清代思想家戴震有一段精彩的分析:"孟子言'今人乍见孺子将入井,皆有怵惕恻隐之心',然则所谓恻隐、所谓仁者,非心知之外别'如有物焉藏于心'也。己知怀生而畏死,故怵惕于孺子之危,恻隐于孺子之死,使无怀生畏死之心,又焉有怵惕恻隐之心? 推之羞恶、辞让、是非亦然。使饮食男女与夫感于物而动者脱然无之,以归于静,归于一,又焉有羞恶,有辞让,有是非? 此可以明仁义礼智非他,不过怀生畏死,饮食男女,与夫感于物而动者之皆不可脱然无之,以归于静,归于一,而恃人之心知异于禽兽,能不惑乎所行,即为懿德耳。"(《孟子字义疏证·性》卷中)戴震认为,人有恻隐之心,就会产生这样一种"怀生而畏死"的道德情感体验。

如果恻隐之心起源于自爱之心,然后再爱他人,那就走偏了,滑向了自爱和利己之心。明代王艮在《明哲保身论》就这样说:"爱身如爱保。则不敢不爱人,能爱人,则人必爱我,人爱我,则吾身保矣。"王艮这里犯了一个逻辑错

---

① 共鸣,是文学接受进入高潮阶段的重要标志,指的是:在阅读文学作品时,读者为作品中的思想情感、理想愿望及人物的命运遭际所打动,从而形成一种强烈的心灵感应状态。(童庆炳主编:《文学理论教程》),高等教育出版社 2008 年版,第 339 页)

② 鲁迅:《鲁迅全集》(第八卷),人民文学出版社 2005 年版,第 179 页。

误:"爱人",未必"人爱我"。如果"爱人"的目的是"人爱我",那么出于功利或算计,这就不是恻隐之心了。只有恻隐之心的主体出于道义,才是恻隐之心。即程子说的,"满腔子是恻隐之心"(《孟子集注·公孙丑章句上》)。也就是孟子说的:"人须是识其真心。方乍见孺子入井之时,其心怵惕,乃真心也。非思而得,非勉而中,天理之自然也。内交、要誉、恶其声而然,即人欲之私矣。"(《孟子集注·公孙丑章句上》)纯粹出于道德之心才是恻隐之心。

五代时期徐温打败钱镠,养子徐知诰请命乘胜追击,夺取苏州。徐温久念"天下离乱久矣,民困已甚",引兵而归。《资治通鉴》记载:"知诰请帅步卒二千,易吴越旗帜铠仗,蹑败卒而东,袭取苏州。温曰:'尔策固善;然吾且求息兵,未暇如汝言也。'诸将皆以为:'吴越所恃者舟楫,今大旱,水道涸,此天亡之时也,宜尽步骑之势,一举灭之。'温叹曰:'天下离乱久矣,民困已甚,钱公亦未易可轻;若连兵不解,方为诸君之忧。今战胜以惧之,载兵以怀之,使两地之民各安其业,君臣高枕,岂不乐哉!多杀何为!'遂引还。"(《资治通鉴·后梁纪五·贞明五年》卷二百七十)这是徐温的恻隐之心的体现。对此,王夫之评价说:"'十年不克','七日而反',存乎一人一念而已矣。当乾坤流血之日,而温有是言,以留东南千里之生命于二十余年,虽一隅也,其所施及者广矣!极乱之世,独立以导天下于恻隐羞恶之中,勿忧其孤也,将有继起而成之者,故行密之后,必有徐温。此天地之心也,不可息焉者也。"(《读通鉴论·五代上·一六》教案二十八)

第二,"羞恶之心"。羞恶之心,也叫羞耻之心,就是道德修养主体在道德实践中,固守道德正义和道德善意,剔除内心的非道德的邪念和非正义,将外在的道德内化为道德信念的一种道德感。这样的羞恶之心犹如德国哲学家哈贝马斯所说的"意义的持续性"①(Konstanz der Bedeu-tungen)。羞恶之心,也可以说是羞耻之心,两者是可以互用的。

----

① 德国哲学家哈贝马斯 1981 年在《交往行动理论》中提出的概念。童世骏:《论规则》(增订本),上海人民出版社 2019 年版,第 36 页。

顾炎武认为,羞恶之心或羞耻之心,是一个人具有道德修养的体现,也是一个国家士大夫道德高尚的体现。他说:"礼义廉耻,国治思维,四维不张,国乃灭亡。"(《日知录·廉耻》)如果国家中士大夫无耻,就是国家的无耻。顾炎武说:"故士大夫之无耻,是谓国耻。"(《日知录·廉耻》)他把士大夫的道德水准看成是一个国家道德水平的标尺。在传统社会,知识分子认为,羞恶之心,是和天道一样具有永恒的价值,是人人必须遵循的道德戒律。这样的道德戒律,和日月一样具有永恒的价值,具有超越时间和空间的价值惯性。因此,在他们看来,提高忠德的羞恶之心就显得十分必要。

这样的羞恶之心,表现在两个方面:其一,内心的道德信念。宋代有个叫徐积的人,说是要为母亲做饭,先路过 A 家肉店,想在 A 家肉店购肉,但是因为要去市场购别的东西,就暂时没有去 A 家肉店购肉。但在回来的路上,他看见另外一家 B 店的肉很好而且又便宜。但是,他心里想,自己已经事先想在 A 家店购肉了,不能因为 B 家的肉便宜就放弃去 A 家肉店。于是他还是回到了之前的 A 家肉店购肉。他后来感叹自己的行为:"吾之行信,自此始也。"①但是徐积的这个事情不管是不是真实的,但是道理却是一样的,即人要有羞恶之心,不能出于自我的功利而动摇自己最初的选择。

这如同现代的男性(女性)谈女朋友(男朋友),一个男性(女性)正谈着一个女朋友(男朋友),但是后来发现有比自己女朋友(男朋友)更漂亮(更帅气)的女性(男性),那这个男朋友(女朋友)是不是要提出分手再找更漂亮的女朋友(男朋友)呢?按照羞恶之心的说法,肯定不能这样。因为爱情首先是一种道义、责任和义务,它是出于纯粹的爱,而不是为了获得某种纯粹的目的性。如果爱情的目的是获得权力、金钱或其他的物质利益或别的目的性,那么,这就给爱情蒙羞了。所以说,羞恶之心,是道德主体的一种纯粹的道德体验和道德义务,而不是出于某种功利。

---

① 何怀宏:《良心论》,北京大学出版社 2017 年版,第 170 页。

朱熹说，"国有道，不变未达之所守；国无道，不变平生之所守也。"(《四书章句集注·中庸章句》)一个人要始终坚守自己的道德底线，不能因为外在的诱惑，而失去道德底线和道德原则。清代历史学家章学诚说："夫学有天性焉，读书服古之中，有入识最初，而终身不可变易者是也。学又有至情焉，读书服古之中，有欣慨会心，而忽焉不知歌泣何从者是也。功力有余，而性情不足，未可谓学问也。性情自有，而不以功力深之，所谓有美质而未学者也。"(《文史通义·博约中·内篇二》)所以，羞恶之心是一个人的情感体验，也是一种道德情感，充满善意。

其二，外在的道德行为。这样的道德行为，不能因为外在的威胁就改变自己的道德正义，失去自己的道德忠诚。《史记》记载了孔子经历过的一件事情："过蒲，会公叔氏以蒲畔，蒲人止孔子。弟子有公良孺者，以私车五乘从孔子。其为人长贤，有勇力，谓曰：'吾昔从夫子遇难于匡，今又遇难于此，命也已。吾与夫子再罹难，宁斗而死。'斗甚疾。蒲人惧，谓孔子曰：'苟毋适卫，吾出子。'与之盟，出孔子东门。孔子遂適卫。子贡曰：'盟可负邪？'孔子曰：'要盟也，神不听。'"(《史记·孔子世家》)孔子路过蒲邑①，被扣留了。蒲邑人对孔子说，如果他不去卫国就放了他。最后孔子和蒲邑人订了盟约，于是蒲邑人放了孔子。孔子最后还是去了卫国。子贡就质问孔子这是违反盟约。孔子说，这是在被要挟的情况下签订的盟约，神灵是不会理睬的。这样的行为，看似违法了盟约，但是这种挟持，不是道德主体自愿的，所以不能因为违约而感到羞耻。程颐就很赞同孔子的做法。他说："盟可用也，要之则不可，故孔子与蒲人盟而适卫，特行其本情耳。"(《二程集·二程遗书》)所以说，外在的羞恶之心，只要是正义的事，即使是灵活处理或者违背盟约初衷也是可以理解的。

当然，也有因为坚持道德正义，最后牺牲自己的。《庄子》记载："尾生与

---

① 这是《史记》记载的事情，钱穆先生怀疑这个记载是不可信的。我们这里不做历史考证，因为很多历史记载都值得怀疑。我们只是通过例子来说明道理。

女子期于梁下,女子不来,水至不去,抱梁柱而死。"(《庄子·盗跖》)一个叫尾生男生和女子相约于桥下,结果女子背约,尾生苦等,最后洪水来了,将尾生淹死了。背信弃义,这是耻辱。尾生坚持原则,女子不来,就不离开,最后命丧黄泉。这是为羞耻之心而死。尽管尾生的死,令人痛惜,但是他坚持道德原则,其态度是值得肯定的。只是他不懂的"经权之道",甚是遗憾。

第三,"辞让之心"。孟子说,"辞让之心,礼之端也"。这是将辞让纳入礼的道德秩序体系。《左传》说:"礼,经国家,定社稷,序民人,利后嗣者也。"(《左传·隐公十一年》)这是强调礼对整个国家和社会的重要性。对于道德个体修养来说,辞让,就是礼让,这是对人伦秩序的尊重。因此,辞让之心的修养就体现为对礼节、礼仪、礼法的修养程度。荀子说:"礼有三本:天地者,生之本也;先祖者,类之本也;君师者,治之本也。无天地恶生? 无先祖恶出? 无君师恶治? 三者偏亡焉,无安人。故礼上事天,下事地,尊先祖而隆君师,是礼之三本也。"(《荀子·礼论》)他认为礼是"生之本""类之本""治之本",是"上事天,下事地"的大事。而且荀子认为,礼的范围无处不在,是沟通自然、社会和人生三大领域的道德规范和道德秩序。荀子说:"天地以合,日月以明,四时以序,星辰以行,江河以流,万物以昌,好恶以节,喜怒以当,以为下则顺,以为上则明,万物变而不乱,贰之则丧也。礼岂不至矣哉!"(《荀子·礼论》)

孔融让梨,是辞让之礼的一种体现。在《后汉书·孔融传》中李贤注:"《融家传》曰:'兄弟七人,融第六,幼有自然之性。年四岁时,每与诸兄共食梨,融辄引小者。'大人问其故,答曰:'我小儿,法当取小者。'由是宗族奇之。"(《后汉书·孔融传》)孔融让梨的故事可谓家喻户晓。这是一种辞让之心的典型表现。这个故事的价值,是诠释了一个人对外在礼法的吸纳和践行的程度符合儒家正统的礼法秩序。孔融是自己主动选择小的梨,理由认为自己是小儿,所以"法当取小者"。这是一种道德自觉。孔融让梨在传统礼法社会,是属于辞让之心的体现,也因此作为传统社会儿童启蒙案例在《三字经》中都有"融四岁,能让梨"这样表赞。

当然,我们从现代道德发生学的角度来分析,一个四岁的小孩,是不能进行道德界定和道德绑架的,因为道德只是针对正常的成人才进行道德评价,对未成年人或非正常的成年人如植物人或是神经病患者不进行道德干预或道德评价。

再如鲍叔牙让贤。春秋时期,鲍叔牙让贤是治之礼的典范。齐桓公拟任用鲍叔牙为相,鲍叔牙推荐比自己能力强的管仲为宰相,这也是辞让之心的体现,管仲辅佐齐桓公逐鹿中原,称霸诸侯。《管子》记载:"桓公自莒反于齐,使鲍叔牙为宰。鲍叔辞曰:'臣,君之庸臣也。君有加惠于其臣,使臣不冻饥,则是君之赐也。若必治国家,则非臣之所能也,其唯管夷吾乎。臣之所不如管夷吾者五:宽惠爱民,臣不如也;治国不失秉,臣不如也;忠信可结于诸侯,臣不如也;制礼义可法于四方,臣不如也;介胄执枹,立于军门,使百姓皆加勇,臣不如也。夫管仲,民之父母也,将欲治其子,不可弃其父母。'"(《管子·小匡》)

又如三尺巷故事。这是传统社会礼治的典范。清代康熙时期,桐城人张英出任大学士,邻居吴氏想侵占他老家的宅基地。张英老家向张英告知此事,希望能够利用张英权势压一下邻居。张英不仅没有利用自己的权势打压邻居,反而还退让三尺。他写了一首诗给老家的人:"千里修书只为墙,让他三尺又何妨。长城万里今犹在,不见当年秦始皇。"邻居一看此事,自己也退让三尺,此巷最后为六尺,这就是有名的"六尺巷",至今传为美谈。"三尺巷"的故事尽管有多种版本,但是都是因为辞让,而让事情圆满解决。

总之,在儒家看来,辞让之心,是一个人安身立命最为重要的道德修养之一,这也是孟子将这样的行为与动物直接划分的依据。《礼记》说:"成人之者,将责成人礼焉也。责成人礼焉者,将责为人子、为人弟、为人臣、为人少者之礼行焉。将责四者之行于人,其礼可不重与?故孝弟忠顺之行立,而后可以为人,可以为人,而后可以治人也。故圣王重礼。"(《礼记·冠义》)人,之所以是人,是因为人是道德的存在。道德实践的重要表现之一,就是辞让之心。荀

子说："礼以顺人心为本,故亡于《礼经》而顺人心者,皆礼也。"(《礼记·大略》)

第四,"是非之心"。是非之心,是涉及道德判断和道德智慧。道德主体在道德实践中,要理性分析道德行为产生的行为后果。哪些是正确的,哪些是错误的。这是一种道德智慧的体现。

什么才是"是非之心"?根据汉代思想家董仲舒的理解,是非之心就是要源自于天道而来的道德规范和道德秩序。人间的道德规范和道德秩序不是人任意地选择和制定的,而是根据天道的秩序来制定。因此,道德是天道秩序在人间的秩序化。董仲舒说:"今善善恶恶,好荣憎辱,非人能自生,此天施之在人者也。君子以天施之在人者听之,则丑父弗忠也,天施之在人者,使人有廉耻,有廉耻者,不生于大辱,大辱莫甚于去南面之位。"(《春秋繁露·竹林》)还说:"人受命于天,有善善恶恶之性,可养而不可改,可豫而不可去,若形体之可肥轹而不可得革也。"(《春秋繁露·楚庄王》)人间的"善善恶恶""好荣憎辱"等道德是人受命于天而产生,因此,人不能任意地剔除道德。人生在世必须遵守天意受命与人间的道德秩序。人间的仁义制度,也是要遵守天意。他说:"是故仁义制度之数,尽取之天,天为君而覆露之,地为臣而持载之,阳为夫而生之,阴为妇而助之,春为父而生之,夏为子而养之,秋为死而棺之,冬为痛而丧之,王道之三纲,可求于天。"(《春秋繁露·基义》)这是为道德正义提供理论论证。

董仲舒把道德起源归于天,是为了论证道德的合理性,为人们遵守道德的合法性提供理论支持。当然这种道德起源于天意的观点肯定是错误的,这是神道设教的一种理论形式。道德起源是多面的,但是肯定不是董仲舒说的起源于天。但因为董仲舒受限于当时的社会历史条件和科学发展水平,他也只能通过天意来寻找道德的起源。

因此,在董仲舒看来,是非之心,就是要根据这种天意而来的道德规范做出正确的选择。道德主体在履行道德的过程中,要遵守道德法则。对于正确的道德规范和道德秩序,需要道德主体克己职守去完成。在关键的时候,甚至可以牺牲道德主体的性命。曾子说的,"辱若可避,避之而已"。而对于道德规范和道德秩序躲避不及的,可以牺牲自己,即"及其不可避,君子视死如归"(《春秋繁露·竹林》)。

但是,人的是非之心并非天生,而是需要后天的道德教化。董仲舒说:"天地之数,不能独以寒暑成岁,必有春夏秋冬;圣人之道,不能独以威势成政,必有教化。"(《春秋繁露·为人者天》)董仲舒还列举了古代三皇五帝进行道德教化的理想场景。董仲舒说:"五帝三王之治天下,不敢有君民之心,什一而税,教以爱,使以忠,敬长老,亲亲而尊尊,不夺民时,使民不过岁三日,民家给人足,无怨望忿怒之患、强弱之难,无谗贼妒疾之人,民修德而美好,被发衔哺而游,不慕富贵,耻恶不犯,父不哭子,兄不哭弟,毒虫不螫,猛兽不搏,抵虫不触,故天为之下甘露,朱草生,醴泉出,风雨时,嘉禾兴,凤凰麒麟游于郊,囹圄空虚,画衣裳而民不犯,四夷传译而朝,民情至朴而不文。"(《春秋繁露·王道》)总之,在儒家看来,是非之心和道德行为一样,不是天生的,而是教化的产物。

当然,在道德实践过程中,是非之心,是要分清楚对与错,而不是"是非不分"或"是非两行"。是非不分和是非两行,是庸俗哲学。庄子就提出"是非两行"。他说:"是以圣人和之以是非而休乎天钧,是之谓两行。"(《庄子·齐物论》)这是把是与非混同起来,好坏不分、美丑不分、是非不分、道德与非道德不分,尽其自然发展,"是不是,然不然,是若果是也,则是之异乎不是也亦无辩。"(《庄子·齐物论》)把不是的看成是的,把是的看成不是,别人说是,就随声附和。这是一种是非不分之心,是不可取的。

是非之心,是有具体的道德判断标准,不是"糊涂哲学"或"好人哲学"更不是"是非无定质",即没有绝对的好或绝对的坏。但是,明代思想家李贽反对儒家这个观点。他说:"人之是非,初无定质;人之是非人也,亦无定论。"(《藏书·世传总目前论》)他认为是非是没有定性的,在一定场合下是对的,在一定的场合下是错误的。是非如此,人的好坏也是如此。他甚至认为,是非好坏会随着不同的时间和地点的转换会出现是非不同的标准。他说:"昨日是而今日非矣,今日非而后日又是矣。"(《藏书·世传总目前论》)这是认为没有永恒不变的道德是非标准。李贽是一种相对主义的道德。道德判断肯定有自身的标准。斯宾诺莎说:"所谓善是指我们确知对我们有用的东西而言。"①"反之,所谓恶是指我们确知那阻碍我们占有任何善的东西而言。"②道德上的恶有两类:一种是绝对的恶或至恶;一种是相对的恶。绝对的恶如癌症肿瘤,是对任何人都没有好处,不论在古代还是现在,不论是国内还是国外,癌症肿瘤是绝对的恶,是必须要剔除的。这是一种绝对的恶。另外一种恶,是相对的恶,但会产生更大的善。如阑尾炎手术,可能产生疼痛,但是为了身体的健康,因此,阑尾炎手术就是一种相对的恶。

　　道德善分为三种:第一种是绝对善即至善。绝对的善或至善,是最高的善,终极的善。这种善是自我圆融的,不需要外在的目的和手段来获得,至善本身就是终极的目的。如幸福或仁爱。幸福本身就是终极的,本身就是可欲的,是人们道德追求的终极目的,亚里士多德说:"如有一种我们作为目的本身而求的目的(一切其他事物之被追求,皆循此),如果我们不是选择任何事物都是为了某种其他事物的原因(因为,若如此,则这种过程辗转相因,必至无穷,而我的欲望亦必转入空无),那末,显然这种目的,就是善,而且是至善。"③这种至善不论在任何场合都是一种善,具有超越时间和时代性。第二种手段善或结果善或外在善(Extrinsic good)。这种善,是道德行为获得的善,本身只是一种手段。如打篮球。它本身只是手段,本身无所谓善与不善,但是它能促进身体健康,因此,打篮球就是一种手段的善。第三种目的善(Good as an end)或内在善或自身善(Good-in-itself)这种善自身就是可欲的,不需要外

---

①　[荷兰]斯宾诺莎:《伦理学》,贺麟译,商务印书馆1983年版,第170页。
②　[荷兰]斯宾诺莎:《伦理学》,贺麟译,商务印书馆1983年版,第170页。
③　《西方伦理学名著选辑》(上卷),周辅成编,商务印书馆1964年版,第282页。

在的介入①。即孟子说的"可欲之谓善"(《孟子·尽心下》)。

是非之心,就是要明白哪些是善哪些是恶的。除了至善之外,外在善和内在善是在一定的条件是可以转化的。是非之心就是要明白哪些是善或恶。这是一种道德智慧。在不同的场合,不同的时间,具有不同的善的标准。如亲近结婚,在古代属于亲上加亲,这是一种善,但是近亲结婚,产生畸形后代的概率比较高。因此,现代社会是禁止近亲结婚的。当然有人会说,近亲结婚不生小孩做丁克夫妻,能不能结婚呢? 也不能,因为人是价值尤其是道德价值的存在物,人除了功利之心外,还有价值之心。人是价值的存在物。董仲舒说:"行有伦理,副天地也。"(《春秋繁露·人副天数》)这也是说,人之所以与天地有区别的,是因为人有人伦之德。明代思想家李贽说"是非无定质",其实谈的是一种相对的善或相对的恶,但是这不适合绝对的恶和至善,因此,李贽说的是一种相对主义的伦理理论,需要辩证分析。用他的观点分析相对的善或恶,有合理性,但是如果用来分析绝对恶或至善的时候,就不合理。

但是,儒家忠德理论强调的是非之心,是依据儒家道德判断标准来确定是非标准的,是一种道德主体的个人修养,与道德实践行为过程中的是非并不矛盾。这是我们要特别注意的道德立场。

三、尽心做事

尽心做事,就是道德主体尽自己的最大努力去完成道德任务和道德义务。其中的核心,是"尽心"。"心"在传统伦理思想史上,占有重要地位。早在甲骨文中就有"王心若"(《铁云藏龟拾遗》九·一一)的字句,指望内心平和舒畅,还有"王心亡"(《甲骨文字拾零》七八)的字句,指王的内心已经消除了疑难问题。但是这时候的"心"并不具有道德内涵。在传统中国伦理思想史上,我们需要注意的是"心",不是指人体器官之一的心脏,而是一种思维方式或

---

① 王海明:《新伦理学原理》,商务印书馆 2017 年版,第 29 页。

道德智慧。

大概在殷周之际,"心"开始具有了道德意义。《尚书》说:"汝克黜乃心,施实德于民,至于婚友,丕乃敢大言汝有积德。"(《尚书·商书·盘庚上》)意思是说,统治者做人做事要克服私心,给老百姓带来实惠,才能算是有德的人。

"惟荒腆于酒,不惟自息乃逸,厥心疾很,不克畏死。"(《尚书·周书·酒诰》)这是揭露商纣王沉溺酒色,生活糜烂腐朽,心肠歹毒,为了过这样糜烂奢侈的生活,连死都不害怕。这些用"心"的句子,赋予了道德内涵。

孔子说:"七十而从心所欲,不逾矩。"(《论语·为政》)这是将"心"作为一种思维方式和道德追求的境界。但是,什么情况下才是"从心所欲,不逾矩",孔子并没有说。

孟子是真正谈"心"最多的思想家,并赋予"心"以丰富的道德内涵。他说:"耳目之官不思,而蔽于物。物交物,则引之而已矣。心之官则思,思则得之,不思则不得也。"(《孟子·告子上》)还说:"口之于味也,有同耆焉;耳之于声也,有同听焉;目之于色也,有同美焉。至于心,独无所同然乎?心之所同然者何也?谓理也,义也。圣人先得我心之所同然耳。故理义之悦我心,犹刍豢之悦我口。"(《孟子·告子上》)口对于滋味,都有同样的嗜好;耳对于声音,都有同样的听觉,目对于颜色,都有同样的美感。那么对于"心",什么是一样的?孟子认为是仁、义、礼、智、信等道德规范。这点凡人和圣人也是一样的。而对于一个有道德的人来说,就应该有道德之心。这就是孟子那句有名的"四心"说:"恻隐之心,人皆有之;羞恶之心,人皆有之;恭敬之心,人皆有之;是非之心,人皆有之。恻隐之心,仁也;羞恶之心,义也;恭敬之心,礼也;是非之心,智也。仁义礼智,非由外铄我也,我固有之也,弗思耳矣。"(《孟子·告子上》)

孟子认为人心是善的,但是因为在后天的生活中,人没有提高自己的"心智"和"心德",人的仁、义、礼、智、信等"善心"就散了,即"放其良心"(《孟子·告子上》),这样的话,这种人就和禽兽差不多了。孟子说:"牛山之木尝美矣,以其郊于大国也,斧斤伐之,可以为美乎? 是其日夜之所息,雨露之所润,非无萌蘖之生焉,牛羊又从而牧之,是以若彼濯濯也。人见其濯濯也,以为未尝有材焉,此岂山之性也哉? 虽存乎人者,岂无仁义之心哉? 其所以放其良心者,亦犹斧斤之於木也,旦旦而伐之,可以为美乎? 其日夜之所息,平旦之气,其好恶与人相近也者几希,则其旦昼之所为,有梏亡之矣。梏之反覆,则其夜气不足以存。夜气不足以存,则其违禽兽不远矣。"(《孟子·告子上》)

孟子认为,尽心,就是尽性。孟子说:"尽其心者,知其性,知其性者则知天矣。"(《孟子·尽心上》)这里的"心",是指具有道德内涵的"心"。朱熹说:"心者,人之神明,所以具众理而应万事者也。"(《孟子集注·尽心上》)"尽心"是指道德行为主体在道德实践中尽自己的"善心"。朱熹解释说:"人有是心,莫非全体,然不穷理,则有所蔽而无以尽乎此心之量。故能极其心之全体而无不尽者,必其能穷夫理而无不知者也。"(《孟子集注·尽心上》)朱熹认为,只有尽己"心"的人才能洞悉"天理",如果为物所遮蔽,"心"就不能穷尽天理。

荀子是先秦时期谈"心"的集大成者。他说:"心者,形之君也,而神明之主也。出令而无所受令。自禁也,自使也,自夺也,自取也,自行也,自止也。故口可劫而使墨云,形可劫而使诎申,心不可劫而使易意,是之则受,非之则辞。"(《荀子·解蔽》)他认为,心是人的思维器官,支配着人的道德活动。人要通过"心"去认识和感知外在的世界,并在复杂多变的外在世界中,不断提高自己的道德修养。荀子说:"心何以知? 曰:虚壹而静。心未尝不臧也,然而有所谓虚;心未尝不满也,然而有所谓一;心未尝不动也,然而有所谓静。"(《荀子·解蔽》)还说:"人心譬如槃水,正错而勿动,则湛浊在下而清明在上,则足以见须眉而察理矣。微风过之,湛浊动乎下,清明乱于上,则不可以得大形之正也。心亦如是矣。"(《荀子·解蔽》)这是要用"心"来体悟道德境界,并通过"治气养心",来修养自己,达到这样的道德境界。荀子说:"治气养心之术:血气刚强,则柔之以调和;知虑渐深,则一之以易良;勇胆猛戾,则辅之以道顺;齐给便利,则节之以动止;狭隘褊小,则廓之以广大;卑湿重迟贪利,则抗之以高志;庸众驽散,则劫之以师友;怠慢僄弃,则照之以祸灾;愚款端悫,则合之以礼乐,通之以思索。凡治气养心之术,莫径由礼,莫要得师,莫神一好。夫是之谓治气养心之术也。"(《荀子·修身》)只有剔除了人心之"狭隘褊小""庸众驽散""怠慢僄弃""愚款端悫"等毛病,才能叫"治气养心",才能达到"心合于道",成就"虚一而静"的境界。荀子说:"心合于道,说合于心,辞合于说。正名而期,质请而喻。辨异而不过,推类而不悖,听则合文,辨则尽故。以正道而辨奸,犹引绳以持曲直。是故邪说不能乱,百家无所窜。有兼听之明,而无矜奋之容;有兼覆之厚,而无伐德之色。"(《荀子·正名》))

因此,经过上述的论证,尽心做事,在儒家看来,就是尽自己的道德之心做道德的事,就成为很自然的逻辑。诸葛亮和岳飞就是典型。

三国时期诸葛亮二十七岁出山,"受任于败军之际,奉命于危难之间"(《三国志·蜀书·诸葛亮传》),辅佐刘备帮助吴国,赤壁之战大败曹操,此后他平定了成都,收回了荆州,取回了汉中,平定了益州。曹丕称帝后,诸葛亮拥戴刘备称帝,后辅佐蜀国后主刘禅,鞠躬尽瘁。刘备白帝城临终托孤,对诸葛亮说:"君才十倍曹丕,必能安国,终定大事。若嗣子可辅,辅之;如其不才,君可自取。"(《三国志·蜀书·诸葛亮传》)诸葛亮的才能强过曹丕,蜀国后主刘禅才能不及曹丕。刘备认为,刘禅如果可以辅佐就辅佐,不能辅佐,诸葛亮自己可以取代刘禅成为蜀国君主。这是一种帝王的禅让遗言。诸葛亮听后,说出了自己的肺腑之言:"臣敢竭股肱之力,效忠贞之节,继之以死!"意思是他会尽全力辅佐刘禅,这是尽心做事,忠之大义。后诸葛亮辅佐刘禅,"受命之日,寝不安席,食不甘味,思惟北征"(《三国志·蜀书·诸葛亮传》)。他六出祁山,最后命丧五丈原。他是为蜀国"鞠躬尽力,死而后已"(《三国志·蜀书·诸葛亮传》)的忠臣。这也是尽己做事的典范。

再如岳飞。他二十六岁从军,靖康二年(公元1127年)金兵入侵南宋,首都开封沦陷,宋徽宗和宋钦宗被俘虏,宋高宗赵构即位。淮河以北的地区被金兵侵占。岳飞看见国土被侵占,义愤填膺,除了在岗位上随时准备打击金兵外,他立志要收复失地。岳飞背部刻有"尽忠报国"四个大字,深入肤理(《宋史·岳飞传》),励志欲雪"靖康之耻"。后来,他率军北伐,收回失地多处,进军朱仙镇,距汴京四十五里,几乎"直抵黄龙府"。然而南宋朝廷最后以"一日奉十二金字牌",命令岳飞班师回朝,宋师北伐失败。最后被秦桧以"莫须有"罪名陷冤被害。但其"尽忠报国"(也有说是"精忠报国")之志为世人所敬仰。

总之,儒家认为,人从出生到死,一辈子都应该在道德修养的路上,尽心做事,不是偶尔的心血来潮,而是坚持儒家道德之心,"仁以为天下",不论在何处何地何时都要尽心做事,孜孜以求,道济天下。

第二节　忠德境界追求

西方中心论者认为,传统中国是一个帝国,一个大陆,一个文明,也就是说传统中国不是一个国家。日本京东学派发现了"东洋的近世""宋朝资本主义",认为传统中国是一个国家。这是两种不同的对传统中国认识的历史观,只是分析的视野不同,都有合理性,也都具有不合理性。合理性的地方在于:中国五千年的历史文明延绵不断,中国是世界上唯一没有中断历史的国家,这为世界文明的发展提供了中国范式。不合理的地方在于:如果中国不是一个国家,那么中国五千年的历史,经历了尧、舜、禹、汤、文、武、周公、孔子、孟子的"道统"和经历夏、商、周、秦、汉、隋、唐、宋、元、明、清等朝代的"政统",这又作怎样的解释? 难道这是一种文明主体的历史概念的独奏和绝唱? 显然,这无法解释具有五千年历史的中国。西方学术概念是否能有效性地诠释传统中国文明,是值得怀疑的。在我们看来,传统中国是一个国家,但是这个传统的中国携带着丰富的历史文明,经历着历史的坎坎坷坷。她是经历了封建与郡县、井田制与两税法、选举与科举、和平与战争、统一与分裂等传统政治、经济、文化和军事等历史,并裹挟着传统文明而螺旋式前进的传统国家。传统中国在文明的历史演进中和国家螺旋式的发展中,同样裹挟着儒家道德文明的发展,同时,儒家道德文明又反过来,促进了中国历史文明的发展。而在传统中国历史文明的发展中,儒家忠德的境界追求,就成为儒学发展史上绚丽的道德亮点。安仁乐道、浩然正气和天人合一的忠德境界追求,至今在人们的生活中,还闪烁着勃勃生机。安仁乐道,指对道德忠德境界的追求和修养,浩然正气是对忠德行为提升的动力,天人合一是忠德修养的最高境界。

一、安仁乐道

仁,是儒家伦理的核心概念,甚至可以说儒学就是仁学。近人谭嗣同就著有《仁学》一书,该书分五十卷,上卷讲仁义通为第一义,谈仁的不生不灭,同时宣扬维新。下卷是批判封建专制主义,提出以心力挽劫运,讲大同等内容。总归是继承了孔子提出的"仁"的精神。孔子提出"仁",发展了"仁",将仁作为儒学最为核心的概念提出来,在中国儒学史上具有里程碑式的价值。

安仁,即是对仁的修养和提升,以仁作为安身立命之道。孔子说:"不仁者不可以久处约,不可以长处乐。仁者安仁,知者利仁。"(《论语·里仁》)《礼记》引用孔子的话也说:"仁者安仁,知者利仁,畏罪者强仁。仁者右也,道者左也。仁者人也,道者义也。厚于仁者薄于义,亲而不尊;厚于义者薄于仁,尊而不亲。道有至,义有考。至道以王,义道以霸,考道以为无失。"(《礼记·表记》)

乐道,是乐儒家之仁道。孔子说:"益者三乐,损者三乐。乐节礼乐,乐道人之善,乐多贤友,益矣;乐骄乐,乐佚游,乐宴乐,损矣。"孔颖达疏:"言人心乐好损益之事,各有三种也。"(《论语注疏·季氏》)孔子说,好的喜好有三种,坏的喜好也有三种。节制礼乐,宣扬别人的优点,广交贤德朋友,这是"益者三乐"。骄恣淫乐之乐,放荡无度之乐,宴玩荒谬之乐,是"损者三乐"。乐道,就是以仁义道德为乐。孟子说:"其尊德乐道,不如是不足以有为也。"(《孟子·公孙丑下》)孟子强调君主尊尚道德和乐行仁政。因此,安仁乐道,就是儒家忠德修养的道德境界。

安仁乐道的意思是道德主体能修善、行善、施善,并且能持之以恒。道德主体不论经历何种坎坷、波折,还是经历荣华富贵①,都不放弃自己的理念。为人处世,长期忠于仁爱不动摇。孔子曾经问子路、子贡和颜回如何面对他人。子路说:"人善我,我亦善之。人不善我,我不善之。"(《韩诗外传》卷九)子路的意思说,别人对我好,我就对别人好,别人对我不好,我也对别人不好。子贡回答说:"我善我,我亦善之。人不善我,我则引之进退而已耳。"(《韩诗外传》卷九)子贡的意思是,别人对我好,我对别人好,别人对我不好,我不是马上以不友好的态度回敬别人,而是对此人敬而远之。颜回的回答最令孔子满意:"人善我,我亦善之。人不善我,我亦善之。"(《韩诗外传》卷九)颜回的意思是别人对我好,我对别人好,别人对我不好,我也对别人好。这就是一种安仁乐道的修养境界。所以,颜回之所以能够成为孔子最为得意的弟子不是没有道理的。当然,颜回这样的安仁乐道,不能仅仅认为是一种哲学认识论,而是一种道德智慧。以德报德,不难,但以德报怨,就很难了。而安仁乐道,不仅以德报德,而且以德报怨。这就是安仁乐道的忠德境界。《宋史》记载了范纯仁告诫弟子的一段话:"苟能以责人之心责己,恕己之心恕人,不患不至圣贤地位也。"(《宋史·范纯仁传》卷三百一十四)常常以责备别人的心态来责备自己,以宽恕的心态来宽恕别人,这就是圣贤能达到的境界。范纯仁终身恪

———————

① 在儒家伦理学观点中,荣华富贵其实具有"反噬性",当一个人德不配位的时候,荣华富贵对于此人来说,是一种灾难。比如商纣王。所以,孟子说,杀了商纣王,犹如诛杀"一夫",而不是"弑君"。荣华富贵,对于商纣王来说,就具有"反噬性"。朱熹也说,一个人想要"成贤成圣",就要坚持自己的道德操守,不能因为外在的条件的变化而改变自己的道德操守。朱熹说:"国有道,不变未达之所守;国无道,不变平生之所守也。"(《中庸章句》)所以,儒家是主张德福一致的。这与西方哲学者康德有区别。康德认为,德福不一定是一致的,有德的人未必有福,有福的人未必有德。如果这样,就引起了道德难题:既然有福的人不一定有德,有德的人未必有福,那为什么人们要讲道德? 康德知道这个道德难题,所以,他就预设了"灵魂不朽",通过信仰来解决这个问题。其实这个问题我们也可以说是"康德难题"。

守忠恕之道,一生尽忠为官做事,"一生用不尽",这是安仁乐道的体现。他说:"吾平生所学,得之忠恕二字,一生用不尽。以至立朝事君,接待僚友,亲睦宗族,未尝须臾离此也。"(《宋史·范纯仁传》卷三百一十四)安仁乐道,不是奉行一种忍耐的压抑自己的哲学,而是一种积极的道德哲学、道德修养和道德实践。

安仁乐道的忠德境界,主要体现两个方面;第一,孔颜乐处。孔颜乐处就是对忠德道德内涵内化为自己的一种道德精神和行为习惯,在面对困顿甚至在极端贫穷的道德境遇中也不改变自己追求的忠德仁爱精神。孔颜乐处不是贫穷困顿的盲目乐观,而是一种积极的道德境界修养。周敦颐说:"君子以道充为贵,身安为富,故常泰无不足,而铢视轩冕,尘视金玉,其重无加焉尔。"(《周敦颐集·通书·富贵》)

孔颜乐处最早是周敦颐提出来的。周敦颐说:"颜子'一箪食,一瓢饮,在陋巷,人不堪其忧,而不改其乐'①。夫富贵,人所爱也,颜子不爱不求,而乐乎贫者,独何心哉? 天地间有至贵至爱可求,而异乎彼者,见其大而忘其小焉尔。见其大则心泰,心泰则无不足。无不足则富贵贫贱处之一也。处之一则能化而齐。故颜子亚圣。"(《周敦颐集·通书·颜子》)周敦颐说的孔颜乐处不是物质的满足,而是对儒家仁的道德精神内化的一种道德修养,这种精神具有超越性和道德审美境界。程颢程颐少年时期曾经求学于周敦颐,周敦颐就二程颜子仲尼所乐何事发问,提出孔颜乐处。二程说:"昔受学于周茂叔,每令寻颜子、仲尼乐处,所乐何事?"(《二程集·河南程氏遗书》卷二上)

宋代太学祭酒胡瑗曾在太学里出了一道考试题目:"颜子所好何学论"。程颐回答得很好,受到了胡瑗的赏识,因此而名声鹤起。程颐在回答"颜子所好何学论"的问题时,说:"天地储精,得五行之秀者为人。其本也真而静,其未发也五性具焉,曰仁义礼智信。形既生矣,外物触其形而动于中矣。其中动

---

① 《论语·雍也》原作为:"一箪食,一瓢饮,在陋巷,人不堪其忧,回也不改其乐。"

而七情出焉,曰喜怒哀乐爱恶欲。情既炽而益荡,其性凿矣。是故觉者约其情使合于中,正其心,养其性,故曰性其情。愚者则不知制之,纵其情而至于邪僻,梏其性而亡之,故曰情其性。凡学之道,正其心,养其性而已。中正而诚,则圣矣。君子之学,必先明诸心,知所养①,然后力行以求至,所谓自明而诚也。故学必尽其心。尽其心,则知其性,知其性,反而诚之,圣人也。故《洪范》曰:'思曰睿,睿作圣。'诚之之道,在乎信道笃。信道笃则行之果,行之果则守之固:仁义忠信不离乎心,造次必于是,颠沛必于是,出处语默必于是。久而弗失,则居之安,动容周旋中礼,而邪僻之心无自生矣。"(《二程集·河南程氏文集·颜子所好何学论》)程颐认为,圣人之道是可学的,孔颜乐处不是天生的,而是后天学习之后达到的境界。程颐还通过两首诗来表达自己对孔颜乐处的体悟:"闲来无事不从容②,睡觉东窗日已红。万物静观皆自得,四时佳兴与人同。道通天地有形外,思入风云变态中。富贵不淫贫贱乐,男儿到此是豪雄。"(《二程集·河南程氏文集·秋日偶成》)"云淡风轻近午天,望花随柳过前川。时人不识予心乐,将谓偷闲学少年。"(《二程集·河南程氏文集·偶成》)这种与人乐,与物乐的交融境界,是脱了物质的羁旅,完全是一种自然的自由境界。这是将万事万物融于道德主体内心的一种超功利的道德体验。

程颢也认为,要达到孔颜乐处的境界,首先是识仁安仁。程颢说:"学者须先识仁。仁者,浑然与物同体,义、礼、智、信皆仁也。识得此理,以诚敬存之而已,不须防检,不须穷索。若心懈,则有防;心苟不懈,何防之有!理有未得,故须穷索;存久自明,安待穷索!此道与物无对,"大"不足以明之。天地之用,皆我之用。孟子言'万物皆备于我',须'反身而诚',乃为大乐。若反身未诚,则犹是二物有对,以己合彼,终未有之,又安得乐!"(《宋元学案·明道学案·识仁篇》卷十三)程颢认为,要达到孔颜乐处,首先得"识仁",要认识到每个人心中的"仁"的存在。

---

① 一作是"知所往"(《二程集·河南程氏文集·颜子所好何学论》)。
② 一作是"闲来何事不从容"(《二程集·河南程氏文集·秋日偶成》)。

朱熹回答"颜子之乐,只是天地间至富至贵底道理,乐去求之否?"的问题时说:"非也。此以下未可便知,须是穷究万理要极彻。"(《朱子语类》卷三十一)然后说曰:"程子谓:'将这身来放在万物中一例看,大小大快活!'又谓:'人於天地间并无窒碍,大小大快活!'此便是颜子乐处。这道理在天地间,须是直穷到底,至纤至悉,十分透彻,无有不尽,则于万物为一无所窒碍,胸中泰然,岂有不乐!"(《朱子语类》卷三十一)朱熹进一步把周敦颐、二程说的孔颜乐处提升到对"理"的体悟高度。他认为,孔颜的乐趣就是对天理的把控和实践。明代理学家薛瑄也说:"仰不愧,俯不怍,心广体胖,人欲净尽,天理浑全,则颜氏之乐可识矣。"(《读书录》卷一)

因此,孔颜之乐的核心是对仁的把控,是剥离了物欲和情欲之后,道德主体自身的一种超越功利的道德体验,是道德主体内在的道德超越。当然,孔颜乐处本身就包含了道德主体本身的快乐,也就是说,道德主体本身生命的存在就是一种终极的快乐,即使道德主体生命的本身什么贡献也没有,仅仅是一种生命本身的存在,就是一种终极的快乐,是一种"担水砍柴,无非妙道"的终极生命存在的体验。

孔颜乐处是对忠德尽己为人和尽己做事道德行为和道德修养的道德提升,包括了积极的人生态度,对后世产生了积极的影响。清代哲学家李塨评价说:"宋人每令人寻乐,予谓乐不可寻也,寻之则庄老之学耳,儒者尽其道乐矣。"(《恕谷后集》卷九)

第二,利济苍生。如果说孔颜乐处是一种贫穷状态下的道德心态观照,那么,利济苍生就是人处于富裕状态下的道德追求。因为仅仅是处于困境状态下的自我的乐,那是佛教的"自度"或"禅意"和道教的"心斋"与"坐忘",如果这样,那么儒学与佛教及道教就没有什么区别了。儒家是在佛教与道教自我修炼的地方,往前再跨越。这就是人在富裕状态下该具有怎样的道德心境和道德选择? 儒家认为,这是为了利济苍生。

子贡有一次问孔子:"贫而无谄,富而无骄,何如?"孔子回答说:"可也。

未若贫而乐,富而好礼者也。"(《论语·学而》)在孔子看来,"富而无骄"的境界不如"富而好礼"的境界高。古代,有钱叫富,有权叫贵。我们这里说的为富济民,包括了富与贵的意思,不追求字面的训诂,但求道德精神。一个人富裕而又能够济民,用现代的一句话说,就是"先富带动后富,最后达到共同富裕",这是一种道德行为,是不容易做到的。一般情况是诚如子贡说的"富而不骄"就很不错了。但在现实生活中更多的富人可能表现出来的就是"财大气粗"或"为富不仁",甚至"饱暖思淫欲"。因此,能够做到"富而济民"就是一种高尚的忠德修养了。孟子将"富贵不能淫,贫贱不能移,威武不能屈"的精神称为"大丈夫"。他说:"居天下之广居,立天下之正位,行天下之大道;得志,与民由之;不得志,独行其道。富贵不能淫,贫贱不能移,威武不能屈,此之谓大丈夫。"(《孟子·滕文公下》)因此,能做到"富贵不能淫"就是一种很高尚的道德修养了。

如果说孔颜乐处是指道德实践主体在面对贫穷处境下的一种道德智慧存在方式,那么利济苍生就是指道德主体在面对富贵时候的道德选择。《淮南子》说:"圣人者,不耻身之贱,而愧道之不行;不忧命之短,而忧百姓之穷。"(《淮南子·修务训》)《淮南子》一书的思想尽管是以道家为主,但是这句话,却充满儒家的色彩。圣人之忧是忧"道之不行"和"百姓之穷"。君子本身有较高的道德修养,但是芸芸众生却因为贫穷而陷入困顿和饥饿甚至失去生命。《淮南子》还说:"古之人有居岩穴而神不遗者,末世有势为万乘而日忧悲者。由此观之,圣亡乎治人,而在于得道;乐亡乎富贵,而在于德和。知大己而小天下,则几于道矣。所谓乐者,岂必处京台、章华,游云梦、沙丘,耳听《九韶》《六莹》,口味煎熬芬芳。驰骋夷道,钩射鹔鹴之谓乐乎?吾所谓乐者,人得其得者也。夫得其得者,不以奢为荣,不以廉为悲,与阴俱闭,与阳俱开。故子夏心战而臞,得道而肥。圣人不以身役物,不以欲滑和,是故其为欢不忻忻,其为悲不惙惙,万方百变,消摇而无所定,吾独慷慨,遗物而与道同出。是故有以自得之也,乔木之下,空穴之中,足以适情;无以自得也,虽以天下为家,万民为臣妾,不足以养生也。能至于无乐者,则无不乐;无不乐,则至极乐矣!"(《淮南子·原道训》)因此,圣人的价值还是"在于得道"和"在于德和",因此,利济苍生,就成为圣人行道得道的另外一种方式。清代学者颜元说:"人必能斡旋乾坤,利济苍生,方是圣贤。不然,虽矫语性天,真见定静,终是释迦、庄周也。"(《习斋言行录》)颜元是反对空谈心性,主张实言实行,做"建经世济民之勋,成辅世长民之烈,扶世运,奠生民"(《习斋记余》卷三)的实用之才。

具体说来,利济苍生就是利用自己的能力为社会做贡献,这包括精神和物质两个层面。其一,精神层面。儒家忠德之人要利用自己的知识为百姓答疑解惑,解决价值系统的疑问。清代思想家魏源说:"人必有终身之忧,而后能有不改之乐。君子所忧乐如之何?曰:所忧生于所苦。不苦行险,不知居易之乐也;不苦嗜欲,不知澹泊之乐也;不苦驰骛,不知收敛之乐也;不苦争竞,不知恬退之乐也;不苦憧扰,不知宁静之乐也;苦生忧,忧生嗜,嗜生乐。岂惟君子之性分然哉?即世俗亦有终身之忧乐焉,忧利欲之不遂其身也,忧利禄之不及其子孙也,忧謏闻之不哗于一世也。庸诅知吾所谓苦,非彼所谓甘,吾所谓忧,非彼所谓乐乎?"(《魏源集·默觚·学篇十》)这是要从精神上解决人的快乐问题。

娄师德是唐代著名宰相,有一次他问他弟弟,如果有人嫉妒他们家出了权贵人物,他该怎么办?他弟弟说,别人吐唾沫到我脸上,我不计较,我擦干净就行了。娄师德说,不行,不能擦干净唾沫,而是要让唾沫自己晒干,这样吐唾沫的人的怨气才能消除。《新唐书》记载这事:"其(娄师德——引者注)弟守代州,辞之官,教之耐事。弟曰:'人有唾面,洁之乃已。'师德曰:'未也。洁之,是违其怒,正使自干耳。'"(《新唐书·娄师德传》卷一百八)这样是放在无德者上了,别人吐唾沫到脸上,非得利用自己的权力将人缉拿归案,判以重刑。娄师德高义,为武后所重,狄仁杰都自愧不如。《新唐书》记载:"狄仁杰未辅政,师德荐之,及同列,数挤令外使。武后觉,问仁杰曰:'师德贤乎?'对曰:'为将谨守,贤则不知也。'又问:'知人乎?'对曰:'臣尝同僚,未闻其知人也。'后曰：'朕用卿，师德荐也，诚知人矣。'出其奏，仁杰惭，已而叹曰：'娄公盛德，我为所容乃不知，吾不逮远矣！'"(《新唐书·娄师德传》卷一百八)这也算是娄师德利济苍生的一种表现。

其二，物质层面。古代有儒商或义商的称谓。有钱的人拿出钱来帮助别人、修建义仓、捐献书院、接济贫民等，这属于利济苍生。如陈寔。他字仲躬，《后汉书》误作仲弓，颍川许县人，东汉时期官员，六辟三公，再辟大将军府。有一次，自家屋梁上出现小偷，他不仅没有去抓捕这位小偷，而且还送给他两匹布，教育他改过自新。《后汉书》记载："时岁荒民俭，有盗夜入其室，止于梁上。寔阴见，乃起自整拂，呼命子孙，正色训之曰：'夫人不可以不自勉。不善之人未必本恶，习以性成，遂至于此。梁上君子者是矣！'盗大惊，自投于地，稽颡归罪。寔徐譬之曰：'视君状貌，不似恶人，宜深克己反善。然此当由贫困。'令遗绢二匹。自是一县无复盗窃。"(《后汉书·陈寔传》)儒家伦理学认为，没有人是故意作恶的，因为贫穷才可能引起盗窃。陈寔大概是看到了这点，所以不仅没有抓捕小偷，还"遗绢二匹"。从那以后，该县域内"无复盗窃"。这尽管是有些夸大其词，但是肯定了这种正风俗的效果。这是利济苍生的物质体现。

再如陈重。他是东汉名士，官拜尚书郎。同官署的人欠了别人十万钱，他替别人还了，还不愿意透露姓名，说也许是和他同名的人帮助同官署的人还的钱。《后汉书》记载："有同署郎负息钱数十万，责主日至，诡求无已，重乃密以钱代还。郎后觉知而厚辞谢之。重曰：'非我之为，将有同姓名者。'终不言惠。"(《后汉书·陈重传》)陈重这是利济苍生的典型。当然，他帮别人还了十万钱，首先得自己有这十万钱，如果没有这十万钱，就是想帮也帮不了。因此，利济苍生，体现的是人富裕了之后的道德行为。

颜元就曾批评宋儒平日里"静坐主静""正心诚意""格物致知"，到了关键时候，"上不见一扶危济困之功，下不见一可相可将之才"(《颜元集·存学编·性理评》卷二)，而那些自诩为圣贤的人不过是"无事袖手谈心性，临危一丝死报君王"(《颜元集·存学编·学辨一》卷一)。孔子认为财富的追求是每个人都想的。他说:"富而可求也,虽执鞭之士,吾亦为之。如不可求,从吾所好。"(《论语·学而》)问题的关键是富裕了之后如何做。孔子说要做到"富而无骄"(《论语·宪问》)。颜元说要做到"扶危济困"(《颜元集·存学编·性理评》卷二)。

二、浩然之气

一个人有德性,又具有安仁乐道的气象,具有孔颜乐处和利济苍生的道德情怀和德行,其浩然之气就乘势而来。因此,浩然之气是安仁乐道境界的进一步提升。浩然之气也可以说是浩然正气。浩然之气是指道德正能量,能内化仁、义、礼、智、信、忠、孝、廉、耻等,是道德主体内心的一种道德精神,是正义、勇敢、智慧和无畏的精神状态。浩然之气,是一种正直、刚强和正义的气度。

孔子虽然没有提到浩然之气,但是他高度表扬了浩然之气的道德行为。孔子说:"齐景公有马千驷,死之日,民无德而称焉。伯夷、叔齐饿于首阳之下,民到于今称之。其斯之谓与?"(《论语·季氏》)孔子说,齐景公曾经有四千匹马,但是死后人们并没有称赞他,而伯夷叔齐因为不食周粟而死在首阳山,这样的气节至今为人们所称颂。孔子还赞扬颜回处在陋巷这样物质条件贫乏的状态下还能保持对仁义的追求,这也是值得称颂的。孔子说:"贤哉回也! 一箪食,一瓢饮,在陋巷,人不堪其忧,回也不改其乐。贤哉回也!"(《论语·雍也》)

《礼记》礼记载了一个故事:"齐大饥,黔敖为食于路,以待饿者食之。有饿者蒙袂辑屦贸贸然来。黔敖左奉食,右执饮,曰:'嗟来食。'扬其目而视之,曰:'予唯不食嗟来之食,以至于斯也。'从而谢焉,终不食而死。曾子闻之曰:'微与? 其嗟也可去,其谢也可食。'"(《礼记·檀弓下》)说是一个叫黔敖的人因为态度不好,一个饥饿的人就不吃黔敖这样的"嗟来之食"。这表现出一种人格尊严。也就是明代冯梦龙说的:"志士不饮盗泉之水,廉者不受嗟来之食。"（冯梦龙《东周列国志》第八十五回）清代小说家文康在《儿女英雄传》二七回也说："所以宁饮盗泉之水,不受嗟来之食。"①无论是孔子称赞伯夷叔齐,还是《礼记》说的不食"嗟来之食"都表现为一种儒家的高尚气节。这样的气节能够成就君子、贤人和圣人的人格。郭齐勇教授在《中国哲学通史·先秦卷》将儒家的人格分为三类:第一类是现实的理想境界是君子,属于人道层面,是超越于自然人的道德人。第二种是贤人,是现实的理想境界,也属于人道层面,但超越于君子人格,是现实的仁人与成人。第三种是圣人,是理想的至上境界,属于天道层面,超越贤人人格,是理想的仁人与成人②。儒家的这三个层面,圣人是很难达到的。伯夷、伊尹、柳下惠、孔子等算是圣人。孟子说:"伯夷,圣之清者也;伊尹,圣之任者也;柳下惠,圣之和者也;孔子,圣之时者也。孔子之谓集大成。"(《孟子·万章下》)。尽管圣人难以企及,但圣人是人追求的道德理想人格。君子和贤人,经过后天的学习和修养是可以达到的。在儒家看来,不管是哪一种人格,都应按体现仁义的道德精神,这就是儒者气节。但是当这种气节修炼到一定的程度就是浩然之气。

孟子是正式提出浩然之气的人。他说:"'我知言,我善养吾浩然之气。''敢问何谓浩然之气?'曰:'难言也。其为气也,至大至刚,以直养而无害,则塞于天地之间。其为气也,配义与道。无是,馁也。是集义所生者,非义袭而取之也。行有不慊于心,则馁矣。'"(《孟子·公孙丑上》)孟子认为浩然之气,是一种"大气","至大至刚,以直养而无害,则塞于天地之间。其为气也,配义与道",是道德精神的体现。这种"气",是集合了道义和正义,一种道德担当、道德责任和道德精神。朱熹解释说:"养气,则有以配夫道义,而于天下之事无所惧,此其所以当大任而不动心也。"(《孟子集注·公孙丑上》)总之,

---

① 毛泽东在《别了,司徒雷登》一文中也用了"嗟来之食":"美国人在北平,在天津,在上海,都洒了些救济粉,看一看什么人愿意弯腰拾起来。太公钓鱼,愿者上钩。嗟来之食,吃下去肚子要痛的。"(《毛泽东选集》(第四卷),人民出版社1991年版,第1495页)

② 郭齐勇:《中国哲学通史·先秦卷》,江苏人民出版社2021年版,第181页。

在孟子看来,浩然之气是以道义和正义为底色的道德修养的提升。所以说浩然之气,就是浩然正气。概括来说,浩然之气包括三个方面:第一,浩然之气是靠人的主观努力培养出来的一种正气,对它不断培养而不损害,就可以充满天地之间。第二,浩然之气具有道德内容,是配合义与道而产生的,没有义与道,它就疲软消失。第三,浩然之气只有靠正义的行为长期不断积累才能产生,不能做违反义于道德事,否则,它就要疲软、消失①。

浩然之气的提升需养心和养气。孟子说:"必有事焉而勿正②,心勿忘,勿助长也。"(《孟子·公孙丑上》)这样的浩然之气,不是忽然产生,而是通过道德实践得来的,不能拔苗助长。"助之长者,揠苗者也。非徒无益,而又害之。"(《孟子·公孙丑上》)朱熹解释说:"此言养气者,必以集义为事,而勿预期其效。其或未充,则但当勿忘其所有事,而不可作为以助其长,乃集义养气之节度也。"(《孟子集注·公孙丑上》)一个人只有经历"苦其心志,劳其筋骨,饿其体肤,空乏其身,行拂乱其所为,所以动心忍性,曾益其所不能"(《孟子·告子下》),才能养成浩然之气。因此,浩然正气不是天生的,而是后天修炼的结果。而且这种浩然之气,只有君子的长期修炼才有,达到了自得之境,就是具备了浩然之气。孟子说:"君子深造之以道,欲其自得之也。自得之,则居之安;居之安,则资之深;资之深,则取之左右逢其原,故君子欲其自得之也。"(《孟子·离娄下》)君子要以高尚的道德不断加深自己的道德造诣,要不断加深自己的学问,坚持高尚的德行,才能在道德实践中游刃有余。也只有这

---

① 陈瑛、许启贤:《中国伦理大辞典》,辽宁人民出版社1998年版,第801页。
② 勿正,有多种解释。第一种,"正"解释为预定的目标,"勿正",就是不要有既定的目标或特定的目标。赵岐等有"必有事焉而勿正"之句。朱熹就这样认为的。宋儒断句在"心"字,做"必有事焉而勿正心"。朱熹也认为,这两种方法都可以。(参阅王博:《中国儒学史·先秦卷》,汤一介、李中华主编,北京大学出版社2011年版,第336页)第二,"正"解释为"止"。《毛诗终风序笺》有"正犹止也"。"勿正"即没有止境,"勿止"。笔者认为第二种解释通畅一点,故采用此种。(参阅陈瑛:《中国伦理思想史》,湖南教育出版社2004年版,第180页)第三,"正"是"勿忘"之误。顾炎武《日知录》引倪文节谓:"当作'必有事焉而勿忘'。勿忘,勿助长也。"(陈垣:《日知录校注》,安徽大学出版社2007年版,第408页)

样才能养成自得之气,形成浩然之气。

荀子认为"治气"的养成,是后天不断剔除和克服私欲的过程,是一个不断"养心"的过程。荀子说:"治气、养心之术:血气刚强,则柔之以调和;知虑渐深,则一之以易良;勇胆猛戾,则辅之以道顺;齐给便利,则节之以动止;狭隘褊小,则廓之以广大;卑湿、重迟、贪利,则抗之以高志;庸众驽散,则劫之以师友;怠慢僄弃,则炤之以祸灾;愚款端悫,则合之以礼乐,通之以思索。凡治气养心之术,莫径由礼,莫要得师,莫神一好。夫是之谓治气养心之术也。"(《荀子·修身》)荀子认为,"治气"或者说修炼浩然之气,可以用"柔之""一之""辅之""节之""廓之""抗之""劫之""炤之""合之""通之"等方法来达到。

这个"治气"的过程,是一个长期的过程。荀子与孟子认为要人先苦其心志然后才能降大任的思路不同。荀子认为"治气"的过程是一个长期的过程。荀子说:"积土成山,风雨兴焉;积水成渊,蛟龙生焉;积善成德,而神明自得,圣心备焉。故不积跬步,无以至千里;不积小流,无以成江海。骐骥一跃,不能十步;驽马十驾,功在不舍。锲而舍之,朽木不折;锲而不舍,金石可镂。蚓无爪牙之利,筋骨之强,上食埃土,下饮黄泉,用心一也。蟹六跪而二螯,非蛇蟺之穴无可寄托者,用心躁也。是故无冥冥之志者无昭昭之明;无惛惛之事者无赫赫之功。"(《荀子·劝学》)还说:"夫骥一日而千里,驽马十驾则亦及之矣。将以穷无穷,逐无极与?其折骨绝筋,终身不可以相及也。将有所止之,则千里虽远,亦或迟或速、或先或后,胡为乎其不可以相及也?……故学曰:'迟彼止而待我,我行而就之,则亦或迟或速,或先或后,胡为乎其不可以同至也?'故跬步而不休,跛鳖千里;累土而不辍,丘山崇成;厌其源,开其渎,江河可竭;一进一退,一左一右,六骥不致。彼人之才性之相县也,岂若跛鳖之与六骥足哉?然而跛鳖致之,六骥不致,是无他故焉,或为之,或不为尔。道虽迩,不行不至;事虽小,不为不成。其为人也多暇日者,其出入不远矣。"(《荀子·修身》)

浩然之气的养成不是一蹴而就的,而是一个不断积累和发展的过程。

　　宋儒主要是以理学家为代表,认为浩然之气的主要体现就是"存天理,灭人欲"。在理学家看来,浩然之气,不是私欲的占有,而是剔除了私欲之后的道德正气。程颢说:"浩然之气,天地之正气,大则无所不在,刚则无所屈,以直道顺理而养,则充塞于天地之间。'配义与道',气皆主于义而无不在道,一置私意则馁矣。'是集义所生',事事有理而在义也,非自外袭而取之也。"(《二程集·河南程氏遗书》)程颢认为,浩然之气就是正义之气,是义和道德集合。程颐也说:"浩然之气是集义所生者,既生得此气,语其体则与道合,语其用则莫不是义。"(《二程集·河南程氏遗书》)还说:"浩然之气,所养各有渐,所以至于充塞天地,必积而后至。"(《二程集·河南程氏遗书》)浩然之气,需要坚持正义的思想倾向,不能凭意气用事。程颐说:"浩然之气,乃吾气也,养而不害,则塞乎天地,一为私心所蔽,则欿然而馁,却甚小也。"(《二程集·河南程氏遗书》)

　　理学家大成朱熹认为:"理无有不包,无有不贯,及其充广,可与天地同其广大。故为圣,为贤,位天地,育万物,只此一理而已。"(《朱子语类》卷八)他还说:"合天地万物而言,只是一个理;及在人,则又各自有一个理。"(《朱子语类》卷一)因此,浩然之气,就是对"理"的分有,是"理"在道德主体上的修养境界。"举天下之事,莫不有理。且臣之事君,便有忠之理;子之事父,便有孝之理;目之视,便有明之理;耳之听,便有聪之理;貌之动,便有恭之理;言之发,便有忠之理。"(《朱子语类》卷十三)理为总体纲目,原则和世界万千事务存在的本源,因此,为臣有为臣之理,为君有为君之理。为民就有为民之理。二程说:"为君尽君道,为臣尽臣道,过此则无理。"(《二程集·河南程氏遗书》卷五)无论是从事什么职业的人,都要尽忠做事为人,凡是将这样尽忠之理发挥到更高层次的,就是浩然正气。朱熹说:"气,只是一个气。便浩然之气,也只是这个气,但只是以道义充养起来。及养得浩然,却又能配助义与道也。"(《朱子语类》卷四十六)朱熹还说:"浩然之气,天地之正气也。"(《朱子语类》卷六十二)

理学是儒学发展的高峰,影响深远,因此,宋代之后,浩然之气就成为人们道德修养的境界之一,激励一代代人去追求奋斗。就宋代军事实力来说,它"强不如秦,富不如隋,形势不如汉,土地不如唐"(吕中《类编皇朝大事记讲义》)①,但是其忠勇之人,比比皆是。日本学者植松正统计,在南宋末年的151名进士中,仕元朝的57人,占37.8%;归隐的84人,占55.6%;情况不明的10人,占6.6%②。陈得芝在植松正研究基础上,又作了进一步研究,根据他的研究,宋末328名进士中,殉国的71人,占21.66%;在元朝归隐的174人,占53.05%;归降且出仕元朝的83人,占25.3%③。从数据上看,殉国和归隐的占绝大多数,归降并且仕元的占少数。这说明,理学对忠德行为的影响是明显的。尤其宋末出现了像文天祥这样的爱国文臣。文天祥是南宋状元,著名政治家、文学家,抗元名臣,民族英雄。《宋史·文天祥传》记载:"天祥至潮阳,见弘范,左右命之拜,不拜,弘范遂以客礼见之,与俱入厓山,使为书招张世杰。天祥曰:'吾不能捍父母,乃教人叛父母,可乎?'索之固,乃书所过《零丁洋诗》与之。其末有云:'人生自古谁无死,留取丹心照汗青。'弘范笑而置之。厓山破,军中置酒大会,弘范曰:'国亡,丞相忠孝尽矣,能改心以事宋者事皇上,将不失为宰相也。'天祥泫然出涕,曰:'国亡不能救,为人臣者死有余罪,况敢逃其死而二其心乎。'弘范义之,遣使护送天祥至京师。"他被押送至元大都,被囚元朝三年,元廷多次派人劝降,甚至元朝皇帝还亲自出面劝他:如果投靠元朝,许以宰相之职。他屡经威逼利诱,仍誓死不降。他在殉国之前写的《过零丁洋》中有一句光照古今的名句"人生自古谁无死,留取丹心照汗青",气势磅礴,情调高亢,其"胸中浩然之气,凛然不可屈"(《宋史·黄洽传》卷三百八十七),实现了他的爱国忠贞的浩然之气。其胸中浩然之气凛然不可屈,数百年

---

① 转引自孔祥安、何雪芹:《中国传统忠伦理研究》,青岛出版社2018年版,第363页。
② [日]植松正:《关于元代江南的地方官任用》,日本《法制史研究》1988年第38号。
③ 陈得芝:《论宋元之际江南士人的思想和政治动向》,《南京大学学报》(哲学人文社会科学版)1997年第2期。

来激励后人奋勇前进。

王夫之评价文天祥说:"夫忠臣于君国之危亡,致命以与天争兴废,亦如是焉而已。当德祐时,蒙古兵压临安,亡在旦夕,求所以存宋者终无术矣。诚不忍国亡而无能为救,则婴城死守,君臣毕命以殉社稷,可也。奉君出走,收余烬以借一,不胜,则委骨于原隰,可也。死不我值,求先君之遗裔,联草泽之英雄,有一日之生,尽一日之瘁,则信国他日者亦屡用之矣。乃仓卒之下,听女主乞活之谋,衔称臣纳贡之命,徼封豕长蛇之恩,以为属国于江介。爱君而非所以爱,存国而固不可存,信国之忠,洵忠而过矣……信国自处以君子,而以细人之道爱其君乎?……已入虎吻,而犹祝其勿吞,词愈哀,志愈辱,其亡愈可伤矣!信国之为此也,摇惑于妇人之柔靡,震动于通国之狂迷,欲以曲遂其成仁取义之心,而择之不精,执之不固,故曰忠而过也。"(《宋论·度宗恭宗端宗祥兴帝》卷十五)

总之,"孟子浩然之气,乃是集义所生"(《许衡集·语录上》)。浩然之气是忠德一种道德行为,是道义和正气的集合,是道德主体忠德修养的提升,浩然之气至今仍然在现代社会中具有重要的生命力,成为传统优秀道德文化重要的道德规范和道德修养。正如著名文学家鲁迅所说:"我们从古以来,就有埋头苦干的人,有拼命硬干的人,有为民请命的人,有舍身求法的人,……虽是等于为帝王将相作家谱的所谓'正史',也往往掩不住他们的光耀,这就是中国的脊梁。"[1]浩然之气,是闪烁的中国道德文化和伦理精神之一。

三、天人合一

前文我们提到了安仁乐道,这是忠德境界的第一层次。浩然之气是忠德境界的第二层次。天人合一,是忠德境界的第三层次。这三者之间的层次,是递进的关系。天人合一是忠德修养的最高境界。

---

① 《鲁迅全集》(第六卷),人民文学出版社 2005 年版,第 122 页。

天人合一，是中国伦理思想史上的重要命题之一。明确提出"天人合一"概念是宋代著名哲学家张载。他在《正蒙》中说："儒者则因明致诚，因诚致明，故天人合一，致学而可以成圣，得天而未始遗人，易所谓不遗、不流、不过者也。"(《张载集·正蒙》)张载认为儒者从内到外，由"因明致诚"，通过道德修养的主体知识学习而体悟天性和天理。然后，再由"因诚致明"，通过学习者尽心尽性识天而穷理。前者由外向内、由天向人下求；后者由内向外、由人向天上求。经过这样的"合内外"的工夫，就能够达到"天人合一"的境界。修炼到了这种道德境界，道德主体也就超凡入圣，与万物为一体了。

从中国伦理思想史角度来说，"天人合一"有多重解释。第一，对天来说，有多重解释，如帝神之天、命运之天、自然之天、义理之天等。第二，对人来说，也有多种认识，如有自然之人、德性之人、主体之人等①。第三，对"天人合一"解释来说，至少有七种：天人玄同说、性天相通说、天人相类说、天人同性共体说、天人同体说、天人一理说、天人同心说②。我们这里阐释"天人合一"，不是从哲学形而上的角度来分析，而是从忠德修养的角度来分析。忠德修养境界视野中的天人合一的基本内涵就是真善合一，是指人的忠德修养规范与外在客观伦理世界的善，合而为一。道德的善、伦理的善与自然的真、社会的诚，与人性的真善，相互交融。因此，天人合一，不是道德修养无法企及的境界，而是可以在现实道德实践中能够实现的一种道德修养。忠德上的天人合一，就是忠德的实践主体的内心如忠德体系、忠德规范、忠德原则与外在的忠德实践交融在一起，共同促进自我、他人和社会及国家的发展。

孔子说："天何言哉？四时行焉，百物生焉，天何言哉？"(《论语·阳货》)这是说天运行的客观性，与人事的变化巨测没有联系。荀子说："天行有常，不为尧存，不为桀亡。"(《荀子·天论》)这是说，人类社会的经济、政治和文化与天的自然运行也没有必然的联系。天是独立于人之外的客观存在。天自身

---

① 陈瑛：《中国伦理思想史》，湖南教育出版社 2004 年版，第 219—221 页。
② 陈瑛：《中国伦理思想史》，湖南教育出版社 2004 年版，第 222—227 页。

就是一个实体,这个实体和人的道德没有关系。这是天的自然内涵。但是,这是"天"的自然的界定,与天人合一中的"天"还是不同的。天人合一中的"天"是指大自然的"真",这种自然的"真"与人类的道德世界的善融合统一,就是天人合一。因此,孔子和荀子尽管说出了"天"的客观性,但是并没有解释天人合一。

　　先秦从道德上解释天人合一内涵的是孟子。孟子说:"尽其心者,知其性也。知其性,则知天矣。存其心,养其性,所以事天也。殀寿不贰,修身以俟之,所以立命也。"(《孟子·尽心上》)孟子这里说的天,不是客观世界的天,而是被赋予了道德内涵。这里的天是道德的来源,所以,孟子才说,尽心知性知天。在孟子看来,忠德境界中的天人合一,是道德作用与宇宙法则是一体的。《周易》说:"先天而天弗违,后天而奉天时。"(《周易·乾》)意思是说,有道德的人与自然万物是联系在一起的,是不可分割的整体,能够做到"天人合一"。与天和人一致的就是"大人",即道德高尚的人。所以,《周易》说:"夫'大人'者,与天地合其德,与日月合其明,与四时合其序,与鬼神合其吉凶。"(《周易·乾》)这就是说,真正道德高尚的人,是具有开放和包容的胸襟,既能认识大自然又能遵循大自然,还能遵守祖先的治国道德经验,并能实事求是地继承和发展这些道德经验。

　　汉代董仲舒认为,人与天是一体的。他说:"人之为人本于天,天亦人之曾祖父也,此人之所以上类天也。"(《春秋繁露·为人者天》)按照董仲舒的理解,人就是上天的派生物,人的身体构造和道德性情与天是一致的。董仲舒勾画了人与天一幅精彩的画面:"天以终岁之数,成人之身,故小节三百六十六,副日数也;大节十二分,副月数也;内有五脏,副五行数也;外有四肢,副四时数也;乍视乍瞑,副昼夜也;乍刚乍柔,副冬夏也;乍哀乍乐,副阴阳也。心有计虑,副度数也;行有伦理,副天地也。此皆暗肤着身,与人俱生,比而偶之弇合。于其可数也,副数;不可数者,副类。皆当同而副天,一也。是故陈其有形以着无形者,拘其可数以着其不可数者。以此言道之亦宜以类相应,犹其形也,以数相中也。"(《春秋繁露·人副天数》)董仲舒把人的结构与天的自然构成相呼应,为人与天一体化做了论证。

不仅如此,他还将人的道德性格和人的脾气也与天相呼应。他说:"天亦有喜怒之气,哀乐之心,与人相副。以类合之,天人一也。"(《春秋繁露·阴阳义》)天的喜怒哀乐,表现为天灾或祥瑞。如地震,就是天愤怒的表现之一。如果国家有失德的行为,天就会发怒。董仲舒说:"臣谨案《春秋》之中,视前世已行之事,以观天人相与之际,甚可畏也。国家将有失道之败,而天乃先出灾害以谴告之,不知自省,又出怪异以警惧之,尚不知变,而伤败乃至。以此见天心之仁爱人君而欲止其乱也。自非大亡道之世者,天尽欲扶持而全安之,事在强勉而已矣。强勉学习,则闻见博而知益明;强勉行道,则德日起而大有功:此皆可使还至而有效者也。"(《汉书·董仲舒传》)

因为人与天是一体的,人又是天的派生物,因此,人类的道德体系和道德结构自然也是天的派生物,人类的道德具有合理性和合法性也是因为天人一体的原因造就的。董仲舒说:"阴者阳之合,妻者夫之合,子者父之合,臣者君之合。物莫无合,而合各相阴阳。阳兼于阴,阴兼于阳;夫兼于妻,妻兼于夫;父兼于子,子兼于父;君兼于臣,臣兼于君。君臣父子夫妇之义,皆取诸阴阳之道。君为阳,臣为阴;父为阳,子为阴;夫为阳,妻为阴。阴阳无所独行,其始也不得专起,其终也不得分功,有所兼之义。是故臣兼功于君,子兼功于父,妻兼功于夫,阴兼功于阳,地兼功于天。"(《春秋繁露·基义》)他这样就把人类社会的君臣、父子、夫妇等纳入到了一个合理的道德体系之中,为人间的道德合理性和合法性提供了"天"的依据。

宋明理学家认为,人间道德秩序的依据是"理"。人体悟天理,就是体悟人间的道德。程颢说:"天人本无二,不必言合。"(《二程集·河南程氏遗书》卷六)还说:"人与天一物也,而特自小之,何耶?"(《二程集·河南程氏遗书》卷十一)因此,在程颢看来,体认了"天理"也就"体悟"到了人和人间道德。所以,他说:"仁者浑然与物同体,义礼智信皆仁也。识得此理,以诚敬存而已。"

(《二程集·河南程氏遗书》卷二上)"天者,理也"(《二程集·河南程氏遗书》卷十一)。

朱熹直接说:"天即人,人即天。"(《朱子语类》卷十七)还说:"未有天地之先,毕竟也只是理。有此理,便有此天地。若无此理,便亦无天地,无人无物,都无该载了。"(《朱子语类》卷一)朱熹不是把"天"作为一个客观认识的对象,而是看重"天"自身运行的规律与人的道德规律的一致性。著名学者蒙培元说:"朱熹虽然从主客体的意义上理解天人关系,但决不是把天当作客观对象去认识、去考察,更不是看作被改造的对象。如果是这样来理解,就是天人为二,不是天人合一。"①朱熹强调还是人,是人的身心性命去体悟天理。所以,他多次强调格物致知,也是这个道理。也及时说,"朱熹把自然界的所谓的'生理'和人的性理完全合一了。"②所以,朱熹说:"是理降而在人,具有形气之中,方谓之行性。"(《朱子语类》卷五)既然天理与人的性理是一致的,那么,人要认识天理,就要不断去格物致知和主敬涵养,这样才能去体认和践行天理与性理的一致性,然后才能实现天人合一。正是因为朱熹这样来解释天人合一,所以,忠德也就与天理是一致了。尽忠是一个人必需的道德素养,体认体悟天人合一是忠德修养的最高境界。但是如果道德主体在体认体悟忠德中,出现偏差,就会违反天人合一的理学原则,那就不是中庸之道了。所以,朱熹就批评屈原是忠过了头,违反了中庸之道。他说:"夫屈原之忠,忠而过者也。屈原之过,过于忠者也。故论原者,论其大节,则其他可以一切置之而不问。"(《楚辞后语·反离骚后序》)

如果说程朱理学是从"理"的角度,从外到内的路径去实现天人合一,那么,陆王心学则是从"心"的角度,从内到外的路径去实现天人合一。陆王心学认为,天人合一,就是宇宙的根本法则与人的固有的道德是一致的。陆九渊说:"吾心便是宇宙,宇宙便是吾心。"(《陆九渊集·杂说》)还说:"心之体大,

---

① 蒙培元:《理学范畴系统》,人民出版社1989年版,第438页。
② 蒙培元:《理学范畴系统》,人民出版社1989年版,第438页。

若能尽我之心,便与天同。"(《陆九渊集·语录》)因此,陆九渊认为,"心理"与"天理","至当归一,精义无二"(《陆九渊集》卷十二)。

心学集大成者王阳明继承了陆九渊的心学"心即理"的观点,认为心与理是一体的。他说:"大圣人之心,以天地万物为一体,其视天下之人。"(《王阳明全集·答季德明》卷六)又说:"人者,天地万物之心也;心者,天地万物之主也。"(《王阳明全集·答季德明》卷六)既然,心与天地万物是一体的,那么人心的任何一点"灵明"都是与天是相通的。王阳明说:"盖天地万物与人原是一体,其发窍之最精处,是人心一点灵明。风、雨、露、雷、日、月、星、辰、禽、兽、草、木、山、川、土、石,与人原只一体。故五谷禽兽之类,皆可以养人;药石之类,皆可以疗疾:只为同此一气,故能相通耳。"(《王阳明全集·传习录下》)

总之,不论是先秦儒家,还是汉代儒家,或是宋明理学诸子,都强调了天人合一的道德维度。不论他们从哪一种路径出发,都是强调了人的主动性和能动性与天的自然性和道德性的合一。所以张载说的"天人合一,致学而可以成圣"(《张载集·横渠易说》)的可能性才能实现。我们在理解儒家忠德修养的时候,不能把天局限在一个纯自然的客观存在上,而是要把天理解为寓于人文因素或者道德因素的"天"。这也是中国哲学或者说中国文化具有伦理性的客观事实。

第四章　儒家忠德思想与家庭忠德

家庭是指以婚姻关系为基础的亲属联合体,有共同财产和共同生活的社会单位。古代有九世同堂的家庭,这是家庭和睦的典范。要维持家庭的和睦必须要道德参与,因为家庭也是道德实体的一种呈现。《左传》说:"父义、母慈、兄友、弟共、子孝,内平外成。"(《左传·文公十八年》)只有家庭成员尽忠,每个人承担自己在家庭里的责任,家庭才能稳定和谐。明末清初理学家朱用纯说:"家门和顺,虽饔飧不继,亦有余欢。"(朱用纯《治家格言》)家庭和睦,就算是生活困顿,也是快乐幸福的。这是一种德性的力量。忠德,在家庭生活中发挥着重要作用,如果一个人不忠于家庭,家庭就很难实现和顺,更不用说存有余欢了。本章主要分析儒家忠德在家庭中的道德实践。

第一节　家庭中对祖先长辈的忠

现代家庭分为:核心家庭、主干家庭、联合家庭和主干-核心家庭。现代社会学家把夫妇及其子女组成的基本生活单元称为核心家庭;主干家庭则加上祖父母,构成直系血亲关系;联合家庭是指两个以上的兄弟各自的核心家庭组合在一起;主干-核心家庭则是在祖父母之下,由两个以上的儿子各自的核心家庭组合在一起的①。按照这样的家庭理论,中国古代的家庭大概在战国中期以前基本上是主干-联合家庭,或者我们说的大家庭。在战国中期以后,核心家庭处于基础地位,直接的原因是商鞅变法强行实行分异政策导致的。《史记》记载:"民有二男以上不分异者,倍其赋"(《史记·商君列传》卷六十八),"令民父子兄弟同室内息者为禁"(《史记·商君列传》)。这就是说,成年的儿子结婚后必须分家,否则增加赋税。

秦国统一中国也是推行这样的家庭政策。因此,核心家庭在战国中期以后,在中国历史上处于主导地位。贾谊说:"家富子壮则出分,家贫子壮则出赘。"(《汉书·贾谊传》卷四十八)当然古代核心家庭不是唯一的,也有主干家庭,即父母和一个结婚的儿子、儿媳妇和未结婚的孙子孙女生活在一起。但是父母一般不会和两个结婚的儿子共同生活在一个家庭中。所以古代的家庭关系有一定的复杂性。同时,古代还有家族和宗族的概念。家族,是指有血缘关系但不是直系血缘关系的人组成的人群,在古代具有政治上、经济上和法律上的关系,但是并没有共同财产。宗族,指具有较远的血缘关系同姓宗亲,但在重大的政治事务中,需要承担责任。如灭九族之罪就涉及宗亲。一般来说,五服之内属于家族,超出五服的共祖同姓的为宗族②。我们这里讨论的家庭主要指以核心家庭和主干家庭为主的,兼顾联合家庭和主干-核心家庭,有时也会涉及家族和宗族,是一个范围较广的家庭概念。

在家庭中,忠德的要求是必需的。在儒家看来,家庭之忠的道德实践主要包括慎终追远、敬贤尊老和忠孝一体。这三个方面主要涉及对祖先和长辈的忠。

一、慎终追远

《论语·学而》记载曾子一句话:"慎终追远,民德归厚矣。"朱熹解释说:

---

① 张国刚:《中国家庭史·卷首语》,广东人民出版社 2007 年版,第 2 页。
② 张国刚:《中国家庭史·卷首语》,广东人民出版社 2007 年版,第 2 页。

"慎终者,丧尽其礼。追远者,祭尽其诚。民德归厚,谓下民化之,其德亦归于厚。盖终者,人之所易忽也,而能谨之;远者,人之所易忘也,而能追之:厚之道也。故以此自为,则己之德厚,下民化之,则其德亦归于厚也。"(《论语集注·学而》卷)慎,就是谨慎认真对待,这本身就具有忠德的意涵。终,主要是指去世的父母。追,悼念,追念。远,指去世的祖先。慎终追远,主要的意思是谨慎认真地悼念去世的父母(包括继父继母等)及祖先。也就是朱熹说的"慎终者,丧尽其礼",虔诚地祭祀悼念去世的父母先祖,继承他们的善的遗志,即"追远者,祭尽其诚"。荀子说:"礼者,谨于治生死者也。生,人之始也;死,人之终也。终始俱善,人道毕矣。故君子敬始而慎终,终始如一,是君子之道,礼义之文也。夫厚其生而薄其死,是敬其有知而慢其无知也,是奸人之道而倍叛之心也。"(《荀子·礼论》)

说到底,慎终追远就是对死去父母和祖先的孝道,继承死去父母和祖先的遗志。曾子说:"孝子之养老也,乐其心不违其志,乐其耳目,安其寝处,以其饮食忠养之,孝子之身终,终身也者,非终父母之身,终其身也。是故父母之所爱亦爱之,父母之所敬亦敬之,至于犬马尽然,而况于人乎!"(《礼记·内则》)不论是养老还是慎终追远,就是要"乐其心不违其志",要"忠养"。

同时,传统社会的人们深受巫术、宗教有灵论的影响,认为人死后是有灵魂的。人肉身死亡只是说明他(她)不在此岸世界生活了,但在彼岸世界,人以灵魂的方式生活,或者借助于别人的肉身生活(即迷信说的"灵魂附体")。彼岸世界有两种:一是迷信说的"阴间"或"地狱",二是生活在活人的阳间世界里,只是生活在阳间的鬼魂或灵魂要晚上才能出来。因此,传统的习俗祭祀祖先也是为了让祖先圆满地生活在另外一个世界,并且通过祖先的灵魂护法保佑活着的后代。人们在祭祀的时候,往往请自己的祖先保佑自己或后代平安健康。因此,慎终追远的道德价值就显得十分突出。尽管这是一种人伦社会的祭祀,但是寄托了很多道德的内涵。

慎终追远的丧礼制度,其实表现在两个方面:一方面,"家"伦理的丧礼制度。《礼记·大传》说:"上治祖祢,尊尊也。下治子孙,亲亲也。旁治昆弟,合族以食,序以昭穆,别之以礼义,人道竭矣。"这是从上到下,从内到外指明了祭祀的意义和价值,其目的是构建一个"尊尊""亲亲""序以昭穆,别之以礼义"的有序人伦社会。当然,对于死去的长辈和祖先,不同身份的人,有不同的祭祀礼仪。从活着的老人到死去的长辈,不同的社会身份和年龄,需要按照不同的礼仪来区别对待。

周代的葬礼规定:"大夫、士、庶人,三日殡,三月而葬。"(《礼记·王制》)这里,我们以士人去世的葬礼为例,来分析周代丧礼的过程。《士丧礼》主要是记载士人的父母、妻子、长子丧亡时候所用的礼节。从死者新亡到选择葬日,主要的仪式包括招魂、报丧、致襚、沐浴、饭含、袭尸、小敛、大敛、设奠、朝夕哭、筮宅、卜葬日等①。我们看招魂的仪式,《仪礼·士丧礼》这样记载:"士丧礼。死于适室,幠用敛衾。复者一人以爵弁服,簪裳于衣,左何之,扱领于带;升自前东荣、中屋,北面招以衣,曰:'皋某复!'三,降衣于前。受用箧,升自阼阶,以衣尸。复者降自后西荣。"这里笔者采用清华大学彭林教授的翻译:"士丧礼。死者一定要在正寝之室命终。覆盖尸体的是大敛时用的单被。招魂的只有一人,他拿着死者的爵弁衣,将衣和裳缀连在一起,再搭在左肩上,将其交领插入自己的衣带内固定,然后从东边屋檐翘起的地方上房,再到屋脊之上,用死者的衣服面朝北招魂,呼喊道:'噢——某人回来吧!'连喊三遍,然后将衣服从屋前扔下,堂下的人用小箱接住衣服,再从阼阶上堂,将衣服覆盖在死者身上,表示魂已回到他身上。招魂者从屋北边西侧的屋檐翘起的地方下去。"②彭林教授对《仪礼》的翻译是很准确的。我们从士丧礼的"招魂"的一节中就能看出,《士丧礼》尽管是繁琐的,但是有一点是可以肯定的,那就是对死者的尊重(招魂只是一个环节),也表明了家属和亲属对死者的忠诚。

祭祀的时候,孝子则要尽力做到尽孝。如守丧期间,就有严格的规定。父

---

① 《仪礼》(十三经全本全注全译本),彭林译注,中华书局2018年版,第403页。
② 《仪礼》(十三经全本全注全译本),彭林译注,中华书局2018年版,第404页。

母去世以后孝子有 15 或 27 个月的守丧期。在这期间,头三天是不能吃主食的,如米饭。三天以后可以吃粥,三个月以后可以吃粗粮之类的主食,一年以后才能正常吃饭,但是不能饮酒食肉,只能吃素食。《仪礼》说:"居倚庐,寝苦枕块。不说绖带。哭昼夜无时。非丧事不言。歠粥,朝一溢米,夕一溢米。不食菜果。"(《仪礼·既夕礼》)当然,儒家这样的守丧之礼,不是要孝子损毁自己的身体。《礼记·曲礼上》还说:"丧之礼,头有创则沐,身有疡则浴,有疾则饮酒食肉……五十不致毁,六十不毁,七十唯衰麻在身,饮酒食肉,处于内。"居丧期间,孝子把自己弄得"哀毁骨立",不是儒家礼制。《礼记·杂记下》引用孔子的话说:"身有疡则浴,首有创则沐,病则饮酒食肉。毁瘠为病,君子弗为也。毁而死,君子谓之无子。"

王国维说:"周人制度大异于商者,一曰立子立嫡之制,由是而生宗法即丧服之制,并由是而有封建子弟制、君天子而臣诸侯之制。"(《观堂集林·殷商制度论》)王国维认为丧礼制度是周代人创立,一直延续到今天。但是整个丧服制度的目的有两点:一是对死者的尊重即尽孝,二是为了继承死者的遗志,为了活着的人继续生活得更好。当然,周代的丧礼制度也是继承了殷商以来的丧礼制度。

另一方面,"国"的慎终追远的丧礼制度。这里的"国"的祭祀,指贵族或君王家族对死者的祭祀。《礼记》说:"王者禘其祖之所自出,以其祖配之,而立四庙。庶子王,亦如之。别子为祖,继别为宗,继祢者为小宗。有五世而迁之宗,其继高祖者也。是故,祖迁于上,宗易于下。尊祖故敬宗,敬宗所以尊祖祢也。庶子不祭祖者,明其宗也。庶子不为长子斩,不继祖与祢故也。庶子不祭殇与无后者,殇与无后者从祖祔食。庶子不祭祢者,明其宗也。"(《礼记·丧服小记》)祭祖和祭天可以同时进行,祭祀者要按照血缘可分为"大宗"和"小宗",天子和分封制下各诸侯国的嫡长子为大宗,其余的诸子为小宗。大宗可以祭祀高祖以上的先祖,小宗则只能祭祀高祖以下的祖先。

《礼记》说:"子七庙,三昭三穆,与太祖之庙而七。诸侯五庙,二昭二穆,与太祖之庙而五。大夫三庙,一昭一穆,与太祖之庙而三。士一庙,庶人祭于寝。"(《礼记·王制》)贵族统治和庶民设庙的标准是不一样的。子爵的可以有七庙,而士人只能有一庙。庶民的祭祀则设在家里。这是一种等级制度。

但是,不论哪一种祭祀制度,其目的是"亲亲,尊尊,长长,男女有别,人道之大者也"(《礼记·丧服小记》)。不论是家祭还是国祭,祭祀都是不能改变的,能改变的可能就是形式上的服饰或祭祀的器物。也就是"立权度量,考文章,改正朔,易服色,殊徽号,异器械,别衣服,此其所得与民变革者也。"(《礼记·大传》)而"其不可得变革者则有矣,亲亲也,尊尊也,长长也,男女有别,此其不可得与民变革者也。"(《礼记·丧服小记》)葛兆光教授指出:"周代礼制的核心,是确立血缘与等级之间的同一秩序,由这种同一的秩序来建立社会的秩序,换句话说,就是把父、长子关系为纵轴、夫妇关系为横轴、兄弟关系为辅线,以划定血缘亲疏远近次第的'家',和君臣关系为主轴、君主与姻亲诸侯的关系为横轴、君主与领属卿大夫的关系为辅线,以确定身份等级上下的'国'重叠起来。"①对于"国"的慎终追远的祭祀是经历了一个漫长的过程。

先秦时期还出现了残酷的"杀人以殉"的祭祀礼仪,这是为了祭祀死去的君王和权贵、将军们。君王死掉之后,就将曾经侍奉过君王的人进行活埋以殉葬,以便这些人在另外一个世界继续侍奉君王。秦武王死后,殉葬的达六十六人。《史记》说:"二十年②,武公卒,葬雍平阳。初以人从死,从死者六十六人。"(《史记·秦本纪》卷五)秦缪公死后,殉葬者达一百七十七人,像奄息、仲行、针虎三人这样的良臣也跟着殉葬。《史记》记载:"三十九年③,缪公卒,葬雍。从死者百七十七人。秦之良臣子舆氏三人名曰奄息、仲行、针虎,亦在从死之中。"(《史记·秦本纪》卷五)所以后世评价秦穆公是不可能东征成功的,也不能成为诸侯盟主,因为他死后无德,殉杀良臣。《史记》说:"秦缪公广地

---

① 葛兆光:《中国思想史》(第一卷),复旦大学出版社 2019 年版,第 33 页。
② 即公元前 678 年。
③ 即公元前 621 年。

益国,东服强晋,西霸戎夷,然不为诸侯盟主,亦宜哉。死而弃民,收其良臣而从死。且先王崩,尚犹遗德垂法,况夺之善人良臣百姓所哀者乎? 是以知秦不能复东征也。"(《史记·秦本纪》卷五)

再如晋幽王。他是晚上出去和女人鬼混,被盗贼杀死的。《史记》说:"十八年,幽公淫妇人,夜窃出邑中,盗杀幽公。"(《史记·晋世家》卷三十九)。《西京杂记》记载,"幽王冢,甚高壮,羡门既开,皆是石垩,拨除丈余深,乃得云母,深尺余,见百余尸,纵横相枕藉,皆不朽,唯一男子,余皆女子,或坐或卧,亦犹有立者,衣服形色不异生人。"(《西京杂记》卷六)晋幽王死后殉葬的人数有一百多人。盗墓者挖开晋幽王的陵墓,殉葬者的遗体还没有腐烂,能看到遗体乱七八糟摆放的,有的站立着,有的横躺着,有的坐着,而且殉葬者除了一名男子之外,其他的都是女子。

甚至到了汉代,匈奴单于死了,还将宠幸臣妾殉葬,多的达几千人。《史记》说:"近幸臣妾从死者,多至数千百人。"(《史记·匈奴列传》卷一百十)《墨子》曾反对厚葬,他批评说:"天子杀殉,众者数百,寡者数十。将军、大夫杀殉,众者数十,寡者数人。"(《墨子·节葬下》卷六)

在"杀人以殉"的祭祀过程中,也出现了"杀人以罪"。即为祭祀死去的君王或者举行国家重大的庆典,将犯人杀了用来祭祀。秦汉时期还出现过为了国家祭祀大典,杀犯人以祭祀的习惯。而早在殷周时期,也出现了杀女巫作为祭祀的残忍事件。有的研究者指出,有一片甲骨文卜辞显示,因为为了求雨而祭祀天神和先祖,就焚烧了两名女巫①。以"国"为祭祀单位的,其实是统治者为了维持自己的统治,进行的杀戮。这是一种野蛮的行为。儒家是反对通过殉葬和杀人以祭的方式来祭祀祖先和先人的。这也是我们今人要批判的一种非道德的行为。

在儒家看来,祭祀是为了继承先祖的遗愿,是为了让活着的人能够更好地

---

① 宋镇豪:《夏商社会生活史》,中国社会科学出版社 1996 年版,第 494 页。

生活。所以说,慎终追远的价值,其实是一种道德教育和道德活动。唐代历史学家杜佑说:"先王制礼,依四时而祭者,时移节变,孝子感而思亲,故奉荐味,以申孝敬之心,慎终追远之意。"(《通典·礼九·时享》卷四十九)

总之,慎终追远,是儒家忠德在家庭生活中的一种表现形式。这样的祭祀形式其实在人类社会中很早就存在了,这也反映了先民们的一种道德自觉。慎终追远的祭祀之忠,直到今天还存在。如清明节上坟,给去世的亲人或祖先烧纸钱,并在祭拜的同时,祈求先祖保佑自己和子女一年四季顺风顺水,平安健康。这就是现代社会慎终追远的实践方式,文明祭祀是现代社会追求的理念。

二、尊老敬贤

如果说慎终追远是为了孝敬死去的长辈和祖先,那么尊老敬贤主要为了孝敬活着的老人。尊老敬贤是自古以来人们的一种道德文化现象。孟子提出"三达尊"的说法:"天下有达尊三:爵一、齿一、德一。"(《孟子·滕文公下》)爵位高的,年纪大的,道德高尚的是三种受到尊重的人。在传统社会里年长的因为社会经验丰富,道德修养也很高,因此相应的爵位也会提高,所以爵位也是一级一级提升的。但是通常情况下,爵位、年龄和道德高尚是三位一体的,其本源就是指老人①。

在古代知识缺乏的年代,书籍还没有大规模地流行,识字率普遍不高,老人因为年长,经历的事情比年轻人多,因此,值得年轻人学习。这也就是人们常说的,"家有一老,如有一宝"。因此,尊老就成为传统社会普遍的风尚。中国最早的尊老敬贤行为,在远古的渔猎时代就开始了。渔猎时代包括旧石器时期和新石器时代。只是缺乏文字记载,我们无法统计出渔猎时代的具体年代。

---

① 高成鸢:《中华尊老文化探究》,中国社会科学出版社 1999 年版,第 105 页。

《礼记》提到了远古渔猎时代尊老的传统。那个时代，人的寿命很短暂，五十岁的人就属于老人，就受到了年轻人的尊重，不用出去狩猎捕鱼，但是在分配食物的时候还可以得到额外的照顾。《礼记》说："古之道，五十不为甸徒，颁禽隆诸长者，而弟达乎搜狩矣。"(《礼记·祭义》)所以说，"有虞氏贵德而尚齿，夏后氏贵爵而尚齿①，殷人贵富而尚齿，周人贵亲而尚齿。虞夏殷周，天下之盛王也，未有遗年者。"(《礼记·祭义》)在虞舜时期，尊重有德之人，但也尊重年长之人；夏代尊重有爵之人，但也尊重年长之人；殷代尊重有钱之人，但也尊重年长之人；周代尊重有亲属关系的人，但也尊重年长之人。

在先秦时期，尤其是周代，社会上已经普遍盛行尊老敬贤的风气了。《史记》记载说："西伯阴行善，诸侯皆来决平。于是虞、芮之人有狱不能决，乃如周。入界，耕者皆让畔，民俗皆让长。虞、芮之人未见西伯，皆惭，相谓曰：'吾所争，周人所耻，何往为，祗取辱耳。'遂还，俱让而去。诸侯闻之，曰：'西伯盖受命之君。'"(《史记·周本纪》卷四)虞、芮国家的人来到西伯侯所在的地界，看到该国人相互谦让长辈的习俗，自己感到羞愧，就回去了。在《礼记》中，也谈到了周人"尊老""尚齿"的盛况："朝廷同爵则尚齿。七十杖于朝，君问则席。八十不俟朝。君问则就之，而弟达乎朝廷矣。行，肩而不并，不错则随。见老者，则车徒辟；斑白者不以其任行乎道路，而弟达乎道路矣。居乡以齿，而老穷不遗，强不犯弱，众不暴寡，而弟达乎州巷矣。古之道，五十不为甸徒，颁禽隆诸长者，而弟达乎搜狩矣。军旅什伍，同爵则尚齿，而弟达乎军旅矣。"(《礼记·祭义》)

《礼记》规定不同年龄段的老人，享受尊重的待遇是不一样的："凡五十养于乡，六十养于国，七十养于学，达于诸侯。八十拜君命，一坐再至，瞽亦如之，

---

① 尚齿和尊老一般情况下是可以通用的，但是严格说来，尊老和尚齿还是有区别的。高成鸢说："早期的尊老，称作'尚齿'。'尚齿'决不同于尊老。而另有其特定的词义。"（高成鸢：《中华尊老文化探究》，中国社会科学出版社1999年版，第18页）老，主要是有德性的老人；齿，主要是年龄大的人。《大戴礼记·主言》说："上敬老则下益孝，上顺齿则下益悌。"一个是说有德性的老人，一个是说年龄之大，两者有区别。

九十者使人受。五十异粻，六十宿肉，七十贰膳，八十常珍，九十饮食不违寝，膳饮从于游可也。六十岁制，七十时制，八十月制，九十日修，唯绞紟衾冒，死而后制。五十始衰，六十非肉不饱，七十非帛不暖，八十非人不暖，九十虽得人不暖矣。五十杖于家，六十杖于乡，七十杖于国，八十杖于朝，九十者，天子欲有问焉，则就其室，以珍从。七十不俟朝，八十月告存，九十日有秩。五十不从力政，六十不与服戎，七十不与宾客之事，八十齐丧之弗及也。五十而爵，六十不亲学，七十致政。凡自七十以上，唯衰麻为丧。凡三王养老皆引年，八十者，一子不从政，九十者，其家不从政，瞽亦如之。凡父母在，子虽老不坐，有虞氏养国老于上庠，养庶老于下庠；夏后氏养国老于东序，养庶老于西序；殷人养国老于右学，养庶老于左学；周人养国老于东胶，养庶老于虞庠，虞庠在国之西郊，有虞氏皇而祭，深衣而养老；夏后氏收而祭，燕衣而养老；殷人冔而祭，缟衣而养老；周人冕而祭，玄衣而养老。"(《礼记·内则》)这是规定了不同年龄段的老人，应该有不同的标准。这些规定非常详细而显得繁琐。但是有一个总体原则，就是孝敬老人要使得老人心悦其志，从衣食住行等方面给予全方位的照顾，这种照顾是全社会性的，不管是君主或者大臣，还是不同百姓都得如此。这些老人，活着时候属于这个家庭，死后还是家庭成员的一员。因此，作为孝子，就应该尽自己的忠心去赡养老人或祭祀去世老人。

尊老敬贤要时时处处做到。《礼记》说："凡为人子之礼，冬温而夏清，昏定而晨省。"(《礼记·曲礼》)意思说做子女的要冬天让父母过得温暖，夏天让父母过得凉爽，晚上要为父母安定好床褥，早上得给父母请安。孟子认为，七十者就应该有肉吃，否则就是统治者失职。他说："五亩之宅，树之以桑，五十者可以衣帛矣。鸡豚狗彘之畜，无失其时，七十者可以食肉矣。百亩之田，勿夺其时，数口之家可以无饥矣。谨庠序之教，申之以孝悌之义，颁白者不负戴于道路矣。七十者衣帛食肉，黎民不饥不寒，然而不王者，未之有也。"(《孟子·梁惠王上》)

对于那些不尊老敬贤的，是要处罚的。这在先秦时期的齐国就实行了。

齐桓公说:"于子之乡,有居处好学、慈孝于父母、聪慧质仁、发闻于乡里者,有则以告。有而不以告,谓之蔽明,其罪五。"(《国语·齐语卷六》)还说:"于子之乡,有不慈孝于父母、不长悌于乡里、骄躁淫暴、不用上令者,有则以告。有而不以告,谓之下比,其罪五。"(《国语·齐语卷六》)对那些尊老敬贤之人,就要奖励,对于那些不尊老敬贤的,问题严重的要被诛杀。"是故匹夫有善,可得而举也;匹夫有不善,可得而诛也。"(《国语·齐语》卷六)

秦汉时期,尊老敬贤依然是一种美德,汉代甚至提出以孝治天下。睡虎地出土的秦简《秦律·为吏之道》说:"君鬼①臣忠,父慈子孝,政之本殹。"②这是明确了君、臣、父、子的道德责任和道德义务。秦朝尊老敬贤,有明确法律规定的。第一,法律规定子女不得告发父亲。睡虎地出土的秦简《法律答问》说:"子告父,臣妾告主,非公室告,勿听。"③儿子揭发父亲,小妾告发主人,朝廷不予采纳。甚至父亲拿了自己亲生儿子的东西,也不算是盗窃。"父盗子,不为盗"④。但是如果父亲拿了或偷盗了非亲生儿子的东西算是盗窃行为,是要被朝廷处罚的,即"今假父盗假子……当为盗。"⑤这是为了保护父亲的权威。第二,父亲告发儿子不尊老敬贤,不孝顺,儿子是要被处罚的。甚至这样的处罚不需要经过复杂的程序,相关的司法机关可以直接进行司法处罚。睡虎地出土的秦简《法律答问》说:"'免老人告人以为不孝,谒杀,当三环之不?'不当环,亟执勿失。"⑥如果儿子不孝,殴打父亲,是要被处以重罪的。《法律答问》说:"殴大父母,黥为城旦舂。"⑦黥,就是在身上刺字,作为犯人的标志,一般是刺在脸上,这样就比较明显。城旦舂,秦代的一种强制服役的徒刑,男犯要被

---

① 鬼,读音为怀,怀柔、宽容的意思。
② 睡虎地秦墓竹简整理小组编:《睡虎地秦墓竹简》,文物出版社 1978 年版,第 285 页。
③ 睡虎地秦墓竹简整理小组编:《睡虎地秦墓竹简》,文物出版社 1978 年版,第 110 页。
④ 睡虎地秦墓竹简整理小组编:《睡虎地秦墓竹简》,文物出版社 1978 年版,第 158 页。
⑤ 睡虎地秦墓竹简整理小组编:《睡虎地秦墓竹简》,文物出版社 1978 年版,第 158 页。
⑥ 睡虎地秦墓竹简整理小组编:《睡虎地秦墓竹简》,文物出版社 1978 年版,第 195 页。
⑦ 睡虎地秦墓竹简整理小组编:《睡虎地秦墓竹简》,文物出版社 1978 年版,第 184 页。

罚筑城,女犯要被罚舂米。如果儿子不孝,父亲万一失手杀死了不孝的儿子,父亲只要到官府报备,就可以免除惩罚。"甲亲子,诚不孝甲所,毋(无)它坐罪。"①父亲杀死了自己不孝的儿子,父亲不会被处罚,还免于连坐。《论语》中也提出了"亲亲相隐"的原则。《论语》"父为子隐,子为父隐,直在其中矣"的记载。《春秋公羊传》也说:"父母之于子,虽有罪,犹若其不欲服罪然。"(《春秋公羊传·文公十五年》)

秦王嬴政因为嫪毐祸乱后宫,嬴政将嫪毐车裂,又将嫪毐和赵姬私通所生的两个儿子装入口袋"捕而杀之",还将自己的生母赵姬囚于远离咸阳的萯阳宫。秦王嬴政杀了嫪毐及其儿子,大臣不会异议。但是秦王嬴政这样对待自己的母亲就可能会背上狂悖之行的骂名,这是属于不孝。最后茅焦冒死进谏:"陛下车裂假父,有嫉妒之心;囊扑两弟,有不慈之名;迁母萯阳宫,有不孝之行;从蒺藜于谏士,有桀、纣之治。今天下闻之,尽瓦解无向秦者,臣窃恐秦亡,为陛下危之。所言已毕,乞行就质。"(《说苑·正谏》)秦王嬴政听茅焦这样说,才明白过来,"愿受事",于是"乃立焦为仲父,爵之上卿。皇帝立驾千乘万骑,空左方自行迎太后萯阳宫,归于咸阳。"(《说苑·正谏》)也正是因为法律规定了孝道,所以秦朝的宦官赵高想立胡亥为皇帝,矫旨赐死扶苏,扶苏见诏后,对大将蒙恬说:"父而赐子死,尚安复请!"(《史记·李斯列传》)遂自杀。

汉代奉行"以孝治天下",尊老敬贤的政策非常详细而系统,在物质生活上都作了详细规定。汉文帝下诏规定:"年八十已上,赐米人月一石,肉二十斤,酒五斗。其九十已上,又赐帛人二匹,絮三斤。赐物及当禀鬻米者,长吏阅视,丞若尉致。不满九十,啬夫、令史致。二千石遣都吏循行,不称者督之。"(《汉书·文帝纪》卷四)这是详细规定给老人的物质待遇。这是尊老敬贤的表现,但是触犯刑罚的人是没有的。诏曰:"刑者及有罪耐以上,不用此令。"

---

① 睡虎地秦墓竹简整理小组编:《睡虎地秦墓竹简》,文物出版社1978年版,第263页。

(《汉书·文帝纪》卷四)对那些躬行孝悌力田和执行相关尊老敬贤的官吏要进行奖励。诏曰："孝悌,天下之大顺也;力田,为生之本也;三老,众民之师也;廉吏,民之表也。朕甚嘉此二三大夫之行。今万家之县,云无应令,岂实人情?是吏举贤之道未备也。其遣谒者劳赐三老、孝者帛,人五匹;悌者、力田二匹;廉吏二百石以上率百石者三匹。及问民所不便安,而以户口率置三老、孝、悌、力田常员,令各率其意以道民焉。"(《汉书·文帝纪》卷四)汉文帝自己也做出表率:"亲率天下农耕以供粢盛,皇后亲桑以奉祭服,其具礼仪。"(《汉书·文帝纪》卷四)

唐末王潮三兄弟舍命救母就是尊老的典型。唐僖宗光启元年(公元 885年)唐代原蔡州节度使秦宗权归降起义军黄巢后,迫使光州刺史王绪供租赋,王绪不能给。秦宗权就发兵攻打王绪,王绪带着五千余人的部队,渡江转掠江、洪、虔诸州,但因为粮食有限,王绪命令随军队伍不要老人随从,而王潮三兄弟就扶母随行,王绪要斩杀其母,王潮挺身救之。《新唐书》记载:"(王绪)约军中曰:'以老孺从者斩!'潮与弟审邽、审知奉母以行,绪切责潮曰:'吾闻军行有法,无不法之军。'对曰:'人皆有母,不闻有无母之人。'绪怒,欲斩其母,三子同辞曰:'事母犹事将军也,杀其母焉用其子?'绪赦之。"(《新唐书·王潮传》卷一百九十)这是王潮三兄弟尊母敬母的表现。

传统社会尊老敬贤有很多种方式,以唐代为例,对待老人就有:其一,物质供给。《册府元龟·帝王部》就有记载说,唐代在安史之乱之前,每三年就有一次对全国老人给予的物质供给。唐高宗李治永徽六年(公元 655 年)立武则天为皇后,大赦天下,给予全国 80 岁以上的老人每人粟米二石、帛三段,给予百岁老人每人粟米五石、帛十段。其二,荣誉奖励。如赐官爵和赐几杖等。如隋炀帝大业七年(公元 611 年)下诏:"诸郡及山西、山东年九十已上者,版授太守,八十者授县令。"(《隋书·炀帝纪》卷三)其三,法律优待。如唐天宝八年(公元 749 年)规定:老年男子 75 岁以上、妇女 70 岁以上,均可以免除家庭中一人的徭役①。

宋代继承和发展了汉代"以孝治天下"的传统,上至皇帝下至平民百姓开始重视孝,践行孝的理论。体现在两个方面:一方面,孝的理论被理学家形而上化、理学化,另一方面,孝的实践,被不断普及化、世俗化、民间化。宋代这样做,是有历史原因的。宋代是续接唐和五代而来。唐代,是思想开放的时代,儒释道三教鼎立,人们思想开放,生活繁荣,相对于汉代来说唐代对孝道重视是不够的。五代十国,天下大乱,不孝的事经常发生,甚至出现了子弑父的情况。梁太祖朱晃就是被儿子朱友珪杀死的,因为他想把皇位传给朱友文,而朱友珪自己想当皇帝,所以就起了杀父夺权之心,最后连自己的兄弟朱友文一起杀了。《新五代史》记载:"友珪乃易衣服,微行入左龙虎军,见统军韩勍计事,勍以牙兵五百随友珪,杂控鹤卫士而入。夜三鼓,斩关入万春门,至寝中,侍疾者皆走。太祖惶骇起呼曰:'我疑此贼久矣,恨不早杀之,逆贼忍杀父乎!'友珪亲吏冯廷谔以剑犯太祖,太祖旋柱而走,剑击柱者三,太祖急,仆于床,廷谔以剑中之,洞其腹,肠胃皆流。友珪以裀褥裹之寝中,秘丧四日。乃出府库,大赏群臣及诸军。遣受旨丁昭浦矫诏驰至东都,杀友文。"(《新五代史·梁家人传·子庶人友珪》十三)

宋朝看到了唐五代混乱的道德秩序,臣弑君,子弑父,父子相互残杀的情况比比皆是,因此,宋朝政府提出:"冠冕百行莫大于孝。"(《宋史·孝义传》卷四百五十六)甚至皇帝亲自行孝:"孝宗居高宗丧,百日后尚进素膳,毁瘠特甚。吴夫人者,潜邸旧人也。屡以过损为言,上坚不从。夫人一日密谕尚食内侍,潜以鸡汁等杂素馔中以进。上食之觉爽口,询所以然。内侍恐甚,以实告。上大怒。皇太后闻之,过宫力解。乃出吴夫人于外,内侍等罢职有差。庙号曰孝,宜矣。"(潘永因《宋稗类抄·君范》卷一)儒家规定,居丧期间,三个月内是不能吃肉的,吴夫人让内侍在素食中加入了鸡汤,结果被宋孝宗一顿呵斥贬

---

① 曹大为:《中国大通史》(隋唐五代卷),学苑出版社 2018 年版,第 965—966 页。此外,宋代王钦若编的《册府元龟·帝王部·养老》对老人优待有广泛记载。

官。这是宋代皇帝带头实行的行孝方式。

历代统治者都是把尊老敬贤作为基本的道德修养来大力推行的。只有世道衰微的时候,才会出现道德混乱的现象。孟子说:"衰道微,邪说暴行有作,臣弑其君者有之,子弑其父者有之。"(《孟子·滕文公下》)所以,历代儒家都在不断推进孝的道德秩序的构建,以便为社会的稳定和秩序的建立,提供理论支持。

在儒家看来,尊老敬贤,要尽自己的忠心。《礼记》说:"养可能也,敬为难。"(《礼记·祭义》)还说:"孝子之有深爱者,必有和气;有和气者,必有愉色;有愉色者,必有婉容。"(《礼记·祭义》)因此,尊老敬贤需要道德行为主体和颜悦色,带着恭敬的心情去尊老敬贤。孟子说:"不得乎亲,不可以为人。"(《孟子·离娄上》)孟子说:"孔子惧,作《春秋》。《春秋》,天子之事也。是故孔子曰:'知我者其惟《春秋》乎!罪我者其惟《春秋》乎!'圣王不作,诸侯放恣,处士横议,杨朱、墨翟之言盈天下。天下之言不归杨,则归墨。杨氏为我,是无君也;墨氏兼爱,是无父也。无父无君,是禽兽也。"(《孟子·滕文公下》)孟子之所以这样批评"杨氏为我,是无君也;墨氏兼爱,是无父也。无父无君,是禽兽也",也是因他觉得杨朱、墨子的道德理念会败坏社会的秩序,引起社会秩序的混乱。从血缘关系的角度来说,杨朱的"为我"和墨子的"兼爱",是很难在现实社会上推行的。儒家的仁爱精神,是有秩序和层次的,这样的"仁爱"首先是从自我,从身边的人廾始的,然后像水的波纹一样以自我为中心圆点,向周围不断延伸。费孝通提出在传统熟人社会里讲究"礼治格局"和"差序格局",这是真正把握了儒家伦理的实践方式。

在传统社会,血缘关系伦理化之外的人要想获得血缘关系一样的价值认同,就应该将非血缘关系礼制化,这样家庭成员才能进入儒家家庭伦理的体制内。血缘关系,在面对权力利益和经济利益的时候,如果突破伦理制度,就会出现子弑父的现象。如楚成王。他被儿子逼迫自杀。《左传·文公元年》记载这个案例,此事发生在楚成王四十六年(公元前 626 年)。商臣是楚成王的儿子,当初楚成王封商臣为太子,令尹子上书说商臣"蜂目而豺声",不可为太子,楚成王不听,还是决定封商臣为太子,后楚成王又想废掉太子,商臣知道这个消息之后,发动了政变,将楚成王包围在宫殿内,逼迫楚成王自杀。自杀前楚成王想吃一顿熊掌,商臣借口熊掌太硬,难以炖熟为由,拒绝了。《左传》说:"冬十月,以宫甲围成王。王请食熊蹯而死。弗听。丁未,王缢。"(《左传·文公元年》)最后,楚成王上吊自缢而亡①。此外,还有兄弟相残,如唐代李世民。他发动玄武门政变。还有内廷干政的,如慈禧太后发动辛酉政变等。这些都是突破了家庭孝的伦理底线,演变为政治政变事件。

儒家孝伦理认为,如果是外族子弟或者是旁系家族的子弟过继给这个家族,经过一系列的礼制,那么这个继子也具有合法继承人资格,具备继承儒家家庭伦理的一切祭祀权和财产继承资格。儒家家庭伦理的维持和发展,是需要经过这样的礼制过滤的过程,或者说需要经历这样的"礼制仪式",才能进入家庭秩序。进入家庭秩序的家庭成员,就必须承担家庭道德义务。尊老敬贤就是其主要的表现形式。不尊老敬贤属于败德的行为。这是儒家所不允许的。

当然传统社会尽管奉行"以孝治天下",但是在政治实践中,还是以法律为手段,对社会进行控制的。同时,在民间,也出现了许多"伪孝"的现象,这些"伪孝"的行为无非就是为了获得更好的利益。因此,就出现很多奇奇怪怪的"伪孝""愚孝"等畸形现象。如汉代赵宣就是伪孝。他为父母守墓,表面是算尊老敬贤,孝心至诚。但是他在墓道里生了五个孩子。《后汉书》记载说:"民有赵宣葬亲而不闭埏隧,因居其中,行服二十余年,乡邑称孝,州郡数礼请

---

① 《左传·文公元年》记载:初,楚子将以商臣为大子,访诸令尹子上。子上曰:"君之齿未也。而又多爱,黜乃乱也。楚国之举,恒在少者。且是人也,蜂目而豺声,忍人也,不可立也。"弗听。既又欲立王子职而黜大子商臣。商臣闻之而未察,告其师潘崇:"若之何而察之?"潘崇曰:"享江芈而勿敬也。"从之。江芈怒曰:"呼,役夫!宜君王之欲杀女而立职也。"告潘崇曰:"信矣。"潘崇曰:"能事诸乎?"曰:"不能。""能行乎?"曰:"不能。""能行大事乎?"曰:"能。"冬十月,以宫甲围成王。王请食熊蹯而死。弗听。丁未,王缢。

之。郡内以荐蕃,蕃与相见,问其妻子,而宣五子皆服中所生。"(《后汉书·陈蕃传》卷六十六)赵宣这样,是我们需要批判的。当时的太守陈蕃就将其治罪了。太守陈蕃大怒说:"圣人制礼,贤者俯就,不肖企及。且祭不欲数,以其易黩故也。况及寝宿冢藏,而孕育其中,诳时惑众,诬污鬼神乎?"(《后汉书·陈蕃传》卷六十六)于是治其罪。再如假孝子韦彪,三年生活在坟墓里,结果弄得自己"骨立异形",治疗了很多年身体才好转。《后汉书》记载说:"彪孝行纯至,父母卒,哀毁三年,不出庐寝。服竟,羸瘠骨立异形,医疗数年乃起。"(《后汉书·韦彪传》卷二十六)

再如孝女叔先雄就是愚孝。父亲溺水而亡,自己"于父堕处恸哭",投水而亡。《后汉书》记载:"孝女叔先雄者,犍为人也。父泥和,永建初为县功曹。县长遣泥和拜檄谒巴郡太守,乘船堕湍水物故,尸丧不归。雄感念怨痛,号泣昼夜,心不图存,常有自沉之计。所生男女二人,并数岁,雄乃各作囊,盛珠环以系儿,数为诀别之辞。家人每防闲之,经百许日后稍懈,雄因乘小船,于父堕处恸哭,遂自投水死。"(《后汉书·列女传》卷八十四)又再如曹娥。也是因为父亲溺亡,自己投江而死。《后汉书》记载:"孝女曹娥者,会稽上虞人也。父盱,能弦歌,为巫祝。汉安二年五月五日,于县江溯涛婆娑迎神,溺死,不得尸骸。娥年十四,乃沿江号哭,昼夜不绝声,旬有七日,遂投江而死。"(《后汉书·列女传》卷八十四)这等孝行,是儒家反对的。孔子认为,孝应当适可而止,不能颓废自己成就孝道。这是不可取的。

总之,儒家尊老敬贤,在传统社会是一剂维持社会秩序和家庭伦理秩序的良方。金观涛曾经谈到中国社会超稳定的结构,他从政治制度、法律、人伦秩序等方面做了详细的分析。尊老敬贤就是维持传统超稳定结构的一个重要的因素。因此,在传统社会里,不管是夏商周封建制社会里,还是郡县制社会里,尊老敬贤都是维持社会稳定的重要的道德因素。尽管在实践过程中,可能会出现一些畸形或异化的道德事件,但是这不影响它在传统社会的伦理价值。尊老敬贤,就是放在现代社会里,也依然会闪烁着美德的光芒。

三、忠孝一体

忠是"尽己之心",是指道德主体的一种道德心理、道德行为和道德修养,包括做人和做事。《忠经》说:"君子尽忠,则尽其心。小人尽忠,则竭其力者,则止其身。尽心者,则洪于远。"(《忠经·尽忠章》)孝是"夫孝,德之本也,教之所由生也。复坐,吾语汝。身体发肤,受之父母,不敢毁伤,孝之始也。立身行道,扬名于后世,以显父母,孝之终也。夫孝,始于事亲,中于事君,终于立身。"(《孝经·开宗明义章第一》)孝主要指对父亲长辈等人的道德态度。《礼记》说:"孝子之事亲也,有三道焉:生则养,没则丧,丧毕则祭。养则观其顺也,丧则观其哀也,祭则观其敬而时也。尽此三道者,孝子之行也。"(《礼仪·祭统》)孝的内容包括,生则养,没则丧,丧毕则祭等三个方面。

元代大臣脱脱把"孝"的行为,称为人的"恒性"。他说:"孝友者,人之至行也,而恒性存焉。有子者欲其孝,有弟者欲其友,岂非人之恒情乎?为子而孝,为弟而友,又岂非人之恒性乎?以人之恒情责人之恒性,而不副所欲者恒有焉。有竭力于是,岂非难乎。天生五谷以养人,五谷之有恒性也。"(《金史·孝友》卷一百二十七)自然天生有五谷以养人,人的孝就是人的"恒性"。一个具备孝义的人,其行为再坏,也坏不到哪里去。《金史》记录了金章宗说的一句话:"孝义之人,素行已备,虽有希觊,犹不失为行善。"(《金史·孝友》卷一百二十七)因此,在任用官员的时候,传统社会往往采用"自古求忠臣,必于孝子之门"的政治逻辑。元文宗时期的大臣僧家奴就说:"自古求忠臣,必于孝子之门。今官于朝者,十年不省觐者有之,非无思亲之心,实由朝廷无给假省亲之制,而有擅离官次之禁。"(《元史·本纪·文宗四》卷三十五)僧家奴的意思是,忠臣出于孝子之门,而元朝当时的政策,还没有规定官员的省亲规定。这也说明,孝是十分重要的,朝廷应该规定官员省亲的具体规定。僧家奴说:"今官于朝者,十年不省觐者有之,非无思亲之心,实由朝廷无给假省亲之制,而有擅离官次之禁。古律,诸职官父母在三百里,于三年听一给定省假二十日;无父母者,五年听一给拜墓假十日。以此推之,父母在三百里以至万里,宜计道里远近,定立假期,其应省觐匿而不省觐者,坐以罪。若诈冒假期,规避以掩其罪,与诈奔丧者同科。"(《元史·本纪·文宗四》卷三十五)所以,在传统社会,忠孝是两个非常重要的道德规范。孟子说:"世俗所谓不孝者五:惰其四支,不顾父母之养,一不孝也;博弈好饮酒,不顾父母之养,二不孝也;好货财,私妻子,不顾父母之养,三不孝也;从耳目之欲,以为父母戮,四不孝也;好勇斗狠,以危父母,五不孝也。"(《孟子·离娄下》)

忠与孝是我国传统社会"家国一体""家国同构"的社会结构集中体现。如果从德性的角度来说,忠指尽心尽力,是一种"令德""全德",那么,"孝"则是对"忠"的分有,因为孝的行为必须要"忠"的参与①。所以,《忠经》说:"君子行其孝,必先以忠。"(《忠经·保孝行章》)这就为忠与孝的一体化奠定了道德理论基础。忠与孝从实践精神来说,具有同质性。从内在动机来说,具有统一性。从道德行为来说具有一致性②。在家庭内言孝,在朝廷上言忠。这是儒家孝的道德追求理念。尽管元代僧家奴认为,"自古求忠臣,必于孝子之门",从道德行为逻辑上说,有一定的合理性,但不一定全对。忠臣未必孝,孝子未必忠。这样的类比逻辑推理从道德理论上,是可以圆融的。但是在忠与孝的实践中未必就能奏效,这里涉及道德主体的心理和道德文化即道德评价的问题。同时,道德理论的形式逻辑未必就能证明道德实践逻辑。这是两个不同的论题。荷兰哲学家休谟提出"休谟难题":"事实"不等于"价值",事实判断不能推出价值判断。这在某种程度上,也是适合忠与孝的命题。忠臣不一定是孝子,孝子不一定是忠臣。但是儒家往往具有道德理想主义的色彩,希望在道德实践中,实现忠与孝的统一。因此,忠孝一体就成为儒家忠德实践的理想追求。在现实的忠德实践中,忠与孝的统一,往往在一定的道德语境下也能够实现。

---

① 欧阳辉纯:《传统儒家忠德思想研究》,人民出版社 2017 年版,第 185—186 页。
② 欧阳辉纯:《传统儒家忠德思想研究》,人民出版社 2017 年版,第 186—187 页。

忠孝一体①,也叫忠孝兼顾,意思是忠和孝在道德行为上两者是统一的。忠孝一体的道德实践行为,从效果论上看分为两种:

其一,忠孝一体的道德行为结果,是幸福圆满的。道德行为既做到了忠,又尽到了孝。花木兰代父从军,就是忠孝一体。这个故事出现在魏晋叙事诗《木兰辞》中。该诗作者大约生活在北魏时期,该诗首次收入南朝陈代的《古今乐录》中。大概意思,就是朝廷征兵打仗为了反侵略战争。花木兰,没有长兄,父亲年迈,于是她替父从军。"军书十二卷,卷卷有爷名。阿爷无大儿,木兰无长兄,愿为市鞍马,从此替爷征。"花木兰代父从军,本身就是尽孝,但也是为国家尽忠。这是忠孝一体了。这个故事具有丰富的文学色彩,根据前人的考证,应该是真实的,只是作了文学的塑造。公元429年,北魏破柔然之战,正史记载了。此战与《木兰辞》提到的地名是契合的。《魏书·世祖纪上》记载:"车驾东辕,至黑山。"《魏书》记载:"车驾出东道,向黑山……北渡燕然山。"(《魏书·蠕蠕列传》卷一百三)《北史》记载:"车驾出东道,向黑山……北度燕然山。"(《北史·蠕蠕列传》卷九十八)燕然山,即古代诗词经常简称为燕山(清康熙四十四年《商丘县志·列女》卷十一)。明代学者焦竑在《焦氏笔乘》中说道:"木兰,朱氏女子,代父从征。今黄州黄陂县北七十里,即隋木兰县。有木兰山、将军冢、忠烈庙,足以补《乐府题解》之缺。"这大概可以证明,该故事是真实的,而且影响深远。清康熙四十四年《商丘县志》记载:"木兰姓魏氏,本处子也。世传可汗募兵,木兰之父耄羸,弟妹皆稚呆。慨然代行,服甲胄箭囊。操戈跃马而往,历年一纪,阅十有八战,人莫识之。后凯还,天子嘉其功。除尚书不受,恳奏省亲。及还家,释其戎服,衣其旧裳。同行者骇之,遂以事闻于朝。亦建祠像,土人亦以四月八日致祀,乃将军生朝。"

《吕氏春秋》记载了一件事:"楚有直躬者,其父窃羊而谒之上。上执而将

---

① 关于忠孝一体或忠孝矛盾等问题,拙著《传统儒家忠德思想研究》第三章第三节"忠孝统一与冲突"有详细分析(欧阳辉纯:《传统儒家忠德思想研究》,人民出版社2017年版,第185—197页)。

诛之。直躬者请代之。将诛矣,告吏曰:'父窃羊而谒之,不亦信乎? 父诛而代之,不亦孝乎? 信且孝而诛之,国将有不诛者乎?'荆王闻之,乃不诛也。以忠尽孝。"(《吕氏春秋·仲冬纪·当务》)楚国直躬的父亲偷了别人的羊,他告发了父亲。这是因为父亲违反了了国家法律,他是为国家尽忠。但因为是亲生父亲,让父亲受罪,是自己不孝,所以为了尽孝,直躬愿意代替父亲受罚。这是尽孝。最后楚王听说这事,觉得他既忠又孝,就赦免了他。这个故事在《论语·子路》①和《庄子·盗跖》②也有记载。这事应该是可信的。

木兰代父从军和直躬告发父亲又代替父亲受罚,属于忠孝一体,这是常见的案例。忠孝一体是道德行为主体在忠孝道德实践中都能取得了比较满意的道德行为效度,或者说,幸福指数比较高。

其二,忠孝一体的道德行为结果是悲壮的,令人惋惜甚至痛心。如东汉赵苞。他是东汉辽西太守。《后汉书》记载说:"赵苞字威豪,甘陵东武城人……初仕州郡,举孝廉,再迁广陵令。视事三年,政教清明,郡表其状,迁辽西太守。抗厉威严,名振边俗。以到官明年,遣使迎母及妻子,垂当到郡,道经柳城,值鲜卑万余人入塞寇钞,苞母及妻子遂为所劫质,载以击郡。苞率步骑二万,与贼对阵。贼出母以示苞,苞悲号谓母曰:'为子无状,欲以微禄奉养朝夕,不图为母作祸。昔为母子,今为王臣,义不得顾私恩、毁忠节,唯当万死,无以塞罪。'母遥谓曰:'威豪,人各有命,何得相顾,以亏忠义! 昔王陵母对汉使伏剑,以固其志,尔其勉之。'苞即时进战,贼悉摧破,其母妻皆为所害。苞殡敛母毕,自上归葬。灵帝遣策吊慰,封鄃侯。苞葬讫,谓乡人曰:'食禄而避难,非忠也;杀母以全义,非孝也。如是,有何面目立于天下!'遂呕血而死。"(《后汉书·赵苞传》卷八十一)他的母亲和妻子被鲜卑军队劫为人质用来侵略辽西郡,并在敌军对阵中,敌军在阵前以他母亲为人质,逼他就范。赵苞为了尽

---

① 《论语·子路》记载:叶公语孔子曰:"吾党有直躬者,其父攘羊,而子证之。"孔子曰:"吾党之直者异于是,父为子隐,子为父隐。直在其中矣。"

② 《庄子·盗跖》记载:比干剖心,子胥抉眼,忠之祸也;直躬证父,尾生溺死,信之患也。

忠,坚守国家领土,只好放弃母亲和妻子,与敌决战,最后胜利了,但是母亲和妻子被敌人杀死了,朝廷褒奖了他。他说,"食禄而避难,非忠也;杀母以全义,非孝也",最后自己呕血而死。赵苞弃母为国,尽忠尽孝,忠孝兼顾了,但是自己却失去至亲之人。这是非常惨烈的。

《吕氏春秋》记载了石渚的事。"荆昭王之时,有士焉曰石渚。其为人也,公直无私,王使为政廷。有杀人者,石渚追之,则其父也。还车而返,立于廷曰:'杀人者,仆之父也。以父行法,不忍;阿有罪,废国法,不可。失法伏罪,人臣之义也。'于是乎伏斧锧,请死于王。王曰:'追而不及,岂必伏罪哉!子复事矣。'石渚辞曰:'不私其亲,不可谓孝子;事君枉法,不可谓忠臣。君令赦之,上之惠也;不敢废法,臣之行也。'不去斧锧,殁头乎王廷。正法枉必死,父犯法而不忍,王赦之而不肯,石渚之为人臣也,可谓忠且孝矣。"(《吕氏春秋·离俗览·高义第七》)石渚父亲违法,石渚作为政府执法人员,又不得不执行国法。不逮捕违法的父亲,属于不忠,逮捕父亲属于不孝。为了做到忠孝兼顾,石渚先抓了违法的父亲,为国尽忠。后又以自杀的方式尽孝。这是先忠后孝,忠孝一体,但结果是悲壮的。

总体来说,忠孝一体或忠孝兼顾,是儒家追求的。至少在忠德的道德实践过程是可行的。尽管在特殊的道德的语境会出现悲壮的一面。

但是不忠不孝的行为就是儒家所反对的。《宋人轶事汇编》记载了一件不忠不孝的事:"恭公子世儒,母即张氏也。恭公卒,张为尼。世儒既长迎归,与妻李事之不谨。世儒元丰间为太湖县,不乐为外官,与李讽诸婢谋杀张,欲以忧去。诸婢以药毒之不死,夜持钉陷其脑骨,以丧归。为婢所告,送大理寺推治,而李辞屡变,凡三易狱始得实,世儒与妻等十人并处死。"(丁传靖《宋人轶事汇编》卷七)世儒为恭公的独生子。世儒不想到外地任太湖知县,为了找一个"丁忧"的机会,好借口不去外地做官,他自己联合妻子和婢女想把已经当了尼姑的生母张氏用毒药毒死,但张氏居然没有被毒死。最后世儒等人用钉子钉入张氏的脑骨里,将其杀死。世儒谋杀生母事件,被其中一个婢女告发了,官府缉拿了世儒等人。经过官府多次拷问,他才说出实情。官府拟将世儒与妻子等十人处死。宋神宗还怜悯世儒,询问法官是不是应该留下世儒这个独生子的性命以便祭祖。法官认为,世儒这样的人属于最大的不孝,不可以赦免。最后被处死。《宋人轶事汇编》记载说:"神宗云:'执中止一子,留以存祭祀何如?'持正云:'五刑之赎三千,其罪莫大于不孝。其可赦耶?'竟置极典。"(丁传靖《宋人轶事汇编》卷七)从这个案例,我们看出,世儒是不忠不孝罪恶极大之人。自己不去外地任太湖知县,这是对朝廷的不忠。为了寻找不去太湖做官就制造"丁忧"的机会,竟然将自己削发为尼的亲生母亲杀死,先是用毒药,没有毒死生母,最后用钉子钉入生母的头部骨头,导致其死亡。这是罪恶极大的不孝。所以,宋神宗想法外开恩,以孝的名义考虑是否留下世儒的性命以便祭祀,毕竟世儒的父亲就是他这一个儿子,但是这个建议被法官否定了。最后世儒和妻子及其参与谋害的婢女等十人被处死。这样不忠不孝的案例是被儒家深恶痛绝的,是罪大恶极的犯罪行为。

　　总之,儒家忠孝理论,在历史上具有丰富的内容。其许多的经典案例在今天的现实生活中,还具有一定的参考价值。历史学家王尔敏说:"往时研究中国近代史学者,在分析现代化问题中,很能注意中国保守思想之深厚,与保守势力之强大。追根究柢①,往往归因于儒家思想之顽固,以为这是妨碍改革阻滞进步的根荄。尤可注意者,是这种推论已成为现代政治、社会、经济等问题的解释管钥,构成一种推因的共同公式。人们可以很省力地拿儒家保守作为结论。至于有谁真正懂儒家的大致内容与性质,恐怕也颇成疑问。"②这样的分析也是适合儒家忠德理论的。

---

① 柢,应该为底。
② 王尔敏:《中国近代思想史论续集》,社会科学文献出版社 2005 年版,第 17—18 页。

第二节　家庭中对平辈晚辈的忠

如果上节分析的慎终追远、尊老敬贤和忠孝一体的道德对象主要是祖先和长辈，那么本节分析的夫义妇贞、兄友弟恭和长幼有序主要是针对平辈和晚辈的家庭之忠德实践。

一、夫义妇贞

《周易》说："有天地然后有万物，有万物然后有男女，有男女然后有夫妇，有夫妇然后有父子，有父子然后有君臣，有君臣然后有上下，有上下然后礼义有所措。"（《周易·序卦》）传统儒家认为，夫妻关系是阴阳组合关系，是人伦的核心。所以说"有天地然后有万物，有万物然后有男女，有男女然后有夫妇"，夫妇是"人伦之始，王化之基也"（《毛诗大序》）。而要维护夫妻关系的稳定，就应该做到"夫义妇贞"。《礼记·礼运》说："何谓人义？父慈，子孝，兄良，弟弟，夫义，妇听，长惠，幼顺，君仁，臣忠，十者，谓之人义。"《周易·屯》说："六二……女子贞不字。""夫义妇贞"这是夫妻双方忠于婚姻，家庭和睦的表现。

我们先谈论"夫义"的"义"。它的基本内涵有两种：其一，合适、合宜。如，《论语》说："信，近于义"（《论语·学而》），皇侃解释说："义，合宜也。"《中庸》："义者，宜也。"韩愈《原道》说："行而宜之之谓义。"这些都是指"义"道德行为的符合标准，恰到好处。"在中文的意蕴表达中，义字有义务、公义、道义、正义、义气、适宜、合理、正确、善等多种义项。"[1]但是，合适、道义是最为基本的内涵。其二，指符合道德善的标准。《尚书·康诰》说："用其义刑义杀。"《吕氏春秋·论威》："天下有义则治，天下无义则乱。"孔子说："君子喻

---

① 贾晋华：《从礼乐文明到古典儒学》，东方出版中心 2020 年版，第 5 页。

于义,小人喻于利。"(《论语·里仁》)朱熹解释说:"义者,天理之所宜。利者,人情之所欲。"(《论语集注·八佾》)等。儒家认为,具有"义"的品质是一个人具有道德修养的标准之一。孔子说:"君子义以为上。君子有勇而无义为乱;小人有勇而无义为盗。"(《论语·阳货》)这是将义作为道德品质的表现。孟子将这种"义"看成是人与生俱来的良知良能。孟子说:"羞恶之心,义之端也。"(《孟子·公孙丑上》)还说:"谨庠序之教,申之以孝悌之义,颁白者不负戴于道路矣。"(《孟子·梁惠王上》)汉代董仲舒将孟子的"义"进一步扩充,将"义"与"善"联系起来。他说:"夫仁人者,正其谊不谋其利,明其道不计其功。"(《汉书·董仲舒传》卷五十六)

宋明理学家又进一步阐发了"义"的价值,凡是具有善意的道德精神价值的行为和德性德行就是"义",凡是具有物质价值的就是"利"。宋代理学家程颢说:"大凡出义则入利,出利则入义。天下之事,惟义利而已。"(《二程集·河南程氏遗书》卷十一)程颐也说:"不独财利之利,凡有利心,便不可,如作一事,须寻自家稳便处,皆利心也。"(《二程集·河南程氏遗书》卷十六)还说:"人皆知趋利而避害,圣人则更不能利害,惟看义当为与不当为。"(《二程集·河南程氏遗书》卷十七)理学集大成者朱熹说:"其心有义利之殊,而其效有兴亡之异,学者所当深察而明辨之也。"(《孟子集注·告子章句下》)最后将义和利上升到行为上的"理",提出"存天理,灭人欲。"在家庭生活中,夫义,就是丈夫要具备正义和是非判断的标准。这个判断的标准,其实就是忠德。所以,义和忠,常常是连用的,即忠义。"夫妇有义,而后父子有亲;父子有亲,而后君臣有正。"(《唐会要》卷八十三)

那么,丈夫忠义有哪些实践方式呢? 儒家认为主要有四种:

第一,丈夫必须恪守一夫一妻制,否则就是不义,要受到法律惩处。传统社会主要还是一夫一妻制。纳妾是一夫一妻制的补充形式,而且受到很多条件的限制,不是丈夫想纳妾就能纳妾的。很多人认为传统社会是一夫多妻,或者说男子可以三妻四妾。笔者不认同这个观点。笔者认为古代社会是一夫一妻制。《春秋·隐公五年》中云："诸侯无二嫡。"君主诸侯是不能娶两个妻子的。《白虎通义》也说："妻者，齐也，与夫齐体，自天子至庶人，其义一也。"（《白虎通义·嫁娶》卷九）《新唐书》也说："古诸侯一娶九女，故庙无二嫡，自秦以来有再娶，前妻后继，皆嫡也，两祔无嫌。"（《新唐书·儒学传下·韦公肃传》卷二百）《唐律疏议》明确提出："一夫一妇，不刊之制。"（《唐律疏议》卷十三）因此，古代强调"夫义"，多妻多妾制本身就是"不义"的。

如果丈夫是有妻娶妻，这属于重婚罪，属于不义，这是要受到法律制裁的。《唐律疏议·户婚律》和《宋刑统·户婚律》说："诸有妻更娶者，徒一年，女家减一等，若欺妄而娶者，徒一年半，女家不坐，各离之。"《大明律·户律·婚姻门》规定："若有妻更娶者，亦杖九十，（后娶之妻）离异（归宗）。"这是说，"有妻更娶"属于重婚罪，是政府不允许的。当然，法律规定是规定，也有很多知法犯法的人。

古代是一夫一妻制，但有纳妾制作为补充的婚姻形式。妻与妾的关系是不能颠倒的，否则是要被处罚的。《唐律疏议·户婚》明文规定："诸以妻为妾，以婢为妾者，徒二年。以妾及客女为妻、以婢为妾者，徒一年半。各还正之。"这是规定了妻、妾和婢女的地位关系。妻不能为妾，婢不能为妻。《唐律疏议》解释说："妻者，齐也，秦晋为匹。妾通卖买，等数相悬。婢乃贱流，本非俦类。若以妻为妾，以婢为妻，违别议约，便亏夫妇之正道，黩人伦之彝则，颠倒冠履，紊乱礼经，犯此之人，即合二年徒罪。'以妾及客女为妻'，客女谓部曲之女，或有于他处转得，或放婢为之。以婢为妾者，皆徒一年半，'各还正之'，并从本色。"就是妻子亡故，也不能以妾和婢为妻。从这里可以看出，这也是法律规定了夫义的要求。

第二，丈夫不得殴打妻子，否则要受到法律处罚。儒家认为，夫妻关系是义和关系。从法律形式上来说，夫妻是属于平等的。董仲舒说："阴者，阳之合，妻者，夫之合，子者，父之合，臣者，君之合。"（《春秋繁露·基义》卷十二）许慎说："妻者，妇与夫齐者也。"（许慎《说文解字》）既然夫妻是平等的关系，那么,丈夫殴打妻子就是不义,是对婚姻的不忠诚。这在传统社会里是要受处罚的。《唐律疏议》卷第二十二斗讼第三二五条规定:"诸殴伤妻者,减凡人二等;死者,以凡人论。殴妾折伤以上,减妻二等。"疏议解释说:"妻之言齐,与夫齐体,义同于幼,故得'减凡人二等'。'死者,以凡人论',合绞。以刃及故杀者,斩。"丈夫殴打伤妻子,将按斗殴伤一般人的罪减二等的原则来治罪。如果是打死妻子,则是要被斩首的。宋代刑法和明清刑法也是这样规定的。明清律例:"其夫殴妻,非折伤,勿论;至折伤以上,减凡人二等(注:须妻自告乃坐)。先行审问,夫妇如愿离异者,断罪离异;不愿离异者,验罪收赎;至死者,绞。"这就规定丈夫必须忠义,不能殴打妻妾,否则国法不容。

第三,丈夫不能通奸,否则要受到处罚。如果男女都有通奸行为,不能与之结婚,男的不娶通奸女,女的不嫁通奸男。如果男子违法娶通奸的逃妇,那与通奸的逃妇同罪。只有娶了犯死罪的逃妇,罪行才酌情减一等。《唐律疏议》卷十四规定:"诸娶逃亡妇女为妻妾,知情者同罪,至死者减一等。即无夫,会恩赦免罪者,不离"《疏议》解释说:"妇女犯罪逃亡,有人娶为妻妾,若知其逃亡而娶,流罪以下,并与同科;唯妇人本犯死罪而娶者,流三千里。仍离之。即逃亡妇女无夫,又会恩赦得免罪者,不合从离。其不知情而娶,准律无罪,若无夫,即听不离。"

第四,男子如果是政府官吏,不得与辖区地区的妇女通婚。《唐律疏议》规定:"诸监临之官,娶所监临女为妾者,杖一百。若为亲属娶者,亦如之。其在官非监临者,减一等,女家不坐。即枉法娶人妻妾及女者,以奸论加二等,行求者,各减二等。"《唐会要·户令》也规定:"诸州县官人在任之日,不得与部下百姓交婚,违者,虽会赦,仍离之。"这也是为了保护民女不被官吏霸占。这条规定在唐代首次立法,对后世产生了深远的影响。

此外,传统忠德也认为,男子不义,夫妻"义绝",妻子可以离婚。《唐律疏议·户婚》规定了"义绝"的具体内容:其一,"(夫)殴妻之祖父母、父母及杀妻外祖父母、伯叔父母、兄弟、姑、姊妹。"其二,"妻殴詈夫之祖父母、父母,杀伤夫外祖父母、伯叔父母、兄弟、姑、姊妹及与夫之缌麻以上亲,若妻通奸及欲害夫者。"其三,"夫妻祖父母、父母、外祖父母、伯叔父母、兄弟、姑、姊妹自相杀者"。这样做的男子,就是不义了,所以是没有资格尽到丈夫的责任,妻子有权离婚。出现"义绝"的夫妻,政府可以强制解除婚姻关系,并给予男子一定处罚,《唐律疏议·户婚》对"义绝"条规定:"诸犯义绝者离之,违者,徒一年。"所以从这个角度来说,传统社会规定丈夫在婚姻家庭生活中,不能为所欲为①。

妇贞,是对妻子作的道德规定。在婚姻生活中,儒家忠德要求妻子忠贞。忠贞,或贞,是妻子在家庭中应该遵循的道德规范。《周易·师卦》说:"贞,正也。"《周易·屯卦》也说:"六二……女子贞不字。"这是指女子的忠贞不二的品德。《史记》说:"忠臣不事二君,贞女不更二夫。"(《史记·田单列传》)。这也是要求妻子,忠于家庭,恪守妇道。在传统社会里,女子的忠贞,主要包括"四德":妇德、妇言、妇容和妇功。班昭在《女诫》中说:"女有四行,一曰妇德,二曰妇言,三曰妇容,四曰妇功。夫云妇德,不必才明绝异也;妇言,不必辩口利辞也;妇容,不必颜色美丽也;妇功,不必工巧过人也。幽闲贞静,守节整齐,行己有耻,动静有法,是谓妇德。择辞而说,不道恶语,时然后言,不厌于人,是谓妇言。盥浣尘秽,服饰鲜洁,沐浴以时,身不垢辱,是谓妇容。专心纺绩,不好戏笑,洁齐酒食,以奉宾客,是谓妇功。此四者,女人之大德,而不可乏无者也。然为之甚易,唯在存心耳。"(《女诫·妇行》)

唐代宋若莘著、宋若昭注的《女论语》进一步规定了妇女忠贞的行为:

---

① 笔者认为,我们对传统婚姻制度误解的地方很多。这是多方面原因造成的:第一,不读古籍包括儒家经典和历史古籍,或者读了古籍但不求甚解,造成了误解。第二,最近几十年流行的武侠电视剧、历史电视剧或后宫戏等对夫妻家庭关系的曲解和戏说,造成了观众对古代夫妻家庭关系的曲解。第三,一些学者对传统文化的偏见与误解。最近这些年提出的"国学热",其实主要功绩还是在态度上改变了大家对传统文化的认知,至于去研究和传播传统文化包括对古籍的阅读和理解,还有很长的路要走。现在很多研究生和大学教授等知识分子都不读古籍,更不用说普通百姓去阅读古籍了。因此,"传统文化复兴",任重而道远。2021年党中央提出"两个结合"的著名论断,这对促进优秀传统文化的研究是大有裨益的。

"凡为女子,先学立身,立身之法,惟务清贞。清则身洁,贞则身荣。行莫回头,语莫掀唇。坐莫动膝,立莫摇裙。喜莫大笑,怒莫高声。内外各处,男女异群。莫窥外壁,莫出外庭。男非眷属,莫与通名。女非善淑,莫与相亲。立身端正,方可为人。"(《女论语·立身》)则是对女子忠贞的基本要求。

如果妇女做不到忠贞,违反了妇德、妇言、妇容和妇功,行为不检点,是会被丈夫提出离婚的,触犯法律的,要承担司法责任。古代认为休妻主要是"七出"。

《大戴礼记·本命篇》中有"妇有七出:不顺父母,去;无子,去;淫,去;妒,去;有恶疾,去;多言,去;盗窃,去。"妻子犯"七出"规定,丈夫可以单方面写下"休书",由父母和证人签名,就可以解除夫妻关系,并具有法律效力。唐律则规定妻子如犯"七出"之一者,丈夫可以强制"休妻"。在古代社会里,七出包括:不顺父母、无子、淫、妒、有恶疾、多言、盗窃这七种不忠贞的行为。

当然,丈夫作出"休书",不是任意的,必须遵守"三不去"原则。《大戴礼记·本命篇》中说:"妇有三不去:有所取无所归,不去;有更三年丧,不去;前贫贱后富贵,不去。"第一,妻子娘家人散亡,丈夫不得休妻,否则,妻子被休无家可归。第二,在夫家经历或主持了公公或者婆婆的丧礼,不能被休;第三,娶时男方社会地位不高,后来男方富贵了,社会地位提高了,丈夫不得休妻,即"糟糠之妻"不可弃。《唐律疏议·户婚律》规定"三不去者",即"一经持姑舅之丧,二娶时贱后贵,三有所受无所归。""诸妻无七出及义绝之状而出之者,徒一年半;虽有七出,有三不去出之者,杖一百,追还合。若犯恶疾及奸者,不用此律。"可见如果妻子未犯"七出"或虽犯"七出"规定,但有"三不去"情形之一的,丈夫不得休妻,否则要受到处罚。但如果妻子犯"恶疾"及"通奸"则"虽有三不去,亦在出限"。

此外,如果妻子殴打丈夫,这是严重失德行为,是要被处罚的。《唐律疏议》卷第二十二斗讼第三二五条规定"诸妻殴夫,徒一年;若殴伤重者,加凡斗伤三等(注:须夫告,乃坐);死者,斩。"明清律也规定:"凡妻殴夫者,杖一百,夫愿离者听(注:须夫自告,乃坐);至折伤以上,各加凡斗伤三等;至笃疾者,绞;死者,斩;故杀者,凌迟处死。"

总之,儒家忠德的家庭之忠,是要求夫义妇贞。班昭说:"夫不贤,则无以御妇;妇不贤,则无以事夫。"(《女诫·夫妇夫第二》)。这也要求夫妇双方,都要承担相应的社会责任和义务。儒家关于夫妻之忠的理念是希望夫妻之间"同尊卑""相敬如宾""夫义妇顺",实现"夫夫妇妇,而家道正,夫义妇顺,家之福也"(《周易·家人卦》)的和睦家庭。

二、兄友弟恭

友,有两种解释,其一《说文》说的,"同志为友";其二《尔雅》说的,"善兄弟为友"。兄友,主要是,兄弟友善。即使兄弟之间有点矛盾,也要联合起来一致对外。所以才有"兄弟阋于墙,外御其侮"(《诗经·小雅·棠棣》)。这说明,兄弟和睦是儒家追求的家庭和睦伦理规范之一。贾谊在谈论兄友弟恭的时候说:"兄敬爱弟谓之友。"(《新书·道术》)

那么,怎样才能"友"?孟子列举了舜帝的例子来说明。孟子说:"仁人之于弟也,不藏怒焉,不宿怨焉,亲爱之而已矣。亲之,欲其贵也;爱之,欲其富也。封之有庳,富贵之也。身为天子,弟为匹夫,可谓亲爱之乎?……象不得有为于其国,天子使吏治其国而纳其贡税焉,故谓之放。岂得暴彼民哉?虽然,欲常常而见之,故源源而来,'不及贡,以政接于有庳。'此之谓也。"(《孟子·万章上》)舜是君主,弟弟象被封庳国,是庳国让他富贵。但又怕象暴虐百姓,舜就时常派人监管他,并帮助他治理国家,还帮助其国"纳其贡税"。孟子认为,舜做到了兄对弟的"友"。

恭,恭敬,谦逊有礼。《尔雅》说,"恭,敬也。"总体来说,恭的主要内涵有:

其一,是敬重兄长、善事兄长。其二,悌友,兄弟笃爱和睦。其三,悌睦,友顺和睦①。《论语·颜渊》说:"子敬而无失,与人恭而有礼。四海之内皆兄弟也,君子何患乎无兄弟也?"因此,弟恭,其实就是弟弟对兄长友好。贾谊在《新书》中说:"弟敬爱兄谓之悌。"(《新书·道术》)弟恭、弟悌和弟友其实是一个意思。

兄友弟恭,即兄长友善,弟弟恭敬。兄友弟恭,是家庭伦理的"五教"之一。《左传》说:"举八元,使布五教于四方,父义、母慈、兄友、弟共、子孝,内平外成。"(《左传·十八年》)这里"共"即"恭"。《史记·五帝本纪》也是说:"举八元,使布五教于四方,父义,母慈,兄友,弟恭,子孝,内平外成。"(《史记·五帝本纪》卷一)《礼记·礼运》规定的"十义",首为"父慈、子孝",次即"兄良、弟悌"。"兄良"是说兄长应该爱护幼弟,"弟悌"是讲幼弟应当尊敬兄长。这里的"兄良"其实就是"兄友","孝悌"即弟恭。颜之推在《颜氏家训》中专门设立了"兄弟"一章,以此来强调兄弟关系伦理的重要性。颜之推说:"夫有人民而后有夫妇,有夫妇而后有父子,有父子而后有兄弟,一家之亲,此三而已矣。自兹以往,至于九族,皆本于三亲焉,故于人伦为重者也,不可不笃。"(《颜氏家训·兄弟》)这可以说,不友即是不孝。

《魏书》强调,"兄友弟顺":"教其里人父慈、子孝、兄友、弟顺、夫和、妻柔。"(《魏书·帝纪·高祖纪下》卷七下)《明史》也说:"为臣竭忠,为子尽孝,长幼有序,兄友弟恭"(《明史·志·乡饮酒礼》卷五十六)金图克埋镒应诏上疏,略曰:"仁、义、礼、智、信,谓之五常。父义、母慈、兄友、弟敬、子孝,谓之五德。今五常不立,五德不兴,搢绅学古之士,弃礼义,忘廉耻,细民违道畔义,迷不知返,背毁天常,骨肉相残,动伤和气,此非一朝一夕之故也。今宜正薄俗,顺人心,父父、子子、夫夫、妇妇,各得其道,然后和气普洽,福禄荐臻矣。"(《续资治通·宋纪·鉴庆元六年》卷一百五十五)

---

① 王泽应:《中华民族道德生活史》(先秦卷),唐凯麟主编,东方出版中心 2014 年版,第 303 页。

那么,怎样才能体现兄友弟恭呢? 儒家认为主要有以下两个方面:

第一,从道德上来说,兄弟之间要在忠义道德背景下相互礼让、相互支持、和睦相处。哥哥帮助弟弟,弟弟帮助哥哥,彼此之间要维护兄弟情义,不能为了利益产生矛盾,相互厮杀。清代张英说:"予尝谓人伦有五,而兄弟相处之日最长,君臣之遇合,朋友之会聚,久速固,难必也。父之生子,妻之配夫,其早者皆以二十岁为率,惟兄弟或一二年,或三四年,相继而生。自竹马游戏,以至鲐背鹤发,其相与周旋,多至七八十年之久,恩意浃洽,猜忌不生,其乐宁有涯哉?"(张英《聪选斋语》)张英认为兄弟之间的感情,是人伦当中,最为长久的,所以,兄弟之间应该相互帮助。

唐代人赵弘智是弟恭的典型。父亲早亡,是兄长带大他,他视兄如父。后当官了,所得俸禄皆送给兄长。兄长亡故,事寡嫂谨慎,抚养侄儿以慈爱闻名,这即是典型的弟恭。他为唐高宗讲《孝经》,讲得很好,得到了唐高宗的奖励。《旧唐书》:"弘智事兄弘安,同于事父,所得俸禄,皆送于兄处。及兄亡,哀毁过礼。事寡嫂甚谨,抚孤侄以慈爱称。"(《旧唐书·孝友列传》卷一百八十八)"高宗令弘智于百福殿讲《孝经》,召中书门下三品及弘文馆学士、太学儒者,并预讲筵。弘智演畅微言,备陈五孝。学士等难问相继,弘智酬应如响。"(《旧唐书·孝友列传》卷一百八十八)高宗称赞他说:"朕颇耽坟籍,至于《孝经》,偏所习睹。然孝之为德,弘益实深,故云'德教加于百姓,刑于四海,是知孝道之为大也。'"(《旧唐书·孝友列传》卷一百八十八)"帝甚悦,赐彩绢二百匹、名马一匹。寻迁国子祭酒,仍为崇贤馆学士。"(《旧唐书·孝友列传》卷一百八十八)

司马光说:"弟之事兄,主于敬爱。"(司马光《家范·弟》卷七)。这种敬爱不是礼节上,而是在道德实践中,要履行的道德义务。司马光本人也是这样做的。朱熹在《小学·善行》中说:"司马温公与其兄伯康友爱尤笃。伯康年将八十,公奉之如严父,保之如婴儿。每食少顷则问:'得无饥乎?'天少冷,则抚其背曰:'衣得无薄乎?'"

兄弟之间的帮助是出于"公心"而不是"私利"。袁采说:"兄弟子侄同居至于不和,本非大有所争。由其中有一人设心不公,为己稍重,虽是毫末,必独取于众,或众有所分,在己必欲多得。其他心不能平,遂启争端,破荡家产。驯小得而致大患。若知此理,各怀公心,取于私则皆取于私,取于公则皆取于公,众有所分,虽果实之属,直不数十金,亦必均平,则亦何争之有?"(袁采《袁氏世范·睦亲》)

《孝经》说:"教民亲爱,莫善于孝,教民礼顺,莫善于悌。"(《孝经·广要道章》)清代大臣陆陇其就深谙此道,他以孝悌处理兄弟司法案件。陆陇其曾任知县,处理了一个兄弟争财产的案件。他开庭的时候,不问兄弟两人是非曲直,就是在公堂上,兄弟之间相互称呼。"此唤弟弟,彼唤哥哥",最后"未及五十声,已各泪下沾襟,自愿息讼"①。陆陇其是充分利用兄弟之间的血缘感情,也意识到兄弟之间应该相互帮助和支持,所以才成功破解兄弟之间的诉讼。

总之,在道德意义上说,兄弟之间是血脉相连,是一体的。《通典》说:"父子一体也,夫妇一体也,昆弟一体也。"(《通典·礼·五服年月降杀之三》卷九十)因此,兄弟之间就应该相互帮助,相互支持,和睦相处。兄弟间的这种道德感情,犹如唐代诗人王维在《九月九日忆山东兄弟》描写的那样:"独在异乡为异客,每逢佳节倍思亲。遥知兄弟登高处,遍插茱萸少一人。"

第二,从法律上来说,传统社会是将兄弟之间的关系捆绑成一个利益集团。这有利于促进兄弟之间的团结。具体表现有两个方面:其一,连坐。兄长违法,会连坐弟弟,反之亦然。如西汉黄霸。"黄霸字次公,淮阳阳夏人也,以豪杰役使徙云陵。霸少学律令,喜为吏,武帝末以待诏入钱赏官,补侍郎谒者,坐同产②有罪劾免。"(《汉书·黄霸传》卷八十九)他是被兄弟连累,被劾免的。其二,代刑。兄长或弟弟被判刑,弟弟或兄长可以代为服刑。代刑在秦代

---

①　转引自张晋藩:《中国法律的传统与近代转换》,法律出版社1997年版,第280页。
②　同产,是对汉代兄弟姐妹血缘关系的称呼。

就开始实行了①。汉代在司法实践中，还经常存在这种代刑现象。汉明帝永平二年(公元59年)，"诏三公募郡国中都官死罪系囚，减罪一等，勿笞，诣度辽将军营，屯朔方、五原之边县；妻子自随，便占著边县；父母同产欲相代者，恣听之。其大逆无道殊死者，一切募下蚕室。亡命者令赎罪各有差。凡徙者，赐弓弩衣粮"(《汉书·显宗孝明帝纪》卷二)。这是法律明确"父母同产欲相代者，恣听之"。汉安帝永初年间，陈忠上皇帝奏二十三条，主张："母子兄弟相代死，听，赦所代者。事皆施行。"(《后汉书·陈忠传》卷四十六)

元代法律也鼓励兄弟之间要相互帮助、相互支持。元代至元二十一年(公元1284年)，中书省和御史台在文书中说：汉人"有同祖同父叔伯兄弟姊妹子侄等亲，鳏寡孤独老弱残疾不能自存着，亦不能收养，以致托身养济院苟度朝夕，有伤风化"(《通制条格》卷三《户口·令收养同宗孤贫》)，而应该要求汉人，"今后若有……同宗有服之亲寄食养济院，不行收养者，许诸人首告，忠行断罪。"(《通制条格》卷三《户口·令收养同宗孤贫》)

总之，这些措施对维护兄弟之间的感情起到了保护作用，有利于兄弟之间的和睦团结。赵沐沛说：连坐和代刑"一方面是对儒家理念的肯定，另一方面也有利于密切兄弟之间的关系，使得昆弟一体不仅作为观点而存在，而且渗入利益因素，从而使之得到进一步的强化。"②

当然，儒家追求兄友弟恭，是道德追求，也是法律规定，对维护兄弟之间的感情有鼓励和约束作用。但是兄弟之间，在传统社会，尤其是在政治权利争夺中，兄弟之间厮杀比比皆是。如三国时期魏国曹丕。他为了夺权杀曹植，命曹植"七步成诗"，曹植写了"煮豆持作羹，漉菽以为汁。其在釜下燃，豆在釜中泣。本自同根生，相煎何太急?"(《世说新语·文学》卷四)他用豆子和豆秸进行类比的诗句来比喻兄弟之间的残杀。再如唐代李世民。他发动玄武门政

---

① 李卿：《秦汉、魏晋南北朝家族、宗族关系研究》，上海人民出版社2005年版，第134页。
② 赵浴沛：《两汉家庭内部关系及其相关问题研究》，湖北人民出版社2006年版，第231页。

变,"以兵入玄武门,杀太子建成及齐王元吉"(《新唐书·本纪·太宗》卷二)。再如朱友贞。五代十国时期,朱友珪的胞弟朱友贞为了夺帝位,于后梁太祖乾化三年(913年)发动政变,逼迫朱友珪及妻自杀(《新五代史·梁本纪·末帝本纪》)。

三、父慈母爱

慈,即仁爱。《说文解字》说:"慈,爱也。从心、兹声。"父慈母爱,这是父母对子女的一种忠德要求。从儒家角色伦理的角度来说,如果孝主要指晚辈对长辈的爱,那么父慈母爱,则是长辈对晚辈的爱。佛教将"慈"解释为与乐,即给众生带来快乐。佛教将"悲",作为怜悯众生并救赎痛苦叫做"悲",即拔苦。《大智度论》卷二十七说:"大慈与一切众生乐,大悲拔一切众生苦。"所以佛教的"慈悲",与儒家的"慈爱"意思是一致的。《太平经》汲取了儒家伦理思想,提出"父慈、母爱、子孝、兄长、弟顺。夫妇同计,不相贼伤,至死无怨。"这是对《左传》"父义、母慈、兄友、弟共、子孝"(《左传·十八年》)和《史记·五帝本纪》"父义,母慈,兄友,弟恭,子孝"的吸收和改造。父慈母爱,总体上来说,就是父母对子女的爱,给子女关心和快乐,并教子女获得人生幸福和快乐的经历和体验。

隋朝隋文帝曾下了一道诏书:"哀哀父母,生我劬劳,欲报之德,昊天罔极。但风树不静,严敬莫追,霜露既降,感思空切。六月十三日,是朕生日,宜令海内为武元皇帝、元明皇后断屠。"(《隋书·帝纪高祖下》卷二)隋文帝感念父母之恩,在他生日的时候,禁止全国宰杀牲畜,即"断屠",以便向全国推行孝道。

儒家对父子关系伦理,素来是强调父子之间的关系是相互的。统治阶级极力强调"三纲五常","三纲"之一就是"父为子纲"。根据方朝晖教授的解释,这里的"纲"也不是"统治"的意识,而是指具有大局意思①。古代识字率

---

① 方朝晖:《"三纲"与秩序重建》,中央编译出版社2014年版,第13页。也可以参阅欧阳辉纯:《儒家"三纲"伦理的现代反思》,《孔子研究》2015年第1期。

低,子女需要更多地从长辈那里获得生活和人生经验。父为子纲,就是儿子以父亲为大局,这是因为儿子年少,缺乏生活经验,人生阅历还不够丰富,所以在成长的过程中,需要父亲的支持。当然这里的父亲自然也是包含了母亲的智慧。笔者认为力教授的分析是有一定道理的。一般说来,父子存在血缘关系,父慈母爱是人类最基本的人伦关系。所以,父慈母爱是主流家庭伦理价值。

第一,重视胎教。所谓胎教,就是在怀孕早期到胎儿出生这段时间的教育。胎教,包括两个方面:

一方面是对胎儿身体发育的重视。这是对胎儿身体的重视。如唐代著名儒医孙思邈认为,妇女妊娠三个月就要格外重视胎儿的发育,要求孕妇注意各方面的问题。孙思邈说:"要居住简静,割不正不食,席不正不坐,弹琴瑟,调心情,和性情,节嗜欲,庶事清净,生子皆良,长寿忠孝,仁义聪慧,无疾。"(《备急千金要方·养胎》)古代儒医还对孕妇疑难杂症、妊娠病、难产病等方面都作了深入研究[1]。这些病理研究关乎胎儿的发育。

一方面是对胎儿教育的重视。就是通过父母尤其是母亲的情绪和言行来感化胎儿。贾谊引用《大戴礼记》说:"古者胎教之道,王后有身七月而就蒌室,太师持铜而御户左,太宰持斗而御户右,太卜持蓍龟而御堂下,诸官皆以其职御于门内。比三月者,王后所求声音非礼乐,则太师抚乐而称不习;所求滋味者非正味,则太宰荷斗而不敢煎调,而曰不敢以侍王太子。[2]"(《新书·胎教》卷十)这是为胎教而准备的环境。《大戴礼记》也说:"周后妃任成王於身,立而不跂,坐而不差,独处而不倨,虽怒而不詈,胎教之谓也。"(《大戴礼记·保傅》卷四十八)这是要求孕妇坐有坐的样子,站有站的样子,时时处处注意

---

① 曹志平:《中国医学伦理思想史》,人民卫生出版社 2012 年版,第 236 页。
② 贾谊《新书》的这句话来自《大戴礼记·保傅》:"古者胎教,王后腹之,七月而就宴室,太史持铜而御户左,太宰持斗而御户右。比及三月者,王后所求声音非礼乐,则太师缊瑟而称不习,所求滋味非正味,则太宰倚斗而言曰:'不敢以待王太子。太子生而泣,太师吹铜曰:声中其律。太宰曰:滋味上某。'然后卜名。上无取于天,下无取於墬,中无取于名山通谷,无拂于乡俗,是故君子名难知而易讳也;此所以养恩之道。"

胎儿的教育。

汉代思想家王充认为，人是自然元气构成的，有正命，随命，遭命(《论衡·命义》卷二)之分，这些都是父母偶尔禀得的，因此，在孕育之时，就要求父母进行胎教。他说："气遭胎伤，故受性狂悖。羊舌似我初生之时，声似豺狼，长大性恶，被祸而死。在母身时，遭受此性，丹朱、商均之类是也。性命在本，故《礼》有胎教之法：子在身时，席不正不坐，割不正不食，非正色目不视，非正声耳不听。及长，置以贤师良傅，教君臣父子之道，贤不肖在此时矣。受气时，母不谨慎，心妄虑邪，则子长大，狂悖不善，形体丑恶。素女对黄帝陈五女之法，非徒伤父母之身，乃又贼男女之性。"(《论衡·命义》卷二)如果父母不合，淫乱无度，就会害了胎儿，"母不谨慎，心妄虑邪，则子长大，狂悖不善，形体丑恶"。

第二，重视对子女的道德教育，关心子女心身健康成长，这也是儒家一直重视的内容。即所谓"养不教，父之过"。张履祥在《训子语》中说："有子孙便当尽力教诲……子孙不教，能无败亡！"①子女从出生到成人，父母都是一直在教育他们如何提高道德修养，教他们做人做事。这是父母慈爱的表现。

父慈母爱的教育还体现在父母和子女在人格具有对等性②，不能因为地位或者财富的不平等就出现强凌弱、富欺贫的现象。朱熹说："凡为人子弟者，不敢以富贵加于父兄宗教。"(《朱子全书·朱子家礼》)在朱熹看来，家庭或家族中的每个人都应该一视同仁，每个人都有资格获得生存权、教育权和财

---

① 从余选注：《中国历代名门家训》，东方出版中心1997年版，第191页。

② 学术界已经注意到了儒家伦理思想和封建君主政治制度推行的伦理政策，其实这是两个不同的价值体系。儒家追求的道德伦理和与君王执行的政治伦理，是不同的。传统社会君主的统治从来就不是纯儒家的，阳儒阴法的统治理念是主要的。所以，五四新文化运动打倒是主要还是君主制度推行的儒家伦理思想，这与作为非官方意识形态的儒家伦理是不同的。但是，如果我们不深入去了解，就很容易混扰这两者区别。从这个角度来说，五四新文化运动"打倒孔家店"是还原了儒家作为一种思想流派的儒家。这对于儒家思想，其实是一种解脱。因为本来孔子创立的儒家就是"百家争鸣"的一种思想流派。这是我们在研究儒家伦理思想的时候，要特别注意的。当然，这是重要的研究领域，需要笔者另外著文分析。这里不赘述。

产权。这也是父慈母爱必须教育子女的。朱熹说:"上下之衣食,及吉凶之费,皆有品节,而莫不均一。"(《朱子全书·朱子家礼》)当然这种人格的平等性,不影响在现实的道德生活中,尊老敬贤,长幼有序的礼制等级。《中庸》说:"宗庙之礼,所以序昭穆也,序爵,所以辨贵贱也;序事,所以辨贤也;旅酬下为上,所以逮贱也;燕毛,所以序齿也。"(《四书章句集注·中庸章句》)

周公是西周初期著名的政治家,在儿子伯禽去鲁国封地就国之前,周公对伯禽进行了一次彻底的人生教育和治国教育。周公对伯禽说:"往矣! 子无以鲁国骄士。吾,文王之子,武王之弟,成王之叔父也,又相天下,吾于天下亦不轻矣。然一沐三握发,一饭三吐哺,犹恐失天下之士。吾闻:'德行宽裕,守之以恭者,荣,土地广大,守之以俭者,安,禄位尊盛,守之以卑者,贵,人众兵强,守之以畏者,胜;聪明睿智,守之以愚者善;博闻强记,守之以浅者,智。'夫此六者,皆谦德也。夫贵为天子,富有四海,由此德也。不谦而失天下,亡其身者,桀、纣是也。可不慎欤? 故《易》有一道,大足以守天下,中足以守其国家,近足以守其身,谦之谓也。夫'天道亏盈而益谦,地道变盈而流谦,鬼神害盈而福谦,人道恶盈而好谦。'是以衣成则必缺衽,宫成则必缺隅,屋成则必加措。示不成者,天道然也。《易》曰:'谦亨,君子有终,吉。'《诗》曰:'汤降不迟,圣敬日跻。'其诚之哉! 子其无以鲁国骄士矣!"(《韩诗外传》卷三)这里,我们可以看出周公对伯禽的真心教诲,也体现了一位父亲对儿子的慈爱。

孔子也十分重视儿子孔鲤的道德教育,他以"诗歌礼传家"教育子女。孔子说:"鲤,君子不可以不学,见人不可以补饰,不饰则无根,无根则失理,失理则不忠,不忠则失礼,失礼则不立。"(《说苑·建本》)《论语》里也记载孔子教育孔鲤要学礼:"他日又独立,鲤趋而过庭,曰:'学《礼》乎?'对曰:'未也。''不学《礼》,无以立。'鲤退而学《礼》。闻斯二者。"(《论语·季氏》)孔子自己也说:"不知命,无以为君子也;不知礼,无以立也;不知言,无以知人也。"(《论语·尧曰》)礼,就是古代的道德教育内容。

孟子的母亲为了教育孟子,曾经三次搬家,为了给孟子创造很好的教育环境。刘向编的《列女传》记载说："孟子之少也,既学而归,孟母方绩,问曰:'学何所至矣?孟子曰:'自若也。'孟母以刀断其织。孟子惧而问其故,孟母曰:'子之废学,若吾断斯织也。夫君子学以立名,问则广知,是以居则安宁,动则远害。今而废之,是不免于厮役,而无以离于祸患也。何以异于织绩而食,中道废而不为,宁能衣其夫子,而长不乏粮食哉!女则废其所食,男则堕于修德,不为窃盗,则为虏役矣。'孟子惧,旦夕勤学不息,师事子思,遂成天下之名儒。君子谓孟母知为人母之道矣。"(《列女传·母仪传·邹孟轲母》卷一)孟母谆谆教诲,终于使得孟子成为一代名儒。

儒家认为,父慈母爱不是溺爱、奢侈、骄傲自满的教育。儒家是反对溺爱娇宠教育的。石碏说:"臣闻爱子,教之以义方,弗纳于邪。骄奢淫逸,所自邪也。四者之来,宠禄过也。将立州吁,乃定之矣,若犹未也,阶之为祸。夫宠而不骄,骄而能降,降而不憾,憾而能眕者鲜矣。且夫贱妨贵,少陵长,远间亲,新间旧,小加大,淫破义,所谓六逆也。君义,臣行,父慈,子孝,兄爱,弟敬,所谓六顺也。去顺效逆,所以速祸也。君人者将祸是务去,而速之,无乃不可乎?"(《左传·隐公三年》)石碏认为教育子女就必须要让子女走正道,不能使得子女"骄奢淫逸"。

西晋陶侃①(公元259年—334年)的母亲是教子成为名臣的典范。陶侃曾经为鱼梁吏,叫人将一坩鲊②送给母亲吃,结果被母亲退回,还附带了一封信,责备他说,你拿官府的东西给我吃,这不是孝敬我,不仅对我没有好处,反而增加我的担忧,并以此教育陶侃要廉洁奉公、不损公肥私。《世说新语》记载说:陶侃"尝以'鱼差'饷母。母封'鱼差'付使,反书责侃曰:'汝为吏,以官物见饷,非唯不益,乃增吾忧也。'"(《世说新语·贤媛》卷十九)后来陶侃成为一位著名的忠臣。唐代官吏舒元舆(?—公元835年)称赞陶侃的母亲为"可以卓往赫来,为千古万年光"(《全唐文·陶母坟版文》卷七二七)。当然,父慈母爱不仅

①　曾孙就是大名鼎鼎的诗人陶渊明。
②　坩鲊:坩,一种盛物的陶器。鲊,加工过的鱼类食品,如腌鱼之类的。

仅是这些,还包括物质支持、财产的赠予等方面。但是对子女道德的人格教育,是父慈母爱最为主要的。

那么,古代社会有没有否定古代父亲伦理关系的呢?有。如三国时期的孔融。孔融认为,父子之间没有伦理关系,子女不过是父亲情欲发泄的产物。他说:"父之于子,当有何亲?论其本意,实为情欲发耳。子之于母,亦复奚为?譬如寄物缶中,出则离矣。"(《后汉书·孔融传》卷七十)魏晋时期的徐干也看到父子不亲的现象,他说:"父盗子名,兄窃弟誉,骨肉相諮,朋友相诈。"(《中论·考伪》)这是当时儒家道德价值不受重视的原因导致的。

杜恕总结这个时期的家庭伦理凌乱现象,说了这样的话:"今之学者,师商、韩而上法术,竟以儒家为迂阔,不周后世,此风俗之流弊,创业者之所致慎也"(《三国志·魏书·杜恕》卷十六)壶关三老茂上书曰:"臣闻父者犹天,母者犹地,子犹万物也。故天平地安,阴阳和调,物乃茂成;父慈母爱,室家之中子乃孝顺。阴阳不和,则万物夭伤;父子不和,则室家丧亡。故父不父则子不子,君不君则臣不臣,虽有粟,吾岂得而食诸!"(《汉书·武五子传》卷六十三)

唐太宗李世民的儿子魏王李泰在和晋王李治争夺皇太子的时候,就没有做到父慈。李泰在前太子李承乾以罪被废为庶人之后,他有一次入宫拜见李世民,为了让李世民立他为太子,他投入李世民怀里说:"臣今日始得与陛下为子,更生之日也。臣唯有一子,臣百年之后,当为陛下杀之,传国晋王。"(《旧唐书·褚遂良传》卷八十)李泰的意思是说,李世民把皇位传给他做了皇帝之后,在他去世的时候,把自己的儿子杀了,再把皇位传给弟弟晋王李治。这就是他做父亲的不慈,哪有皇帝为了传位给弟弟而杀了自己唯一的儿子呢。这在古代宗法社会里,是违反人情和人性的。谏议大夫褚遂良劝李世民说:"安有陛下百年之后,魏王执权为天下之主,而能杀其爱子,传国于晋王者乎?"(《旧唐书·褚遂良传》卷八十)最后李世民醒悟过来,涕泗交下曰:"我不能。"(《旧唐书·褚遂良传》卷八十)当日就"召长孙无忌、房玄龄、李勣与遂良等定策,立晋王为皇太子"(《旧唐书·褚遂良传》卷八十)。李泰作为父亲为了皇帝权力,就可以杀掉自己的儿子,就是不慈,所以也正是这样,自己最终葬送了太子的宝座。

　　总体来说,父慈母爱是纯属家庭主要的方面。至于明清时期出现"溺婴"等现象,也是政治高压下,父母不得已而做出的选择。这个我们在阅读历史的时候,要格外注意的。

第五章　儒家忠德思想与社会忠德

传统中国社会一般是指从夏商周到中华民国。从中国伦理思想史角度上来说,宋代之前主要是强调"伦"或"人伦",宋代之后主要是强调"理"或"天理",现代社会是强调"伦理",这显示了中国伦理思想史的发展过程。维持社会稳定是多方面的"合力"的结果,涉及政治、经济、文化和道德等因素。忠德是维持传统社会秩序稳定的一个重要维度。本章主要是讨论儒家忠德在社会中的实践价值。从儒家忠德的立场上来说,主要是强调社会公德和职业忠诚的理论价值和实践意义。

第一节　忠德与社会公德

这里的社会公德,主要指传统社会公德。中国的传统社会历史悠久,从奴隶制到封建制再到郡县制,经历了一个极为复杂的过程。美国学者艾尔曼指出:西方史学家总是认为,中国封建社会发展到晚期,业已腐朽衰落。他们在向前追溯鸦片战争和太平天国叛乱的历史根源时,通常把中国在现代化运动中的落伍归咎于 18 世纪及以前的历史进程,认为中国当时衰弱、停滞,欧洲朝气蓬勃、正在走向工业化,双方形成鲜明对照。这种对中国历史的认识过于肤浅,业已过时,他完全忽略了宋、元、明、清各朝对中国现代化的出现、儒教传统的式微发挥的关键性作用。① 艾尔曼的分析是中肯的,但是还不够。中国传统社会的发展不仅仅是从宋代以来,在宋代之前,中国的社会是一直都在发展,所以才有近代中国社会化运动。在整个传统社会中,忠德作用和价值一直存在于社会公德之忠。《忠经·天地神明章》说:"夫忠,兴于身,著于家,成于国,其行一焉。"这是强调道德对个体、家庭、社会和国家的价值。笔者认为儒家忠德对社会公德主要体现在三个方面:移风易俗、诚实守信和扶贫济困。移风易俗,是忠德主体的个体责任;诚实守信是忠德主体对社会责任,扶贫济困是忠德的社会理想追求。

一、移风易俗

儒家认为,人生在世,一定要承担社会责任。曾子说:"士不可以不弘毅,任重而道远。"(《论语·泰伯》)儒家强调每个人都应该要弘扬正义,追求仁爱的精神。要想实现仁的价值,人要不断由自我走向他人,以实现自我的社会价值和自我超越。"各人自扫门前雪,莫管他人瓦上霜",这是一种自我自为主义,儒家反对这样的明哲保身哲学。儒家追求的是"国有道,不变未达之所守;国无道,不变平生之所守也"(《中庸章句》)。这是一种既要实现内在超越的道德精神,又要实现外在超越的伦理精神。孔子说:"苟有用我者,期月而已可也,三年有成。"(《论语·子路》)这是儒者的自信。孟子说:"夫天未欲平治天下也,如欲平治天下,当今之世,舍我其谁也?"(《孟子·公孙丑》)这是儒者的豪迈与胆识。荀子说:"儒者在本朝则美政,在下位则美俗。儒之为人下如是矣。"(《荀子·儒效》)这是儒者的社会自认意识和担当精神。韩非子说:"医善吮人之伤,含人之血,非骨肉之亲也,利所加也。故舆人成舆,则欲人之富贵;匠人成棺,则欲人之夭死也。非舆人仁而匠人贼也,人不贵则舆不售,人不死则棺不买。情非憎人也,利在人之死也。"(《韩非子·备内》)这是

① [美]艾尔曼:《从理学到朴学——中华帝国晚期思想与社会变化面面观》,赵刚译,江苏人民出版社2012年版,第1页。

一种自为主义,这是儒家反对的。因此,儒家认为,移风易俗是一个儒者尽社会责任最为基本的方式。《礼记·乐记》说:"故乐行而伦清,耳目聪明,血气和平,移风易俗,天下皆宁。"

移风易俗,就是儒者要将儒家的仁爱精神,通过儒者的社会活动和社会实践,传播给社会大众,影响社会大众,并与社会上的不正之风做斗争,使得社会沿着正常的社会秩序运行。社会风气有好有坏,好的社会风气,可以继承和发扬,但是坏的社会风气,儒家就想办法予以改正。这是儒家忠德者的社会责任。那么,怎样才能算是移风易俗?

第一,评品人物,追求婞直之风。婞直之风是以儒家伦理道德为标准,并在道德实践中通过舆论、清议、人物评品等方式,努力去追求和捍卫儒家道德标准,甚至不惜牺牲自己的性命。婞直之风的内在动力在于名士①坚信儒家伦理标准是天经地义的,必须要用生命去执着地追求,用鲜血去捍卫②。《后汉书》说:"自武帝以后,崇尚儒学,怀经协术,所在雾会,至有石渠分争之论,党同伐异之说,守文之徒,盛于时矣。至王莽专伪,终于篡国,忠义之流,耻见缨绋,遂乃荣华丘壑,甘足枯槁。虽中兴在运,汉德重开,而保身怀方,弥相慕袭,去就之节,重于时矣。逮桓、灵之间,主荒政缪,国命委于阉寺,士子羞与为伍,故匹夫抗愤,处士横议,遂乃激扬名声,互相题拂,品核公卿,裁量执政,婞直之风,于斯行矣。"(《后汉书·党锢列传》卷六十七)臧否人物或清议,通常是婞直之风的主要方式。

儒家名士具有强烈的社会责任感和忧患意识,在国家治理处于危机的时候,他们往往嫉恶如仇,社会的责任感迫使他们抨击政府缪政、荒政、庸政和残暴统治等。

如东汉清流名士。东汉末年的清流派包括官员、太学生和郡国的学生们等对东汉政治的抨击,他们"品核公卿,裁量执政"(《后汉书·党锢列传》卷六

---

① 名士,是东汉对士人的一种称号。名士的本质一般还是儒家知识分子。
② 曹大为等:《中国大通史》(秦汉卷下),学苑出版社 2018 年版,第 983 页。

十七)。这些参加评品的称号,是分层次的,"上曰'三君',次曰'八俊',次曰'八顾',次曰'八及',次曰'八厨',犹古之'八元'、'八凯'也。"(《后汉书·党锢列传》卷六十七)"李膺、荀翌、杜密、王畅、刘祐、魏朗、赵典、朱宇为'八俊'。后者,言人之英也。郭林宗、宗慈、巴肃、夏馥、范滂、尹勋、蔡衍、羊陟为'八顾'。顾者,言能以德行引人者也。张俭、岑晊、刘表、陈翔、孔昱、苑康、檀敷、翟超为'八及'。及者,言其能导人追宗者也。度尚、张邈、王考、刘儒、胡母班、秦周、蕃向、王章为'八厨'。"(《后汉书·党锢列传》卷六十七)

东汉最著名评品者是许劭和郭泰,他们具有人伦之鉴,卓识高远而名重一时。《后汉书》说:"许劭字子将,汝南平舆人也。少峻名节,好人伦,多所赏识。若樊子昭、和阳士者,并显名于世。故天下言拔士者,咸称许、郭。"(《后汉书·许劭列传》卷六十八)许劭曾评价曹操:"清平之奸贼,乱世之英雄。"《后汉书》记载:"曹操微时,常卑辞厚礼,求为己目。劭鄙其人而不肯对,操乃伺隙胁劭,劭不得已,曰:'君清平之奸贼,乱世之英雄。'"(《后汉书·许劭列传》卷六十八)许劭的同乡袁绍,害怕被许劭评议,快到许劭所在的郡界时,他赶紧收拾舆服,单车而归。《后汉书》记载说:"同郡袁绍,公族豪侠,去濮阳令归,车徒甚盛,将入郡界,乃谢遣宾客,曰:'吾舆服岂可使许子将见。'遂以单车归家。"(《后汉书·许劭列传》卷六十八)由此可见,许劭的影响力之威猛。

再如陈蕃。他素有"大丈夫处世,当扫除天下,安事一室乎"(《后汉书·陈蕃列传》卷六十六)之志,他多次直谏而得罪皇帝和权贵,多次被免职或贬滴,但威望却越来越高。《后汉书》评价陈蕃说:"桓、灵之世,若陈蕃之徒,咸能树立风声,抗论惛俗。而驱驰嶮厄之中,与刑人腐夫同朝争衡,终取灭亡之祸者,彼非不能洁情志,违埃雾也。愍夫世士以离俗为高,而人伦莫相恤也。以遁世为非义,故屡退而不去;以仁心为己任,虽道远而弥厉。"(《后汉书·陈蕃列传》卷六十六)

再如宋代士人。他们提倡"士与君共治天下",说"天下事当与天下共之,非人主所可得私也"(《宋史·刘黻》卷四百五)。南宋宰相杜范直接说:"是以天下为天下，不以一己为天下，虽万世不易可也。"（杜范《清献集》卷一三）在这样的精神感召下，宋代士人对社会做贡献的热情很高。譬如范仲淹。他"言政教之流源，议风俗之厚薄，陈圣贤之事业，论文武之得失。"（《范仲淹全集·奏上时务书》）为了匡正时政，他总是奋不顾身。宋仁宗天圣七年（公元1029年），朝廷要建太一宫及洪福院。范仲淹直接批评朝廷"破民产，非所以顺人心"。他说："昭应、寿宁，天戒不远。今又侈土木，破民产，非所以顺人心、合天意也。宜罢修寺观，减常岁市木之数，以蠲除积负。"又言："恩幸多以内降除官，非太平之政。"（《宋史·范仲淹传》卷三百一十四）这是典型的"先天之忧而忧，后天下之乐而乐"的道德胸怀。《宋史》赞扬范仲淹说："每感激论天下事，奋不顾身，一时士大夫矫厉尚风节，自仲淹倡之。"（《宋史·范仲淹传》卷三百一十四）朱熹赞扬他说："范公平日胸襟豁达，毅然以天下国家为己任。"（《朱子语类》卷一百二十九）

欧阳修认为士人要做到"陋巷之士，甘黎藿而修仁义，毁誉不干其守，饥寒不累其心"（《欧阳修全集·送秘书丞宋君归太学序》），才能"势利不屈其心，去就不违其义"（《新五代史·一行传》卷三十四）。只有这样才能移风易俗，风俗纯正。宋代士人主张"为天地立心，为生民立命，为往圣继绝学，为万世开太平"（《张载集》），他们积极参与朝政，评议朝廷，取得了很好的匡正社会风气的效果。这也是士人移风易俗，追求婞直之风的典范。

第二，反对奢靡之风。儒家忠德的一个基本内容是尽己为人，一个人处在困境之中，也不要改变自己的操守，要坚持自己的道德信念，"毁誉不干其守，饥寒不累其心"（《欧阳修全集·送秘书丞宋君归太学序》）。同时，儒家忠德还强调要有忧患意识，困顿的时候，不要丢失希望，富国的时候不忘困顿之窘。因此，儒家移风易俗之忠反对铺张浪费，反对奢靡之风。所以孔子赞扬颜回一箪食，一瓢饮，在陋巷而不改其乐的豁达心境。孔子在子路、曾皙、冉有、公西华侍坐之时，让他们探讨各自的人生理想的时候，孔子自己谈了自己的人生志趣。孔子说："暮春者，春服既成，冠者五六人，童子六七人，浴乎沂，风乎舞雩,咏而归。"(《论语·先进》)因此,儒家这样的心境,不是对于物质和权力的追求,不是杨朱学派"损一毫利天下不与也"(《列子·杨朱》卷七)的个人主义,不是韩非子说的为我主义,"医善吮人之伤,含人之血,非骨肉之亲也,利所加也。故舆人成舆,则欲人之富贵;匠人成棺,则欲人之夭死也"(《韩非子·备内》卷五)。也不是墨子的兼爱主义,"视人之国,若视其国。视人之家,若视其家。视人之身,若视其身"(《墨子·兼爱中》卷四)的理想化的"兼爱"理念,而是"老吾老,以及人之老;幼吾幼,以及人之幼"(《孟子·梁惠王上》)。因此,在对于人伦的生老病死,儒家尽管有繁琐的礼节,却是反对奢侈浪费的。所以孔子说:"大哉问! 礼,与其奢也,宁俭;丧,与其易也,宁戚。"(《论语·八佾》)还说:"奢则不孙,俭则固。与其不孙也,宁固。"(《论语·述而》)因此,儒家其实是反对奢侈的。

孔子看到鲁国季孙氏僭越行为,就说:"八佾舞于庭,是可忍也,孰不可忍也?"(《论语·八佾》)八佾,是古代的一种奏乐舞蹈,每行安排八人,称为一佾。按照礼制,天子用八佾,即六十四人。诸侯用六佾,即四十八人。卿大夫用四佾,即三十二人。季孙氏是卿大夫,应该用四佾,但是他用了八佾。孔子认为,季孙氏这样违法礼制的僭越行为都可以做得出来,还有什么事做不出来的? 孔子气愤至少有两个方面的原因:其一,鲁国季孙氏,属于卿大夫,但是用了天子用的八佾舞,这是违反礼制的僭越行为,是以下犯上。有子说:"其为人也孝弟,而好犯上者,鲜矣;不好犯上,而好作乱者,未之有也。君子务本,本立而道生。孝弟也者,其为仁之本与!"(《论语·学而》)这是季孙氏为人不仁不孝不忠的表现,所以才出现以下犯上。其二,季孙氏以卿大夫身份八佾舞于庭,这是一种奢侈行为。孔子曾经说:"政在节财。"(《孔子家语·辩政》卷三)孔子说:"奢侈者,财之所以不足也。"(《孔子家语·入官》卷五)为政者应该节俭,否则,就等于作乱。孔子说:"奢侈不节以为乱者也。"(《孔子家语·辩政》卷三)

在儒家看来,政府和社会的奢侈会导致国家财力空虚,社会财富浪费,最后整个国家都会被拖垮。魏晋时期的石崇和王恺斗富就是典型,使得整个社会陷入困顿,最后导致西晋灭亡。《世说新语》记载:"石崇与王恺争豪,并穷绮丽,以饰舆服。武帝,恺之甥也,每助恺。尝以一珊瑚树高二尺许赐恺。枝柯扶疏,世罕其比。恺以示崇;崇视讫,以铁如意击之,应手而碎。恺既惋惜,又以为疾己之宝,声色甚厉。崇曰:'不足恨,今还卿。'乃命左右悉取珊瑚树,有三尺、四尺,条干绝世,光彩溢目者六七枚,如恺许比甚众。恺惘然自失。"(《世说新语·汰侈》卷三十)王恺用麦芽糖①清洗锅,石崇就用蜡烛做柴烧。《世说新语》说:"王君夫(王恺——引者注)以'米台'糈澳釜,石季伦用蜡烛作炊。"(《世说新语·汰侈》卷三十)王恺用赤石脂刷墙,石崇就用花椒和泥敷墙。《世说新语》记载:"石以椒为泥,王以赤石脂泥壁。"(《世说新语·汰侈》卷三十)更为可耻的是,石崇请人喝酒,客人如果没有把酒杯的酒喝干净,石崇就杀了劝酒的婢女。王恺如法炮制,草菅人命。他请人喝酒,如果客人不喝酒,王恺就杀了自己的劝酒的婢女,有次一个客人故意不喝酒,王恺接连杀了三个人,而且还说是杀自家人。《世说新语》说:"石崇每要客燕集,常令美人行酒;客饮酒不尽者,使黄门交斩美人。王丞相与大将军尝共诣崇。丞相素不善饮,辄自勉强,至于沈醉。每至大将军,固不饮以观其变,已斩三人,颜色如故,尚不肯饮。丞相让之,大将军曰:'自杀伊家人,何预卿事!'"(《世说新语·汰侈》卷三十)石崇和王恺斗富,这只是当时社会的缩影。也正因为西晋统治者的奢侈糜烂,直接导致了整个西晋政权的灭亡。东晋儒臣王导总结西晋灭亡的教训时说,"魏氏以来,迄于太康之际,公卿世族,豪侈相高,政教陵迟,不遵法度,群公卿士,皆餍于安息,遂使奸人乘衅,有亏至道"(《晋书·王导传》卷六十五),最后导致西晋"曾未数年,纲纪大乱,海内版荡,宗庙播迁"(《晋书·武帝纪》卷三)。

因此,在儒家看来,节俭是一种美德。宋代袁采说:"日入之数,多于己

① 麦芽糖浆又称麦芽糖饴或饴糖,是生产历史最为悠久的淀粉糖品。主要是由玉米、大麦、小麦、粟或玉蜀黍等粮食经过发酵糖化而制成的食品。

出,此所以常有余。有不之悟者,何以支梧。古人谓'由俭入奢易,由奢入俭难',盖谓此耳。"(袁采《袁氏世范》卷二)司马光在《训俭示康》中也说:"吾今日之俸,虽举家锦衣玉食,何患不能! 顾人之常情,由俭入奢易,由奢入俭难。吾今日之俸,岂能常存?"

第三,反对赌博之风。儒家认为,大丈夫安身立命,应该以仁义为己任,不应该做伤天害理的事。反对赌博是儒家忠德移风易俗又一个重要的内容。赌博起源很早,赌博的形式随着社会的发展,形式多种多样。曹大为等主编的《中国大通史》认为,隋唐时期赌博盛况空前,赌博的形式多种多样,主要是掷骰子,此外还有大马球、斗鸡、选格、龟背戏等①。《唐国史补》记载:"今之博戏,有长行最盛。"赌博之风,上至皇帝,下至地痞流氓都参与其中。

唐僖宗就是一个疯狂的赌徒。他还洋洋得意自夸,如果是以赌博来考进士,他可以高中状元。《资治通鉴》说:"上好骑射、剑槊、法算,至于音律、蒲博,无不精妙;好蹴鞠、斗鸡,与诸王赌鹅,鹅一头至直五十缗。尤善击球,尝谓优人石野猪曰:'朕若应击球进士举,须为状元。'"(《资治通鉴·唐僖宗广明元年》卷二百五十三)当时社会上也赌博风气盛行,"一掷千金浑身是胆"(吴象之《少年行》),当时整个社会到市井恶少,都不乏赌博之人,"呼卢百万终不惜"(李白《少年行》)。

再如唐代奸臣杨国忠。他在为相之前,就痴迷赌博。他曾经一天之间就赌输了族妹杨贵妃的姐姐虢国夫人积攒的所有财资。后来因为杨贵妃的关系,得到了唐玄宗的重用,擢用他管理政府的账簿。这个赌鬼竟然把账管得很好。"国忠稍入供奉,常后出,专主薄簿,计算钩画,分铢不误"(《新唐书·外戚列传》卷二百六),唐玄宗很高兴地称赞他:"度支郎才也。"(《新唐书·外戚列传》卷二百六)最后因为杨贵妃的关系和杨国忠自己的管账才能,他被唐玄宗擢升为宰相。但是管账管得好,不一定就能当好宰相,杨国忠这个赌鬼最

---

① 曹大为等:《中国大通史》(隋唐五代卷下),学苑出版社 2018 年版,第 1064 页。

后把整个大唐国运都赌输了。当然,唐玄宗之所以擢用杨国忠,除了杨贵妃的关系之外,还有一个重要的原因,就是唐玄宗也喜欢赌博。两个人在赌博爱好上算是一丘之貉。唐玄宗喜欢采用击球和斗鸡的方式来赌博。陈鸿说:"上之好之,民风尤甚。诸王山家,外戚家,贵主家,侯家,倾帑破产市鸡,以偿鸡直。都中男女,以弄鸡为事,贫者弄假鸡。"(陈鸿《东城老父传》)当时人评价这种风气就说:"生儿不用识文字,斗鸡走马胜读书。贾家小儿年十三,富贵荣华代不如。能令金钜期胜负,白罗绣衫随软舆。父死长安千里外,差夫持道挽丧车。"(陈鸿《东城老父传》)

不仅唐代如此,赌博之风气在宋、元、明、清乃至民国都存在。明代赌博的形式有叶子戏、骨牌、马吊牌、麻将牌、压宝、博弈(围棋、象棋)以及斗鸡、斗鸭、斗蟋蟀、斗鹌鹑、斗牛等①。明代刘若愚《明宫史·十月》说:"内臣读书安贫者少,贪婪成俗者多,是以性好赌博。"到了晚清,赌博、吸鸦片、嫖娼更加猖狂,甚至把妻儿都押为赌注的,酿成许多家庭悲剧。这是畸形的文化现象,也是一种社会公害。

朱熹就反对赌博。他说:"只如今赌钱吃酒等人,正在无礼"(《朱子语类》卷九十三)因为在儒家看来赌博是违反社会礼俗的,而且赌博过程中,存在尔虞我诈的"不忠"行为,最后因为赌博反目成仇的比比皆是,这导致整个社会风气颓废。清代儒臣陈宏谋也是严禁赌博。他在《查禁市会聚赌檄》中明确规定:"会期前十日,传知会首乡保到官,当堂严切吩咐,不许容留赌博,不许夤夜演习,取具甘结,并发给禁止赌博夜戏简明以示多张,分贴会所,晓谕禁止。"(陈宏谋《培远堂偶存稿文檄》卷二十一)

当然,除了儒家反对赌博,政府也是禁止赌博的。《宋史·太宗纪》规定:"淳化二年闰月己丑,诏犯蒲博者斩。"《元史·世祖纪》规定:"至元十二年,禁民间赌博,犯者流之北地。"清代统治者建国开始就规定:"凡赌博财物者,皆

---

① 曹大为等:《中国大通史》(明代代卷下),学苑出版社 2018 年版,第 993 页。

杖八十,所摊在场之财物入官。"(沈云龙《近代中国史料丛书》三编第三十二辑)"光绪二年,勘事吉林,条上四事,曰:剿马贼、禁赌博、设民官、稽荒地。"(《清史稿·铭安传》卷四百五十三)尽管朝廷和地方政府颁布了各种禁止赌博的法律和法规,但是赌博之风还是存在的。

赌博之风因为涉及多方利益,有的是和贪官勾结,贪官做保护伞,所以很难禁止。顾炎武在《日知录》中揭露了赌博之风难禁的原因:"今律犯赌博者,文官革职为民,武官革职随舍余食粮差操,亦此意也,但百人之中未有一人坐罪者,上下相容而法不行故也。"(《日知录·赌博》卷二十八)

第四,反对淫声嫖娼狎妓之风,也反对禁欲主义。儒家不仅反对赌博,也反对嫖娼狎妓淫靡之风。娼妓在古代属于社会陋习之一,是败坏社会风气一种表现。隋唐五代时期,娼妓业达到了繁荣程度。娼妓种类繁多,大致来分有:艺妓和色妓。艺妓,主要是提供艺术舞蹈琴棋书画等艺术表演,以谋取资财。色妓,就是靠出卖肉体为职业的女人。按照娼妓的隶属关系又分为:宫妓、官妓、营妓、家妓、私妓(市妓)等①。嫖客古代也是多种多样,有市井无赖,也有达官贵人,甚至还有文人墨客。如白居易。他是唐代大诗人,但是也沾了这等恶习。白居易从杭州刺史御任回洛阳,就带走了几个官妓,玩腻了又打发官妓回杭州②。白居易自己还养有家妓,有名字可查的就有樊素、小蛮、春草、红绡、紫绢、谷儿、菱角等人③。文学家韩愈也有家妓柳枝、绛桃等人④。韩愈身为儒家学者,养家妓,这是属于恶习。尽管在唐代养家妓是一种社会风气,但是这是儒家道德所不允许的。这大概就是宋代理学家对韩愈很不以为然的一个理由。当然,韩愈只代表他本人,不能否定整个儒家忠德反对嫖娼狎妓的道德精神和道德正气。

---

① 曹大为等:《中国大通史》(隋唐五代卷下),学苑出版社 2018 年版,第 1065 页。
② 曹大为等:《中国大通史》(隋唐五代卷下),学苑出版社 2018 年版,第 1066 页。
③ 曹大为等:《中国大通史》(隋唐五代卷下),学苑出版社 2018 年版,第 1065 页。
④ 曹大为等:《中国大通史》(隋唐五代卷下),学苑出版社 2018 年版,第 1065 页。

孔子反对淫风。孔子说:"放郑声,远佞人,郑声淫,佞人殆。"(《论语·卫灵公》)孔子认为,一定要禁绝郑国的乐曲,因为郑国的乐曲浮靡不振。他认为道德的乐曲应该是"乐而不淫,哀而不伤"(《论语·卫八佾》)。有一次,孔子见了卫灵公夫人南子, 个有"淫行"(《论语集注·雍也》)的女人。子路就不高兴了,"子路以夫子见此淫乱之人为辱"(《论语集注·雍也》)。孔子赶紧发誓说,如果自己和南子有非道德地方就遭上天抛弃。《论语》记载:"子见南子,子路不说。夫子矢之曰:'予所否者,天厌之! 天厌之!'"(《论语·雍也》)朱熹解释说"南子,卫灵公之夫人,有淫行。孔子至卫,南子请见,孔子辞谢,不得已而见之。盖古者仕于其国,有见其小君之礼。而子路以夫子见此淫乱之人为辱,故不悦。矢,誓也。所,誓辞也,如云'所不与崔、庆者'之类。否,谓不合于礼,不由其道也。厌,弃绝也。圣人道大德全,无可不可。其见恶人,固谓在我有可见之礼,则彼之不善,我何与焉。然此岂子路所能测哉? 故重言以誓之,欲其姑信此而深思以得之也。"(《论语集注·雍也》)《礼记》说:"乐也者,圣人之所乐也,而可以善民心,其感人深,其移风易俗,故先王著其教焉。"(《礼记·乐记》卷十九)儒家追求的是仁义礼智信忠孝廉耻等正义的社会风气,因此是反对淫风戾气的。《孝经》也说:"教民亲爱,莫善于孝。教民礼顺,莫善于悌。移风易俗,莫善于乐。安上治民,莫善于礼。"(《孝经·广要道章》)

孟子明确提出"富贵不能淫,贫贱不能移,威武不能屈",反对淫邪行为,追求大丈夫精神。孟子说:"居天下之广居,立天下之正位,行天下之大道;得志,与民由之;不得志,独行其道。富贵不能淫,贫贱不能移,威武不能屈,此之谓大丈夫。"(《孟子·滕文公下》)他主张:"我亦欲正人心,息邪说,距诐行,放淫辞,以承三圣者,岂好辩哉? 予不得已也。"(《孟子·滕文公下》)他认为,自己这样做也是不得已,是被形势所逼。因为当时"杨朱、墨翟之言盈天下。天下之言不归杨,则归墨"(《孟子·滕文公下》),他不得不出来辨正,"岂好辩哉? 予不得已也"。说自己是不得已而为之。他说:"能言距杨墨者,圣人之徒也。"他以孔子私淑弟子身份出来辨正杨墨,弘扬儒家仁义之道,反对邪风淫靡之气,这是大丈夫的浩然正气。所以,孟子说:"故士穷不失义,达不离道。穷不失义,故士得己焉;达不离道,故民不失望焉。古之人,得志,泽加于民;不得志,修身见于世。穷则独善其身,达则兼善天下。"(《孟子·尽心上》)

朱熹也主张要远离"淫声美色"。朱熹说:"学者当如淫声美色以远之,不尔,则骎骎然入于其中矣。"(《论语集注·学而》)朱熹说"淫声",具有两个方面的内涵:一方面是沉溺于酒色淫声,一方面是过度地去追求声音感官刺激。他说:"淫者,乐之过而失其正者也。"(《论语集注·八佾》)所以他提倡,"存天理,灭人欲",即禁止过度的人欲。朱熹说:"不以贫贱而移,不以富贵而淫,此尊德乐义见于行事之实也。"(《孟子集注·尽心章句上》)

总之,儒家是既反对淫乐娼妓狎妓这样的恶俗,又反对禁欲主义。主张一个人应该在社会上承担起弘扬社会正气的作用,移风易俗,弘扬正气。此外,儒家还反对缠足、流氓恶棍黑社会和打架斗殴等械斗行为。

二、诚实守信

诚和实可以互训。《广雅·释诂一》说:"实,诚也。"诚和信,也是可以互训的。《说文》解释"信",即谓之"诚也"。而"忠"和"诚"也是可以相互解释的。因此,诚实守信,其实就是忠实守信。"在一定意义上可以说'诚'是决定信和实这两个道德规范的,是实现二者的枢纽。因此,当战国中后期'诚'这个范畴被提升到非常重要的地位上来,就丝毫不奇怪了,它表明了人类道德认识的进步,标志着中国伦理思想发展的又一崭新成果。"①诚实守信,就是真实守信,是人的道德认识、道德承诺与道德行为、道德事实相一致。

社会公德为什么要诚实守信? 第一,"诚"是天道自然的法则。《中庸》说:"诚者,物之终始,不诚无物。是故君子诚之为贵。诚者,非自成己而已

---

① 陈瑛:《中国伦理思想史》,湖南教育出版社 2004 年版,第 139 页。

也,所以成物也。成己,仁也;成物,知也。性之德也,合外内之道也,故时措之宜也。"(《礼记·中庸》)还说:"唯天下至诚,为能尽其性;能尽其性,则能尽人之性;能尽人之性,则能尽物之性;能尽物之性,则可以赞天地之化育;可以赞天地之化育,则可以与天地参矣。"(《礼记·中庸》)天道遵守诚之道,一年四季春夏秋冬,交替使用,循环往复,这给人把握天道之诚提供了自然"物理"规律。那么,人是自然的产物,因此,人类交往,也应该要遵守天道自然,也就是说在人际交往中也要诚实守信。这是"人理"对"物理"的遵守。所以,孟子说:"诚者,天之道也;思诚者,人之道也。"(《孟子·离娄上》)

第二,"诚"交往的背后要依据人性的"真"。如果"人理"交往不遵守人际交往的事实,采取曲解、故意误解或者背后诬陷等方式,就不是诚。孟子说:"万物皆备于我矣。反身而诚,乐莫大焉。强恕而行,求仁莫近焉。"(《孟子·尽心上》)对于"诚"需要道德主体发挥能动性,在对待道德事实或道德真理,要真诚表达,主动发挥人的主动性,其心要"真"。如果是违反人性的"真",就不是"诚",而是伪善、欺诈、拐骗等。《庄子》说:"真者,精诚之至也。不精不诚,不能动人。故强哭者虽悲不哀,强怒者虽严不威,强亲者虽笑不和。真悲无声而哀,真怒未发而威,真亲未笑而和。真在内者,神动于外,是所以贵真也。其用于人理也,事亲则慈孝,事君则忠贞,饮酒则欢乐,处丧则悲哀。忠贞以功为主,饮酒以乐为主,处丧以哀为主,事亲以适为主,功成之美,无一其迹矣。事亲以适,不论所以矣;饮酒以乐,不选其具矣;处丧以哀,无问其礼矣。礼者,世俗之所为也;真者,所以受于天也,自然不可易也。故圣人法天贵真,不拘于俗。愚者反此。不能法天而恤于人,不知贵真,禄禄而受变于俗,故不足。惜哉,子之蚤湛于人伪而晚闻大道也!"(《庄子·渔父》)这里对人性的"真",在不同道德语境中的体现,作了精致的表达。"事亲则慈孝,事君则忠贞,饮酒则欢乐,处丧则悲哀",这就是"真"。"哭者虽悲不哀,强怒者虽严不威,强亲者虽笑不和",就是"不真"。所以,《庄子》才说"真者,精诚之至也。不精不诚,不能动人"。

　　那么,在社会交往中,怎样做才算是诚实守信? 第一,人的行为要真情诚实。子夏说:"与朋友交,言而有信。"(《论语·学而》)人际交往要真诚真心,诚实守信。传统社会主要交往圈主要在君臣、父子、夫妇、兄弟、朋友"五伦"范围内和由士农工商等"四民"组成的社会阶层中。道德主体穿梭在"五伦"和"四民"之中,就应该在行为上诚实守信。孔子说:"言忠信,行笃敬,虽蛮貊之邦行矣。言不忠信,行不笃敬,虽州里行乎哉?"(《论语·卫灵公》)"言忠信",之所以能在"蛮貊之邦"也能行得通,是因为人性是相通的。文明之邦的人性和"蛮貊之邦"的人性是相通的,所以,孔子才这样说。而如果"言不忠",虽"州里"的行不通,道德就在这里。

　　战国时期赵国人蔺相如屡次立功,后因为代赵出使秦国,将和氏璧完璧归赵,拜为上卿,地位在老将军廉颇之上。廉颇不服气,认为"蔺相如素贱人"。他说:"我为赵将,有攻城野战之大功,而蔺相如徒以口舌为劳,而位居我上,且相如素贱人,吾羞,不忍为之下。"(《史记·廉颇蔺相如列传》卷八十一)并扬言说:"我见相如,必辱之。"(《史记·廉颇蔺相如列传》卷八十一)而蔺相如之所以忍让廉颇,是因为他考虑到赵国有他和廉颇在朝,秦国才不敢轻举妄动。他说:"夫以秦王之威,而相如廷叱之,辱其群臣,相如虽驽,独畏廉将军哉? 顾吾念之,强秦之所以不敢加兵於赵者,徒以吾两人在也。今两虎共斗,其势不俱生。吾所以为此者,以先国家之急而后私仇也。"(《史记·廉颇蔺相如列传》卷八十一)最后,"廉颇闻之,肉袒负荆,因宾客至蔺相如门谢罪。"最后两人"卒相与欢,为刎颈之交"(《史记·廉颇蔺相如列传》卷八十一)。这是蔺相如用"真心"交友,也是为了国家的稳定和发展,所以不结私仇。这是一种"大丈夫"精神,也是诚实守信之交。

　　明代学者吕坤也认为,在传统社会的五伦之中,朋友一伦的重要程度比君臣、父子、夫妇、兄弟的关系还要重要得多。他认为一个人德业的成就都需要依靠朋友。他说:"友道极关系,故与君父并列而为五,人生德业成就,少朋友不得。君以法行,治我者也;父以恩行,不责善者也。兄弟怡怡,不欲以切偲伤爱。妇人主内事,不得相追随。规过,子虽敢争,终有可避之嫌;至于对严师,则矜持收敛而过无可见;在家庭,则狎昵亲习而正言不入。惟夫朋友者,朝夕相与,既不若师之进见有时,情理无嫌,又不若父子兄弟之言语有忌。一德亏则友责之。一业废则友责之。美则相与奖劝,非则相与匡救。日更月变,互感交摩,骎骎然不觉其劳且难,而入于君子之域矣。是朋友者,四伦之所赖也。"(《呻吟语·伦理》卷一)

明末清初学者叶梦珠认为交友就要出于"真情",不能虚情假意。他说:"交际之礼,始乎情,成乎势,而滥觞于文。以情交者,礼出于情之所自然,即势异、文异而情不异;以势交者,礼出于势之所不得不然,故势异、文异而情亦异。二者不同,要各有为。况虽有至情,不能违势,虽因时势,未必无情,未可以是概风俗之盛衰、人心之厚薄也。独是不由乎情,不因乎势,而徒视为具文,即其交际之时,已无殷勤之意,宁待情衰而礼始衰,势异而礼始异耶?视为具文者,惟知有文不知有礼,遂至虚文,甚而于义无所取,彼谓既以为文交,原不必有所取也。推此志也,大之僭礼乱乐,小之匿怨而友,世道人心,尚堪问哉!因略举交际数端,以俟明礼之君子,有所择焉。"(叶梦珠《阅世编交际》卷八)人在社会公德的交往中,要重视"真情"。"势交"是功利之交,不可靠的。

总之,朋友交往,必须"真",否则,就不能长久。朱熹说:"盖意诚则真无恶而实有善矣,所以能存是心以检其身。然或但知诚意,而不能密察此心之存否,则又无以直内而修身也。"(《大学章句》)

第二,说话要正直,一诺千金。人在社会交往就要正直,耿直,一诺千金,不能出尔反尔。《论语》记载子贡问政于孔子。孔子说:"足食,足兵,民信之矣。"子贡又问:"必不得已而去,于斯三者何先?"孔子说:"去兵。"子贡再问:"必不得已而去,于斯二者何先?"孔子说:"去食。自古皆有死,民无信不立。"(《论语·颜渊》)子贡使用排除法来问,最后剩下的就是"信",因为"民无信不立"。商鞅变法之前,为了树立"信"的威信,就"立木为信"。《史记》记载:商鞅"立三丈之木于国都市南门,募民有能徙置北门者予十金。民怪之,莫敢徙。复曰'能徙者予五十金'。有一人徙之,辄予五十金,以明不欺。"(《史记·商君列传》卷六十八)商鞅言行一致,所以给国家树立了威信,这对于他变法起到了重要作用。吴起非常重视诚实守信。"吴起为魏武侯西河之守。秦有小亭临境,吴起欲攻之。不去,则甚害田者;去之则不足以征甲兵。于是乃倚一车辕于北门之外而令之曰:'有能徙此南门之外者,赐之上田上宅。'人莫之徙也。及有徙之者,遂赐之如令。俄又置一石赤菽于东门之外,而令之曰:'有能徙此于西门之外者,赐之如初。'人争徙之。乃下令曰:'明日且攻亭,有能先登者,仕之国大夫,赐之上田上宅。'人争趋之。于是攻亭,一朝而拔之。"(《韩非子·内储说上》)这是诚实守信取得的结果。

儒家认为君臣之间要正直,国家才能长治久安,社会才能稳定。社会不能缺少正直,否则,就会反生坑蒙拐骗。阿谀奉承之人会败坏社会道德。唐太宗贞观元年(公元627年)和群臣谈话忠,就认为君要贤,臣要直。《贞观政要》记载说:"'正主任邪臣,不能致理;正臣事邪主,亦不能致理。惟君臣相遇,有同鱼水,则海内可安。朕虽不明,幸诸公数相匡救,冀凭直言鲠议,致天下太平。'谏议大夫王珪对曰:'臣闻木从绳则正,后从谏则圣。是故古者圣主必有争臣七人,言而不用,则相继以死。陛下开圣虑,纳刍荛,愚臣处不讳之朝,实愿罄其狂瞽。'太宗称善,诏令自是宰相入内平章国计,必使谏官随入,预闻政事。有所开说,必虚己纳之。"(《贞观政要·求谏》卷二)"邪臣""邪主",都不能治理天下,只有君臣"直言鲠议",才能"致天下太平"。贞观三年(公元629年),唐太宗又说:"君臣本同治乱,共安危,若主纳忠谏,臣进直言,使故君臣合契,古来所重。若君自贤,臣不匡正,欲不危亡,不可得也。君失其国,臣亦不能独全其家。至如隋炀帝暴虐,臣下钳口,卒令不闻其过,遂至灭亡。虞世基等人,寻亦诛死。前事不远,朕与卿等可得不慎,无为后所嗤!"(《贞观政要·君臣鉴戒》卷三)这是要求君主"纳忠谏",要求"臣进直言",这样才能治理好国家,不然就如同隋炀帝一样,身死国灭。

周幽王烽火戏诸侯,就是明证。周幽王为了博取褒姒一笑,竟然拿国家安全开玩笑,戏弄诸侯,最后导致周幽王被杀于骊山之下。《史记》记载:"褒姒不好笑,幽王欲其笑万方,故不笑。幽王为烽燧大鼓,有寇至则举烽火。诸侯悉至,至而无寇,褒姒乃大笑。幽王说之,为数举烽火。其后不信,诸侯益亦不至。幽王以虢石父为卿,用事,国人皆怨。石父为人佞巧善谀好利,王用之。又废申后,去太子也。申侯怒,与缯、西夷犬戎攻幽王。幽王举烽火徵兵,兵莫至。遂杀幽王骊山下,虏褒姒,尽取周赂而去。于是诸侯乃即申侯而共立故幽王太子宜臼,是为平王,以奉周祀。"(《史记·周本纪》卷四)

再如三国吕布。他虽"有虓虎之勇,而无英奇之略,轻狡反覆,唯利是视"(《三国志·吕布传》卷七),出尔反尔,反复无常,最后被曹操所杀。吕布先认董卓为父,后认丁原为父,再杀董卓。所以人们说他是"三姓家奴"。《三国志》记载:"董卓入京都,将为乱,欲杀原,并其兵众。卓以布见信于原,诱布令杀原。布斩原首诣卓,卓以布为骑都尉,甚爱信之,誓为父子。"(《三国志·吕布传》卷七)"时允与仆射士孙瑞密谋诛卓,是以告布使为内应。布曰:'奈如父子何!'允曰:'君自姓吕,本非骨肉。今忧死不暇,何谓父子?'布遂许之,手刃刺卓。"(《三国志·吕布传》卷七)吕布只是为自己利益考虑,投机取巧,属于奸诈之人。他本来是相约把自己女儿嫁给袁术的儿子,后来考虑自己的利益,居然把出嫁走在路上的女儿追回来了,还杀了袁术的使者。《资治通鉴》记载:"袁术遣使者韩胤以称帝事告吕布,因求迎妇,布遣女随之。陈珪恐徐、扬合从,为难未已,往说布曰:'曹公奉迎天子,辅赞国政,将军宜与协同策谋。共存大计。今与袁术结昏,必受不义之名,将有累卵之危矣!'布亦怨术初不已受也,女已在涂,乃追还绝昏,械送韩胤,枭首许市。"(《资治通鉴·建安二年》卷六十二)王夫之评价说:"吕布不死,天下无可定乱之机。"(《读通鉴论·献帝》卷九)因此,儒家强调君子一言既出,驷马难追,一诺千金,不能出尔反尔。

三、扶危济弱

孔子说:"夫仁者,己欲立而立人,己欲达而达人。"(《论语·雍也》)真正的仁者,是自己有所成就,也帮助别人有所成就,这是人的价值的自我超越。当然,儒家认为的成就,主要包括立德立功立言,立德是首要,是指道德上的造诣。《左传·襄公二十四年》说:"太上有立德,其次有立功,其次有立言,虽久不废,此之谓不朽。"孔颖达疏云:"立德,谓创制垂法,博施济众;……立功,谓拯厄除难,功济于时;立言,谓言得其要,理足可传。"儒家还认为,人人应该相互帮助,尤其是富贵者更应该帮助贫困者和弱者,即《礼记》说的"使鳏寡孤独者皆有所养",这样才能实现太平,也能实现仁者的个人价值,而达到"天人合一"的理想境界。因此,扶危济弱,乐善好施,是社会公德之忠重要的内容之一。

扶危济弱的主要内涵,就是帮助经济上贫困和弱小的人,也是孟子说的"恻隐之心"。儒家伦理的最高理念就是实现"大同"社会,做到"选贤与能,讲信修睦,故人不独亲其亲,不独子其子,使老有所终,壮有所用,幼有所长,矜寡孤独废疾者,皆有所养。男有分,女有归。货,恶其弃于地也,不必藏于己;力,恶其不出于身也,不必为己。是故,谋闭而不兴,盗窃乱贼而不作,故外户而不闭,是谓大同。"(《礼记·礼运》)要求社会各个阶层的人,能够"父慈,子孝,兄良,弟悌,夫义,妇听,长惠,幼顺,君仁,臣忠"(《礼记·礼运》)。

如果见死不救,面对临危之人,视而不见,听而不闻,这不是儒家强调的"仁义"所为。孟子说:"仁者以其所爱,及其所不爱,不仁者,以其所不爱,及其所爱。"(《孟子·尽心下》)。每个人都会面临生老病死,这是自然规律。但是有的人,正命而终,享其天年。但是,有的人因为自然灾害而溺死、被烧死、被饿死,如遭遇洪水、火灾、蝗虫灾害等;有的人可能是中年得病而家中衰落,或者从小慈父见背;有的人可能家中男丁枉死,生活困顿。这就需要社会救助。孟子说:"人皆有所不忍,达之于其所忍,仁也。人皆有所不为,达之于其所为,义也。人能充无欲害人之心,而仁不可胜用也。人能充无穿逾之心,而义不可胜用也。人能充无受尔汝之实,无所往而不为义也。士未可以言而言,是以言餂之也;可以言而不言,是以不言餂之也。是皆穿逾之类也。"(《孟子·尽心下》)在孟子看来,扶危济弱,救济社会,是每个人应该承担的社会责任。

荀子也说:"仁义德行,常安之术也。"(《荀子·劝学》)奉行仁义道德,能够让自己和社会安全,人心稳定。他还说:"仁者爱人,爱人,故恶人之害之也;义者循理,循理,故恶人之乱之也。彼兵者,所以禁暴除害也,非争夺也。故仁人之兵,所存者神,所过者化,若时雨之降,莫不说喜。是以尧伐欢兜,舜伐有苗,禹伐共工,汤伐有夏,文王伐崇,武王伐纣,此四帝两王,皆以仁义之兵行于天下也。故近者亲其善,远方慕其德,兵不血刃,远迩来服,德盛于此,施及四极。《诗》曰:'淑人君子,其仪不忒。'此之谓也。"(《荀子·议兵》)荀子所说的德化天下,其实就是仁者对天下的救助。而在荀子看来,德化天下过程的方式是多种多样的,如对君主有谏、争、辅和拂等方式。他还说:"有能进言于君,用则可,不用则死,谓之争;有能比知同力,率群臣百吏而相与强君挢君,君虽不安,不能不听,遂以解国之大患,除国之大害,成于尊君安国,谓之辅;有能抗君之命,窃君之重,反君之事,以安国之危,除君之辱,功伐足以成国之大利,谓之拂。故谏、争、辅、拂之人,社稷之臣也,国君之宝也,明君所尊厚也,而暗主惑君以为己贼也。故明君之所赏,暗君之所罚也;暗君之所赏,明君之所杀也。伊尹、箕子,可谓谏矣;比干、子胥,可谓争矣;平原君之于赵,可谓辅矣;信陵君之于魏,可谓拂矣。《传》曰:'从道不从君。'此之谓也。故正义之臣设,则朝廷不颇;谏、争、辅、拂之人信,则君过不远;爪牙之士施,则仇雠不作;边境之臣处,则疆垂不丧。故明主好同而暗主好独,明主尚贤使能而飨其盛,暗主妒贤畏能而灭其功。罚其忠,赏其贼,夫是之谓至暗,桀、纣所以灭也。"(《荀子·臣道》)这些谏、争、辅和拂等方式,其目的是向君主纳谏,希望君主多为百姓行仁政。这大概顶层设计的扶危济困的一种方式吧。

那么,儒家扶危济弱有哪些忠德行为呢?

第一,直接救济。直接救济的方式有很多种,如设立粥厂、赈给食物或者直接赈金银等。我们这里以施粥为例来说。中国古代赈灾中,尤其是发生在灾情比较严重,时间比较长的灾区,在当时政府物资匮乏的情况下,施粥是最为直接的救助方式,也是最快捷有效的办法之一。施粥从战国时期直到明清时期都有详细记载。《礼记·檀弓》记载说:"齐大饥,黔敖为食于路,以待饥者而食之。"《后汉书》也记载说:"兴平元年(194),秋七月,三辅大旱,自四月至于是月,……谷一斛五十万,豆麦一斛二十万,人相食啖,白骨委积。帝使侍御史汶出太仓米豆,为饥人作糜粥。"(《后汉书·献帝本纪》)兴平元年三辅大旱,民颗粒无收,官府放出太仓米豆做粥,以赈灾民。北魏"太和七年(483),……以冀、定二州民饥,诏郡县为粥于路以食之。六月,定州上言:为粥给饥人,所活九十四万七千余口。九月,冀州上言:为粥给饥民,所活七十五万一千七百余口。"(《魏书·孝文帝本纪》卷七上)赈粥救活了几十万人,足见其效果显著。徐光启《农政全书》卷四十四又引《江南通志》云:"神宗十六年(1588),吴中大荒,发太仆寺马价,及南京户部银共三十万两,命户科杨文举赈济、有司各处设厂,煮粥赈饥。"这些史料说明,施粥是古代非常行之有效的救助方式。明代席书就曾详细阐述了施粥的重要性和必要性及时效性。他说:"饥馑殊甚,初卖牛畜,继鬻妻女,老弱展转,少壮流移,甚或饿死于道。廷议赈恤,但饥民甚多,钱粮绝少,惟作粥一法,不须防奸,不须审户,至简至要,可以救人。……其效甚速,其功甚大。"(陆曾禹《康济录》)

当然,除了施粥,还有别的扶危济弱的方式,如直接赈物鬻财。如孔子的学生子贡就是扶危济弱的典型。《史记》记载,子贡"既学于仲尼,退而仕于卫,废著鬻财于曹、鲁之间,七十子之徒,赐最为饶益。原宪不厌糟糠,匿于穷巷。子贡结驷连骑,束帛之币以聘享诸侯,所至,国君无不分庭与之抗礼。夫使孔子名布扬于天下者,子贡先后之也。"(《史记·货殖列传》卷一百二十九)子贡是孔门弟子中经商致富又能将孔子的学说用于社会实践的典范。

再如范蠡。他在帮助越王勾践灭吴之后,功成名就,就隐姓埋名,通过做生意而致富,然后再将自己的财富分散给别人。后被人称为"商圣"。《史记》记载说:范蠡"变名易姓,适齐为鸱夷子皮,之陶为朱公。朱公以为陶天下之中,诸侯四通,货物所交易也。乃治产积居,与时逐而不责于人。故善治生者,能择人而任时。十九年之中三致千金,再分散与贫交疏昆弟。此所谓富好行其德者也。后年衰老而听子孙,子孙修业而息之,遂至巨万。故言富者皆称陶朱公。"(《史记·货殖列传》卷一百二十九)

再如宋代赵抃。他是以"铁面御史"之誉载入"二十四史"的唯一一个。他在宋代是三朝元老,历事三位皇帝,为官四十五年,担任过五任御史,官至副相。

以"铁面御史"之令誉载入历史。清代学者朱轼编的《历代名臣传·赵抃》记载了赵抃的事迹。宋神宗熙宁八年(公元 1075 年),两浙路遭遇严重的旱灾、蝗灾,继而又暴发瘟疫。尤其是越州(今浙江省绍兴市)灾情尤其严重,震撼朝廷。赵抃以资政殿大学士、右谏议大夫的身份赶往灾区。他先行调查摸底,除了政府拨粮之外,他还组织富裕户口和寺庙捐款捐粮捐物,组织灾民生产自救。然后分类赈灾,在灾区设立了五十七个拨粮点,以方便灾民就近领粮。对于失去劳动能力的灾民,每人每天发给粟一升,幼儿减半。同时,集中设计安置点,收养流浪儿和弃婴,并设计病院,救济病患者,使"生者得食,病者得药,死者得葬"。赵抃这是一种直接救助行为。

第二,设立义庄和义学。义庄,就是指捐赠者购买田地,用田地收的租金来帮助经济和生活困难的人。这有点像现在的慈善机构。宋代开义庄的是范仲淹。他在家乡购置了良田,救济苦难的族人。《宋史》说:"仲淹内刚外和,性至孝,以母在时方贫,其后虽贵,非宾客不重肉。妻子衣食,仅能自充。而好施予,置义庄里中,以赡族人。"(《宋史·范仲淹传》卷三百一十四)清代学者冯桂芬《复宗法议》赞扬说:"惟宋范文正创为义庄,今世踵行,列于旌典。"

范仲淹的儿子范纯仁,也是扶危济弱的典范。《宋史》记载,宋神宗时候,甘肃一点饥荒,他擅自开仓放粮,和同僚说自己全部承担责任。有人为这事,向皇帝诬陷范纯仁,说他开仓放粮后还是饿死了很多人。皇帝派人来调查此事,正好遇见当年秋天大丰收,百姓帮忙抢收粮食,然后连夜把公粮交了。调查的使者看到仓库粮食是满的。又调查坟地里的死者,看到的是死去很久的人的坟堆,没有发现新的饿死遗体。《宋史》记载说:"秦中方饥,擅发常平粟振贷。僚属请奏而须报,纯仁曰:'报至无及矣,吾当独任其责。'或谤其所全活不实,诏遣使按视。会秋大稔,民欢曰:'公实活我,忍累公邪?'昼夜争输还之。使者至,已无所负。邠、宁间有丛冢,使者曰:'全活不实之罪,于此得矣。'发冢籍骸上之。诏本路监司穷治,乃前帅楚建中所封也。朝廷治建中罪,纯仁上疏言:'建中守法,申请间不免有殍死者,已坐罪罢去。今缘按臣而及建中,是一罪再刑也。'"(《宋史·范仲淹传》卷三百一十四)

义学,就是免费给苦难家庭的子女提供教育。传统社会尤其是宋元时代,设立义庄的同时,一般也设立义学。如元代徽州商人陈致和,自己经商致富后,"既立义学,以教其宗族子弟于凡乡里之愿学者。又割田五百亩为义廪,以资嫁娶丧葬,其用心亦仁矣哉"(吴澄《吴文正公集·金陵王居士墓志铭》卷四十二)。

总之,扶危济弱是传统社会公德之忠一个很重要的表现形式,这对于社会的稳定起到了重要的作用,有利于百姓生活的稳定。这也算是儒家忠德实践的一种实践行为。

第二节　忠德与职业道德

职业,是谋生的一种手段,同时,也是人生道德修养的"道场"。《周礼》说:"国有六职,百工与居一焉。或坐而论道,或作而行之,或审曲面执,以饬五材,以辨民器,或通四方之珍异以资之,或饬力以长地财,或治丝麻以成之。坐而论道,谓之王公;作而行之,谓之士大夫;审曲面执,以饬五材,以辨民器,谓之百工;通四方之珍异以资之,谓之商旅;饬力以长地财,谓之农夫;治丝麻以成之,谓之妇功。"(《周礼·冬官·考工记》)《周礼》认为有六种职业:王公、士大夫、百工、商旅、农夫、妇功,每一种职业,都应该有自己的职业道德。

古代社会职业主要是士农工商即"四民",这四民是传统社会的基本职业。《管子·小匡》说:"士农工商四民者,国之石民也。"司马迁高度肯定了士农工商。他说:"周书曰:'农不出则乏其食,工不出则乏其事,商不出则三宝绝,虞不出则财匮少。'财匮少而山泽不辟矣。此四者,民所衣食之原也。原大则饶,原小则鲜。上则富国,下则富家。贫富之道,莫之夺予,而巧者有馀,拙者不足。"(《史记·货殖列传》卷一百二十九)并且赞扬了"天下熙熙,皆为利来;天下壤壤,皆为利往"(《史记·货殖列传》卷一百二十九)的社会交往。我们这里主要分析儒家忠德对士农工商这"四民"的职业道德要求,具体说来就是师德、医德、农民道德、工匠道德、商人道德等①。"可以说,在先秦,中国已经基本形成了以官德(或政德)、民德、武德、师德、医德、商德以及从艺人员道德等为主要内容的职业道德。"②士人,大概来说包括知识分子(即儒士)、官员(即儒臣)、教师和医师等。在传统社会知识分子和官员,基本上算是属于政府官员,其职业属于官德范畴,只有教师和医师的职业最为明显。这也是本节重点阐释的。大致说来职业之忠主要是尽职尽责、循礼守法和精益求精。尽职尽责,是职业道德基本的道德个体要求,循礼守法是职业主体应该承担的社会道德,精益求精是职业道德主体的职业理想。

一、尽职尽责

尽职尽责是传统社会任何职业和岗位的要求。孔子说:"三人行,必有我师焉:择其善者而从之,其不善者而改之。"(《论语·述而》)这是对本职工作

---

① 传统社会职业分工,没有现代社会明显,很多职业是重叠在一起的。如教师,既可以是政府官员,如皇帝的老师,也可以是知识分子,还可以是回乡种地的农民。我们这里讨论的职业只是就职业本身来讨论,而不从身份上来论述。如朱熹,他是政府官员,也是教师,还是学者。同时,古代社会历史悠久,职业繁多,士农工商是其主要的,还有军人、游侠、僧人、道士、方士等。本书主要讨论师德和医德。

② 邓名瑛:《中华民族道德生活史》(魏晋南北朝卷),唐凯麟主编,东方出版中心 2015 年版,第 199 页。

尽职尽责的追求。他还说："不患人之不己知,患其不能也。"(《论语·宪问》)

意思是说不要担心别人不了解自己,而是担心自己能力和职业水平不够。要想提高自己的能力和职业水平就应该要"博学而笃志,切问而近思"(《论语·子张》),这样才是"仁在其中矣"(《论语·子张》)。

师德。中国传统社会非常重视教师,教师的地位也非常高。古人家里堂屋上一般都有"天地君亲师"的牌位。在西周以前,官师不分,教师即官员,官员即教师。《礼记·学记》说:"能为师,然后能为长;能为长,然后能为君。"因此,西周以前官师不分,官德就是师德,师德就是官德。春秋战国时期,政治和学术才开始分离,私学兴起。春秋各派:儒、墨、道、法、兵、名、农家等派都兴办私学,招收门徒,传播各家学说,形成百家争鸣局面。

儒家以孔子为代表,开创私学。他将仁和礼作为道德教育和人格教育的核心,以整理好的"六经"(《诗》《书》《礼》《易》《乐》《春秋》)作为理论教材,以"六艺"(礼、乐、射、御、书、数)作为实践技术教育弟子,对传统社会产生了深远影响。因此,在儒家看来,"师",不仅仅是教育道德理论,也教育职业技术,是道德教育和职业教育的结合体。《礼记》说:"师也者,教之以事而喻诸德者也。"(《礼记·文王世子》)也就是说,师既教"事"也教"德"。这就对教师提出很高的要求,因此,教师在传统社会具有崇高的地位。

教师要如何做才能尽职尽责? 首先从教育主体来说,要热爱教育,这是职业的态度。教师要做到"学而不厌,诲人不倦"(《论语·述而》)孟子曾经提到人生三乐:"君子有三乐,而王天下不与存焉。父母俱存,兄弟无故,一乐也;仰不愧于天,俯不怍于人,二乐也;得天下英才而教育之,三乐也。君子有三乐,而王天下不与存焉。"(《孟子·尽心上》)"得天下英才而教育之"是人生"三乐"之一。只有喜欢教育,才能更好地从事教育。孔子说:"知之者,不如好之者;好之者,不如乐之者。"(《论语·雍也》)

其次,从教育对象来说,要重视学生,把学生当作亲人。在传统社会看来,师生关系,是一种"类血缘关系",是仅次于血缘关系的。在传统社会中,师生关系,类似于父子关系,是有共同的学术理想和学术志趣。因此,教师应该把学生当作自己的子女。唐甄说:"教者贵亲,亲者易知;承教者亦贵亲,亲则易化。煦姁覆育,如鸡之伏卵,而后教可施焉。"(《潜书·讲学》)

最后,从教育内容来说,教师要精通教育的内容,不能误人子弟。《荀子》说:"师术有四,而博习不与焉:尊严而惮,可以为师;耆艾而信,可以为师;诵说而不陵不犯,可以为师;知微而论,可以为师。故师术有四,而博习不与焉。"(《荀子·致士》)教师除了有渊博的知识之外,还要有威信,有丰富的阅历和崇高的信仰,有阐释经典的能力和智慧,有逻辑智慧和论说的能力,并且能阐发微言大义,具有创造性知识的能力,而不是只懂得背诵。唐代韩愈明确提出:"师者,所以传道、授业、解惑也。"(《韩愈文集·师说》)韩愈认为,教师的三大任务:传道、授业、解惑。而传道为首要。

王阳明提出教师的四大功能即德育、智育、美育、体育等。这些都应该是老师熟悉的。他说:"古之教者,教以人伦……今教童子,惟当以孝弟忠信礼义廉耻为专务。其栽培涵养之方,则宜诱之歌诗以发其志意,导之习礼以肃其威仪,讽之读书以开其知觉。今人往往以歌诗习礼为不切时务,此皆末俗庸鄙之见,乌足以知古人立教之意哉!大抵童子之情,乐嬉游而惮拘检,如草木之始萌芽,舒畅之则条达,摧挠之则衰痿。今教童子,必使其趋向鼓舞,中心喜悦,则其进自不能已。譬之时雨春风,霑被卉木,莫不萌动发越,自然日长月化;若冰霜剥落,则生意萧索,日就枯槁矣。故凡诱之歌诗者,非但发其志意而已,亦以泄其跳号呼啸于泳歌,宣其幽抑结滞于音节也;导之习礼者,非但肃其威仪而已,亦所以周旋揖让而动荡其血脉,拜起屈伸而固束其筋骸也;讽之读书者,非但开其知觉而已,亦所以沈潜反复而存其心,抑扬讽诵以宣其志也。凡此皆所以顺导其志意;调理其性情,潜消其鄙吝,默化其粗顽,日使之渐于礼义而不苦其难,入于中和而不知其故。是盖先王立教之微意也。"(《王阳明全集·传习录》卷二)"孝弟忠信礼义廉耻为专务",这是德育内容;"讽之读书"

"发其志意",这是智慧教育;"诱之歌诗""洩其跳号呼啸于泳歌,宣其幽抑结滞于音节",这是美德教育;"导之习礼""肃其威仪""周旋揖让而动荡其血脉""屈伸而固束其筋骸",这是体育教育。

因此,教师要不断研究教育的内容,开拓教育的领域,不断提高自己的业务能力,才能更好地发挥教育功能。二程说:"圣人尽道,以其身之所行者教人,是故天下之人皆至于圣人之域也。"(《二程集·河南程氏粹言》卷二)朱熹也说:教师是"为之是仁圣之道,诲之是以仁圣之道诲人。"(《朱子语类》卷三十四)总之,儒家认为,教师尽职尽责是最为基本的道德要求。

医德。医,在我国起源很早。人们在远古就懂得了按摩、包扎、止血、挤压脓液、荫蔽降温等①。《帝王世纪》说:"伏羲氏仰观象于天,俯观法于地,观鸟兽之文,与地之宜,近取诸身,远取诸物,于是造书契以代结绳之政,画八卦以通神明之德,以类万物之情,所以六气六府,五藏五行,阴阳四时,水火升降,得以有象,百病之理,得以有类。乃尝味百药而制九针,以拯夭枉焉。"(《太平御览·方术部二·医一》卷七百二十一)伏羲通过观察天道自然的变化,柔和人事,演绎八卦,并观察万物的"六气六府,五藏五行,阴阳四时",然后"尝味百药而制九针,以拯夭枉",这是上古伏羲对医学的运用。"炎帝神农氏长于姜水,始教天下耕种五谷而食之,以省煞生。尝味草木,宣药疗疾,救夭伤之命。百姓日用而不知,着《本草》四卷。"(《太平御览·方术部二·医一》卷七百二十一)"黄帝有熊氏命雷公、岐伯论经脉傍通,问难八十一,为《难经》。教制九针,着《内外术经》十八卷。"(《太平御览·方术部二·医一》卷七百二十一)"岐伯,黄帝臣也。帝使岐伯尝味草木,典主医病。《经方》《本草》《素问》之书咸出焉。"(《太平御览·方术部二·医一》卷七百二十一)由此可以看出,我国在很早以前就对"医"有了认识和实践尝试。

有医,自然有医师。当然,医师职业的形成,也是一个自然发展的过程。

---

① 曹志平:《中国医学伦理思想史》,人民卫生出版社2012年版,第2页。

大致说来,中国古代是经历了巫医到儒医的发展过程。西商周时期,主要是巫医。西周时期医生分为食医、疾医、疡医、兽医等四种①。到了春秋战国时期,巫医开始分化。巫,称为职业巫师,是专门从事占卜业务而谋生的人。医,称为医师,成为治病救人的高尚职业。《周礼》说:"医师掌医之政令,聚毒药以共医事。凡邦之有疾病者,疕疡者,造焉,则使医分而治之。岁终,则稽其医事,以制其食。十全为上,十失一次之,十失二次之,十失三次之,十失四为下。"(《周礼·天官冢宰》)春秋战国时期出现了职业医师,专门从事治病救人的事务。如扁鹊。他创立了切脉、望色、听声、写形等四诊法②,至今还在中医实践中具有应用价值。成书于战国时期的《黄帝内经》,不仅是我国现存最完整的第一部经典医书,而且还是我国第一部专门论述医学伦理道德内容的医书,是我国历史上重要的医学伦理经典,它标志着我国传统医学伦理思想的初步形成③。

医学伦理的基本问题是医患关系,在医患关系问题中,医生要以"病人"为中心。因此,医生必须尽职尽责。第一,医生要重视病人。《黄帝内经》说:"天覆地载,万物悉备,莫贵于人。"(《黄帝内经·素问·宝命全形论》卷八)在医学实践中,就应该要重视病人本身,"治病"不是目的,"治病"是手段,"救人"才是目的。明代龚信在《古今医鉴·譬医箴》中说:"至重惟人命,最难却是医。"所以,医生在行医过程,不能持门户偏见,要尊重医学本身的客观事实,对症下药,根据不同的疾病,爱用不同的治疗方法,"导之以药石,就之以针剂",再"和之以至德,辅之以人事"(《旧唐书·孙思邈传》卷一百九十一),这样病人就"故形体有可愈之疾,天地有可消之灾。"(《旧唐书·孙思邈传》)。"儒之门户分于宋,医之门户分于金元。"(《四库全书总目提要·子部·医家类一》卷一百三)金元医学派别众多,但是在治疗实践中,应该摒弃

---

① 曹志平:《中国医学伦理思想史》,人民卫生出版社 2012 年版,第 2 页。
② 曹志平:《中国医学伦理思想史》,人民卫生出版社 2012 年版,第 3 页。
③ 曹志平:《中国医学伦理思想史》,人民卫生出版社 2012 年版,第 3 页。

门户之见,治病救人。

第二,病人不论贵贱,一视同仁。医生给人看病,不能有贵贱之分,病人地位高就给看病,病人地位低就不治疗,应该一视同仁。张仲景在《伤寒论·原序》中说:医师"上以疗君亲之疾,下以救贫贱之厄,中以保身长全,以养其生。"这是医师的责任。但是如果医师"竞逐荣势,企踵权豪,孳孳汲汲,惟名利是务,崇饰其末,忽弃其本"(《伤寒论·原序》)就是庸医所谓。在儒家看来,人生在世,不为良相,但为良医。不论是为良相,还是为良医,都是在世间造福,为百姓谋福,"被泽于苍生"。清代名医顾松园说:"大丈夫不能致君行道,被泽于苍生,亦当济世立言,有功于造化。"(《顾松园医境·冯勖序》)

如汉代名医郭玉。他给病人治病,不论贵贱都一视同仁。但是富贵者居高临下,让他感到"怀怖慑以承之",这反而影响了他对于富贵者治疗的效果。《后汉书》记载:"玉仁爱不矜,虽贫贱厮养,必尽其心力,而医疗贵人,时或不愈。帝乃令贵人羸服变处,一针即差。召玉诘问其状。对曰:'医之为言意也。腠理至微,随气用巧,针石之间,毫芒即乖。神存于心手之际,可得解而不可得言也。夫贵者处尊高以临臣,臣怀怖慑以承之。'"(《后汉书·方术列传下》卷八十二下)卷

再如唐代"药王"孙思邈。据说他生于公元541年,卒于682年,享年141岁。他"精识高道,深达摄生"(《旧唐书·裴潾传》卷一百七十一)一生治病,不分贵贱贫富,长幼妍蚩,皆一视同仁,不怕脏累臭丑。据说他一生治好了600多名麻风病人,他在名著《千金方》中提出"大医精诚"的医德规范,享誉古今。唐太宗称赞他:"故知有道者,羡门、广成岂虚言哉!凿开经路,名魁大医。羽翼三圣,调和四时,降龙伏虎,拯衰救危。巍巍堂堂,百代之师。"(《全唐文》卷四)

晋代杨泉在《物理论·论医》中说,良医的标准就应该是"仁爱之士""廉洁淳良"。这也就是儒家说的儒医。儒医既要懂得"儒理",即仁义道德,也要懂得"医理",就也就是孙思邈说的"大医精诚"。精,是医术高明,诚,是医德

高尚,尽职尽责。总之,医师的目的就是治好病人,还给病人健康身心。

除了师德和医德之外,还有农民道德、工匠道德和商人道德。在儒家看来,农民就是要种好地,确保年年丰收。当然,在传统社会,农民是生活在社会底层,他们除了要养活自已和一家人,还有繁重的劳役和徭役。农民一辈子辛苦备至。当过农民的明太宗朱元璋在与群臣讨论农事时,无不感叹地说:"四民之业,莫劳于农,观其终岁勤劳,少得休息。时和岁丰,数口之家犹可足食。不幸水旱,年谷不登,则举家饥闲。"(《明洪武实录·三十年》)

工匠也是生活在古代社会的底层。柳宗元在《梓人传》里高度肯定"梓人"(工匠)的能力价值。这是古代伦理思想上第一次高度评价梓人。工匠的道德也是要求尽职尽责,扎实做事,诚实做人,不能为了赚钱,偷工减料,最后可能出现"豆腐渣"工程。

商人也是生活在社会底层,古代社会是重农抑商的。商人在政治上没有地位,如商人的子女是不能参加科举考试的。商人尽职尽责的道德,就要求商人不能为金钱,而销售假冒伪劣产品,搅乱市场秩序等。

总之,传统社会,士农工商,每个职业恪守每个职业的道德规范,共同促进社会有序发展。正如《管子》所说:"士农工商,四民者,国之石民也。"(《管子·小匡》)还说:"是故圣王之处士必于闲燕,处农必就田壄,处工必就官府,处商必就市井。今夫士,群萃而州处,闲燕,则父与父言义,子与子言孝,其事君者言敬,长者言爱,幼者言弟,旦昔从事于此,以教其子弟。少而习焉,其心安焉,不见异物而迁焉。是故其父兄之教,不肃而成。其子弟之学,不劳而能。夫是,故士之子常为士。今夫农,群萃而州处,审其四时权节,具备其械器,用比耒耜谷芨。及寒,击槁除田,以待时乃耕。深耕均种疾耰,先雨芸耨,以待时雨。时雨既至,挟其枪刈耨镈,以旦暮从事于田壄,税衣就功,别苗莠,列疏遬,首戴苎蒲,身服被襖,沾体涂足,暴其发肤,尽其四支之力,以疾从事于田野。少而习焉,其心安焉,不见异物而迁焉。是故其父兄之教,不肃而成。其子弟之学,不劳而能。是故农之子常为农,朴野而不慝,其秀才之能为士者,则足赖也。故以耕则多粟，以仕则多贤，是以圣王敬畏戚农……今夫工，群萃而州处，相良材，审其四时，辨其功苦，权节其用，论比计制，断器尚完利。相语以事，相示以功，相陈以巧，相高以知事。旦昔从事于此，以教其子弟。少而习焉，其心安焉，不见异物而迁焉。是故其父兄之教，不肃而成。其子弟之学，不劳而能。夫是，故工之子常为工。今夫商，群萃而州处，观凶饥，审国变，察其四时，而监其乡之货，以知其市之贾。负任担荷，服牛辂马，以周四方，料多少，计贵贱，以其所有，易其所无，买贱鬻贵。是以羽旄不求而至，竹箭有余于国；奇怪时来，珍异物聚。旦昔从事于此，以教其子弟。相语以利，相示以时，相陈以知贾。少而习焉，其心安焉，不见异物而迁焉。是故其父兄之教，不肃而成。其子弟之学，不劳而能。夫是，故商之子常为商。相地而衰其政，则民不移矣。正旅旧，则民不惰。山泽各以其时至，则民不苟。陵陆丘井田畴均，则民不惑。无夺民时，则百姓富，牺牲不劳，则牛马育。"（《管子·小匡》）

二、循礼守法

循礼守法是社会公德之忠体制层面的要求。传统社会往往是礼为政本，法为治本，礼法并用，礼法合一。荀子认为，礼的主要内容分为三类。他说："礼有三本：天地者，生之本也；先祖者，类之本也；君师者，治之本也。无天地恶生？无先祖恶出？无君师恶治？三者偏亡焉，无安人。故礼上事天，下事地，尊先祖而隆君师，是礼之三本也。"（《荀子·礼论》）礼的内容是"生之本""类之本""治之本"。君和师是"治之本"。也就是说君主和教师，是治理社会的主要群体。这说明任何社会的人都应该循礼守法，否则就会扰乱社会秩序。在荀子之前，礼主要针对的是贵族和统治者，法才是针对老百姓的。所以才有"刑不上大夫，礼不下庶人"的制度。但是，到战国末期，尤其是荀子时代，礼法刑法已经上至贤人和卿大夫，下至庶民都是贯通的。就是说，王子犯法与庶民同罪，在荀子时代已经出现了。所以，荀子说："故礼之生，为贤人以下至庶民也。"（《荀子·大略》）

荀子认为,礼有两个方面的价值,一方面,对于个体来说,礼有利于涵养性情。人生活在礼制允许的范围之内,生活安定。荀子说:"礼起于何也? 曰:人生而有欲,欲而不得,则不能无求;求而无度量分界,则不能不争;争则乱,乱则穷。先王恶其乱也,故制礼义以分之,以养人之欲,给人之求,使欲必不穷乎物,物必不屈于欲,两者相持而长,是礼之所起也。故礼者,养也。"(《荀子·礼论》)"故礼者,养也。君子既得其养。"(《荀子·礼论》)因为有"礼",那么人的生活和社会就有了秩序保证,就能够安定人性和人欲。不然,为了利益,失去礼仪,那天下就大乱了。荀子说:"孰知夫恭敬辞让之所以养安也! 孰知夫礼义文理之所以养情也!"(《荀子·礼论》)因此,"慎习俗,大积靡,则为君子矣;纵性情而不足问学,则为小人矣。为君子则常安荣矣,为小人则常危辱矣。"(《荀子·儒效》)

另一方面,对于社会来说,礼有利于社会稳定。荀子说:"夫贵为天子,富有天下,是人情之所同欲也。然则从人之欲则埶不能容,物不能赡也。故先王案为之制礼义以分之,使有贵贱之等,长幼之差,知愚、能不能之分,皆使人载其事而各得其宜。然后使谷禄多少厚薄之称,是夫群居和一之道也。故仁人在上,则农以力尽田,贾以察尽财,百工以巧尽械器,士大夫以上至于公侯,莫不以仁厚知能尽官职。夫是之谓至平。故或禄天下而不自以为多,或监门、御旅、抱关、击柝而不自以为寡。故曰:"斩而齐,枉而顺,不同而一。"(《荀子·礼论》)因为礼的存在,每个人在自己的岗位遵守自己职业的礼法,自然社会的秩序就能很好地建立起来。所以,荀子才说"农以力尽田""贾以察尽财""百工以巧尽械器""士大夫以上至于公侯,莫不以仁厚知能尽官职"。这说明礼有利于社会各种职业的稳定和维持社会秩序的正常运转。荀子说:"礼者,法制大分,类之纲纪也。"(《荀子·劝学》)王先谦在《荀子集解》,索性就直接说:"故非礼,是无法也。"①既然如此,社会上各行各业,就必定要各尽其责,各

---

① 王先谦:《荀子集解》,中华书局 1988 年版,第 12 页。

安其位,循礼守法。

同时,在荀子看来,循礼守法还具有道德正义和职业正义。荀子说:"若夫断之继之,博之浅之,益之损之,类之尽之,盛之美之,使本末终始莫不顺比,足以为万世则,则是礼也。"(《荀子·礼论》)还说:"礼以顺人心为本,故亡于《礼经》而顺人心者,皆礼也。"(《荀子·大略》)

因此,从这个角度上来说,传统社会的各种各样的职业,都应该是循礼守法,都是各自在自己的职业岗位上,恪守自己的道德,遵守社会公德和道义原则,其目的也是为了构建桃花源式的"大同"社会。每个人在自己的职业岗位上,做自己该做的事情,把从事的职业当作自己修身的"道场"。宋代理学家说也是追求禅宗那种"担水砍柴,无非妙道"(《传灯录》卷八)的禅趣,因为,既然禅宗说的"担水砍柴,无非妙道"是妙道,那么"事父忠君"为什么就不是妙道呢? 天下百工从事各自的任何职业为什么就不是妙道呢? 禅宗说:"终日吃饭,未曾咬着一粒米;终日著衣,未曾接著一缕丝。"(《古尊宿语录》卷三,卷十六)为什么这样呢? 因为这是生活的情趣,是生活的惯性,同时,也是一种生活的意境。既然是如此,那为什么"日出而作,日落而息"就不是一种生活的情趣呢?

因此,既然如此,天底下所有的"父子兄弟夫妇"之道,都是"理"的自然流溢①。所以朱熹才说:"父子兄弟夫妇,皆是天理自然,人皆莫不自知爱敬。君臣虽亦是天理,然是义合。世之人便自易得苟且,故须于此说'忠'"(《朱子语类》卷十三)还说:"自视听言动之际,人伦日用当然之理,以至夏之时,商之辂,周之冕,舜之乐,历代之典章文物,一一都理会得了。"(《朱子语类》卷二十四)所以,儒家追求的道德意境是:"两岸晓烟杨柳绿,一园春雨杏花红。两鬓

---

① 流溢:漫溢、流出等内涵。贾谊《论定制度兴礼乐疏》说:"汉承秦败俗,废礼仪,捐廉耻,今其甚者杀父兄,盗者取庙器,而大臣特以簿书不报期会为故,至于风俗流溢,恬而不怪,以为是适然耳。"王夫之《读通鉴论·三国·十六》卷十说:"然则孟德之综核名实也,适以壅已决之水于须臾,而助其流溢已耳。故曰抑之而愈以流也。"《楞严经》卷九云:"当在此中,精研妙明,四大不织,少选之间,身能出碍,此名精明,流溢前境。"

风霜,途次早行之客;一蓑烟雨,溪边晚钓之翁。"(《声律启蒙》上卷)

　　既然这样,那么循礼守法不仅仅是一种职业道德,也是一种职业心境,一种职业修养。官吏、教师、医生、商贾、工匠、农民、军人等都得如此。甚至如《庄子》所说的,"盗亦有道"。《庄子》说:"夫妄意室中之藏,圣也;入先,勇也;出后,义也;知可否,知也;分均,仁也。五者不备而能成大盗者,天下未之有也。由是观之,善人不得圣人之道不立,跖不得圣人之道不行。"(《庄子·胠箧》)

　　教师,是古代百工之中的一种职业,自然也是要循礼守法,这就叫"守道"。孟子说:"仁言不如仁声之入人深也,善政不如善教之得民也。善政,民畏之;善教,民爱之。善政得民财,善教得民心。"(《孟子·尽心上》)因此,教师从事的就是"善教","善教,民爱之","善教得民心"。明代朱之瑜也说:"敬教劝学,建国之大本;兴贤育才,为政之先务。"(《朱舜水集·杂著·劝学》卷十七)顾炎武也说:"变化人心,荡涤污俗者,莫急于劝学、奖廉二事。"(《日知录·名教》卷十三)顾炎武甚至说,对那些行孝至善卓有成效的人,就应该给予相应的官职和物质奖励。他说:"天下之士,有能笃信好学,至老不倦,卓然可当方正有道之举者,官之以翰林、国子之秩,而听其出处,则人皆知向学,而不竞于科目矣,庶司之官,有能洁己爱民,以礼告老,而家无儋石之储者,赐之以五顷十顷之地,以为子孙世业,而除其租赋,复其丁徭,则人皆知自守而不贪于货赂矣。"(《日知录·名教》卷十三)清代初思想家颜元就也强调,教师也好,学生也好,就要循礼守法,以"三物"为教,学"六德""六行""六艺"。他说:"圣王之治世也,以三物教万民而宾兴之。学者学六德、六行、六艺。"(《颜元集·习斋记余》卷四)"三物"即正德、利物和后生。"六德"即智、仁、圣、义、忠、和。"六行"即孝、友、睦、姻、任、恤。"六艺"即礼、乐、射、御、书、数。

　　不仅如此,有时候教师为了捍卫循礼守法的秩序,甚至会牺牲自己,严重的会波及族人。方孝孺就是典型。他是明代政治家,也是建文帝的老师。从职业角度来说,他是教师也是政府官员。朱棣夺取了建文帝的皇位,发动"靖难之役"，要方孝孺为朱棣草拟即位诏书，方孝孺不从，最后被杀车裂于南京聚宝门外，年仅四十六岁①。《明史·方孝孺传》记载："成祖降榻，劳曰：'先生毋自苦，予欲法周公辅成王耳。'孝孺曰：'成王安在？'成祖曰：'彼自焚死。'孝孺曰：'何不立成王之子？'成祖曰：'国赖长君。'孝孺曰：'何不立成王之弟？'成祖曰：'此朕家事。'顾左右授笔札，曰：'诏天下，非先生草不可'孝孺投笔于地，且哭且骂曰：'死即死耳，诏不可草。'成祖怒，命磔诸市。"（《明史·方孝孺传》卷一百四十一）方孝孺作为建文帝的老师，也作为建文帝时期的大成，他质问朱棣就是"礼"和"法"。按照礼法，朱棣是建文帝的叔叔，要废掉建文帝，也应该是建文帝的儿子做皇帝，而不应该是叔叔来做皇帝。这等于是叔叔夺取了侄儿的皇位。这是违反礼法的。正如明代政治家刘基的儿子刘璟当面对朱棣说："殿下百世后，逃不得一'篡'字。"（《明史·刘基传》卷一百二十八）因此，方孝孺是在捍卫封建社会的"礼法"。

　　方孝孺的死，其实是为了捍卫儒家礼法的正义，某种意义上说是"殉道"，即儒家之道。孟子说："天下有道，以道殉身；天下无道，以身殉道。未闻以道殉乎人者也。"（《孟子·尽心上》）方孝孺是以身殉儒家之道。明末大儒刘宗周评价方孝孺一针见血："既而时命不偶，遂以九死成就一个是，完天下万世之责。"（《明儒学案·师说·方正学孝孺》）这个"是"就是儒家之道。这也是方孝孺以儒家之师成就儒家礼法之道。方孝孺的死震撼了整个明代知识分子，也对朝廷此等做法寒心了。自方孝孺被杀之后一百多年时间里，明代的知识分子，很少积极与政府合作的。譬如吴与弼、胡居仁、陈献章等人，在世的时候都刻意保持与明朝政府的距离。这与宋代士与君共治天下，形成鲜明对比。所以，姚广孝说："杀孝孺，天下读书种子绝矣。"（《明史·方孝孺传》卷一百四十一）明代李贽也说："一杀孝孺，则后来读书者遂无种也。"（李贽《续藏书》

――――――――――

　　① 也有说方孝孺被灭了十族，但是《明史》上没有记载。明崇祯时期编的《宁海县志·方孝孺传》《明史纪事本末》，黄宗羲的《明儒学案·师说·方正学孝孺》《文正方正学先生孝孺》等文献记载他被灭十族了。是否被灭十族，有待考证。故本文存而不论。

卷五）顾炎武后来总结洪武、建文帝到永乐大帝这段历史说："自八股行而古学弃,《大全》出而经说亡,十族诛而臣节变,洪武、永乐之间,亦世道升降之一会矣。"(《日知录·书传会选》卷十八)

医生(或医师)也要循礼守法。医生如果不是循礼守法,乱开处方,故意误诊,那就等于谋财害命。明代著名医生陈实功1617年著成《外科正宗》,在该书中,就要求医生循礼守法,坚持"五戒"。一戒,出诊要准时,"勿得迟延厌弃",以免耽误病情,贻误治疗最佳时间。二戒,不能单独给妇女、寡妇或尼姑诊断,对病人的隐私要保密,"不便之患,要真诚窥睹"。三戒,不得贪财,不能给病人假药,尤其是不得更换病人家属送来的合药的珠琥等珍贵品偷换了。四戒,不能"杜撰药方","依经写出药贴",亲自监视发药。五戒,不得猎色。如对妓女患者要一视同仁,不能起贪淫之色①。

陈梦雷说："医者可以生人,可以杀人,所系尤重。"(《古今图书集成医部全录》)徐春甫也说："庸医不早死,误尽世界人。"(徐春甫《古今医统》)因此,医生从事的是生死攸关的大事,需要循礼守法,兢兢业业。《太平县志》记载明代医生周子干的一件事,周子干精通脉经,治好了一位漂亮的贫家少妇丈夫的病,该少妇为了报答周子干的救命之恩,愿意牺牲肉身陪周子干同寝以此作为酬金,被周子干拒绝了②。医不贪色,这是医生的道德。所以龚信在《明医箴》中说："今之明医,心存仁义,……不计其功,不谋其利,不论贫富,药施一例。"

总之,儒家忠德认为,百工职业,都要循礼守法,遵守仁义,兢兢业业。荀子说："以类行杂,以一行万,始则终,终则始,若环之无端也,舍是而天下以衰矣。天地者,生之始也;礼义者,治之始也;君子者,礼义之始也。为之,贯之,积重之,致好之者,君子之始也。故天地生君子,君子理天地。君子者,天地之参也,万物之摠也,民之父母也。无君子则天地不理,礼义无统,上无君师,下

---

① 陈瑛:《中国伦理思想史》,湖南教育出版社2004年版,第421页。
② 陈瑛:《中国伦理思想史》,湖南教育出版社2004年版,第423页。

无父子,夫是之谓至乱。君臣、父子、兄弟、夫妇,始则终,终则始,与天地同理,与万世同久,夫是之谓大本。故丧祭、朝聘、师旅一也;贵贱、杀生、与夺一也;君君、臣臣、父父、子子、兄兄、弟弟一也;农农、士士、工工、商商一也。"(《荀子·王制》)

三、精益求精

儒家忠德的基本内涵就是尽心为人。《忠经·尽忠章》:"君子尽忠,则尽其心。小人尽忠,则竭其力者,则止其身。尽心者,则洪于远。"这就表明,不论是在何种岗位,何种地位上,每个人都要尽自己的努力忠心去做好事情,提升自己的德行。因此,精益求精就自然成为职业道德上的忠德要求。

教师精益求精,就要不断地学习,博览全书,不断思考,传承知识,创造知识。从《论语》《荀子》《韩非子》《法言》《传习录》等书,我们可以发现一个很有意义的现象,这些书开篇就是谈学习。《论语》第一篇《学而》就是谈学习,标题也是谈学习,尽管标题是后人所加,但那也是根据《论语》的意思添加的,这也说明了学习的重要性。《论语·学而》开篇说:"学而时习之,不亦说乎?有朋自远方来,不亦乐乎? 人不知,而不愠,不亦君子乎?"通过讨论学习,进而交友,最后落脚点是成为"君子"。《荀子》的第一篇是《为学》,这也是谈学习。荀子是先秦儒家第一次系统性的、自觉性地写专题论文的思想家。《劝学》就是荀子自觉地讨论学习问题的论文。《荀子·劝学》第一段话说:"学不可以已。青,取之于蓝而青于蓝;冰,水为之而寒于水。木直中绳,𫐓以为轮,其曲中规,虽有槁暴,不复挺者,𫐓使之然也。故木受绳则直,金就砺则利,君子博学而日参省乎己,则知明而行无过矣。故不登高山,不知天之高也;不临深谿,不知地之厚也;不闻先王之遗言,不知学问之大也。"这是讨论了学习的重要性,一个人从自然状态进入文明状态,只有通过学习。人类从蒙昧状态进入文明社会,只有通过学习。否则,人类的进步,就是空谈。杨雄的《法言》第一篇《学行》,也是谈学习:"学,行之,上也;言之,次也;教人,又其次也。咸无焉,为众人。"强调了学与行属于第一层次的学习。《传习录》的第一句话:"先生于《大学》'格物'诸说,悉以旧本为正,盖先儒所谓误本者也。爱始闻而骇,既而疑,已而殚精竭思,参互错综以质于先生,然后知先生之说若水之寒,若火之热,断断乎百世以俟圣人而不惑者也。""格物"本身就蕴涵学习的意思,尽管没有明确说明标出"学"这个字眼。由此可见,学习对于一个人来说,是何等重要。

教师以传道、授业、解惑为职业,自然要在学习上不断博采众长,通过学习,才能知礼成性,变化气质。儒家强调,学者以不知为耻辱。这就要求儒者包括教师在内,不断去学习,博古通今。当然,学习的过程是一个漫长的过程,不是一蹴而就的。正是因为学习是一个漫长的过程,所以,儒家思想家才重视学习的重要性。

孔子说:"吾十有五而志于学,三十而立,四十而不惑,五十而知天命,六十而耳顺,七十而从心所欲,不逾矩。"(《论语·为政》)学习是一辈子的事,是一个漫长的过程,人类正是在这漫长的学习过程中,促进了社会和自然的发展,从而也促进了自我的发展。张载在《正蒙》一文中说,学习的过程是一个漫长的时间:"三十器于礼,非强立之谓也。四十精义致用,时措而不疑。五十穷理尽性,至天之命;然不可自谓之至,故曰知。六十尽人物之性,声入心通。七十与天同德,不思不勉,从容中道。"(《张载集·正蒙·三十》)

朱熹也说:"三代之隆,其法浸备,然后王宫、国都以及闾巷,莫不有学。人生八岁,则自王公以下,至于庶人之子弟,皆入小学,而教之以洒扫、应对、进退之节,礼乐、射御、书数之文;及其十有五年,则自天子之元子、众子,以至公、卿、大夫、元士之适子,与凡民之俊秀,皆入大学,而教之以穷理、正心、修己、治人之道。此又学校之教、大小之节所以分也。"(《大学章句》)从这个意义上来说,人类是地球上唯一喜欢热衷学习的物种。而其他的生物只是靠自然本能去生活,依靠自身本能地进化去繁殖后代。而人则是学习的产物。所以《尚书》说:"惟天地万物父母,惟人万物之灵。"(《尚书·泰誓》)荀子也说:"水火

有气而无生,草木有生而无知,禽兽有知而无义,人有气、有生、有知,亦且有义,故最为天下贵也。"(《荀子·王制》)

人通过学习,积累前人的经验,就能把控自然的规范,掌握自己的命运。这是人学习的结果。荀子说:"力不若牛,走不若马,而牛马为用,何也? 曰:人能群,彼不能群也。人何以能群? 曰:分。分何以能行? 曰:义。故义以分则和,和则一,一则多力,多力则强,强则胜物,故宫室可得而居也。故序四时,裁万物,兼利天下,无它故焉,得之分义也。故人生不能无群,群而无分则争,争则乱,乱则离,离则弱,弱则不能胜物;故宫室不可得而居也,不可少顷舍礼义之谓也。能以事亲谓之孝,能以事兄谓之弟,能以事上谓之顺,能以使下谓之君。"(《荀子·王制》)人"力不若牛,走不若马,而牛马为用",为什么牛马为人所用,这是因为人们通过学习,懂得了义和群,认识了自我和自然,能够"制天命而用之"(《荀子·天论》)可以说,学习前人的知识和经验,是人的视野的延伸。这是学习最大的价值之一。

因此,作为最具代表性职业的教师,就更加需要努力学习,做到精益求精。这样才能如大海广纳百川,将自己所学教授自己之所爱。这样学生接受了教育,才能逐步成为社会的君子圣贤,这又为下一代的教育提供了智力支持、知识储备和人才资源。所以朱熹说:"圣人教人,大概只是说孝弟忠信日用常行底话。人能就上面做将去,则心之放者自收,性之昏者自著。如心、性等字,到子思孟子方说得详。因说象山之学。圣人教人有定本。舜'使契为司徒,教以人伦:父子有亲,君臣有义,夫妇有别,长幼有序,朋友有信'。夫子对颜渊曰:'克己复礼为仁。''非礼勿视,非礼勿听,非礼勿言,非礼勿动。'皆是定本。"(《朱子语类》卷八)

教师要精益求精,医生也是如此。人类社会是螺旋式地向前发展的,医学治疗水平也是往前发展的,但是疾病的产生也是不断往前发展的。如麻风病。在古代麻风病,属于高度传染性疾病,在古代治疗这样的疾病,很不容易。但是现在麻风病彻底可以被治愈了。再如肺结核病,在古代属于痨病,这是一种很难治愈的疾病。但是现在能彻底治愈了。这是人类医学的进步,是治疗技术和医学水平的进步。这样的进步,需要医生精益求精地研究,才能取得的。从历史上看,一种疾病被彻底根治了,新的不知名的疾病也许在某个时间、地点和人群中就出现了,甚至暴发全球灾难。2020年全球暴发的新冠肺炎疫情就是典型。这次新冠肺炎病毒,威力之大,伤害面之广,罹难人数是史无前例的。这就需要医学家、医生即医学研究者不断去研究新的治疗方案,以便提供更好的治疗服务达到最好的治疗效果。因此,新的病症的出现,就需要新的医学治疗手段和新的治疗方案,这样才能跟上疾病破坏的节奏。

而要攻克疑难杂症,就必须要医生精益求精去研究。清代著名医学家、温病学派的代表人物叶天士的弟子华岫山说:"夫以利济存心,则其学业必能日造乎高明;若仅为衣食计,则其知识自必终囿于庸俗。"(叶天士《临证指南医案·序言》)①叶天士本人,医生都在精益求精追求医学水平。《清史稿》记载说:"叶桂,字天士,江苏吴县人。先世自歙迁吴,祖时、父朝采,皆精医。桂年十四丧父,从学于父之门人,闻言即解,见出师上,遂有闻于时。切脉望色,如见五藏。治方不出成见,尝曰:'剂之寒温视乎病,前人或偏寒凉,或偏温养,习者茫无定识。假兼备以幸中,借和平以藏拙。朝用一方。晚易一剂,讵有当哉?病有见证,有变证,必胸有成竹,乃可施之以方。'其治病多奇中,于疑难证,或就其平日嗜好而得救法;或他医之方,略与变通服法;或竟不与药,而使居处饮食消息之;或于无病时预知其病;或预断数十年后:皆验。当时名满天下。"(《清史稿·艺术一》卷五百二)叶桂十四岁丧父,开始跟随他父亲的门人学习医学,精益求精学习医学和医理,最后名满天下,成为一代医学大师。他临殁,戒其子说:"医可为而不可为。必天资敏悟,读万卷书,而后可以济世。不然,鲜有不杀人者,是以药饵为刀刃也。吾死,子孙慎勿轻言医!"(《清史稿·艺术一》卷五百二)告诫儿子,如果不"读书万卷",就要"慎勿轻言医"。

_____

① 转引自彭定光:《中华民族道德生活史》(明清卷),唐凯麟主编,东方出版中心2015年版,第338页。

东汉名医郭玉,医技水平超群,他不见病人,只通过杂处帷中手腕把脉,便能够分清楚"左阳右阴,脉有男女,状若异人别"。由此可见其医学技术之精湛。《后汉书》记载:"郭玉者,广汉雒人也。初,有老父不知何出,常渔钓于涪水,因号涪翁。乞食人间,见有疾者,时下针石,辄应时而效,乃著《针经》《诊脉法》传于世。弟子程高,寻求积年,翁乃授之。高亦隐迹不仕。玉少师事高,学方诊六微之技,阴阳隐侧之术。和帝时,为太医丞,多有效应。帝奇之,仍试令嬖臣美手腕者与女子杂处帷中,使玉各诊一手,问所疾苦。玉曰:'左阳右阴,脉有男女,状若异人。臣疑其故。'帝叹息称善。"(《后汉书·方术列传下》卷八十二下)这是精益求精的典范。

总体来说,医学下药,犹如用兵,需精益求精才能做到。对于儒医来说更是如此。医生有三种境界:"上医医国""中医医人""下者医病"。只有精益求精才能逐步做到这三个层次。也诚如范仲淹说的:"不为良相,愿为良医。"(吴曾《能改斋漫录·文正公愿为良医》卷十三)不管是良医或者是良相,精益求精去学习,总是不会错的。这也是任何职业道德的要求。

孟子引用公明仪话说:"庖有肥肉,厩有肥马;民有饥色,野有饿莩,此率兽而食人也。"(《孟子·滕文公下》)这是为王者的失职,是为王者没有精益求精,导致"民有饥色,野有饿莩"。司马迁受宫刑而撰写《史记》,这是史学家的精益求精。李时珍撰写《本草纲目》,造福人间,这是医学家的精益求精。隋代匠师李春设计建造赵州桥至今有 1400 多年了仍然屹立在人间。这是工匠的精益求精。曹雪芹费时十八年写成《红楼梦》,享誉古今,这是小说家的精益求精。司马迁说:"昔西伯拘羑里,演周易;孔子厄陈蔡,作春秋;屈原放逐,著离骚;左丘失明,厥有国语;孙子膑脚,而论兵法;不韦迁蜀,世传吕览;韩非囚秦,说难、孤愤。"①(《史记·太史公自序》卷一百三十)

———————

① 这里司马迁描述的虽然不是历史事实,但确实是情感真实。笔者这里引用,是为了表达其情,而非表达其实。

第六章　儒家忠德思想与国家忠德

　　钱穆先生在《国史大纲》中说，中国在夏商周时期，是贵族统治时期；秦汉以后是平民政治①。士人参与政府忠于国家和人民，这是忠德一个重要内容。《左传·昭公元年》记赵孟之言曰："临患不忘国，忠也。"这是对国家的忠。王充《论衡·解除篇》说："行尧、舜之德，天下太平，百灾消灭，虽不逐疫，疫鬼不往。行桀、纣之行，海内扰乱，百祸并起，虽日逐疫，疫鬼犹来。"这是说统治者要行尧舜一样的善政，天下就太平。天下实行仁政就是疫鬼也不会出来。如果统治者行桀纣恶政，就会"海内扰乱，百祸并起"。这就说明统治者，要对人民忠诚。《左传·桓公六年》季梁对随侯说："所谓道，忠于民而信于神也；上思利民，忠也。"这是对百姓的忠诚。而对民众的忠诚，就涉及官德之忠和国家之忠，这是本章主要讨论的问题。

第一节　忠德与官德

　　官德，有广义和狭义之分。狭义的官德在传统社会主要包括君德和臣德。广义官德，指整个统治阶级的道德。我们这里讨论的忠德与官德，主要指广义

---

① 钱穆：《国史大纲·引论》(上)，商务印书馆1996年版，第14页。

的官德。在儒家看来,忠德与官德的忠德,主要体现在廉洁奉公、举贤任能和以民为本三个方面。廉洁奉公之忠,指官员本身的道德要求。举贤任能之忠,指政府系统体制效能更换机制。以民为本之忠,是指官德的服务对象和目的。从政治伦理来说,廉洁奉公是执政者本身的道德要求;举贤任能是执政者自身统治可持续的效能政治道德要求;以民为本是执政者统治的目的。三者之间的关系是相辅相成,相互促进的。

一、廉洁奉公

廉洁奉公是指忠诚履行公共权力,尽心为公,不贪污,不腐败。这是儒家的政治美德之一。《尚书》认为有九种美德,而廉德就是其中之一。《尚书》说:"宽而栗,柔而立,愿而恭,乱而敬,扰而毅,直而温,简而廉,刚而塞,强而义。"(《尚书·虞书·皋陶谟》)其中"简而廉"就是九种美德之一。《晏子春秋》说:"廉者,政之本也;让者,德之主也。粟,高不让,以至此祸,可毋慎乎!廉之谓公正,让之谓保德。"(《晏子春秋·内篇杂下》卷六)廉洁是政治的根本,体现了政治的公平正义。《管子》说:"国有四维,一维绝则倾,二维绝则危,三维绝则覆,四维绝则灭。倾可正也,危可安也、覆可起也,灭不可复错也。何谓四维?一曰礼,二曰义,三曰廉,四曰耻。礼不逾节,义不自进,廉不蔽恶、耻不从枉。故不逾节则上位安,不自进则民无巧诈,不蔽恶则行自全,不从枉则邪事不生。"(《管子·牧民》卷一)《管子》认为,廉,是礼义廉耻"四维"之一。孔子也说:"道千乘之国,敬事而信,节用而爱人,使民以时。"(《论语·学而》)孔子认为治理国家注意三点:"节用""爱人",还要遵守农业自然规律,即"使民以时"。"节用"即是廉洁。孟子说:"可以取,可以无取,取伤廉;可以与,可以无与,与伤惠;可以死,可以无死,死伤勇。"(《孟子·离娄下》)这是一种政治道德和政治智慧,既然取了有损廉洁,自然就不要索取,这是为官之道政治道德。荀子也说:"知节用裕民,则必有仁义圣良之名,而且有富厚丘山之积矣。此无它故焉,生于节用裕民也。不知节用裕民则民贫,民贫则田瘠以秽,田瘠以秽则出实不半,上虽好取侵夺,犹将寡获也。而或以无礼节用之,则必有贪利纠譑之名,而且有空虚穷乏之实矣。此无它故焉,不知节用裕民也。"(《荀子·富国》)这强调了仁义圣良之臣对于节用的价值。荀子的学生韩非子也说:"所谓廉者,必生死之命也,轻恬资财也。"(《韩非子·解老》)

那么,如何保持廉洁奉公呢? 第一,在道德修养中,要加强廉洁修养,保持节俭作风,反对奢侈。《左传》说:"俭,德之共也;侈,恶之大也。"(《左传·庄公二十四年》)刘向在《说苑》中提出为官有"六正六邪":"故人臣之行有六正六邪,行六正则荣,犯六邪则辱。夫荣辱者,祸福之门也。何谓六正六邪? 六正者:一曰萌芽未动,形兆未见,昭然独见存亡之几,得失之要,预禁乎未然之前,使主超然立乎显荣之处,天下称孝焉,如此者,圣臣也;二曰虚心白意,进善通道,勉主以体谊,谕主以长策,将顺其美,匡救其恶,功成事立,归善于君,不敢独伐其劳,如此者,良臣也;三曰卑身贱体,夙兴夜寐,进贤不解,数称于往古之行事,以厉主意,庶几有益,以安国家社稷宗庙,如此者,忠臣也;四曰明察幽,见成败,早防而救之,引而复之,塞其间,绝其源,转祸以为福,使君终以无忧,如此者,智臣也;五曰守文奉法,任官职事,辞禄让赐,不受赠遗,衣服端齐,饮食节俭,如此者,贞臣也;六曰国家昏乱,所为不道,然而敢犯主之严颜,面言君之过失,不辞其诛,身死国安,不悔所行,如此者,直臣也;是为六正也。六邪者:一曰安官贪禄,营于私家,不务公事,怀其智,藏其能,主饥于论,渴于策,犹不肯尽节,容容乎与世沈浮上下,左右观望,如此者,具臣也;二曰主所言皆曰善,主所为皆曰可,隐而求主之所好,即进之以快主之耳目,偷合苟容,与主为乐,不顾其后害,如此者,谀臣也。三曰中实颇险,外貌小谨,巧言令色,又心嫉贤,所欲进,则明其美而隐其恶,所欲退,则明其过而匿其美,使主妄行过任,赏罚不当,号令不行,如此者,奸臣也;四曰智足以饰非,辩足以行说,反言易辞,而成文章,内离骨肉之亲,外妒乱朝廷,如此者,谗臣也;五曰专权擅势,持招国事以为轻重,私门成党以富其家,又复增加威势,擅矫主命,以自显贵,如此者,贼臣也;六曰谄言以邪,坠主不义,朋党比周,以蔽主明,入则辩言好辞,出则更复异其言语,使白黑无别,是非无间,伺候可推,而因附然,使主恶布于境内,闻于四邻,如此者,亡国之臣也;是谓六邪。贤臣处六正之道,不行六邪之术,故上安而下治,生则见乐,死则见思,此人臣之术也。"(《说苑·臣术》二)六正体现为六种正臣:圣臣、良臣、忠臣、智臣、贞臣、直臣。六邪体现为六种坏臣:具臣、谀臣、奸臣、谗臣、贼臣、亡国之臣。六种正臣最大的特点就是廉洁奉公,六种邪臣最大的污点就是贪污腐败,以权谋私。因此,廉洁奉公就要在道德修养上提高自己,保持节俭。在政治实践中,严格要求自己。当然,官员是否廉洁奉公,不能只看他们说的,还要通过实践来观察。"贵则观其所举,富则观其所养,居则观其所好,习则观其所言,穷则观其所不受,贱则观其所不为。"(《贞观政要·臣术》卷三)

　　历史上出现了很多廉洁的官员。如唐代宰相韦贯之。"韦贯之,名纯,避宪宗讳,以字行……贯之及进士第,为校书郎,擢贤良方正异等,补伊阙、渭南尉。河中郑元、泽潞郗士美以厚币召,皆不应。居贫,啜豆粥自给。再迁长安丞。或荐之京兆尹李实,实举笏示所记曰:'此其姓名也,与我同里,素闻其贤,愿识之而进于上。'或者喜,以告曰:'子今日诣实,而明日贺者至矣!'贯之唯唯,不往,官亦不迁。"(《新唐书·韦贯之传》卷一百六十九)"贯之沈厚寡言,与人交,终岁无款曲,不为伪辞以悦人。为右丞时,内僧造门曰:'君且相。'贯之命左右引出,曰:'此妄人也。'居辅相,严身律下,以正议裁物,室居无所改易。裴均子持万缣请撰先铭,答曰:'吾宁饿死,岂能为是哉!'生平未尝通馈遗,故家无羡财。"(《新唐书·韦贯之传》卷一百六十九)韦贯之在担任低级官员时,有人把他举荐给京兆尹李实,李实"素闻其贤,愿识之而进于上",愿意认识韦贯之,想把他推荐给皇上。李实这样说,也不是为了向韦贯之索要财物,仅仅是想认识他这位同乡。但是韦贯之觉得这样走后门,不光彩,就没有去李实家里,结果没有被升迁。后来韦贯之作了宰相,裴均的儿子持"万缣"请韦贯之写墓志铭,他说宁愿饿死也不写。他"生平未尝通馈遗",去世的时候"家无羡财",由此可见其廉洁程度。在古代官僚体制中,是很难见到这样的廉洁官员的。

武则天的《臣轨》一书说："清静无为，则天与之时；恭廉守节，则地与之财。君子虽富贵，不以养伤身；虽贫贱，不以利毁廉。知为史者，奉法以利人；不知为吏者，枉法以侵人。理官莫如平，临财莫如廉。廉平之德，吏之宝也。非其路而行之，虽劳不至；非其有而求之，虽强不得。知者不为非其事，廉者不求非其有，是以远害而名彰也。故君子行廉以全其真，守清以保其身。富财不如义多，高位不如德尊。"（《臣轨·廉洁》卷下）这是高度重视官员的廉德。吕本中在《官箴》中也说：廉洁"可以保禄位，可以远耻辱，可以得上之知，可以得下之援。"（吕本中《官箴》）

第二，在道德实践中，要克制贪欲，做到中正仁义。节俭可以养廉，很多官吏不廉洁，就是因为不节俭，奢侈浪费。《臣轨》说："知者不为非其事，廉者不求非其有。是以远害而名彰也。故君子行廉以劝其真，守清以保其身。"（《臣轨·廉洁》卷下）无欲则刚，官吏如果不养成一种节俭的习惯，在面对利益诱惑的时候，就很容易丧失其清廉。唐代李商隐说："历览前贤国与家，成由勤俭败由奢。"（《全唐文·咏史》卷五百三十九）

从人性论上来分析，过多的金钱、过大的权力或其它拥有过多诱惑性的利益，是具有腐蚀性和反吞噬性。所以，从历史上来，很多皇帝，在位前期是圣明君主，在位时间长了，就成为昏君了。唐玄宗就是典型的案例。他前期整个唐朝繁华富足，但是后期沉溺女色，最后导致安史之乱，将国家拖入困境。从此以后，大唐繁华不再，晚唐再经过黄巢农民起义的打击，最后国家崩溃。皇帝如此，大臣也是如此。秦朝宰相李斯，前期也是兢兢业业，恪尽职守，后期参与争权夺利，最后被腰斩于市。明代宰相胡惟庸，前期也是勤勤恳恳，后期就结党营私，贪权夺利，最后被朱元璋所杀。也有一路贪污一路升迁，最后还是被杀的，如清代和珅等。

《吕氏春秋》说："临大利则不易其义，可谓廉矣。"（《吕氏春秋·忠廉》）廉洁奉公就是在面对利益诱惑的时候，不改变仁义道德。因此，克制自己的欲望,过廉洁的政治生活。这不是天生的,而是一个修炼的过程。权力导致腐败,绝对权力导致绝对腐败。其根本原因是权力的主体或权力的拥有者在权力或金钱面前丧失自己的独立性和警惕性,同时将儒家的仁义礼智信忠孝廉抛于身后,过自己"直把杭州作汴州"的奢靡生活。明代清官海瑞说:"俭可以助廉,俭以养廉。"(《海瑞集·令箴》下编)正是因为这样,才显得儒家孔颜乐处的价值和意义。颜回在"一箪食,一瓢饮,在陋巷,人不堪其忧,回也不改其乐",这显示了道德主体高度的意志自律和意志自由。这种自由的意志自律和意志自由,在权力者的治理过程中,也能表现出高度的权力自治和权力自律,而这样的权力自治和权力自律,如果权力主体不克制自己的欲望和控制自己的贪婪,那么贪婪和自私很容易成为滥用权力的内驱力。那样整个权力系统或权力体制或权力机制包括权力主体在内,就很容易丧失自我控制的执政能力和政治智慧,其最后的结果基本上就是身亡国灭。所以《贞观政要》说:"为主贪,必丧其国;为臣贪,必亡其身。"(《贞观政要·令贪鄙》卷六)

魏晋南北朝的齐太祖萧道成就是一位廉洁的君主。他"博学,善属文,工草隶书,弈棋第二品。虽经纶夷险,不废素业。及即位后,身不御精细之物,主衣中有玉介导,以长侈奢之源,命打破之。凡异物皆令随例毁弃。后宫器物栏槛,以铜为饰者,皆改用铁。内殿施黄纱帐,宫人著紫皮履。华盖除金华爪,用铁回钉。每曰:'使我临天下十年,当使黄金与土同价。'欲以身率下,移风易俗。"(《南史·齐本纪上第四》卷四)

皇帝如此,在中国历史上官吏廉洁也不乏其人。如唐代官吏崔戎。"崔戎,字可……云南蛮乱成都,诏戎持节剑南为宣抚使。奏罢税外姜芋钱;当赋钱者率三之,以其一准缯布,优其估以与民;绥招流亡。凡废若置,公私莫不便之。还拜给事中。出为华州刺史。吏以故事置钱万缗为刺史私用,戎不取。及去,召吏曰:'籍所置钱享军,吾重矫激以夸后人也。'徙兖海沂密观察使,民拥留于道不得行,乃休传舍,民至抱持取其靴。时诏使尚在,民泣诣使,请白天子丏戎还,使许诺。戎惠责其下,众曰:'留公而天子怒,不过斩吾二三老人,则公不去矣。'戎夜单骑亡去,民追不及乃止。至兖州,鉏灭奸吏十余辈,民大喜。岁余卒,年五十五,赠礼部尚书。"(《新唐书·崔戎传》卷一百五十九)崔戎为剑南宣抚使,本来自己有刺史的专用款,但是他分文未取。他离任赴外地任职,百姓极力想挽留他,出此可见其得民心之深。

再如清代廉吏于成龙。他就是廉吏典范之一,他廉洁奉公,"执法决狱,不徇私情,屡伸冤抑,案牍无停,不滥准一词,不轻差一役,而刁讼风息,扰害弊除"(《清史列传·于成龙》卷八)。在福建按察使的任上,他"倡赎被掠良民子女数百口,资给路费遣归。屏绝所属馈送。性甘淡泊,吏畏民怀,为闽省廉能第一"(《清史列传·于成龙》卷八)。他后来受到康熙皇帝的高度表旌:"清介自持,才能素著,允称卓异。"(《清史列传·于成龙》卷八)还说:"于成龙督江南,或言其变更素行,及卒后,始知其始终廉洁,为百姓所称。殆因素性鲠直,不肖挟仇谗害,造为此言耳。居官如成龙,能有几耶?"(《清史稿·于成龙传》卷二百七十七)于成龙去世后,康熙皇帝称赞他说:"朕博采舆评,咸称于成龙实天下廉吏第一。"(《清史稿·于成龙传》卷二百七十七)历史上的廉吏还有如晏婴、诸葛亮、寇准、于谦、海瑞等。

北齐学者刘昼说:"人之性贞,所以邪者,欲眩之也。身之有欲,如树之有蝎。树抱蝎则还自凿。身抱欲而返自害。故蝎盛则木折,欲炽则身亡。"(《刘子·防欲第二》)财富多了,如果德性跟不上可能就导致自身"欲炽则身亡"。宋代吕本中在《官箴》卷首言谈了清、慎、勤,其中"清"就是廉洁。他说"当官之法,唯有三事:曰清、曰慎、曰勤。知此三者,可以保禄位,可以远耻辱,可以得上之知,可以得下之援。然世之仁者,临财当事,不能自克,常自以为不必败;持不必败之意,则无所不为矣。然事常至于败而不能自已。故设心处事,戒之在初,不可不察。借使役用权智,百端补治,幸而得免,所损已多,不若初不为之为愈也。"(吕本中《官箴》卷一)吕本中说的为官三事:清、慎、勤,"可以保禄位,可以远耻辱,可以得上之知,可以得下之援",这等于是得民心,因而也具有普遍性。因此,吕本中说的很多话成为了古代许多官员为官的箴言,至今还具有借鉴意义。

第三,在法律制度上,要严惩腐败和贪官。廉洁奉公除了权力主体自我修养和自我克制欲望之外,还需要法律和制度的规定。从政治伦理的角度来说,政治人格仅仅靠道德自我克制和自我修养,是很难达到理想效果的,需要法律制度才能保证其守得住底线道德。韩非子在《韩非子》一书的开篇就说:"不知而言,不智;知而不言,不忠。为人臣不忠,当死;言而不当,亦当死。"(《韩非子·初见秦》)"为人臣不忠,当死",这就是法律的效力。尽管这具有一种政治绝对主义的色彩,但是对于惩罚腐败和贪官具有重要的警示作用。秦国在法家法、势、术的理论指导下,通过一系列的强兵富国的政策,逐渐由西部边陲小国逐渐富强起来,进而通过对六国的吞并战争,建立一个庞大的秦帝国。秦国在崛起的过程中,秦国的战士,是勇敢的,官员的整体素养是廉洁的。因为严酷的法律规定的连坐制和保甲制,将整个村落乡、里、亭等基层行政单位捆绑在一起。同时,秦国又坚持"以吏为师",将整个国家的司法解释权和教育权交给了官吏。而这样的司法体系,在纷乱的战国时期,可以起到很好的司法震慑作用,这对于秦国促进全国统一的兼并战争起到了很好的司法保障作用。

但是,因为秦国采用严酷的司法体系,在司法实践中,看不到人性的温暖。所以,当陈胜、吴广等农民,被派往渔阳戍戍的时候,遭遇暴雨阻隔等这种不可抗力的因素时,使得他们无法按期到达预定的地点。而根据秦代的法律,如果迟到渔阳,那么等待他们将是斩首。因此,在这种法与理的矛盾中,在生与死的抉择中,他们只有反抗。反抗可能有一线的生机,而不反抗只有黄泉之路。因此陈胜他们,"斩木为兵,揭竿为旗,天下云会响应,赢粮而景从,山东豪俊遂并起而亡秦族矣"(《史记·陈涉世家》卷四十八)。

汉代在秦国的废墟上建立了一个地域广袤的帝国。当刘邦在戏骂儒家"乃公居马上而得之,安事诗书"(《史记·陆贾列传》卷九十七)的时候,陆贾回敬一句:"居马上得之,宁可以马上治之乎?且汤武逆取而以顺守之,文武并用,长久之术也。昔者吴王夫差、智伯极武而亡;秦任刑法不变,卒灭赵氏。乡使秦已并天下,行仁义,法先圣,陛下安得而有之?"(《史记·陆贾列传》卷九十七)刘邦作为秦帝国的低级官吏,对庞大的秦帝国在几年时间内就轰然倒塌的历史事实刻骨铭心,因此,当他得意地骂儒生"乃公居马上而得之,安事诗书"的时候却被陆贾为代表的儒家狠狠打脸,这才"不怿而有惭色"(《史记·陆贾列传》卷九十七)。最后刘邦对陆贾说:"试为我著秦所以失天下,吾所以得之者何,及古成败之国。"最后"陆生乃粗述存亡之徵,凡著十二篇。每奏一篇,高帝未尝不称善,左右呼万岁,号其书曰'新语'"(《史记·陆贾列传》卷九十七)。从西汉到清代,皇权社会的法律就和儒家伦理纠缠在一起。帝国的法律显示出浓厚的伦理色彩,而伦理规范中又透露出令人不寒而栗的冷酷的专制法律。为了维护皇权的绝对专制和君主的绝对统治,"阳儒阴法"就称为皇帝们维护专制统治的不二法门。

我国的政治文化具有丰富的内容,每个朝代都有各种各样的法律或皇帝诏书,这些规定了各级官员的政治生活和道德生活的廉洁奉公。即使在频繁的战火中,很多君主和大臣也是崇尚廉洁的。魏晋南北朝,战火频繁,也是如此。这个时期很多君主和大臣还提倡廉洁奉公,崇尚节俭。如宋明帝。他在诏书中,就提到"刻意从俭"。他在诏书中说:"皇室多故,縻费滋广,且久岁不登,公私歉弊。方刻意从俭,弘济时艰,政道未孚,慨愧兼积。大官供膳,可详所减撤,尚方御府雕文篆刻无益之物,一皆蠲省,务存简约,以称朕心。"(《宋书·明帝纪》卷八)宋明帝节俭从自己做起,通过诏书的形式告谕臣民,这也树立了节俭的行政作风。

再如陈文帝。他自己曾下诏,体贴民生,躬行自责:"朕以寡德,纂承洪绪,日昃勤劳,思弘景业,而政道多昧,黎庶未康,兼疹患淹时,亢阳累月,百姓何咎,实由朕躬,念兹在兹,痛如疾首。"(《陈书·本纪第三·世祖》卷三)他自己带头在整个统治阶级中提倡廉洁节俭,杜绝奢侈糜烂的生活,让整个社会形成勤俭节约之风。他"起自艰难,知百姓疾苦。国家资用,务从俭约"(《陈书·本纪第三·世祖》卷三）。魏晋南北朝时期，朝廷颁发了许多节俭诏书，这些诏书对抑制官员的奢侈浪费，崇尚勤俭节约有很好的引导作用。如宋后废帝《禁奢费诏》、宋顺帝的《约损诏》、齐明帝的《崇俭诏》、梁代任昉的《为梁武帝断华侈令》、陈文帝的《禁奢丽诏》等①。

《唐律》也有严格的廉洁的规定。它规定：一般官吏应执勤而不值班，各笞二十，满一昼夜者，笞三十。官员无故不到官署办公，应该值班而不到以及请假超假者，按日数计处刑，超过一日笞二十，罪止徒一年②。《唐律》对于官员营私舞弊、贪赃枉法罪的规定是极为系统，处罚也更重。它是第一部出现"六赃"③罪名的法典，其中有半数以上是规定官吏贪污受贿行为的，如受财枉法、受财不枉法、受所监财物、坐赃罪都是针对官吏，规定以受贿的数额多少作为定罪行轻重的依据。

但是尽管如此，贪污和腐败，在古代还是大量存在的。如宋徽宗时期的宰相蔡京，就利用自己公共权力贪腐腐败。《宋史》记载："蔡京又动以笔帖于榷货务支赏给，有一纸至万缗者。京所侵私，以千万计，朝论喧然。"（《宋史·食货下一》卷一百七十九）他大笔一挥，"一纸至万缗"，而蔡京自己侵私的"以千万计"。再如宋绍宗时期钱良臣。有一年"江西连岁大旱"而且"疫疠大作"（《宋史·龚万良传》卷三百八十五），钱良臣却"侵盗大军钱粮，累数十万"（《宋史·龚万良传》卷三百八十五），而且很长一段时间安然无事。后来"谢廓然因劾之，乃落职放罢"（《宋史·龚万良传》卷三百八十五）。

当然，传统中国的法律、伦理和制度往往又交织在一起，法是伦理的法，制度是伦理的制度，伦理又是法的伦理，也是制度的伦理。这是中国传统政治文化的特点。也正是这样的特点，才显示出了中国传统文化包括政治文化在内

---

① 邓名瑛：《中华民族道德生活史》（魏晋南北朝卷），唐凯麟主编，东方出版中心 2015 年版，第 205 页。

② 张晋藩：《中国法制史》，中国政法大学出版社 2002 年版，第 167 页。

③ 《唐律》"六赃"分别是：受财枉法、受财不枉法、受所监临财物、强盗、窃盗和坐赃。

的伦理特质。

二、举贤任能

钱穆先生认为,中国自汉朝以来就是平民政府。他说:"汉高称帝,开始有一个代表平民的统一的政府。武帝以后,开始有一个代表平民的社会、文治思想的统一政府。"①我们姑且不评论他这个观点是否合理,但是从政治制度上来说,也不能说没有道理。传统政治从秦汉时代,进入政府系统主要通过举孝廉和科举制,尤其是科举制,为传统政府填充政治精英,提供了很多的机会,也为平民子女进入政府担任要职,提供了政治机会。尽管科举考试成功的机会很少,担任政府要职的政治机遇也不多见,但是毕竟还是从制度上提供了这样机会。这比夏商周贵族世袭制的政治机会要灵活得多。因此,从这个角度上来说,秦汉以后的中国传统政治制度和政治效能要比夏商周三代要先进许多。这是一种政治制度的进步,也是政治文化的发展。尽管这样的进步,离政治民主和政治协商的现代政治还很遥远。但是我们不能带着现代政治的傲慢去跳出历史语境去苛求古人。如果这样,这就不为现代政治所宽容,而是带有了政治血统论和政治独断论。这样的形而上学的政治视野,对政治思想史和政治制度史,甚至对整个历史的研究都是有害的。因此,审视历史,评价历史,我们应该要回到历史语境,遵循实事求是的历史态度,在史料的基础上去分析、观察和评价历史。从历史中汲取历史经验,为今人的生活提供历史智慧。

那么,传统历史肯定也不是鲁迅先生所说的,翻开历史,只看见密密麻麻的历史上写好"吃人"两个字②。这样的表达,是在特定五四运动的背景下提出来,是小说家的一种情感表达,但不是研究者的理性分析。在传统政治文化中,还是有许多闪烁的思想亮点,值得今人去研究和分析。习近平总书记指出:"从历史的角度看,包括儒家思想在内的中国传统思想文化中的优秀成

---

① 钱穆:《国史大纲》(上),商务印书馆1996年版,第113页。
② 鲁迅:《鲁迅全集》(第一卷),人民文学出版社2005年版,第447页。

分,对中华文明形成并延续发展几千年而从未中断,对形成和维护中国团结统一的政治局面,对形成和巩固中国多民族和合一体的大家庭,对形成和丰富中华民族精神,对激励中华儿女维护民族独立、反抗外来侵略,对推动中国社会发展进步、促进中国社会利益和社会关系平衡,都发挥了十分重要的作用。"①举贤任能就是传统政治文化一个重要的政治亮点。举贤任能尽管在主观上是为了维护君主专制的统治,但是在客观上,对于政治文明的进步和发展,对政治伦理的水平的提高,对政治智慧的提升,也对缓冲残暴的君主独裁,起到了重要的作用。

荀子在描述发展时期的秦国官员的时候,无不感叹地说:"其固塞险,形势便,山林川谷美,天材之利多,是形胜也。入境,观其风俗,其百姓朴,其声乐不流污,其服不挑,甚畏有司而顺,古之民也。及都邑官府,其百吏肃然莫不恭俭、敦敬、忠信而不楛,古之吏也。入其国,观其士大夫,出于其门,入于公门,出于公门,归于其家,无有私事也,不比周,不朋党,偶然莫不明通而公也,古之士大夫也。观其朝廷,其闲听决百事不留,恬然如无治者,古之朝也。故四世有胜,非幸也,数也。是所见也。故曰:佚而治,约而详,不烦而功,治之至也。秦类之矣。"(《荀子·强国第十六》)这种"入其国,观其士大夫,出于其门,入于公门,出于公门,归于其家,无有私事也,不比周,不朋党,偶然莫不明通而公也,古之士大夫"是整体的秦代官员行政作风,为秦统一六国准备了政治资源和政治智慧。这是一种贤能政治。没有这样的政治效能和行政作风,仅仅靠单一的战争攻城略地,很难在短时间内灭掉六国统一中国而建立幅员辽阔的庞大的秦帝国。

事实上,自儒家产生以来,儒家就已经意识到了选贤任能的重要性。这是一种政治智慧的进步。在夏商时期,统治者的政治心理,主要还是被"天授神权"政治所笼罩,君主认为自己代表上天的意志在人间实行统治。上天、自己

---

① 习近平:《在纪念孔子诞辰 2565 周年国际学术研讨会暨国际儒学联合会第五届会员大会开幕会上的讲话》,《人民日报》2014 年 9 月 25 日。

的祖先和神灵都会在上天保佑人间的统治。像商纣王这样的人,他自认为有神权政治的庇护,他是非常自信的。在君主的眼中,那些统治集团的大臣们的死去的祖先,也首先会保佑君主政权的稳定和政权的平稳过渡。这大概就是孔子为什么"不语怪、力、乱、神"(《论语·述而》)的原因之一。商王盘庚曾引用圣贤任职的话,也是说明了这点。他说:"古我先王暨乃祖乃父胥及逸勤,予敢动用非罚?世选尔劳,予不掩尔善。兹予大享于先王,尔祖其从与享之。作福作灾,予亦不敢动用非德。予告汝于难,若射之有志。"(《尚书·盘庚上》)

的确,像商纣王,他自己确实也是一个非常聪明的人。司马迁说:"帝纣资辨捷疾,闻见甚敏;材力过人,手格猛兽;知足以距谏,言足以饰非;矜人臣以能,高天下以声,以为皆出己之下。"(《史记·殷本纪》卷三)对于商纣王来说,他的政治治理主要就是一件事:那就是不断地祷告,祈福上天和神灵祖先的保佑。因此,甲骨文关于祭祀的记载非常之多。因为有上天的保佑,商纣王自己就表现出极大自负态度。他曾经说:"我生不有命在天乎!"(《史记·殷本纪》卷三)如此自负的政治统治者,是很难任用贤人的。因此,在商纣王的视野里,除了自己私欲的满足,一切民众的生活,在他的眼中,可以视而不见听而不闻。他只顾自己奢靡,荒淫无度。司马迁说:商纣王"好酒淫乐,嬖于妇人。爱妲己,妲己之言是从。于是使师涓作新淫声,北里之舞,靡靡之乐。厚赋税以实鹿台之钱,而盈钜桥之粟。益收狗马奇物,充仞宫室。益广沙丘苑台,多取野兽蜚鸟置其中。慢于鬼神。大冣乐戏于沙丘,以酒为池,县肉为林,使男女裸相逐其间,为长夜之饮。"(《史记·殷本纪》卷三)

夏桀、商纣王、周幽王等三代末代君王的灭亡,都持这样的政治心理:其一,天佑神权,他们不需要贤能政治。其二,自己非常自负,在权力面前放逐自我欲望,甚至将欲望无限地放大。如周幽王为了获得褒姒的一笑,居然可以拿国家防御体系来开玩笑,并将整个诸侯的忠诚,当成玩笑,这是一种政治自虐。所以,夏桀残暴也好,商纣王的淫乱也好,还是周幽王的政治戏耍也罢,都只不过是统治者政治欲望和人性恶的极度放大。其三,对生命本身的轻视。夏商周三代君主相信灵魂和鬼魂的存在,在统治者看来,就是驾崩了,死亡后的灵魂世界里依然有自己的荣华富贵。也正是由于存在彼岸世界的富贵,所以此岸世界,对于残暴的统治者来说,就是欲望无限展望的世界。老百姓生活的艰难困苦和生命的安危,对于他们来说无足轻重了。百姓敢有怨言,残酷镇压,甚至采用"炮格之法",手段极为残忍。《史记》说:"百姓怨望而诸侯有畔者,于是纣乃重刑辟,有炮烙之法。"(《史记·殷本纪》卷三)

《论语·先进》记载:"季路问事鬼神。子曰:'未能事人,焉能事鬼?'曰:'敢问死。'曰:'未知生,焉知死?'"儒家思想是继承和发展了夏商周三代思想,三代思想的核心是巫术文化和血缘祭祀文化,信奉灵魂学说和神灵哲学。但是西周从强大的商王朝的倒塌中看到了"德"的力量。作为儒家先驱人物的周公的,对西周建国理论进行了改造。周公改制是将夏商以来的巫术文化转变为德治文化,但是周公的改制,还保留了血缘祭祀文化,而且这种改制还是不彻底的。因此,周代还保留了夏商流传下来的巫术文化和天授神权的政治文化理论。尽管周公的分封制,相对于夏商的氏族部落邦联形成的诸侯国的分封制来说,是一种巨大的进步,但周公毕竟不是儒家学派的创始人。因此,到了孔子时代,孔子看到了"仁"和"礼"的力量,才彻底将灵魂学说和天授神权政治进行改造。将政治的核心伦理思想从天国拉回人间并且提出"仁"的学说。这也是儒家贤能政治的开始。

儒家贤能政治在政府治理和政治机制更新过程中,相对于夏商周三代以来的血缘世袭制度来说,是一个巨大的进步。尽管在封建政治体制的过程中,还大量存在血缘世袭、封王建制的政治分封制。但是,这种分封的诸侯王随着儒家政治伦理的发展,其地位也是越来越弱。到了明代,分封的诸侯国,其实也只是享受政治待遇,不能干预所在地辖区的政治治理。甚至还要受到当地地方首脑的监督和协管。诸侯国诸侯王也不能自由地与别的诸侯国私下串联,甚至在没有皇帝授意的圣谕许可下,诸侯国诸侯王是不能离开辖区的封地。否则,就会以大不敬或不臣之心罪论处。

因此,举贤任能是儒家政治伦理一个重要的政府官员更新机制的核心理念。这是从夏商周三代的灭亡历史教训中,凝炼出来的政治智慧。所以,孔子提出"以道事君"。孔子说:"所谓大臣者,以道事君,不可则止。"(《论语·先进》)这里的"大臣"的"大"不应该做权力的大小之大来解释,而应该是道德修养和贤能大小之大来解释。这与《周易》说的"利见大人"的"大"是具有同一层意思。大臣,就是指贤能的,德高望重的人臣。这样的"大臣"事君,不是一味地迎合君主,而是以"道"作为标准。他称赞史鱼和蘧伯玉就是这样的"以道事君"的人。孔子说:"直哉史鱼!邦有道如矢,邦无道如矢。君子哉蘧伯玉!邦有道则仕,邦无道则可卷而怀之。"(《论语·卫灵公》)史鱼不管国家是否有道,都保持自己忠直的品德。蘧伯玉邦有道就出来做官,邦无道就将自己隐藏起来不做官,这是为了不想自己和君主称为一丘之貉,共同去欺压鱼肉百姓。

孟子比孔子更进一步,他直接就说:"不用贤则亡"(《孟子·告子下》)。他不厌其烦地向君主提出任用仁爱贤能之人,并且认为君主在任何情况下都需要贤能政治。孟子说:"仁者无不爱也,急亲贤之为务。"(《孟子·尽心上》)

在孟子看来,贤能的大臣不能一味听从君主的吩咐,如果只知道一味地服从君主的,那是"妾妇之道"。孟子说:"以顺为正者,妾妇之道也。居天下之广居,立天下之正位,行天下之大道。"(《孟子·尽心上》)孟子认为,真正贤能的大臣,不是以是否顺从君主为标准的,而是以是否以仁义为原则的。孟子认为自己掌握了仁义的政治智慧,所以,他在齐国面前,认为自己最积极最能忠敬齐王。孟子说:"我非尧、舜之道,不敢以陈于王前,故齐人莫如我敬王也。"(《孟子·公孙丑下》)不仅如此,孟子还认为,君主听从贤能大臣的观点是一种政治美德。孟子说:"故将大有为之君,必有所不召之臣,欲有谋焉,则就之。其尊德乐道,不如是不足以有为也。故汤之于伊尹,学焉而后臣之,故不劳而王;桓公之于管仲,学焉而后臣之,故不劳而霸。今天下地丑德齐,莫能相尚,无他,好臣其所教,而不好臣其所受教。汤之于伊尹,桓公之于管仲,则不敢召。管仲且犹不可召,而况不为管仲者乎?"(《孟子·公孙丑下》)在孟子看来,贤能的圣人,尽管在世的地位不如君王高,但是道德却高于君王。君王的权力只能针对现实的政治,但不能在百代之后发挥作用,而圣贤之臣的教育可以百代不衰。孟子说:"圣人,百世之师也。"(《孟子·尽心下》)

那么,如果君主利用自己的地位和权力,不听从贤能大臣的话,那怎么办?孟子提出了影响中国政治思想二千多年的观点:"易位"。孟子说:"君有大过则谏,反复之而不听,则易位。"(《孟子·万章下》)这是"以道事君"的政治正义的理论基础,也是推翻残暴君主专制的统治的政治合法性基础。所以,当齐宣王听见孟子这样说的时候,"勃然变乎色"(《孟子·万章下》)。从政治心理角度来说,估计齐宣王吓得不轻。其实孟子是想构建一个贤能政治和以民为本的政治伦理标准。因此,当君主残暴,鱼肉百姓,而失去民众之后,这个政权的合法性就轰然倒塌了。而不是像夏商周三代君主所信奉的那种神权政治和天佑王权的政治神学论。也正是有这样的政治历史经验和政治实现,所以孟子才敢于这样挑战君王的政治权威。孟子说:"桀纣之失天下也,失其民也。失其民者,失其心也。得天下有道:得其民,斯得天下矣。得其民有道:得其心,斯得民矣。得其心有道:所欲与之聚之,所恶勿施尔也。民之归仁也,犹水之就下、兽之走圹也。故为渊驱鱼者,獭也;为丛驱爵者,鹯也;为汤武驱民者,桀与纣也。今天下之君有好仁者,则诸侯皆为之驱矣。虽欲无王,不可得已。今之欲王者,犹七年之病求三年之艾也。苟为不畜,终身不得。苟不志于仁,终身忧辱,以陷於死亡。"(《孟子·离娄上》)

因此,举贤任能就自然成为政治治理的基本政治要素,也是忠臣忠于政府和百姓的政治规范。鲍叔牙之所以受到儒家的称赞,就是因为他具有这样举贤任能的政治智慧。"桓公自莒反于齐,使鲍叔为宰,辞曰:'臣,君之庸臣也。君加惠于臣,使不冻馁,则是君之赐也。若必治国家者,则非臣之所能也。若必治国家者,则其管夷吾乎。臣之所不若夷吾者五:宽惠柔民,弗若也;治国家不失其柄,弗若也;忠信可结于百姓,弗若也;制礼义可法于四方,弗若也;执枹鼓立于军门,使百姓皆加勇焉,弗若也。'桓公曰:'夫管夷吾射寡人中钩,是以滨于死。'鲍叔对曰:'夫为其君动也。君若宥而反之,犹犹是也。'桓公曰:'若何?'鲍子对曰:'请诸鲁。'桓公曰:'施伯,鲁君之谋臣也,夫知吾将用之,必不予我矣。若之何?'鲍子对曰:'使人请诸鲁,曰:"寡君有不令之臣在君之国,欲以戮之于群臣,故请之。"则予我矣。'桓公使请诸鲁,如鲍叔之言。"(《国语·齐语》卷六)正是有这样的政治伦理理念,因此在中国政治思想史,出现了许多举贤任能的可歌可泣的故事。

如春秋祁奚。他推荐仇人解狐,也推荐自己的儿子,看似矛盾的政治实践,但是却是以贤与不贤作为政治推荐的伦理标准。这也正是祁奚的可贵之处。《左传》记载了这件政治事件:"祁奚请老,晋侯问嗣焉。称解狐,其仇也,将立之而卒。又问焉,对曰:'午也可。'于是羊舌职死矣,晋侯曰:'孰可以代之?'对曰:'赤也可。'于是使祁午为中军尉,羊舌赤佐之。君子谓:祁奚于是能举善矣。称其仇,不为谄。立其子,不为比。举其偏,不为党。"(《左传·襄公三年》)

总之,儒家举贤任能体现了一种成熟的政治智慧,不论是从举贤任能的政治伦理来源还是政治伦理的实践,都体现了一种以"仁义"为核心的政治道德智慧和"以民为本"的政治实践对象。

三、以民为本

以民为本就是要重视百姓的价值,关心百姓的生活,包括衣食住行等物质和精神层面。儒家学派创始人孔子非常重视民本民生的价值,开启了儒家民本主义先河。如孔子说:"道千乘之国,敬事而信,节用而爱人,使民以时。"(《论语·学而》)还说:"有君子之道四焉:其行己也恭,其事上也敬,其养民也惠,其使民也义。"(《论语·公冶长》)这些都是强调对民的重视。有一次马厩起火了,孔子退朝回来,首先就是问伤了人没有,而不是问马烧伤没有。"厩焚。子退朝,曰:'伤人乎?'不问马。"(《论语·乡党》)

《左传·桓公六年》季梁说随侯曰:"所谓道,忠于民而信于神也;上思利民,忠也。"忠德内容就包含了对民众的忠,即上对下的忠。这是儒家政治伦理的一个重要内容之一,也是政治治理的目的。孟子说:"天时不如地利,地利不如人和。三里之城,七里之郭,环而攻之而不胜。夫环而攻之,必有得天时者矣;然而不胜者,是天时不如地利也。城非不高也,池非不深也,兵革非不坚利也,米粟非不多也;委而去之,是地利不如人和也。故曰:域民不以封疆之界,固国不以山谿之险,威天下不以兵革之利。得道者多助,失道者寡助。寡助之至,亲戚畔之;多助之至,天下顺之。以天下之所顺,攻亲戚之所畔;故君子有不战,战必胜矣。"(《孟子·公孙丑下》)由此也可以看出孟子对民的重视。

荀子也是非常重视民,并和孔子孟子一样将重民理念上溯到了尧舜时代。

荀子说:"上则能尊君,下则能爱民,物至而应,事起而辨,若是,则可谓通士矣。"(《荀子·不苟》)还说:"彼固天下之大虑也,将为天下生民之属长虑顾后而保万世也。"(《荀子·荣辱》)又说:"汤、武者,民之父母也;桀、纣者,民之怨贼也。"(《荀子·正论》)荀子引颜渊的话说:"舜不穷其民。"(《荀子·哀公》)一个政权是否具有合法性,就是看对民众的态度。得到民众拥护的,就是合法的政府,实行残暴统治,盘剥百姓,苛政猛如虎的政府,就是非法政府。因此,对待民众的态度,决定了政治的合法性和合理性。因此,以民为本,在整个儒家政治价值系统中,占有重要地位。可以说,"以民为本,既是中国古代政治思想的一个重要的组成部分,又是中华民族传统政治理论文化的精华,是治国安邦的前提和基础。"①

那么,儒家为什么要提出以民为本呢? 孔子创立儒家是在春秋末期,但是

---

① 邓名瑛:《中华民族道德生活史》(《魏晋南北朝卷》),唐凯麟主编,东方出版社 2015 年版,第 201 页。

中国文明发展到孔子时代,已经有 2000 多年的历史了,如果我们从尧舜禹时代算起①。在儒家看来,尧舜时代是远古道德高峰的时代②。因为在孔子所处的时代,其实是一个"礼乐征伐自诸侯出"(《论语·季氏》)动乱的时代;是一个"今夫天下之人牧,未有不嗜杀人者也"(《孟子·梁惠王上》)的时代;是一个"以土地之故,糜烂其民而战之"(《孟子·尽心下》)的时代。天下大乱,兵革四起,万民苦殃,百姓流离失所,饿殍遍野。春秋战国时代在儒家眼中就是臣弑君,子弑父,君不君,臣不臣,父不父,子不子,夫不夫,妇不妇的时代。因此儒家认为,只有百姓支持的国家才能民富国强,只有实行仁政的国家,民众才会拥护。孟子说:"桀纣之失天下也,失其民也。失其民者,失其心也。得天下有道:得其民,斯得天下矣。得其民有道:得其心,斯得民矣。"(《孟子·离娄上》)儒家从夏桀、商纣王的掠民、杀民、暴民等政治失败的历史教训中,找到了仁义智慧。同时,又从汤武革命的历史经验中,看到了民众的力量。夏商依靠神灵庇护的神学统治秩序,是不可能护佑其江山永固的。只有实行仁政,以民为本才能让国家兴旺发达。所以,儒家设定的理想国家,就是"大同"的美好世界:"大道之行也,天下为公。选贤与能,讲信修睦,故人不独亲

① 在第一章,笔者用了很长的篇幅论述尧舜时代文明和忠德的起源,认为中国的历史文明起源于尧舜时代,大概在公元前 2600 多年左右。同时,笔者也认为古代说的三皇五帝,不是一个具体的人,而是一个部落的名称或者氏族集团的名称。

② 从历史上来看,尧舜时代的生产力极端低下,人们生活在茹毛饮血的时代,不可能生活在一个道德富有、物质生活丰富的时代。儒家对尧舜道德丰富时代的歌颂,是一种道德理想。其目的是为了论证儒家道德起源和道德价值的合理性。其实,这并不奇怪,一个理论的起点和论证合理性的方式多种多样,只是论证的路径不一样。西方哲学家在论证其理论合理性问题的时候,喜欢预设概念。比如柏拉图在论证自己理论的时候,设定了一个"理想国",亚里士多德设定了"理念"世界,康德设立了"物自体"和"绝对命令",黑格尔设立了"绝对理念",罗尔斯设立了"无知之幕"等。当我们把他们的"理想国""理念""物自体""绝对命令""绝对理念"和"无知之幕"等假定的概念抽空之后,其整个哲学大厦的基础就轰然倒塌了。预设一个概念或一个假想的精神世界,这是西方哲学家热衷的哲学论证方式。中国哲学家喜欢追溯历史,喜欢从历史的角度来阐释一个道德实践的世界。如先秦时代,韩非子将道德世界的完美,追溯到了燧人氏时代;墨子将道德完善的世家追溯到大禹时代;老子庄子把道德理想的世界追溯到古代小国寡民的时代。儒家孔子、孟子、荀子等将道德完美的时代追溯到了尧舜时代。朱熹、王阳明等理学家和心学家将道德完美世界追溯到孔子、孟子等圣人身上。这是一种道德论证的方式。

其亲,不独子其子,使老有所终,壮有所用,幼有所长,鳏寡孤独废疾者,皆有所养。男有分,女有归。货,恶其弃于地也,不必藏于己;力,恶其不出于身也,不必为己。是故,谋闭而不兴,盗窃乱贼而不作,故外户而不闭,是谓大同。"(《礼记·礼运》)这个"大同"世界,其核心就是以民为本的理想世界。在这个理想的"大同"世界里:在道德理想上,"天下为公";在道德原则上,"选贤与能,讲信修睦,故人不独亲其亲,不独子其子,使老有所终,壮有所用,幼有所长,鳏寡孤独废疾者,皆有所养";在道德责任上,"男有分,女有归";在道德实践上,"货,恶其弃于地也,不必藏于己;力,恶其不出于身也,不必为己";在道德秩序上,"盗窃乱贼而不作,故外户而不闭"。这样的理想社会,就是每个圣人都应该追求的,也是圣贤极力游说希望君主实行仁政的理想世界。

在儒家看来,历史上桀纣的世界,是残暴的世界。禹、汤、文、武、周公等时代,是"小康"的时代:"今大道既隐,天下为家,各亲其亲,各子其子,货力为己,大人世及以为礼。城郭沟池以为固,礼义以为纪;以正君臣,以笃父子,以睦兄弟,以和夫妇,以设制度,以立田里,以贤勇知,以功为己。故谋用是作,而兵由此起。禹汤文武成王周公,由此其选也。此六君子者,未有不谨于礼者也。以著其义,以考其信,著有过,刑仁讲让,示民有常。如有不由此者,在埶者去,众以为殃,是谓小康。"(《礼记·礼运》)因此,在儒家看来,只有实现以民为本的时代才能实现"大同"时代。所以,孔子、孟子、荀子等都不断游说君王,向各国的君主"销售"自己的理论,以便实现其心中的理想世界。

在儒家看来,国家的治理,不是一种统治与被统治的关系,而是一种教化与被教化的关系,是一个道德秩序的世界。在儒家看来,"国家首先是一个意义体系或价值体系,在根本上有一种道德的典范性。"①孟子说:"仁言不如仁声之入人深也,善政不如善教之得民也。善政,民畏之;善教,民爱之。善政得民财,善教得民心。"(《孟子·尽心上》)在孟子看来,"仁言""善政",固然很

---

① 李瑾:《孟子需要一个什么样的国家》,《读书》2021 年第 6 期。

好,但是没有"仁声"这样"入人深",也不如"善教"这样"民爱之",因此,"善政"不过是"得民财",只有"善教"才"得民心",而"得民心"就是"得道",而"得道者道者多助,失道者寡助"(《孟子·公孙丑下》)。孟子说:"不仁而得天下者未之有也。"(《孟子·尽心下》)因此,儒家的世界,国家其实是一个人格化、道德化的实体,这个实体是由"仁义"组合而成,因此,国家和民众之间不是统治与被统治的关系的,而是一种教化与被教化的关系。这样就很自然导出了儒家说的,"天下之在国,国之本在家,家之本在身。"(《孟子·离娄上》)这个"身"就是指个人,具有"仁义道德"的"身"。而对于君主来说,具备"仁义"之身,就显得格外重要。不具有"仁义"就不似人君。所以,孟子见梁襄王,出来之后,就骂梁襄王曰:"望之不似人君"(《孟子·梁惠王上》)为什么说梁襄王不似人君呢? 因为梁襄王不懂仁义,只知道"嗜杀人者"(《孟子·梁惠王上》)的统治。

明代大儒方孝孺认为,人出生具有不平等性,而政治的目的,就是要消除这样的不平等,这是君主领导国家的责任。方孝孺说:"天之生人,岂不欲使之各得其所哉! 然而势有所不能,故托诸人以任之,俾有余补不足。"(方孝孺《逊志斋集·宗仪·体仁》卷一)大自然中,本来就是没有君主的,设立君主就是为了节制情欲,维持人伦秩序。方孝孺说:"生民之初,固未尝有君也。众聚而欲滋,情炽而争起,不能自决,于是乎智者出而君长之。"(方孝孺《逊志斋集·君职》卷三)因此,君主的责任就是要弥补人出生就带来的不平等性。也就是说,上天设立君主的目的就是为民的。方孝孺说:"立政教,作礼乐,使善恶各得其所谓之君。"(方孝孺《逊志斋集·君职》卷三)他评论后世君主不懂得君主的职责在于"养民"。他说:"后世人君,知民之职在乎奉上,而不知君之职在乎养民。"(方孝孺《逊志斋集·君职》卷三)方孝孺这位被称为"读书种子"的明代大儒,是对儒家以民为本思想的继承和发展,具有深远影响。

儒家把推行仁义道德又以民为本的政治价值系统称为"道统"。把政治治理的系统和实践称为"治统"。"治统"获得合法性,必须要依赖"道统"。

如果是坚持以民为本,就是政治正义,具有合法性和历史正义。所以王夫之说:"非托伊、霍之权,不足以兴兵,非窃舜、禹之名,不足以据位。"(《读通鉴论·炀帝·八》卷十九)因此,从这个角度来说,以民为本是衡量一切政治更迭的价值标准。汤武革命是不是具有合法性? 在儒家看来,汤武革命,是具有道德合理性和合法性。因为桀纣实行的是残暴统治,汤武革命实行仁政。西汉黄生和辕固生对此问题做了一番影响深远的学术讨论:"黄生曰:'汤武非受命,乃弑也。'辕固生曰:'不然。夫桀纣虐乱,天下之心皆归汤武,汤武与天下之心而诛桀纣,桀纣之民不为之使而归汤武,汤武不得已而立,非受命为何?'黄生曰:'冠虽敝,必加于首;履虽新,必关于足。何者,上下之分也。今桀纣虽失道,然君上也;汤武虽圣,臣下也。夫主有失行,臣下不能正言匡过以尊天子,反因过而诛之,代立践南面,非弑而何也?'辕固生曰:'必若所云,是高帝代秦即天子之位,非邪?'于是景帝曰:'食肉不食马肝,不为不知味;言学者无言汤武受命,不为愚。'"(《史记·儒林列传》卷一百二十一)

黄生认为,"汤武非受命"属于"弑君",但是辕固生认为汤武革命是"受命",符合道德正义。他的证据就是"桀纣虐乱,天下之心皆归汤武"。而黄生则切换了概念,采用类比的方法进行辩论,说"冠虽敝,必加于首;履虽新,必关于足",帽子再旧也得戴在头上,君主再"失行",臣下也只能"正言匡过",怎么能"因过而诛"? 这种类比逻辑论证有一定的道理,但是这里黄生却切换了概念,更改了论证的逻辑语境。帽子戴在头上,这是人的生活佩戴习惯,因为帽子本来就是戴在头上的,而君主的合法性是以民为本的,离开民,任何政权的合法性都是不存在的。这是两种不同性质的事物。

孟子把以民为本的政治合法性问题,比喻为"民之归仁也,犹水之就下、兽之走圹也"。孟子说:"桀纣之失天下也,失其民也。失其民者,失其心也。得天下有道:得其民,斯得天下矣。得其民有道:得其心,斯得民矣。得其心有道:所欲与之聚之,所恶勿施尔也。民之归仁也,犹水之就下、兽之走圹也。故为渊驱鱼者,獭也;为丛驱爵者,鹯也;为汤武驱民者,桀与纣也。今天下之君有好仁者,则诸侯皆为之驱矣。虽欲无王,不可得已。"(《孟子·离娄上》)孟子用水往下流动来类比"民之归仁",与黄生用帽子戴在头上,类比臣对君"正言匡过"不可以"弑君"相类似。论证的方式是一样的。但是辕固生没有孟子这样的辩论口才,所以当黄生把类比的问题引入自己的论点时,辕固生就应对不了。他只好抬出意识形态的"政治敏感问题"质问黄生:"是高帝代秦即天子之位,非邪?"这下把汉景帝也吓住了。汉景帝赶紧打断辕固生的话说来了一个圆场:"食肉不食马肝,不为不知味;言学者无言汤武受命,不为愚。"(《史记·儒林列传》卷一百二十一)

从这场辩论的情况来看,只能说黄生的辩才水平高,辕固生的辩才不如黄生。但是,从政治伦理的逻辑来看,黄生的观点是站不住脚的。因为臣对君主的匡正,是一个方面,但是如果君主不采纳大臣的匡正和纳谏,怎么办?桀纣如此残暴,大臣也匡正纳谏了,结果,纳谏的比干还被挖心脏而死。所以,用孟子的话说,王多次劝谏不听,则"易位"。孟子说:"君有大过则谏,反覆之而不听,则易位。"(《孟子·万章下》)儒家将这样的"易位",后世用了一个很动听的名词叫"天数"或"气数"。董仲舒说:"恣其欲而不顾天数,谓之天并。君子治身不敢违天"(《春秋繁露·循天之道》教案十七)。或者说是"气数已尽",如清代毕沅编的《续资治通鉴》就有:"气数已尽,卿死无益也。"(《续资治通鉴·宋纪八·开宝八年》卷八)但是这个"天数""气数已尽"的背后就是"天"。章学诚说:"气数之出于天者也,周公集治统之成,而孔子明立教之极,皆事理之不得不然,而非圣人异於前人,此道法之出于天者也。"(《文史通义·原道上》卷二)而"天"的背后就是百姓。因此,政治的合法性最后又回到了以民为本的轨道上来了。所以《尚书》说:"天视自我民视,天听自我民听。"(《尚书·周书·泰誓中》)

因此根据儒家以民为本的政治价值系统,王朝的更替就具有了合法性。所以,从中国政治思想史的角度来说,我们可以发现一个很有历史趣味的问题:历史上除了汤武革命之外、西汉取代秦朝、唐取代隋朝政权之外,其他的政权的更替基本都是禅让制度：西汉政权是禅让给王莽的、刘秀建立东汉政权，只能说是中兴汉朝，不能和汤武革命相提并论。曹魏、两晋、到南朝的宋、齐、梁、陈，再到北朝的东魏、北齐、西魏、北周、隋朝等基本都是打着"禅让"的政治幌子①。不然的话，就是会上演刘璟对朱棣说的那句话："殿下百世后，逃不得一'篡'字。"（《明史·刘基传》卷一百二十八）当然，我们知道这样禅让是权臣的谋划，但是在表面上，他们也必须坚持名义上的"民意"，这也从另外一个方面说明了儒家以民为本之忠德影响之大。而至于元朝灭宋朝、清朝取代明朝，那在传统儒家政治伦理的角度，不是"民意"的问题，而是华夏与四夷的问题，是胡汉的矛盾问题了，这是涉及了儒家忠德与爱国主义问题了②。所以朱元璋灭元，建立明朝，打出的旗号是："驱逐胡虏，恢复中华，立纲陈纪，救济斯民。"（于谦《朱元璋奉天讨元北伐檄文》）

怎样以民为本？历史上不同的朝代有不同的政策，主要是：其一，从制度上支持。如设立常平仓。我们这里以清代常平仓为例作说明。清代常平仓在公元 1655 年就设置了。清政府规定，全国每个县和州都必须设立一个或一个以上的政府粮仓，由政府知州或知县管理。常平仓储存的粮食包括大米、小麦、高粱或其他粮食。购买粮食的钱，一部分是政府出资购买，一部分由私人捐款捐献。依据 1691 年的规定，大县的贮存量为 5000 石，小县为 4000 和3000 石。在不同时期，贮存量是变动的，因此，全帝国的贮存量大约在30000000 石和 48000000 石之间。③ 常平仓基本上每年秋收之后，必须购买粮食。当然，常平仓的粮食也经常被腐败官员贪污。其二，政策上支持。如重视农业农民的生产生活，对于开垦荒地的免除赋税等。其三，法律上采取措施。如严惩贪官污吏、徇私枉法和欺压百姓之徒等。尽管这是统治者主观上为了

---

① 张国刚：《权臣导演的禅让把戏——王夫之的视角》，《读书》2020 年第 11 期。
② 第六章第二节"忠德与爱国主义"有充分讨论。
③ 转引自萧公权：《中国乡村：19 世纪的帝国控制》，张皓、张升译，九州出版社 2021 年版，第 176 页。

维持统治而采取的措施,但是在客观上是有利于社会发展的。

总之,儒家以民为本的忠德思想,在传统政治思想史上产生了巨大影响,成为衡量传统政治合法性与合理性的政治价值尺度。

第二节　忠德与爱国主义

儒家忠德和爱国主义是天然联系在一起的。《左传·昭公元年》记载赵孟之言说:"临患不忘国,忠也。"这是对国家的忠诚。曾子说:"吾日三省吾身,为人谋而不忠乎? 与朋友交而不信乎? 传不习乎?"(《论语·学而》)这是对朋友的尽心尽力。朱熹说:"尽己之谓忠,推己之谓恕。"(《论语集注·里仁》)这种尽心尽力的道德品质,通过道德主体在实践中的做人做事体现,表现对家人、家庭、社会和国家的忠诚,体现在君君、臣臣、父父、子子等人伦关系之中。因此,在传统社会,忠于君主又往往与国家联系在一起。因而忠德与爱国主义就具有了必然的联系。抗暴御侮、尽忠报国和天下一统是爱国之忠德主要体现。抗暴御侮是爱国主义之忠德实践体现,尽忠报国是爱国主义之忠的道德追求,天下一统是忠德的民族意识和民族精神。所以,《忠经》说:"忠能固君臣,安社稷。"(《忠经·天地神明章》)

一、抗暴御侮

儒家认为国家是一个价值体系实体,也是一个人忠德实践的道德环境。一个人成长在自然环境之中,时间长了自然就对生活的自然环境产生感情。这样的感情,随着时间的推移和年龄的增长及社会阅历的增加而日益增强,尤其是古代官员是不能回原籍任职的,那么对于故土的思念之情或者说是"乡愁",就会越来越强烈。这是一种美丽的道德情感,自古至今,经久不衰。所以,那种"少小离家老大回,乡音无改鬓毛衰。儿童相见不相识,笑问客从何处来"(贺知章《回乡偶书》)的诗,就更加容易触动人们的忠德情感,也就显得格外真诚和感动。对家乡和国家怀有这样深厚的感情会影响人的一生,一旦家乡或国家遭遇暴力或武装入侵的时候,必然会引起广大民众的反抗。抗暴御侮就是这种反抗的典型表现。

抗暴御侮就是反抗暴力,尤其是反抗危害国家政权的叛乱。《周易》认为:"君子进德修业。忠信,所以进德也。"(《周易·乾》)《礼记》说:"先王之立礼也,有本有文。忠信,礼之本也;义理,礼之文也。无本不立,无文不行。礼也者,合于天时,设于地财,顺于鬼神,合于人心,理万物者也。"(《礼记·礼器》)忠和信是,前文我们已经说过,是可以互训的。在儒家看来,忠信是一个人进德修业的主要目标和道德实践准则,因为忠信,是礼的根本。孟子强调:"仁义忠信,乐善不倦,此天爵。"(《孟子·告子上》)这里的"天爵",其实就是一种包括仁义忠信在内的人的"精神类本质"。因此,儒家忠德逻辑就很明显,忠是人的"精神类本质"之一,教人以善,且在礼的范围之内,做符合"中庸"的事。孟子说:"教人以善谓之忠。"(《孟子·滕文公上》)那么,如果一个人、一个团队、一支队伍等要违反这个"忠信"的伦理原则和道德秩序,就是暴力。所以,抗暴御侮为儒家义不容辞的责任。

第一,抗暴。抗暴有多种多样的形式,视暴力反抗的程度和规模而定。其一,语言或精神上的抗暴。精神上的暴力,在传统社会主要是通过语言文字来表达对社会道德秩序和伦理原则的抵触和不满,并以此来煽动人们的反抗情绪或反政府行为,以此扰乱社会精神价值秩序,给社会和国家添乱。这种看法引起了儒家学者的不满。儒家学者会给予回应和辩护。如孟子。孟子说自己本来不想辩论,但是为了澄清社会精神秩序和澄清道德精神,他又不得不站出来辩论。孟子说:"岂好辩哉? 予不得已也。"(《孟子·滕文公下》)因为他觉得他的处境是"圣王不作,诸侯放恣,处士横议,杨朱、墨翟之言盈天下。天下之言不归杨,则归墨"(《孟子·滕文公下》)的时代。孟子说他喜欢辩论是不得已。为什么他感觉自己不得已要去辩论? 他说他辩论的目的是:"亦欲正人心,息邪说,距诐行,放淫辞,以承三圣者。"(《孟子·滕文公下》)因此在他看来,当时墨子和杨朱的言论,到处蛊惑人心。墨子宣扬"兼爱","视人之国,若视其国。视人之家,若视其家。视人之身,若视其身。"(《墨子·兼爱中》)墨子的意思是把别人的国家视为自己的国家,把别人的家人视为自己的家人,把别的身体视为自己的肉身一样爱护。这是他的"兼爱"逻辑。这对于儒家主张的爱有差别的伦理秩序来说,是针锋相对的。按照儒家的伦理逻辑上,这样的"兼爱",必然会遭遇人性的叛逆和社会秩序的混乱。因为"视人之国,若视其国。视人之家,若视其家。视人之身,若视其身",那是不是就暗含了"视人之妻,若视其妻。视人之子,若视其子。视人之财,若视其财"的逻辑假设。所以,孟子批评说:"墨氏兼爱,是无父也。无父无君,是禽兽也。"(《孟子·滕文公下》)杨朱宣扬为我,"杨子取为我,拔一毛而利天下,不为也"(《孟子·尽心上》)。这是一种极端功利主义行为,这也与儒家主张"仁义忠信"的伦理道德是相违背的。所以,孟子批评:"杨氏为我,是无君也。"(《孟子·滕文公下》)这也就是孟子反复给自己辩护:"予岂好辩哉?予不得已也。"(《孟子·滕文公下》)不是自己喜欢辩护,他觉得自己是没有办法,是迫不得已不得不站出来辩护。不然天下就被墨子和杨朱的言论弄得天下大乱。所以,孟子才说:"杨墨之道不息,孔子之道不著,是邪说诬民,充塞仁义也。仁义充塞,则率兽食人,人将相食。吾为此惧,闲先圣之道,距杨墨,放淫辞,邪说者不得作。作于其心,害於其事;作于其事,害于其政。"(《孟子·滕文公下》)

当然,我们这里姑且不评价墨子和杨朱的言论是不是就如孟子说的那样,"邪说诬民"导致天下"率兽食人,人将相食"的残酷景象。但却反映了儒家为了匡扶正义而主张以"仁以为己任"的道德责任感和道德正义。这才是儒家经邦济世的价值所在,也正是因为这样的道德正义,才使得儒家成为中国文化的主干。因此,从语言上或者从理论上进行"抗暴",这是儒家一个重要的忠德实践手段。

其二,实践行动上的抗暴。儒家不仅强调理论的重要性,而且也强调实践的重要性。孔子说:"吾尝终日不食,终夜不寝,以思,无益,不如学也。"(《论语·卫灵公》)整天冥思苦想,不如实际行动。子夏说:"贤贤易色;事父母,能竭其力,事君,能致其身;与朋友交,言而有信。虽曰未学,吾必谓之学矣。"(《论语·学而》)还说:"博学而笃志,切问而近思,仁在其中矣。"(《论语·子张》)通过行动体现"仁"的价值,不仅仅是停留在口头上,而是体现在实践行动之中,如"博学""笃志""切问""近思"等,这样的实践活动,都是仁的体现,是言与行的一致,是知行合一。

心学集大成者王阳明就继承了儒家言与行的一致理论,创造性地提出了"知行合一"理论。王阳明说:"此须识我立言宗旨。今人学问,只因知行分作两件,故有一念发动,虽是不善,然却未曾行,便不去禁止。我今说个知行合一,正要人晓得一念发动处,便即是行了。发动处有不善,就将这不善的念克倒了。须要彻根彻底,不使那一念不善潜伏在胸中。此是我立言宗旨。"(《王阳明全集·传习录》卷三)只知不行,这是未知。只是行,而未知,这是莽夫所为,便失败。王阳明说:"未有知而不行者。知而不行,只是未知。圣贤教人知行,正是安复那本体,不是着你只恁得便罢。"(《王阳明全集·传习录》卷一)在面对暴力反叛事件的时候,就应该用行动来抗暴。这是儒家知行合一的体现。那种"平时袖手谈心性,临危以死报国君"的行为,是儒家所反对的,这是跪着的反抗。曹雪芹在《红楼梦》里塑造了一个反抗者的形象叫鸳鸯。贾赦想娶鸳鸯为妾。鸳鸯不同意,除了以沉默作为反抗,就是以死或者以出家做尼姑作为反抗。鸳鸯对平儿就表明了自己最后的决心:"别说大老爷要我做小老婆,就是太太这会子死了,他三媒六聘的娶我去作大老婆,我也不能去。"(曹雪芹《红楼梦》第四十六回)又说:"纵到了至急为难,我剪了头发作姑子去,不然,还有一死。一辈子不嫁男人,又怎么样? 乐得干净呢!"(曹雪芹《红楼梦》第四十六回)鸳鸯口头说,"我也不能去"做小老婆,这是语言反抗暴力,"剪了头作姑子"或"一死",这是用实践行动来反抗暴力。尽管这是曹雪芹塑造的小说人物形象,但是和儒家用实际行动反抗暴力,是一致的。这虽然是生活的艺术表象,但知行合一的道理是相同的。

安史之乱是唐代由盛转衰的转折点,这次叛乱从公元 755 年到 763 年,持续了八年之久,给唐代的政治、经济、文化、边疆的稳定等造成了极大的破坏。《旧唐书》记载:"夫以东周之地,久陷贼中。宫室焚烧,十不存一,百曹荒废,曾无尺椽。中间畿内,不满千户。井邑榛荆,豺狼站嗥。既乏军储,又鲜人力。东至郑、汴,达于徐方,北自覃怀,经于相土,为人烟断绝,千里萧条。"(《旧唐书·郭子仪传》卷一百二十)叛军所到之处,一片荒芜。唐将郭子仪被夺情①启用,墨绖②从戎,讨伐叛军,节节胜利,最后平定安史之乱。他战功卓著,堪称抗暴一代名将。

再如张巡。他三十四岁中进士,"读书不过三复,终身不忘。为文章不立稿"(《新唐书·忠义列传中》卷一百九十二),才华横溢。在安史之乱中,安禄山的下属叛军尹子琦率领十三万大军围攻睢阳。张巡与许远在内无粮草、外无援兵的严峻形势下,死守军事要塞睢阳,最后城破。叛军尹子琦用刀撬开他的嘴巴,看见他就剩下三四个颗牙齿,因为他每次督战,都"大呼辄眦裂血面,嚼齿皆碎"(《新唐书·忠义列传中》卷一百九十二)。被害前,张巡还骂叛军:"我为君父死,尔附贼,乃犬彘也,安得久!"(《新唐书·忠义列传中》卷一百九十二)最后,张巡不肯投降,被叛军所杀,时年四十九岁③。他表现出了抗暴除恶的坚强决心。这样的忠义抗暴之气,值得人们敬仰。

---

① 夺情:指减少守丧期间的哀痛。《魏书·礼志三》:"夫圣人制卒哭之礼、授练之变,皆夺情以渐。"

② 墨绖:指守孝期间从军打仗。《左传·僖公三十三年》:"遂发命,遽兴姜戎,子墨衰绖。"杜预注:"晋文公未葬,故襄公称子,以凶服从戎。"

③ 《新唐书·忠义列传中》(卷一百九十二)记载:十月癸丑,贼攻城,士病不能战。巡西向拜曰:"孤城备竭,弗能全。臣生不报陛下,死为鬼以疠贼。"城遂陷,与远俱执。巡众见之,起且哭,巡曰:"安之,勿怖,死乃命也。"众不能仰视。子琦谓巡曰:"闻公督战,大呼辄眦裂血面,嚼齿皆碎,何至是?"答曰:"吾欲气吞逆贼,顾力屈耳。"子琦怒,以刀抉其口,齿存者三四。巡骂曰:"我为君父死,尔附贼,乃犬彘也,安得久!"子琦服其节,将释之。或曰:"彼守义者,乌肯为我用?且得众心,不可留。"乃以刃胁降,巡不屈。又降霁云,未应。巡呼曰:"南八!男儿死尔,不可为不义屈!"霁云笑曰:"欲将有为也,公知我者,敢不死!"亦不肯降。乃与姚訚、雷万春等三十六人遇害。巡年四十九。

王阳明不仅是知行合一的理论阐释者,也是知行合一的理论实践者。所以,王阳明被历代儒家视为"立德、立功、立言"这"三不朽"典范①。明武宗正德十一年(公元 1516 年)八月,在兵部尚书王琼的推荐下,王守仁被"擢右佥都御史,巡抚南、赣。"(《明史·王守仁传》卷一百九十五)平定盗贼叛乱。最后"守仁亲率锐卒屯上杭。佯退师,出不意捣之,连破四十余寨,俘斩七千有奇,指挥王铠等擒师富。"(《明史·王守仁传》卷一百九十五)这是王阳明南赣定乱第一功。正德十四年(公元 1519 年),宁王朱宸濠发动叛乱,王阳明临危受命。"凡三十五日而贼平。京师闻变,诸大臣震惧。王琼大言曰:'王伯安居南昌上游,必擒贼。'"(《明史·王守仁传》卷一百九十五)经过三十五天的时间,王阳明勘定宁王朱宸濠叛乱,大获全胜。这既是以文臣的身份挂帅出征,也是以实际的军事行动抗暴成功的典范。

第二,御侮。御侮就是抵抗外来侵略,为国家安全积极行动。《诗·大雅·绵》说:"予曰有御侮。"毛传解释说:"武臣折冲曰御侮。"孔颖达疏云:"御侮者,有武力之臣,能折止敌人之冲突者,是能扞御侵侮,故曰御侮也。"《孔丛子·论书》也说:"自吾得由也,恶言不至于门,是非御侮乎!"《北史》也说:"灌瓜赠药,虽有愧于昔贤;御侮折衝,足方驾于前烈。"(《北史·李延孙传》卷六十六)《宋史》有言:"有如虏骑长驱,尚能折冲御侮耶?臣窃谓秦桧、孙近亦可斩也。"(《宋史·胡铨传》卷三百七十四)这些都具有抵抗外来侵略的意思。御侮是儒家思德的一种爱国主义实践行为。御侮的表现主要有以下几种:

其一,外交上的御侮。通过外交辞令和外交手段,维护国家安全、稳定和发展。如孔子。他在担任大司寇期间,鲁国和齐国发生了夹谷之会。鲁定公

_____

① 《左传·襄公二十四年》说:"太上有立德,其次有立功,其次有立言,虽久不废,此之谓不朽。"

十年(公元前 500 年)的夏天,齐景公和鲁定公在夹谷(今山东莱芜市境南)相会①。孔子以大司寇的身份参加并担任相礼②。齐国想通过这次外交会晤,迫使鲁国成为齐国的附庸国。孔子睿智应变,灵活应对,折冲樽俎,最后不仅没有使鲁国成为齐国的附庸国,还迫使齐国归还了霸占鲁国汶阳地区的讙(今约山东宁阳北而稍西三十余里)、郓(今山东宁阳北)、龟阴(今山东泰安东)三地的土地③。孔子既为鲁国赢得了外交胜利,又收回了被齐国侵占的土地。这是儒家抗暴御侮的典型案例。

唐代宗永泰元年(公元 765 年),吐蕃、回纥、党项联兵入侵唐朝,唐将郭子仪在泾阳单骑说退回纥,并击溃吐蕃军队。《旧唐书》记载:"十月,仆固怀恩引吐蕃、回纥、党项数十万南下,京师大恐,子仪出镇奉天。帝召子仪问御戎之计,子仪曰:'以臣所见,怀恩无能为也。'帝问其故,对曰:'怀恩虽称骁勇,素失士心,今所以能为乱者,引思归之人耳。怀恩本臣偏将,其下皆臣之部曲,臣恩信尝及之,今臣为大将,必不忍以锋刃相向,以此知其无能为也。'房寇邠州,子仪在泾阳,子仪令长男朔方兵马使曜率师援之,与邠宁节度使白孝德闭城拒守。怀恩前锋至奉天,近城挑战,诸将请击之,子仪止之曰:'夫客兵深

---

① 夹谷之会,参见《左传》《公羊传》《谷梁传》《史记·孔子世家》和《孔子家语》,各书记载互有出入,但是大致的事件是真实的。这里,笔者综合分析。

② 相礼,大概相当于现在的司仪。

③ 《史记·孔子世家》卷四十七记载:定公十年春,及齐平。夏,齐大夫黎鉏言於景公曰:"鲁用孔丘,其势危齐。"乃使使告鲁为好会,会于夹谷。鲁定公且以乘车好往。孔子摄相事,曰:"臣闻有文事者必有武备,有武事者必有文备。古者诸侯出疆,必具官以从。请具左右司马。"定公曰:"诺。"具左右司马。会齐侯夹谷,为坛位,土阶三等,以会遇之礼相见,揖让而登。献酬之礼毕,齐有司趋而进曰:"请奏四方之乐。"景公曰:"诺。"於是旍旄羽袚矛戟剑拨鼓噪而至。孔子趋而进,历阶而登,不尽一等,举袂而言曰:"吾两君为好会,夷狄之乐何为于此!请命有司!"有司却之,不去,则左右视晏子与景公。景公心怍,麾而去之。有顷,齐有司趋而进曰:"请奏宫中之乐。"景公曰:"诺。"优倡侏儒为戏而前。孔子趋而进,历阶而登,不尽一等,曰:"匹夫而营惑诸侯者罪当诛!请命有司!"有司加法焉,手足异处。景公惧而动,知义不若,归而大恐,告其群臣曰:"鲁以君子之道辅其君,而子独以夷狄之道教寡人,使得罪于鲁君,为之柰何?"有司进对曰:"君子有过则谢以质,小人有过则谢以文。君若悼之,则谢以质。"于是齐侯乃归所侵鲁之郓、汶阳、龟阴之田以谢过。

入,利在速战,不可争锋。彼皆吾之部曲,缓之自当携贰;若迫之,是速其战,战则胜负未可知。敢言战者斩!'坚壁待之,果不战而退。"(《旧唐书·郭子仪传》卷一百二十)当然郭子仪这里单骑退敌,背后也是以军事抵抗为辅的。但也算是外交胜利,毕竟没有进行军事战争。

其二,军事抵抗和防御。通过军事手段来抵抗外来侵略,戚继光是典型,他是明朝抗倭名将。戚继光喜欢读书,世袭登州卫指挥佥事,和俞大猷联手抗击倭寇入侵十几年,经历了岑港之战、台州之战、附加之战、兴化之战、仙游之战等。尤其是在福建之战中,在横屿一次就斩首二千多级,在福清,斩首一千多级。《明史》记载:"闽中连告急,宗宪复檄继光剿之。先击横屿贼。人持草一束,填壕进。大破其巢,斩首二千六百。乘胜至福清,捣败牛田贼,覆其巢,余贼走兴化。急追之,夜四鼓抵贼栅。连克六十营,斩首千数百级。"(《明史·戚继光传》卷二百十二)戚继光平定福建倭患,班师回浙江,大军走到福清,又遇见少量倭寇从东营澳登入。戚继光紧急率兵攻杀,斩倭寇两百人。经过几次战斗,闽广一带的倭寇几乎被杀光。《明史》记载:"抵福清,遇倭自东营澳登陆,击斩二百人。而刘显亦屡破贼。闽宿寇几尽。"(《明史·戚继光传》卷二百十二)戚继光平定了祸害明代沿海居民多年的倭患,为明代沿海居民生命和财产安全提供了保障,保卫了明代海防。同时,他又镇守明代北方国防,抗击内犯,维护了明代北方边境的安全,同时,也促进了蒙汉民族的共同发展。戚继光不愧是民族英雄。

其三,物质上的支持御侮。墨子曾经说,每个人在社会上要尽自己的能力和职责去完成每个人的使命。有钱的出钱,有力气的出力气,有知识的贡献知识。他说:"有力者疾以助人,有财者勉以分人,有道者劝以教人。若此,则饥者得食,寒者得衣,乱者得治。若饥则得食,寒则得衣,乱则得治,此安生生。"(《墨子·尚贤下》卷十四)每个人尽到了自己的职责,即尽忠了,那么,"饥则得食,寒则得衣,乱则得治",社会就会安定有秩序了,因此,"有财者勉以分人",通过物质资助来抗暴,也是儒家抗暴的一种表现。

襄王二十五年(公元 627 年)秦穆公派遣孟明视、西乞术、白乙丙三位将军率军远道袭击郑国,大军经过滑国,正好遇见郑国的弦高正贩牛去周地。他看见秦国的部队有袭击郑国的迹象。他一边派人去向郑国国君报告军情,一边假装是郑穆公的使臣,用自己随身带的四张牛皮和十二头牛,去慰问秦国部队。"郑商人弦高将市于周,遇之。以乘韦先,牛十二犒师,曰:'寡君闻吾子将步师出于敝邑,敢犒从者,不腆敝邑,为从者之淹,居则具一日之积,行则备一夕之卫。'"(《左传·僖公三十三年》)弦高还对秦国三位将军说,郑国国君听说秦军要远道而来,特派他来慰问秦军。还说郑国本来就不富有,但是为了秦国军队长时间停留在外,郑国愿意供给一日的粮草。如果秦国军队前进,郑国愿意担负一夜的后勤护卫。秦军以为军情泄露了,猜想郑国早有准备了,就只好撤军了。这是弦高赞助了四张牛皮和十二头牛作为物资,来抗击别国的军队进攻,保卫了自己的国家。这是用物质资助来御侮的典型。

近代中国,因为晚清政府的腐败无能,中国一步一步沦为半殖民地半封建社会,国土被割让,国防体系几乎崩溃,外侵略者在中国草菅人命,无恶不作。中国人一次又一次抵抗。在历史上上演了许多可歌可泣的故事。如三元里人民的抗英斗争、太平天国起义、义和团反抗西方列强斗争,一直到中国伟大的抗日战争的胜利。这些都是抗敌御侮的典范。

总之,抗暴御侮斗争,反抗侵略者,保卫家园,追求和平,是儒家忠德极为重要的内容,也是中华民族智慧的体现。

二、尽忠殉国

尽忠殉国,是儒家忠德高层次的境界,是以牺牲自己的性命来忠于国家。"殉国"一词,在文献上最早出现在《史记》中。司马迁为李陵辩护说的一番话:"群臣皆罪陵,上以问太史令司马迁,迁盛言:'陵事亲孝,与士信,常奋不顾身以殉国家之急。其素所畜积也,有国士之风。今举事一不幸,全躯保妻子之臣随而媒孽其短,诚可痛也!'"(《汉书·李陵传》卷五十四)当时朝廷传言李陵投降匈奴了。司马迁为李陵辩护，认为李陵孝顺父母，讲信义，常常奋不顾身，赴国家急难，这正是他的志愿所在，有国士风范。如今尽管出征偶然不幸失败，但那些为了保全自身性命和妻子儿女的同僚，就跟着捏造揭发他的短处，实在令人痛心！

在儒家看来，修身齐家治国平天下，这是一个人为国家、社会和家庭尽忠的道德素养。在儒家看来，家国本身就是一体的，没有国就没有家，没有小家也就没有国家。但是当国和家发生冲突的时候，就会牺牲家而成全国家。有一次汉武帝要为霍去病制造府邸，霍去病说："匈奴未灭，无以家为也。"（《史记·卫将军骠骑列传》卷一百一十一）这是先国家而后家庭的典范，体现了霍去病高度的爱国情怀。

尽忠报国的忠德实践，往往是处在艰难选择的时候，不得不牺牲自己和家人，而去成就国家。主要有以下几种实践表现：

第一，自杀殉国。国家处于危难之中，自己正确的主张，又没有得到采纳，最后导致国家灭亡，于是就以身殉国。如屈原。屈原是战国时期的爱国诗人。他在世的时候提出"美政"理论。他曾深受楚怀王的器重。他力劝楚怀王不要去秦国赴会，结果楚怀王被扣为人质。最后秦国要挟楚国割让土地。楚国不同意，结果又被秦国战败，斩首五万，夺走十六城。周赧王三十七年（公元前278年），秦将白起攻下了郢都，楚顷襄王败逃。这年的农历五月初五，屈原在极度痛苦和绝望的情况下，他"遂自沉汨罗以死"（《史记·屈原贾生列传》卷八十四），以身殉国。时年屈原大概六十二岁。《史记》记载说："屈平既嫉之，虽放流，睠顾楚国，系心怀王，不忘欲反，冀幸君之一悟，俗之一改也。其存君兴国而欲反覆之，一篇之中三致志焉。然终无可奈何，故不可以反，卒以此见怀王之终不悟也。人君无愚智贤不肖，莫不欲求忠以自为，举贤以自佐，然亡国破家相随属，而圣君治国累世而不见者，其所谓忠者不忠，而所谓贤者不贤。怀王以不知忠臣之分，故内惑于郑袖，外欺于张仪，疏屈平而信上官大夫、令尹子兰。兵挫地削，亡其六郡，身客死于秦，为天下笑。此不知人之祸也。”(《史记·屈原贾生列传》卷八十四)屈原是以自杀殉国的典范,至今人们还以过端午节吃粽子赛龙舟的形式纪念他。

第二,战败殉国。为了国家利益与敌人决战,最后因为多种原因战败,而殉国。如明末官员陈函辉。他在浙江沿海一带抗击清军,公元1646年抗清失败,他见大势已去,“从容为文及绝命诗十章,自书神位,冠服拜君亲,……笑语自经死,年五十七。”(钱海岳《南明史·陈函辉传》卷七十八)这是战败殉国。再如黄道周,他是明末著名学者,抗清名臣,民族英雄,崇祯十七年(公元1644年),明亡后,黄道周出任南明弘光朝吏部侍郎、礼部尚书。顺治二年(公元1645年),南明弘光政权灭亡。南明隆武政权封他为武英殿大学士兼吏、兵二部尚书。他率领几千人抗清,英勇不屈。公元1645年被清廷徽州守将张天禄俘获,他绝粒十四日不死,送至南京监狱中。清廷数次派人劝降,他意志坚定,不为所动。他就义前咬破指头写下一封血书:“纲常万古,节义千秋;天地知我,家人无忧。”(钱海岳《南明史·黄道周传》卷四十)后从容就义,年六十一岁。

再如史可法。他为官清廉,忠贞不屈,是明末著名政治家,抗清名将。明代首都北京被清军攻陷以后,史可法立朱由崧为皇帝即弘光帝,继续抗击清军。顺治二年(公元前1645年,弘光元年),四月二十一日,清军多铎派淮扬总督卫胤文去劝降,遭到史可法严词拒绝。四月二十四日清军以红衣大炮攻破扬州城,史可法欲自刎,被诸将拦住,后被擒,他拒绝投降,最后被杀,战败殉国。《明史》①记载:“可法檄各镇兵,无一至者。二十日,大清兵大至,屯班竹

① 《南疆逸史》卷八记载:先是,可法谓庄子固曰:“城一破,托君剸办之!”子固姑许之。是时,引颈相向,子固弗忍,可法急拔刀自刎。子固与参将许谨共抱持之,血溅满衣袂,未决。复命德威加刃;德威泣,可法骂之。乱兵至,拥之下城,而谨与子固已中飞矢死。一将挟之出小东门,可法大呼曰:“我史阁部也,可见汝兵主!”遂见豫王。王劳之曰:“累以书招而先生不从。今忠义既成,可为我收拾江南,当不惜重任。”可法曰:“我来此,祗索一死耳!”王曰:“君不见洪承畴乎?降则富贵。”曰:“承畴受先帝厚恩而不死,其不忠于后也明矣!我讵肯效其所为!”王乃命将宜尔顿劝之。三日,终不屈,乃杀之。

园。明日,总兵李栖凤、监军副使高岐凤拔营出降,城中势益单。诸文武分陴
拒守。旧城西门险要,可法自守之。作书寄母妻,且曰:'死葬我高皇帝陵
侧。'越二日,大清兵薄城下,炮击城西北隅,城遂破。可法自刎不殊,一参将
拥可法出小东门,遂被执。可法大呼曰:'我史督师也。'遂杀之。"(《明史·史
可法列传》卷二百七十四)《明史》评价说:"史可法悯国步多艰,忠义奋发,提
兵江浒,以当南北之冲,四镇棋布,联络声援,力图兴复。然而天方降割,权臣
掣肘于内,悍将跋扈于外,遂致兵顿饷竭,疆圉曰蹙,孤城不保,志决身歼,亦可
悲矣!"《明史·史可法列传》卷二百七十四)史可法为了抗击清军,可谓尽心
尽力,但是最后还是寡不敌众,战败被杀,以身殉国。

　　第三,为国家鞠躬尽瘁而病逝。为国家鞠躬尽瘁,这是典型的忠德体现。
如西汉的霍去病。他为了巩固汉代的边防,率领汉军深入匈奴腹地,尤其是第
三次漠北之战,霍去病率领部队,纵横匈奴腹地千余里,直接攻入匈奴封狼居
胥山。通过这次战役,匈奴被赶出漠北,其意志被彻底摧毁,从此一蹶不振。
《史记》记载:"汉骠骑将军之出代二千余里,与左贤王接战,汉兵得胡首虏凡
七万余级,左贤王将皆遁走。骠骑封于狼居胥山,禅姑衍,临翰海而还。是後
匈奴远遁,而幕南无王庭。"(《史记·匈奴列传》卷一百一十)由此可见,霍去
病为西汉作出了卓越的军事贡献。但是大概是霍去病多次带兵打仗的辛劳和
精神压力及漠北恶劣的自然环境,损害了他的健康。汉武帝元狩六年(公元
前117年),年仅二十四岁的霍去病病逝。令人痛惜。

　　再如诸葛亮。他为了国家的生存和发展,将自己一生的心血都倾注给国
家。他受刘备三顾茅庐之请,临危受命。为了实现先帝遗愿,他辅佐后主,兴
复汉室,五出祁山,六次北伐。最后身体透支,病逝于五丈原。死后还为了蜀
国的利益,吓退司马懿的部队。《三国志》记载说:"相持百余日。其年八月,
亮疾病,卒于军,时年五十四。及军退,宣王案行其营垒处所,曰:'天下奇才
也!'"(《三国志·蜀志·诸葛亮传》卷三十五)诸葛亮本来是布衣,躬耕于南
阳。他本来可以在山野之间,读书终老,但是为了国家,出任蜀国丞相,为国家

鞠躬尽瘁。

第四，为奸臣所害而殉国。如岳飞。岳飞是南宋抗金名将，民族英雄。他曾写词《满江红·怒发冲冠》①："怒发冲冠，凭栏处、潇潇雨歇。抬望眼，仰天长啸，壮怀激烈。三十功名尘与土，八千里路云和月。莫等闲、白了少年头，空悲切。靖康耻，犹未雪。臣子恨，何时灭。驾长车，踏破贺兰山缺。壮志饥餐胡虏肉，笑谈渴饮匈奴血。待从头、收拾旧山河，朝天阙。"此词表达了作者不甘屈辱、奋发图强、收复失地的雄壮之气，也体现作者的爱国之情。岳飞为了收复失地，誓师北伐。本来胜利在望，但是又由于奸臣秦桧谋害，北伐失败。《金佗稡编》记载："一日而奉金书字牌者十有二，先臣不胜愤，嗟惋至泣，东向再拜曰：'臣十年之力，废于一旦！非臣不称职，权臣秦桧实误陛下也。'"（《金佗稡编·鄂王行实编年》卷八）最后，被"莫须有"的罪名被杀。

总之，对于儒家来说，以牺牲自己的身体为国家尽忠，值得世人尊重。

三、天下一统

马平安教授指出："在传统中国，国家的统一与中华民族的大一统结构是相互影响、相互塑造、相互补充、相互促进、相互发展完善的一个和谐共生的过程，这使得中华民族大一统结构成为传统中国向现代国家转型所必须面对的现实基础和内在要求。对于传统中国社会来说，大一统既是一种政治形态，但同时也是中华民族得以生存和发展的组织形态及其文化心理形态。正是这种综合意义上的大一统，使得中国文明与中华民族能够延续、发展至今，并且还会不断地更加完美和发展下去。"②儒家忠德与"天下一统"是联系在一起的，也是维持大一统的道德纽带。这是多方面的原因促成的。

第一，儒家经典和儒家"天下"的"大一统"的道德自觉。《周易》说："乾

---

① 有的学者认为此词不是岳飞所作。如余嘉锡、夏承焘，而邓广铭、王瑞来认为此词为岳飞所写。笔者赞同邓广铭和王瑞来的看法。

② 马平安：《走向大一统·序言》，团结出版社2018年，第5页。

元'用九,天下治也。"又说:"'见龙在田',天下文明。"(《周易·乾》)还说:
"圣人感人心而天下和平。"(《周易·咸》)《周易·系辞下》说:"古者包牺氏
之王天下也,……始作八卦,以通神明之德。……神农氏作,斫木为耜,揉木为
耒,耒耨之利,以教天下……致天下之民,聚天下之货。……黄帝、尧、舜垂衣
裳而天下治,……刳木为舟,剡木为楫,舟楫之利,以济不通,致远以利天
下,……服牛乘马,引重致远,以利天下,……弦木为弧,剡木为矢,弧矢之利,
以威天下。"这里的"天下"具有"大一统"的意识。《尚书》说:"昔在帝尧,聪
明文思,光宅天下。将逊于位,让于虞舜,作《尧典》。"(《尚书·虞书·尧
典》)又说:"皇天眷命,奄有四海为天下君。"(《尚书·虞书·大禹谟》)还说:
"天子作民父母,以为天下王。"(《尚书·周书·洪范》)这里的"天下"也是具
有"大一统"的意涵。《诗经》也说:"溥天之下,莫非王土;率土之滨,莫非王
臣。"(《诗经·小雅·谷风之什·北山》)这是表达"王"对于国境的统治地
域,也表达了"大一统"的道德意识。《礼记》说:"君天下,曰天子。朝诸侯,分
职授政任功,曰予一人。"(《礼记·曲礼》)还说:"大道之行也,天下为公。"
"今大道既隐,天下为家,各亲其亲,各子其子,货力为己,大人世及以为礼。"
《左传》说:"天下之民谓之八恺""天下之民谓之八元""天下之民谓之浑敦"
"天下之民谓之穷奇""天下之民谓之梼杌""是以尧崩而天下如一,同心戴舜
以为天子,以其举十六相,去四凶也。"(《左传·文公元年》)

　　《春秋公羊传》说在解释《春秋》隐公元年之"春王正月"四个字时,就说:
"春王正月,元年者何?君之始年也。春者何?岁之始也。王者孰谓?谓文
王也。曷为先言王而后言正月?王正月也。何言乎王正月?大一统也。"
(《春秋公羊传·隐公元年》)这是儒家经典明确提出"大一统"的观点。

　　孟子与梁襄王关于"天下恶乎定?"问题有一次对话:"'天下恶乎定?'
吾①对曰:'定于一。'对曰:'不嗜杀人者能一之。''孰能与之?'对曰:'天下莫

---

①　吾,这里指孟子。

不与也。王知夫苗乎？七八月之间旱，则苗槁矣。天油然作云，沛然下雨，则苗浡然兴之矣。其如是，孰能御之？今夫天下之人牧，未有不嗜杀人者也，如有不嗜杀人者，则天下之民皆引领而望之矣。诚如是也，民归之，由水之就下，沛然谁能御之？'"（《孟子·梁惠王上》）天下要怎样才好？孟子说是要统一。怎样才能统一，"不嗜杀人者能一"。赵岐认为："孟子谓仁政为一也。"（《孟子正义·梁惠王章句上》）朱熹说："王问列国分争，天下当何所定。孟子对以必合于一，然后定也。"（《孟子集注·梁惠王章句上》）这里的天下，是指诸侯国所拥护的中央政府，国指诸侯之国，家是卿大夫之家。孟子说："人有恒言，皆曰'天下国家'。天下之本在国，国之本在家，家之本在身。"（《孟子·离娄上》）而"天下"才是一个整体。

荀子也说："一天下，财万物，长养人民，兼利天下，通达之属，莫不从服，六说者立息，十二子者迁化，则圣人之得势者，舜、禹是也。"（《荀子·非十二子》）还说："大儒者，善调一天下者也，"（《荀子·儒效》）"全道德，致隆高，綦文理，一天下，振毫末，使天下莫不顺比从服，天王之事也。"（《荀子·王制》）"夫尧、舜者一天下也。"（《荀子·王制》）荀子这里的"一天下"包括了政治统一、制度统一、疆域的统一和思想文化的统一。这是战国晚期历史发展的必然。

第二，古代儒家历史学家中"大一统"的历史意识。儒家的忠德在何种意义上与爱国主义融合在一起，这涉及忠德起源的问题。司马谈临终拉着儿子司马迁的手说："余先周室之太史也。自上世尝显功名于虞夏，典天官事。后世中衰，绝于予乎？汝复为太史，则续吾祖矣。今天子接千岁之统，封泰山，而余不得从行，是命也夫，命也夫！余死，汝必为太史；为太史，无忘吾所欲论著矣。且夫孝始于事亲，中于事君，终于立身。扬名于后世，以显父母，此孝之大者。夫天下称诵周公，言其能论歌文武之德，宣周邵之风，达太王王季之思虑，爰及公刘，以尊后稷也。幽厉之后，王道缺，礼乐衰，孔子脩旧起废，论诗书，作春秋，则学者至今则之。自获麟以来四百有馀岁，而诸侯相兼，史记放绝。今汉兴,海内一统,明主贤君忠臣死义之士,余为太史而弗论载,废天下之史文,余甚惧焉,汝其念哉!"迁俯首流涕曰:"小子不敏,请悉论先人所次旧闻,弗敢阙。"(《史记·太史公自序》卷一百三十)这里透露至少三点信息:其一,历史学家司马谈没有获批跟随皇上去泰山封禅,这对于历史学家来说是极大的遗憾,但这也反映了他忠于自己的职责。其二,作为历史学家要孝于亲、忠于君,这也是给司马迁说出了历史学家的职业道德。其三,司马谈看到了自春秋以来"诸侯相兼"到"海内一统"的"大一统"历史意识和历史自觉。

司马迁完成了司马谈的历史遗愿。司马迁在《史记》中的第一篇《五帝本纪》,就记录了五帝的生活轨迹。他说:"学者多称五帝,尚矣。然《尚书》独载尧以来;而百家言黄帝,其文不雅驯,荐绅先生难言之。孔子所传《宰予问五帝德》及《帝系姓》,儒者或不传。余尝西至空桐,北过涿鹿,东渐於海,南浮江淮矣,至长老皆各往往称黄帝、尧、舜之处,风教固殊焉,总之不离古文者近是。予观《春秋》《国语》其发明《五帝德》《帝系姓》章矣,顾弟弗深考,其所表见皆不虚。《书》缺有间矣,其轶乃时时见于他说。非好学深思,心知其意,固难为浅见寡闻道也。余并论次,择其言尤雅者,故著为本纪书首。"(《史记·五帝本纪》)司马迁通过自己亲自考察五帝流传下来的见闻和相关资料,写成《五帝本纪》。这是将整个华夏民族的形成源头作了一番历史的梳理。《史记》是信史,关于五帝的记载,在司马迁看来,很多事是真实的,尽管一些材料残缺,但是,他说,"予观《春秋》《国语》其发明《五帝德》《帝系姓》章矣,顾弟弗深考,其所表见皆不虚。"这也说明,五帝生活的历史是存在的①。这种历史真实存在的历史材料,其实对于儒家来说,仅仅是一种历史叙事或者道德叙事。

但是,这司马迁这种"大一统"的历史情感和华夏民族感情,相对于五帝

---

① 在司马迁时代,很多的历史考古材料没有被发现。现在的考古学发现了很多司马迁没有见到的先秦历史材料。同时现代科学技术也比司马迁时代先进,对于考古材料的鉴定技术也比过去高明。自然得出的结论也要可信得多。李学勤主持的《夏商断代工程报告》就肯定了尧舜禹等时代的真实性。这对于文明起源以来到秦统一中国的这段历史研究(学术界泛指"先秦历史")是大有裨益的。

历史本身来说，要珍贵得多。换句话说，司马迁在《五帝本纪》中叙述的"大一统"的爱国主义情感比带给后世的历史真实性要有价值得多。从儒家的道德立场上来说，五帝其实就成了人们的道德精神偶像，这种"道德偶像"的存在，对于培养和熏陶人们的爱国主义情感具有更为重要的历史意义和现实价值。尽管司马迁在记录《五帝本纪》的时候，更多是依据人们的传说和"道听途说"，而非考古学材料的支持。所以，这种爱国主义情感的真实要大大高于五帝历史本身材料的真实。这是司马迁在《五帝本纪》之中，贡献给儒家和每个时代中国人的最大的价值。

司马迁在《史记》中是高度熔铸了这种"大一统"历史意识和历史自觉。他在评论秦的统一的时候这样说："秦既得意，烧天下《诗》《书》，诸侯史记尤甚，为其有所刺讥也。《诗》《书》所以复见者，多藏人家，而史记独藏周室，以故灭。惜哉，惜哉！独有《秦记》，又不载日月，其文略不具。然战国之权变亦有可颇采者，何必上古。秦取天下多暴，然世异变，成功大。传曰'法后王'，何也？以其近己而俗变相类，议卑而易行也。学者牵于所闻，见秦在帝位日浅，不察其终始，因举而笑之，不敢道，此与以耳食无异。悲夫！"(《史记·六国年表》卷一十五)司马迁尽管对秦朝的严刑峻法、焚书坑儒的苛政提出了尖锐的批评，但是对秦完成"大一统"的历史功绩却是积极肯定的。同时，司马迁也高度评价了西汉的大一统。司马迁说："汉兴，海内为一，开关梁，弛山泽之禁，是以富商大贾周流天下，交易之物莫不通，得其所欲，而徙豪杰诸侯彊族于京师。"(《史记·货殖列传》卷一百二十九)对历史情感的追溯和对历史事实的追溯一样，是没有止境的。也就是说，历史没有尽头，犹如宇宙没有尽头一样。但是，爱国主义情感，就是在这种追溯中慢慢培养起来的。对于儒家来说，历史情感的追溯迄今为止主要奠基在五帝时代。

宋代理学集大成者朱熹，在阐述"道统"精髓的时候，就把源头追溯到了五帝时代。这就是朱熹说的"道统"。"道统"就是"尧之所以授舜""舜之所以授禹"的"人心惟危，道心惟微，惟精惟一，允执厥中"(《尚书·虞书·大禹谟》)十六字心法。朱熹说:"盖自上古圣神继天立极,而道统之传有自来矣。其见于经,则'允执厥中'者,尧之所以授舜也;'人心惟危,道心惟微,惟精惟一,允执厥中'者,舜之所以授禹也。尧之一言,至矣,尽矣!"(《中庸章句序》)而这样"人心惟危,道心惟微,惟精惟一,允执厥中"道统"心法",经过了尧、舜、禹、汤、武、文王、周公、孔子、孟子等延绵下来,形成儒家特有的"道统"谱系。朱熹说:"夫尧、舜、禹,天下之大圣也。以天下相传,天下之大事也。以天下之大圣,行天下之大事,而其授受之际,丁宁告戒,不过如此。则天下之理,岂有以加于此哉? 自是以来,圣圣相承:若成汤、文、武之为君,皋陶、伊、傅、周、召之为臣,既皆以此而接夫道统之传,若吾夫子,则虽不得其位,而所以继往圣、开来学,其功反有贤于尧舜者。"(《中庸章句序》)

因此,从这样的道德谱系延续下来,儒家忠德的故土情结,既有了历史叙事的真实,又有了道德情感的真实,那么爱国爱家,情系故土的道德情感就有了历史真实和道德真实的历史依据。在儒家这样的"大一统"的道德语境下,华夏和四夷,就共同出现在一个"中国"的历史感情之中了。

第三,儒家的"天下一统"是一个包括四夷在内容广大的中国地缘政治和价值意识。在先秦文献中,这个"大一统"的"天下"的面积大概就是:"东渐于海,西被于流沙,朔南暨声教,讫于四海。"(《尚书·夏书·禹贡》)

在先秦,"天下"概念,是包括中原地区即"中国"和四夷在内的广大地区。《礼记·王制》说:"中国戎夷,五方之民,皆有性也,不可推移。东方曰夷,被发文皮,有不火食者矣。南方曰蛮,雕题交趾,有不火食者矣。西方曰戎,被发衣皮,有不粒食者矣。北方曰狄,衣羽毛穴居,有不粒食者矣。中国、夷、蛮、戎、狄,皆有安居、和味、宜服、利用、备器,五方之民,言语不通,嗜欲不同。达其志,通其欲,东方曰寄,南方曰象,西方曰狄鞮,北方曰译。凡居民,量地以制邑,度地以居民。地、邑、民居,必参相得也。无旷土,无游民,食节事时,民咸安其居,乐事劝功,尊君亲上,然后兴学。司徒修六礼以节民性,明七教以兴民德,齐八政以防淫,一道德以同俗,养耆老以致孝,恤孤独以逮不足,上贤以崇德,简不肖以绌恶。"这里的"中国"指的是中原地区的国家,西夷,指中原地区周边的广大地区。《礼记》这里显示了中原地区和周边四方,其实是一体的。"无旷土,无游民,食节事时,民咸安其居,乐事劝功,尊君亲上,然后兴学"。同时,周边都是学习儒家道德的,"司徒修六礼以节民性,明七教以兴民德,齐八政以防淫,一道德以同俗,养耆老以致孝,恤孤独以逮不足,上贤以崇德,简不肖以绌恶。"

正是因为儒家具有这样的"大一统"民族意识,整个国家和社会的统一,就从理论上的必然,变成事实上的实然。所以,贾谊在《过秦论》中一边指责秦朝对民众的残暴和肆虐,一边又不得不对秦朝民族统一,社会"大一统"的历史意识和心理需求,表达出由衷的赞美。他说:"秦灭周祀,并海内,兼诸侯,南面称帝,以四海养。天下之士,斐然向风。若是,何也?曰:近古而无王者久矣。周室卑微,五霸既灭,令不行於天下,是以诸侯力正,强凌弱,众暴寡,兵革不休,士民罢弊。今秦南面而王天下,是上有天子也。即元元之民冀得安其性命,莫不虚心而仰上。当此之时,专威定功,安危之本,在于此矣。秦王怀贪鄙之心,行自奋之智,不信功臣,不亲士民,废王道而立私爱,焚文书而酷刑法,先诈力而后仁义,以暴虐为天下始。夫并兼者高诈力,安危者贵顺权,以此言之,取与攻守不同术也。秦虽离战国而王天下,其道不易,其政不改,是其所以取之也,孤独而有之,故其亡可立而待也。借使秦王论上世之事,并殷周之迹,以制御其政,后虽有淫骄之主,犹未有倾危之患也。故三王之建天下,名号显美,功业长久。"(《新书·过秦论下》)"故秦之盛也,繁法严刑而无下震;及其衰也,百姓怨而海内叛矣。故周王序得其道,千馀载不绝;秦本末并失,故不能长。由是观之,安危之统相去远矣。"(《新书·过秦论下》)本来天下臣民渴望大一统,秦国也做到了,但是秦朝建立之后,秦政府却实行残暴的统治,导致天下寒心,所以老百姓只有揭竿而起,推翻暴秦。

董仲舒说:"今陛下并有天下,海内莫不率服,广览兼听,极群下之知,尽天下之美,至德昭然,施于方外。夜郎、康居,殊方万里,说德归谊,此太平之致也。"(《汉书·董仲舒传》卷五十六)这里的"天下",指是国家疆域上的大一统。因此,这个意义上说,"天下"这个概念是一个地缘政治概念,是在不同的历史时期,表现不同的疆域面积,是一个发展的过程。

谁要是破坏了天下统一的疆土和"天下一统"的价值系统,谁就是民族历史文化的罪人。如石敬瑭,他千百年来成为"儿皇帝"和"卖国贼"的代名词。他为了向契丹求援,竟然割让燕云十六州给契丹。他称比自己小十岁的耶律德光为父皇帝,自称儿皇帝。《资治通鉴》记载:"契丹主谓石敬瑭曰:'吾三千里赴难,必有成功。观汝气貌识量,真中原之主也。吾欲立汝为天子。'敬瑭辞让数四,将吏复劝进,乃许之。契丹主作册书,命敬瑭为大晋皇帝,自解衣冠授之,筑坛于柳林。是日,即皇帝位。割幽、蓟、瀛、莫、涿、檀、顺、新、妫、儒、武、云、应、寰、朔、蔚十六州以与契丹,仍许岁输帛三十万匹。"《资治通鉴·后晋纪一·天福元年》卷第二百八十)石敬瑭是其中一个典型的例子,除此之外还有秦桧、洪承畴、吴三桂等人①。

近代历史学家夏曾佑说:"中国之教,得孔子而后立。中国之政,得秦皇而后行。中国之境,得汉武而后定。三者皆中国之所以为中国也。自秦以来,垂二千年,虽百王代兴,时有改革,然观其大义,不甚悬殊。譬如建屋,孔子奠其基,秦、汉二君营其室,后之王者,不过随时补苴,以求适一时之用耳,不能动其深根宁极之理也。"②夏曾佑谈到了孔子、秦始皇和汉武帝对于中国大一统作出的贡献是有道理的。

总之,"今日,要想把中国建设成为一个政治上高度统一,经济与文化上高度发展,各民族相互融合和共同繁荣的富强国家,就迫切需要发掘文化传统中的大一统资源,真正做到古为今用,在今日世界的政治文化格局中,从自己的实际出发,建立起自己民族的、独一无二的中国特色和强大自信基础上的政

---

① 现代历史上也有不少的卖国贼,如袁世凯、曹汝霖、王揖唐、张景惠、褚民谊、陈璧君、汪精卫等。

② 夏曾佑:《夏曾佑集》(下),上海古籍出版社 2011 年版,第 947 页。

治文化品牌。"①儒家维护大一统之忠,是民族气节,也是民族意识,这已经渗透到中华民族的文化血液之中。历史上凡是卖国的行为都必将永远钉在历史耻辱柱上。这是儒家大一统爱国意识的历史绵延和发展。至今还在现实生活中闪烁着历史道德光芒,显得弥足珍贵。

---

① 马平安:《走向大一统》,团结出版社 2018 年,第 245—246 页。

结　语　儒家忠德思想的
回顾与前瞻

郑师渠教授在《中国文化通史·初版总序》中说:"大汶口陶文的发现,证明汉字至少可以溯源到 5500 年前,汉字是世界上唯一从古到今不断发展、一直使用并富有强大生命力的文字。"①由此可见,中国文字发展和中国文化的发展一样是源远流长的。但是大汶口陶文,可以证明是一种文字,只是这种文字是一种不成熟的文字。中国文字的成熟是商代的甲骨文。这是迄今为止最为成熟的文字。但问题是,忠德作为一种道德行为和德行肯定在文字出现的时候就已经存在了,从公元前 170 万年前的早期直立人、早期智人到晚期智人再到尧舜禹时期的"文明人"再到儒家忠德综合创立者孔子春秋战国时期,忠德的行为一直是存在的。

儒家创始人是孔子,但是儒家忠德的创建,不是一蹴而就的,而是经历了一个漫长的发展过程。在孔子之前,忠德的行为和实践已经存在的。尽管在孔子之前,我们不能说是儒家忠德,但是却是儒家忠德早期道德意象。因此,探索儒家早期忠德的道德意象对研究儒家忠德的历史发展是有裨益的。

儒家忠德,最基本的内涵主要是两个方面:第一,从德性伦理学的维度来

① 郑师渠:《中国文化通史·初版总序》,北京师范大学出版社 2016 年版,第 37 页。

说,就是全心全意、尽心竭力地为人。如,"忠也者,一其心之谓也。"(《忠经·天地神明章》)"忠,是要尽自家这个心。"(《朱子语类》卷二十六)"为人谋时,竭尽自己之心,这个便是忠、"(《朱子语类》卷二十六)"忠,只是实心,真是真实不伪。"(《朱子语类》卷十六)等,这些都是表示尽心尽力的意思。

第二,从规范伦理学的角度来说,忠的意思是劝人以善,是出于公心而非私心去做事。如,"无私,忠也。"(《左传·成公九年》)"教人以善谓之忠。"(《孟子·滕文公上》)"忠者,中也,至公无私。"(《忠经·天地神明章》)"以正辅人谓之忠,以邪导人谓之佞。"(《盐铁论·刺议》)"人以事相谋,须是仔细量度,善则令做,不善则勿令做,方是尽己。若胡乱应去,便是不忠。"(《朱子语类》卷二十一)因此,从忠德规范伦理和德性伦理学的两个基本的道德维度来说,忠德具有天然的正义和善的内涵。只要有道德行为存在的地方,道德主体就应该尽心尽力去做好事善事,去做好人善人。这是儒家忠德基本内涵。

儒家忠德在传统社会里,经历汉唐宋元明清,在传统社会里闪烁着道德光芒。不论是在道德个体修养、家庭道德生活、社会道德建设还是国家道德建设之中,儒家忠德和其他道德规范一样,在传统社会中发挥着重要的道德教育、道德认识、道德规劝、道德惩罚、道德修养和道德境界等功能。政治生活最能体现儒家忠德智慧。儒家主张"事君以忠,亦只是尽己之心以事君。为人谋之忠,亦只是尽己之心以为人谋耳。"(《北溪字义·忠信》)儒家要求"君视臣以礼,臣事君以忠"(《论语·八佾》),而不是愚忠、伪忠。如果"君之视臣如手足,则臣视臣如腹心"(《孟子·离娄下》),"君之视臣如犬马,则臣视君如国人"(《孟子·离娄下》),否则,"君之视臣如土鸡芥,则臣视君如寇雠"(《孟子·离娄下》)。

儒家在忠德实践过程中,是忠于道,忠于义,而不会屈服于势力和权力。王夫之说:"臣之于君,可贵、可贱、可生、可杀,而不可辱。""至于辱,则君自处于非礼,君不可以为君;臣不知愧而顺承之,臣不可以为臣也。""使诏狱廷杖而有能自裁这,人君之辱士大夫,尚可惩也。高忠宪曰:'辱大臣,是辱国也。'

大哉言乎！故沈水而逮问之祸息……"（《读通鉴论·文帝》）《新语》也说："审于辞者，不可惑以言。达于义者，不可动以利。是以君子博思而广听，进退顺法，动作合度，闻见欲众，而采择欲谨，学问欲博而行己欲敦，见邪而知其直，见华而知其实，目不淫于炫耀之色，耳不乱于阿谀之词，虽利之以齐、鲁之富而志不移，谈之以王乔、赤松之寿，而行不易，然后能壹其道而定其操，致其事而立其功也。"（《新语·思务》卷十二）这其实就是忠德之道统摄于君主的政统。清代顺治皇帝在顺治八年（公元1651年）祭告黄帝的祭文中说："自古帝王，受天用命，道统而新治统。圣贤代起，先后一揆。功德载籍，炳若日星。"（《陕西通志·艺文一·祭告桥陵文》卷八十五）康熙皇帝在康熙七年（公元1668年）祭告炎帝文中说："帝王继天立极，功德并隆，治统道统，昭垂奕世。"（《湖南通志·典礼志三·祭告炎帝陵舜陵文》）这是满族皇帝接受了炎黄以来的"治统"，是对汉族文化的认同，也是忠德之道对君主的政统的宰制。

儒家忠德思想是积极进取的。对君主来说，要求君主懂得辨认忠奸伪善，但是忠善和伪善又往往很难辨认。陆贾说："夫举事者或为善而不称善，或不善而称善者，何？视之者谬而论之者误也。故行或合于世，言或顺于耳，斯乃阿上之意，从上之旨，操直而乖方，怀曲而合邪，因其刚柔之势，为作纵横之术，故无忤逆之言，无不合之义者。"（《新语·辨惑》卷五）君主往往喜欢顺从之臣，喜欢听符合自己心理需求的话，这是佞臣最为擅长的。陆贾说："邪臣好为诈伪，自媚饰非，而不能为公方，藏其端巧，逃其事功。"（《新语·辅政》卷三）而且"谗夫似贤，美言似信，听之者惑，观之者冥。故苏秦尊于诸侯，商鞅显于西秦。世无贤智之君，孰能别其形。"（《新语·辅政》卷三）不仅如此，奸臣喜欢结党营私，形成利益集团，因此从整体上说容易迷惑处于深宫中的君主。陆贾说："夫众口毁誉，浮石沈木。群邪相抑，以直为曲。视之不察，以白为黑。夫曲直之异形，白黑之殊色，乃天下之易见也，然而目缪心惑者，众邪误之。"（《新语·辨惑》卷五）因此，出现了"以黑为白"的缪政。而忠臣就不擅长于阿谀奉承,往往喜欢直言进谏,甚至在君主看来是"忤逆之言",使得忠臣往往就不得被重用。陆贾说:"故行不敢苟合,言不为苟容,虽无功于世,而名足称也;虽言不用于国家,而举措之言可法也。"(《新语·辨惑》卷五)

既然忠臣容易被君主视为"忤逆之臣",那么,忠臣是不是应该远离朝廷,处江湖之远,泛舟于海,看夕阳西下呢?儒家忠德认为,如果采取这样消极的逃避方式逃避政治,这是不忠的表现。陆贾说:"夫君子直道而行,知必屈辱而不避也。"(《新语·辨惑》卷五)陆贾反对君子做消极的逃避的态度,而是要积极面对。陆贾甚至认为,怀着满腹经纶的道德正义理论而远离朝政,这是不忠的表现。陆贾说:"夫播布革,乱毛发,登高山,食木实,视之无优游之容,听之无仁义之辞,忽忽若狂痴,推之不往,引之不来,当世不蒙其功,后代不见其才,君倾而不扶,国危而不持,寂寞而无邻,寥廓而独寐,可谓避世,而非怀道者也。故杀身以避难则非计也,怀道而避世则不忠也。"(《新语·慎微》卷六)他要求:"君子居乱世,则合道德,采微善,绝纤恶,修父子之礼,以及君臣之序,乃天地之通道,圣人之所不失也。故隐之则为道,布之则为文,诗在心为志,出口为辞,矫以雅僻,砥砺钝才,雕琢文彩,抑定狐疑,通塞理顺,分别然否,而情得以利,而性得以治,绵绵漠漠,以道制之,察之无兆,遁之恢恢,不见其行,不睹其仁,湛然未悟,久之乃殊,论思天地,动应枢机,俯仰进退,与道为依,藏之于身,优游待时。故道无废而不兴,器无毁而不治。孔子曰:'有至德要道以顺天下。'言德行而其下顺之矣。"(《新语·慎微》卷六)也正是因为儒家忠德的理念是"杀身以避难则非计也,怀道而避世则不忠也",所以,在中国历史上才演绎出可歌可泣的忠德行为和忠德实践。习近平总书记说:"从历史的角度看,包括儒家思想在内的中国传统思想文化中的优秀成分,对中华文明形成并延续发展几千年而从未中断,对形成和维护中国团结统一的政治局面,对形成和巩固中国多民族和合一体的大家庭,对形成和丰富中华民族精神,对激励中华儿女维护民族独立、反抗外来侵略,对推动中国社会发展进步、促进中国社会利益和社会关系平衡,都发挥了十分重要的作用。"①儒家这些优秀的成分就包含了儒家忠德思想。

　　传统是活着的现在,传统儒家忠德思想和其他传统文化一样,对于现代的个体道德修养、家庭生活、社会生活和国家生活的建设具有重要的借鉴价值。著名马克思主义伦理学家罗国杰教授指出:"弘扬中华民族优良道德传统,其根本目的在于振奋我们的民族精神,增强民族自豪感和民族责任感,提高民族自尊心和民族自信心;在于使社会主义道德有更丰富的内容,有更能为群众所喜闻乐见的形式,有更加具有民族特色的凝聚力和向心力;在于更好地协调社会主义社会的人际关系,促进社会主义市场经济的健康发展;在于使集体主义、爱国主义和社会主义真正为我们社会在思想上的主旋律,从而促进社会主义精神文明建设,形成中国特色的价值观和伦理道德规范。"②这是传统道德的价值和意义,作为传统儒家忠德,其价值也是如此。笔者认为,儒家忠德思想作为一种道德资源,不论在过去、现在,还是未来,必然会引起人们的重视。我们应该传承和发展儒家忠德思想,让其在新时代中重新焕发新的内涵和价值。习近平总书记指出:"世界上一些有识之士认为,包括儒家思想在内的中华优秀传统文化中蕴藏着解决当代人类面临的难题的重要启示,比如,关于道法自然、天人合一的思想,关于天下为公、大同世界的思想,关于自强不息、厚德载物的思想,关于以民为本、安民富民乐民的思想,关于为政以德、政者正也的思想,关于苟日新日日新又日新、革故鼎新、与时俱进的思想,关于脚踏实地、实事求是的思想,关于经世致用、知行合一、躬行实践的思想,关于集思广益、博施众利、群策群力的思想,关于仁者爱人、以德立人的思想,关于以诚待人、讲信修睦的思想,关于清廉从政、勤勉奉公的思想,关于俭约自守、力戒奢

---

　　① 习近平:《在纪念孔子诞辰 2565 周年国际学术研讨会暨国际儒学联合会第五届会员大会开幕会上的讲话》,《人民日报》2014 年 9 月 25 日。
　　② 罗国杰:《罗国杰文集·传统伦理与现代社会》(第四卷),中国人民大学出版社 2016 年版,第 416 页。

华的思想,关于中和、泰和、求同存异、和而不同、和谐相处的思想,关于安不忘危、存不忘亡、治不忘乱、居安思危的思想,等等。中华优秀传统文化的丰富哲学思想、人文精神、教化思想、道德理念等,可以为人们认识和改造世界提供有益启迪,可以为治国理政提供有益启示,也可以为道德建设提供有益启发。对传统文化中适合于调理社会关系和鼓励人们向上向善的内容,我们要结合时代条件加以继承和发扬,赋予其新的涵义。"①

东汉著名思想家王充说:"世谷所患,患言事增其实;著文垂辞,辞出溢其真,称美过其善,进恶没其罪。"(《论衡·艺增》卷八)一个人研究什么,就往往把研究的对象说得言过其实,"美过其善",一个人讨厌什么,就将其讨厌之物,说得十恶不赦,"进恶没其罪"。这不是学者应该秉持的学术态度。对于儒家伦理的范畴研究,学者的价值之一,就是根据自己尽可能掌握的资料作出实事求是的评价和阐释,以便让读者清楚学者所研究对象的所以然和其所当然。这才是一位学者应该秉持的公正的学术态度,即实事求是的学术态度。对于儒家忠德研究也应该要秉持这样的态度。这是笔者一直孜孜追求的。笔者对古籍和古典学问的痴迷,是持久而激情四溢的,对忠德的研究也是如此。

---

① 习近平:《在纪念孔子诞辰 2565 周年国际学术研讨会暨国际儒学联合会第五届会员大会开幕会上的讲话》,《人民日报》2014 年 9 月 25 日。

参 考 文 献

一、马克思主义经典类

1.《马克思恩格斯文集》(1—10卷),人民出版社2009年版。

2.《马克思恩格斯选集》(1—4卷),人民出版社2012年版。

3.《毛泽东选集》(1—4卷),人民出版社1991年版。

4.《毛泽东文集》(1—8卷),人民出版社2003年版。

5.《毛泽东早期文稿》,湖南人民出版社2013年版。

6.《邓小平文选》(1—3卷),人民出版社1993年版。

7.《江泽民文选》(1—3卷),人民出版社2006年版。

8.《胡锦涛文选》(1—3卷),人民出版社2016年版。

9.《习近平谈治国理政》(第一卷),外文出版社2018年版。

10.《习近平谈治国理政》(第二卷),外文出版社2017年版。

11.《习近平谈治国理政》(第三卷),外文出版社2020年版。

12.《习近平谈治国理政》(第四卷),外文出版社2022年版。

13.《习近平著作选读》(第1—2卷),人民出版社2023年版。

二、古籍与注疏类

14.《十三经注疏》(清嘉庆刊本),阮元校刻,中华书局影印2009年版。

15.《十三经注疏》(标点本),李学勤,北京大学出版社1999年版。

16.《十三经注疏》,阮元校刻,上海古籍出版社影印1997年版。

17.《十三经恒解》(笺解本),刘沅,巴蜀书社 2016 年版。

18.《十三经注疏校勘记》,刘玉才主编,北京大学出版社 2016 年版。

19.《二十四史》,顾颉刚等点校,中华书局 2011 年版。

20.《诸子集成》,中华书局 2006 年版。

21.何建章:《战国策注释》,中华书局 1990 年版。

22.金开诚等:《屈原集校注》,中华书局 1996 年版。

23.许维遹:《韩诗外传集释》,中华书局 1920 年版。

24.司马迁:《史记》,中华书局 1982 年版。

25.向宗鲁:《说苑校证》,中华书局 1987 年版。

26.班固:《汉书》,颜师古注,中华书局 2005 年版。

27.王利器:《盐铁论校注》,中华书局 1992 年版。

28.范晔:《后汉书》,李贤等注,中华书局 2005 年版。

29.孙启治:《政论校注》,中华书局 2012 年版。

30.陈寿:《三国志》,裴松之注,中华书局 2005 年版。

31.孙启政:《中论解诂》,中华书局 2014 年版。

32.诸葛亮:《诸葛亮集》,段熙仲、闻旭初编校,中华书局 1960 年版。

33.马融:《忠经》,郑玄注,中华书局 1985 年版。

34.楼宇烈:《王弼集校释》,中华书局 1980 年版。

35.谢保成:《贞观政要集校》,中华书局 2003 年版。

36.柳宗元:《柳宗元集》,中华书局 1979 年版。

37.刘真伦、岳珍:《韩愈文集汇校笺注》,中华书局 2010 年版。

38.刘禹锡:《刘禹锡集》,《刘禹锡集》整理组点校,卞孝萱校订,中华书局 1990 年版。

39.静、筠禅僧:《祖堂集》,张华点校,中州古籍出版社 2018 年版。

40.石介:《徂徕石先生文集》,陈植锷点校,中华书局 1984 年版。

41.李觏:《李觏集》,王国轩点校,中华书局 2011 年版。

42.张载:《张载集》,章锡琛点校,中华书局 1978 年版。

43.欧阳修:《欧阳修全集》,李安逸点校,中华书局 2001 年版。

44.程颢、程颐:《二程集》,王孝鱼点校,中华书局 1981 年版。

45.邵雍:《邵雍全集》,郭彧编,上海古籍出版社 2015 年版。

46.司马光:《资治通鉴》,胡三省音注,中华书局 1956 年版。

47.曾巩:《曾巩集》,陈杏珍、晁继周点校,中华书局 1984 年版。

48.苏轼:《苏轼文集》,孔凡礼点校,中华书局 1986 年版。

49.王曾瑜:《鄂国金佗稡编·续编校注》,中华书局 1989 年版。

50.朱熹:《朱熹集》,郭齐、尹波点校,四川教育出版社 1996 年版。

51.朱熹:《新订朱子全书(附外编)》,朱杰人、严佐之、刘永翔主编,上海古籍出版社 2022 年版。

52.朱熹:《朱子全书外编》,朱杰人、严佐之、刘永翔主编,华东师范大学出版社 2010 年版。

53.李申:《四书章句集注今译》,中华书局 2020 年版。

54.陈亮:《陈亮集》,中华书局 1974 年版。

55.叶适:《习学记言序目》,中华书局 1977 年版。

56.叶适:《叶适集》,刘公纯、王孝鱼、李哲夫点校,中华书局 2010 年版。

57.陆九渊:《陆九渊集》,钟哲点校,中华书局 1980 年版。

58.张栻:《张栻集》,杨世文点校,中华书局 2015 年版。

59.张君房:《云笈七笺》,李永晟点校,中华书局 2003 年版。

60.胡宏:《胡宏集》,吴仁华点校,中华书局 1987 年版。

61.普济:《五灯会元》,苏渊雷点校,中华书局 1984 年版。

62.李心传:《建炎以来系年要录》,中华书局 1988 年版。

63.陈淳:《北溪字义》,熊国祯、高流水点校,中华书局 1983 年版。

64.吕本中:《官箴》,中华书局 1985 年版。

65.真德秀:《西山政训》,中华书局 1985 年版。

66.郑樵:《通志二十略》,王树民点校,中华书局 1995 年版。

67.刘祁:《归潜志》,崔文印点校,中华书局 1983 年版。

68.张养浩:《张养浩集》,李鸣、马振奎点校,吉林文史出版社 2008 年版。

69.脱脱:《宋史》,中华书局 1985 年版。

70.方孝孺:《逊志斋集》,徐光大点校,宁波出版社 2000 年版。

71.方孝孺:《方孝孺集》,徐光大点校,浙江古籍出版社 2013 年版。

72.陈献章:《陈献章集》,孙通海点校,中华书局 1987 年版。

73.王阳明:《王阳明全集》,吴光、钱明等编校,上海古籍出版社 2014 年版。

74.罗钦顺:《困知记》,阎韬点校,中华书局 2013 年版。

75.李贽:《焚书 续焚书》,中华书局 1975 年版。

76.吕坤:《吕坤全集》,王国轩、王秀梅整理,中华书局 2008 年版。

77.刘宗周:《刘宗周全集》,吴光主编,浙江古籍出版社 2012 年版。

78.陈邦瞻：《宋史纪事本末》，中华书局 2015 年版。

79.孙奇逢：《理学宗传》，万红点校，凤凰出版社 2015 年版。

80.黄宗羲：《明儒学案》（修订本），沈芝盈点校，中华书局 2008 年版。

81.黄宗羲、全祖望：《宋元学案》，陈金生、梁运华点校，中华书局 1986 年版。

82.黄宗羲：《黄宗羲全集》，吴光主编，浙江古籍出版社 2012 年版。

83.陈确：《陈确集》，中华书局 1979 年版。

84.顾炎武：《顾炎武全集》，上海古籍出版社 2011 年版。

85.王夫之：《船山全书》，岳麓书社 2011 年版。

86.孙奇逢：《理学宗传》，万红点校，凤凰出版社 2015 年版。

87.吕留良：《吕留良全集》，中华书局 2015 年版。

88.李绂：《朱子晚年全论》，段景莲点校，中华书局 2015 年版。

89.吴乘权：《纲鉴易知录》（1—8 册），施意周点校，中华书局 1960 年版。

90.潘平格：《潘子求仁录辑要》，钟哲点校，中华书局 2009 年版。

91.毕沅：《续资治通鉴》，中华书局 1957 年版。

92.颜元：《颜元集》，王星贤、张芥尘、郭征点校，中华书局 1987 年版。

93.戴震：《戴震全书》，杨应芹等整理，黄山书社 2020 年版。

94.叶瑛：《文史通义校注》，中华书局 1985 年版。

95.苏舆：《春秋繁露义证》，钟哲点校，中华书局 1992 年版。

96.焦循：《孟子正义》，沈文倬点校，中华书局 1987 年版。

97.赵翼：《赵翼全集》，曹光甫点校，凤凰出版社 2009 年版。

98.黄式三：《黄式三全集》，程继红、张涅主编，上海古籍出版社 2014 年版。

99.龚自珍：《龚自珍全集》，王佩诤校，上海古籍出版社 1975 年版。

100.陈立：《白虎通义疏证》，吴则虞点校，中华书局 1994 年版。

101.孙星衍：《尚书今古文注疏》，陈抗、盛冬铃点校，中华书局 1986 年版。

102.王先谦：《荀子集解》，沈啸寰、王星贤点校，中华书局 1988 年版。

103.程树德：《论语集注》，程俊英、蒋见元点校，中华书局 1990 年版。

104.刘宝楠：《论语正义》，高流水点校，中华书局 1990 年版。

105.赵尔巽：《清史稿》，中华书局 2015 年版。

106.《清史列传》，王钟翰点校，中华书局 2016 年版。

107.康有为：《康有为全集》，中国人民大学出版社 2007 年版。

108.谭嗣同：《谭嗣同全集》（增订本），蔡尚思、方行编，中华书局 1981 年版。

109.梁启超：《饮冰室合集》，中华书局 2015 年版。

110.朱谦之:《老子校释》,中华书局1984年版。

111.柯劭忞:《新元史》,张京华、黄曙辉总校,上海古籍出版社2018年版。

112.钱海岳:《南明史》,中华书局2016年版。

113.王先慎:《韩非子集解》,钟哲点校,中华书局1998年版。

114.何宁:《淮南子集释》,中华书局1998年版。

115.杨伯峻:《孟子译注》,中华书局1960年版。

116.杨伯峻:《论语译注》,中华书局1980年版。

117.杨伯峻:《春秋左传注》,中华书局2009年版。

118.刘尚慈:《春秋公羊传译注》,中华书局2010年版。

119.黎翔凤:《管子校注》,梁运华整理,中华书局2004年版。

120.蒋礼鸿:《商君书锥指》,中华书局1986年版。

121.黄晖:《论衡校释》,中华书局1990年版。

122.王利器:《新语校注》,中华书局1986年版。

123.王利器:《颜氏家训集解》,中华书局1993年版。

124.徐元诰:《国语集解》(修订本),王树民、沈长云点校,中华书局2002年版。

125.黄怀信:《论语汇校集释》,周海生、孔德立参撰,上海古籍出版社2008年版。

126.陈鼓应:《老子注译及评介》(修订增补本),中华书局2009年版。

127.顾宏义、严佐之:《历代"朱陆异同"文类汇编》,上海古籍出版社2018年版。

128.严佐之、戴扬本、刘永翔:《历代"朱陆异同"典籍萃编》,上海古籍出版社2018年版。

三、著作类(按作者姓氏音序排列,同作者按出版年排列)

129.白钢:《中国政治制度史》,社会科学文献出版社2007年版。

130.白钢:《中国政治制度通史》,社会科学文献出版社2011年版。

131.白寿彝:《中国通史》,上海人民出版社、江西教育出版社2015年版。

132.卜宪群:《中国通史》,华夏出版社、安徽教育出版社2016年版。

133.曹大为等:《中国大通史》,学苑出版社2018年版。

134.陈瑛、温克勤、唐凯麟、徐少锦、刘启林:《中国伦理思想史》,贵州人民出版社1985年版。

135.陈瑛、许启贤:《中国伦理大辞典》,辽宁人民出版社1998年版。

136.陈瑛:《中国伦理思想史》,湖南教育出版社2004年版。

137.陈瑛:《中国古代道德生活史》,中国社会科学出版社2012年版。

138.陈来:《古代宗教与伦理:儒家思想的根源》,生活·读书·新知三联书店 2009 年版。

139.陈来:《诠释与重建:王船山的哲学精神》,生活·读书·新知三联书店 2010 年版。

140.陈来:《仁学本体论》,生活·读书·新知三联书店 2014 年版。

141.陈谷嘉:《宋代理学伦理思想研究》,湖南大学出版社 2006 年版。

142.陈劲松:《儒化中国的维度》,中国戏剧出版社 2006 年版。

143.陈侃理:《儒学、数术与政治:灾异的政治文化史》,北京大学出版社 2015 年版。

144.陈荣捷:《朱子门人》,东师范大学出版社 2007 年版。

145.陈荣捷:《朱子新探索》,华东师范大学出版社 2007 年版。

146.陈荣捷:《中国哲学文献选编》,杨儒宾、吴有能、朱荣贵、万先法译,黄俊杰校阅,江苏教育出版社 2006 年版。

147.陈戌国:《中国礼制史》,湖南教育出版社 2011 年版。

148.陈苏镇:《中国古代政治文化研究》,北京大学出版社 2009 年版。

149.陈生玺:《政书集成》,中州古籍出版社 1996 年版。

150.陈寅恪:《陈寅恪集》,生活·读书·新知三联书店 2013 年版。

151.陈钟凡:《两宋思想述评》,东方出版社 1996 年版。

152.陈致平:《中华通史》,贵州教育出版社 2013 年版。

153.陈鹏:《原始儒家孝、忠、礼、德观念的变异》,人民出版社 2019 年版。

154.晁天义:《先秦道德与道德环境》,中国社会科学出版社 2010 年版。

155.蔡尚思:《中国礼教思想史》,上海古籍出版社 2006 年版。

156.蔡尚思:《中国传统思想总批判》,上海古籍出版社 2006 年版。

157.蔡方鹿:《中国经学与宋明理学研究》,人民出版社 2011 年版。

158.蔡方鹿:《中华道统思想发展史》,人民出版社 2020 年版。

159.崔大华:《儒学引论》,人民出版社 2001 年版。

160.崔大华:《儒学的现代命运——儒家传统的现代阐释》,人民出版社 2012 年版。

161.程志华:《中国儒学史》,人民出版社 2018 年版。

162.邓广铭:《岳飞传》,生活·读书·新知三联书店 2007 年版。

163.杜维明:《杜维明文集》(1—5 卷),武汉出版社 2002 年版。

164.杜维明:《二十一世纪的儒学》,中华书局 2014 年版。

165.复旦大学哲学系中国哲学教研室:《中国古代哲学史》,上海古籍出版社 2011 年版。

166.冯友兰:《中国哲学史》,华东师范大学出版社 2000 年版。

167.冯友兰:《中国哲学史新编》,人民出版社 2007 年版。

168.冯契:《中国古代哲学的逻辑发展》,东方出版中心 2009 年版。

169.方克立、李锦全:《现代新儒家学案》,中国社会科学出版社 1995 年版。

170.方朝晖:《文明的毁灭与新生:儒学与中国现代性研究》,中国人民大学出版社 2011 年版。

171.方诚峰:《北宋晚期的政治体制与政治文化》,北京大学出版社 2015 年版。

172.傅勤家:《中国道教史》,湖南大学出版社 2014 年版。

173.范文澜:《中国通史简编》,华东师范大学出版 2014 年版。

174.范文澜:《中国通史》(1—12 册),北京,人民出版,2015 年版。

175.郭沫若:《十批判书》,中国华侨出版社 2008 年版。

176.郭齐勇:《中国哲学史》,商务印书馆 2021 年版。

177.郭齐勇:《中国哲学通史》,江苏人民出版社 2021。

178.耿云志:《中国近代思想通史》,社会科学文献出版社 2022 年版。

179.葛荃:《中国政治文化教程》,高等教育出版社 2006 年版。

180.葛荃:《反思中的思想世界:刘泽华先生八秩华诞纪念文集》,天津人民出版社 2014 年版。

181.葛兆光:《中国思想史》,复旦大学出版社 2013 年版。

182.龚书铎:《清代理学史》,广东教育出版社 2007 年版。

183.干春松:《重回王道:儒家与世界秩序》,华东师范大学出版社 2012 年版。

184.甘怀真:《皇权、礼仪与经典诠释:中国古代政治史研究》,华东师范大学出版社 2008 年版。

185.侯外庐:《中国思想通史》(第四卷),人民出版社 1959 年版。

186.侯外庐:《宋明理学史》,张岂之 修订,西北大学出版社 2018 年版。

187.侯外庐:《中国思想史纲》,上海书店出版社 2008 年版。

188.何俊、范立舟:《南宋思想史》,上海古籍出版社 2008 年版。

189.何忠礼:《南宋政治史》,人民出版社 2008 年版。

190.何兹全:《中国古代社会》,北京师范大学出版社 2007 年版。

191.黄慧英:《解证儒家伦理》,东方出版中心 2020 年版。

192.金观涛、刘青峰:《中国现代思想的起源:超稳定结构与中国政治文化的演变》,中文大学出版社 2000 年版。

193.金观涛、刘青峰:《开放中的变迁:再论中国社会超稳定结构》,法律出版社 2011 年版。

194.金观涛、刘青峰:《兴盛与危机:论中国社会超稳定结构》,法律出版社 2011 年版。

195.金观涛、刘青峰:《中国思想史十讲》(上卷),法律出版社 2015 年版。

196.金观涛:《历史的巨镜》,法律出版社 2015 年版。

197.金春峰:《汉代思想史》,中国社会科学出版社 2018 年版。

198.金耀基:《中国民本思想史》,法律出版社 2008 年版。

199.金景芳:《金景芳儒学论集》,四川大学出版社 2010 年版。

200.姜林祥:《中国儒学史》,广东教育出版社 1998 年版。

201.姜广辉:《中国经学思想史》(第一卷),中国社会科学出版社 2003 年版。

202.姜国柱:《中国军事思想通史》,中国社会科学出版社 2006 年版。

203.季乃礼:《三纲六纪与社会整合——由〈白虎通〉看汉代社会人伦关系》,中国人民大学出版社 2004 年版。

204.季羡林、汤一介:《中华佛教史》,山西教育出版社 2013 年版。

205.江荣海:《传统的拷问——中国传统政治文化的现代化研究》,北京大学出版社 2012 年版。

206.胡适:《中国中古思想史长编》,上海古籍出版社 2014 年版。

207.黄宣民、陈寒鸣:《中国儒学发展史》,中国文史出版社 2009 年版。

208.邝士元:《中国学术思想史》,上海三联书店 2014 年版。

209.中国孔子基金会:《中国儒家百科全书》,中国大百科全书出版社 1997 年版。

210.孔祥安、何雪芹:《中国传统忠伦理研究》,青岛出版社 2018 年版。

211.林远泽:《儒家后习俗责任伦理学的理念》,联经出版事业股份有限公司 2017 年版。

212.梁启超:《饮冰室合集》,中华书局 2015 年版。

213.梁漱溟:《梁漱溟全集》,山东人民出版社 2005 年版。

214.罗国杰:《中国传统道德》,中国人民大学出版社 2012 年版。

215.罗国杰:《中国伦理思想史》,中国人民大学出版社 2008 年版。

216.罗国杰:《伦理学》,人民出版社 2014 年版。

217.罗国杰:《罗国杰文集》,中国人民大学出版社 2016 年版。

218.罗安宪:《中国孔学史》,人民出版社 2008 年版。

219.李锋:《中国古代治理的道德基础——以朱熹政治哲学为核心》,社会科学文献出版社 2018 年版。

220.李学勤:《李学勤谈国学》上下卷,宫长为 编,中华工商联合出版社 2020 年版。

221.李泽厚:《中国古代思想史论》,生活·读书·新知三联书店 2008 年版。

222.李泽厚:《中国近代思想史论》,生活·读书·新知三联书店 2008 年版。

223.李泽厚:《中国现代思想史论》,生活·读书·新知三联书店 2008 年版。

224.李申:《简明儒学史》,中国人民大学出版社 2006 年版。

225.刘清平:《忠孝与仁义》,复旦大学出版社 2012 年版。

226.雷学华:《忠——忠君思想的历史考察》,广西人民出版社 1996 年版。

227.刘泽华、葛荃:《中国古代政治思想史》,南开大学出版社 2001 年版。

228.刘泽华:《中国政治思想史论集》,人民出版社 2008 年版。

229.刘泽华:《中国政治思想通史》(1—9 卷),中国人民大学出版社 2014 年版。

230.刘泽华:《中国政治思想史》(1—3 卷),浙江人民出版社 2020 年版。

231.刘云柏:《中国管理思想通史》,上海人民出版社 2014 年版。

232.刘述先:《朱子哲学思想的发展与完成》,吉林出版集团有限责任公司 2015 年版。

233.劳思光:《新编中国哲学史》,广西师范大学出版社 2005 年版。

234.林聪舜:《儒学与汉帝国意识形态》,上海人民出版社 2017 年版。

235.赖永海:《中国佛教通史》,江苏人民出版社 2010 年版。

236.赖永海:《佛教十三经》,中华书局 2012 年版。

237.吕振羽:《中国政治思想史》,人民出版社 2008 年版。

238.吕思勉:《中国政治思想史》,中华书局 2012 年版。

239.牟宗三:《心体与性体》,上海古籍出版社 1999 年版。

240.牟宗三:《才性与玄理》,广西师范大学出版社 2006 年版。

241.牟宗三:《政道与治道》,广西师范大学出版社 2006 年版。

242.牟宗三:《历史哲学》,广西师范大学出版社 2007 年版。

243.蒙培元:《理学范畴系统》,人民出版社 1989 年版。

244.蒙培元:《中国哲学主体思维》,人民出版社 1993 年版。

245.马平安:《走向大一统》,团结出版社 2018 年版。

246.欧阳辉纯:《传统儒家忠德思想研究》,人民出版社 2017 年版。

247.欧阳辉纯:《中国伦理思想的回顾与前瞻》,广西科学技术出版社 2017 年版。

248.欧阳辉纯:《朱熹忠德思想研究》,人民出版社 2022 年版。

249.潘桂明:《中国佛教思想史稿》,江苏人民出版社 2009 年版。

250.庞朴:《20 世纪儒学通志》,浙江大学出版社 2013 年版。

251.钱穆:《中国文化史导论》,商务印书馆 1994 年版。

252.钱穆:《国史大纲》,商务印书馆 1996 年版。

253.钱穆:《中国近三百年学术史》,商务印书馆 1997 年版。

254.钱穆:《宋明理学概述》,九州出版社 2010 年版。

255.钱穆:《朱子新学案》,九州出版社 2011 年版。

256.钱穆:《中国思想史》,九州出版社 2011 年版。

257.屈直敏:《敦煌写本类书〈励忠节钞〉研究》,民族出版社 2007 年版。

258.瞿林东:《中国古代历史理论》,安徽人民出版社 2011 年版。

259.卿希泰:《中国道教思想史》,人民出版社 2009 年版。

260.卿希泰、詹石窗:《中国道教通史》,人民出版社 2019 年版。

261.钱永祥:《纵欲与虚无之上:现代情境里的政治伦理》,生活·读书·新知三联书店 2002 年版。

262.漆侠:《中国经济史》,中华书局 2009 年版。

263.任继愈:《中国道教史》,中国社会科学出版社 1985 年版。

264.任继愈:《中国佛教史》,中国社会科学出版社 1985 年版。

265.任继愈:《中国哲学史》(第 1—3 册),人民出版社 1996 年版。

266.任继愈:《中国哲学史》(第 4 册),人民出版社 1997 年版。

267.饶宗颐:《中国史学上之正统论》,上海远东出版社 1996 年版。

268.睡虎地秦墓竹简整理小组编:《睡虎地秦墓竹简》,文物出版社 1978 年版。

269.沈善洪、王凤贤:《中国伦理思想史》,人民出版社 2005 年版。

270.沈顺福:《儒家道德哲学研究:德性伦理学视野中的儒学》,山东大学出版社 2005 年版。

271.萨孟武:《儒家政论衍义——先秦儒家政治思想的体系及其演变》,东大图书有限公司 1981 年版。

272.萨孟武:《中国政治思想史》,东方出版社 2008 年版。

273.萨孟武:《中国社会政治史》,生活·读书·新知三联书店 2018 年版。

274.孙昌武:《中国佛教文化史》,中华书局 2010 年版。

275.孙晓春:《中国传统政治哲学史论》,江苏人民出版社 2020 年版。

276.苏秉琦:《中国文明起源新探》,生活·读书·新知三联书店 2019 年版

277.田余庆:《东晋门阀政治》,北京大学出版社 2012 年版。

278.汤用彤:《魏晋玄学论稿》,生活·读书·新知三联书店 2009 年版。

279.汤一介:《郭象与魏晋玄学》,北京大学出版社 2009 年版。

280.汤一介、李中华:《中国儒学史》(九卷本),北京大学出版社 2011 年版。

281.唐君毅:《唐君毅全集》,九州出版社 2016 年版。

282.唐凯麟:《中华民族道德生活史》(1—8 卷),东方出版社中心 2016 年版。

283.唐凯麟:《伦理学》,安徽文艺出版社 2017 年版。

284.唐凯麟、王泽应:《中国现当代伦理思潮》,安徽文艺出版社 2017 年版。

285.唐代兴:《生存与幸福:伦理构建的知识论原理》,中国社会科学出版社 2010 年版。

286.唐元:《儒家北学发展史》,人民出版社 2019 年版。

287.陶希圣:《中国政治思想史》,中国大百科全书出版社 2011 年版。

288.魏义霞:《理性与启蒙:宋元明清道德哲学研究》,商务印书馆 2009 年版。

289.吴雁南、冯祖贻、苏中立、郭汉民:《中国近代社会思潮》(1840—1949),湖南教育出版社 2011 年版。

290.韦政通:《中国思想史》,吉林出版集团有限责任公司 2009 年版。

291.王亚南:《中国官僚政治研究》,中国社会科学出版社 1981 年版。

292.王炳照、李国钧、阎国华:《中国教育通史》,北京师范大学出版社 2013 年版。

293.王子今:《"忠"观念研究——一种政治道德的文化源流与历史演变》,吉林教育出版社 1999 年版。

294.王子今:《权力的黑光——中国传统政治迷信批判》,四川人民出版社 2020 年版。

295.王成:《中国古代忠文化研究》,香港天马出版有限公司 2004 年版。

296.王成:《忠》,华夏出版社 2020 年版。

297.王泽应:《20 世纪中国马克思主义伦理思想研究》,人民出版社 2008 年版。

298.王爱品:《道统》,中央编译出版社 2016 年版。

299.王尔敏:《中国近代思想史论》,社会科学文献出版社 2003 年版。

300.王尔敏:《中国近代思想史论续集》,社会科学文献出版社 2005 年版。

301.王臣瑞:《伦理学(理论与实践)》,台湾学生书局有限公司 2005 年版。

302.江荣海:《中国政治思想史九讲》,北京大学出版社 2012 年版。

303.汪晖:《现代中国思想的兴起》,生活·读书·新知三联书店 2015 年版。

304.萧公权:《中国政治思想史》,商务印书馆 2017 年版。

305.萧公权:《中国乡村:19 世纪的帝国控制》,张皓、张升译,九州出版社 2021

年版。

306.徐复观：《徐复观全集》，九州出版社 2014 年版。

307.肖群忠：《孝与中国文化》，人民出版社 2001 年版。

308.肖群忠：《中国道德智慧十五讲》，北京大学出版社 2008 年版。

309.许建良：《先秦儒家的道德世界》，中国社会科学出版社 2008 年版。

310.许纪霖：《现代中国思想史论》，上海人民出版社 2014 年版。

311.夏征农：《大辞海》（哲学卷），上海辞书出版社 2003 年版。

312.夏鼐：《中国文明的起源》，中华书局 2009 年版。

313.夏曾佑：《夏曾佑集》，上海古籍出版社 2011 年版。

314.阎步克：《士大夫政治演生史稿》，北京大学出版社 2015 年版。

315.余敦康：《魏晋玄学史》，北京大学出版社 2016 年版。

316.余英时：《士与中国文化》，上海人民出版社 2003 年版。

317.余英时：《余英时文集》，广西师范大学出版社 2004 年版。

318.余英时：《朱熹的历史世界：宋代士大夫政治文化研究》，生活·读书·新知三联书店 2004 年版。

319.余英时：《现代儒学论》，上海人民出版社 2010 年版。

320.杨国荣：《伦理与存在——道德哲学研究》，华东师范大学出版社 2009 年版。

321.杨国荣：《道论》，华东师范大学出版社 2009 年版。

322.杨国荣：《善的历程——儒家价值体系研究》，华东师范大学出版社 2009 年版。

323.杨国荣：《孟子的哲学思想》，华东师范大学出版社 2009 年版。

324.杨泽波：《孟子性善论研究》，中国人民大学出版社 2010 年版。

325.杨泽波：《贡献与终结：牟宗三儒学思想研究》，上海人民出版社 2014 年版。

326.杨泽波：《儒家生生伦理学引论》，商务印书馆 2020 年版。

327.杨建祥：《儒家官德论》，江西人民出版社 2007 年版。

328.余治平：《忠恕而仁：儒家尽己推己、将心比心的态度、观念与实践》，上海人民出版社 2012 年版。

329.俞世伟、白燕：《规范·德性·德行：动态伦理道德体系的实践性研究》，商务印书馆 2009 年版。

330.叶朗：《中国美学通史》，江苏人民出版社 2014 年版。

331.张岱年：《张岱年全集》，河北人民出版社 1996 年版。

332.张晋藩：《中国法制通史》，法律出版社 1998 年版。

333.张分田:《民本思想与中国古代统治思想》,南开大学出版社 2009 年版。

334.张分田:《中国古代统治思想研究》,人民出版社 2013 年版。

335.张岂之:《中国思想学说史》,广西师范大学出版社 2007 年版。

336.张锡勤、柴文华:《中国伦理道德变迁史稿》,人民出版社 2008 年版。

337.张燕婴:《先秦"仁"学思想研究:儒墨道法家"仁"论说略》,中国社会科学出版社 2010 年版。

338.张德胜:《儒家伦理与社会秩序:社会学的诠释》,上海人民出版社 2010 年版。

339.张崑将:《德川日本"忠""孝"概念的形成于发展——以兵学与阳明学为中心》,华东师范大学出版社 2008 年版。

340.张丽珠:《中国哲学史三十讲》,北京师范大学出版社 2010 年版。

341.张立文:《中国学术通史》,人民出版社 2004 年版。

342.张立文:《中国哲学思潮发展史》,人民出版社 2014 年版。

343.张立文:《宋明理学研究》,中国人民大学出版社 2016 年版。

344.张祥浩:《中国哲学思想史》,南京大学出版社 2015 年版。

345.张海鹏:《中国近代通史》,江苏人民出版社 2013 年版。

346.张师伟:《中国传统政治哲学的逻辑演绎》,天津人民出版社 2016 年版。

347.张希清、毛佩琦、李世愉:《中国科举制度通史》,上海人民出版社 2015 年版。

348.张昭炜:《中国儒学缄默维度》,中国社会科学出版社 2020 年版。

349.周桂钿:《中国传统政治哲学》,河北人民出版社 2007 年版。

350.张晋藩:《中国法制通史》,中国法制出版社 2021 年版。

351.朱伯崑:《易学哲学史》,昆仑出版社 2009 年版。

352.朱汉民:《忠孝道德与臣民精神——中国传统臣民文化论析》,河南人民出版社 1994 年版。

353.朱鸿霖:《儒家思想与出处》,生活·读书·新知三联书店 2015 年版。

354.朱贻庭:《中国传统伦理思想史》,华东师范大学出版社 2021 年版。

355.赵靖:《中国经济思想史》,北京大学出版社 2002 年版。

356.赵吉惠、赵馥洁等:《中国儒学史》,中州古籍出版社 1991 年版。

357.赵汀阳:《论可能的生活》,中国人民大学出版社 2010 年版。

358.赵园:《明清之际士大夫研究》,北京大学出版社 2014 年版。

359.赵园:《制度·言论·心态:〈明清之际士大夫研究〉续编》,北京大学出版社 2014 年版。

四、译著类(按作者国籍音序排列)

360.[德]黑格尔:《法哲学原理》,范扬、张企泰译,商务印书馆 1961 年版。

361.[德]康德:《实践理性批判》,韩水法译,商务印书馆 1999 年版。

362.[德]罗哲海:《轴心时期的儒家伦理》,陈咏明、瞿德瑞译,大象山版社 2009 年版。

363.[德]鲍吾刚:《中国人的幸福观》,严蓓雯、韩雪临、吴德祖译,江苏人民出版社 2009 年版。

364.[德]阿尔伯特·史怀哲:《中国思想史》,常暄译,社会科学文献出版社 2009 年版。

365.[法]孙骊:《朱元璋的政权及统治哲学》,莫旭强译,吉林出版集团股份有限公司 2018 年版。

366.[荷兰]斯宾诺莎:《伦理学》,贺麟译,商务印书馆 1983 年版。

367.[加拿大]贝淡宁:《中国新儒家》,吴万伟译,徐志跃校,上海三联书店 2010 年版。

368.[加拿大]卜正民:《哈佛中国史》,王兴亮、李磊等译,中信出版社 2016 年版。

369.[美]安·兰德:《自私的德性》,焦晓菊译,华夏出版社 2007 年版。

370.[美]包弼德:《历史上的理学》,[新加坡]王昌伟译,浙江大学出版社 2012 年版。

371.[美]本杰明·史华兹:《古代中国的思想世界》,程钢译,江苏人民出版社 2014 年版。

372.[美]牟复礼:《中国思想之渊源》,王重阳译,北京大学出版社 2016 年版。

373.[美]倪德卫:《章学诚的生平与思想》,杨立华译,江苏人民出版社 2007 年版。

374.[美]狄百瑞:《儒家的困境》,黄水婴译,北京大学出版社 2009 年版。

375.[美]狄百瑞:《亚洲价值与人权:儒家社群主义的视角》,伊钛译,社会科学文献出版社 2012 年版。

376.[美]约翰·罗尔斯:《正义论》,何怀宏、何包钢、廖申白译,中国社会科学出版社 1988 年版。

377.[美]约瑟夫·列文森:《儒教中国及其现代命运》,郑大华、任菁译,广西师范大学出版社 2009 年版。

378.[美]约瑟夫·克罗波西,列奥·施特劳斯:《政治学史》,李洪润等译,法律出版社 2012 年版。

379.[日本]岛田虔次:《中国思想史研究》,邓红译,上海古籍出版社 2009 年版。

380.[日本]岛田虔次:《中国近代思维的挫折》,甘万萍译,江苏人民出版社 2008。

381.[日本]沟口雄三:《中国前近代思想的演变》,中华书局 1997 年版。

382.[日本]宫本一夫等:《讲谈社·中国的历史:全 10 册》,高莹莹等译,广西师范大学出版社 2014 年版。

383.[日本]土田健次郎:《道学之形成》,朱刚译,上海古籍出版社 2010 年版.

384.[日本]武内义雄:《中国思想简史》,汪馥泉译,北京联合出版公司 2018 年版。

385.[英]休谟:《人性论》,关文运 译,商务印书馆 1980 年版。

386.[英]塞谬尔·E·芬纳:《统治史》(修订版),王震、马百亮译,华东师范大学出版社 2015 年版。

387.[智利]达里奥·萨拉斯·松梅尔:《21 世纪道德观》,王再励译,知识出版社 2006 年版。

五、论文类(按作者姓氏音序排列)

1.卜师霞:《孔子忠恕思想的内涵》,《孔子研究》2007 年第 5 期。

2.董平:《孔子的"一贯之道"与心身秩序建构》,《孔子研究》2015 年第 5 期。

3.范鹏、白奚:《"礼"、"忠"、"孝"的现代诠释》,《孔子研究》1997 年第 4 期。

4.范正宇:《"忠"观点溯源》,《社会科学辑刊》1992 年第 5 期。

5.郝虹:《东汉儒家忠君观念的强化》,《孔子研究》2000 年第 3 期。

6.李奇:《论孝与忠的社会基础》,《孔子研究》1990 年第 4 期。

7.李甦平:《中日早期儒学"忠"范畴比较》,《孔子研究》1991 年第 4 期。

8.李好:《论忠诚之为政治伦理美德》,《道德与文明》2008 年第 3 期。

9.李鹏:《士人传统与立命安身——鲍照与刘宋忠孝观念的离合》,《孔子研究》2010 年第 3 期。

10.刘学智:《朱熹"中和新说"与关学关系探微》,《哲学研究》2015 年第 12 期。

11.葛荃、鲁锦寰:《论王权主义是一种极权主义——对中国传统政治文化的一种解读》,《山东大学学报》(哲学社会科学版)2003 年第 4 期。

12.葛荃:《政治主体思维的缺失与重构——关于建构当代中国政治哲学的一个思路》.《中国人民大学学报》2003 年第 5 期。

13.葛荃:《传统儒学的政治价值结构与中国社会转型析论》,《山东大学学报》(哲学社会科学版)2007 年第 6 期。

14.葛荃:《传统中国的政治合法性思想析论——兼及恩宠政治文化性格》,《文史哲》2009 年第 6 期。

15.葛荃:《论传统中国"道"的宰制——兼及"循道"政治思维定式》,《政治学研究》2011 年第 1 期。

16.欧阳辉纯:《论儒家忠孝的统一与冲突》,《道德与文明》2013 年第 5 期。

17.欧阳辉纯:《从自然意志到伦理秩序——墨子的政治伦理及其价值审视》,《道德与文明》2016 年第 4 期。

18.欧阳辉纯:《儒家"三纲"伦理的现代反思》,《孔子研究》2015 年第 1 期。

19.欧阳辉纯:《论王阳明的民族观》,《孔子研究》2016 年第 2 期。

20.欧阳辉纯:《论"忠"的道德内涵》,《齐鲁学刊》2013 年第 3 期。

21.欧阳辉纯:《论王阳明的圣人观》,《齐鲁学刊》2016 年第 1 期。

22.欧阳辉纯:《论王阳明心学之"心"的伦理内蕴及其现代价值》,《宁夏社会科学》2016 年第 2 期。

23.欧阳辉纯:《论中国共产党对传统道德文化的使命——以儒家道德文化为中心》,《桂海论丛》2017 年第 1 期。

24.欧阳辉纯:《天志、兼爱和明鬼——墨子自然观的价值构建与审视》,《自然辩证法研究》2016 年第 6 期。

25.欧阳辉纯:《从"无极而太极"的自然意志到伦理秩序———周敦颐自然观的价值构建与审视》《自然辩证法研究》2017 年第 3 期。

26.欧阳辉纯:《论先秦"儒"的道德意象与"儒家"道德体系的创建及传播——以孔子为中心的中国伦理思想史的考察》,《思想理论战线》2022 年第 3 期。

27.欧阳辉纯:《论先秦中华民族的文化认同与文化自觉》,《思想理论战线》2023 年第 2 期。

28.钱逊:《对"夫子之道,忠恕而已矣"的理解》,《中国哲学史》2005 年第 1 期。

29.曲德来:《"忠"观点先秦演变考》,《社会科学辑刊》2005 年第 3 期。

30.王国良:《从忠君到天下为公——儒家君臣关系论的演变》,《孔子研究》2000 年第 5 期。

31.王长坤、张波:《从"曲忠维"到"移孝作忠"——先秦儒家孝忠观念考》,《管子学刊》2010 年第 1 期。

32.王成、裴植:《〈管子〉忠思想研究》,《管子学刊》2007 年第 3 期。

33.肖群忠:《论"忠"及其现代意义》,《西北师大学报》(社会科学版) 1990 年第 6 期。

34.邢培顺:《孔子"忠恕"思想发微》,《管子学刊》2009 年第 3 期。

35.阎长贵:《必须坚决摒弃封建道德——从忠孝谈起》,《哲学研究》1963年第6期。

36.姚润月:《忠的观念与近代中国民族主义》,《学海》2010年第4期。

37.张锡勤、桑东辉:《中国传统忠德研究的几个热点问题》,《伦理学研究》2015年第1期。

38.张继军:《先秦"忠"观点产生及其演化》,《求是学刊》2009年第2期。

39.张善城:《评忠君道德》,《哲学研究》1980年第9期。

40.张晓松:《"移孝作忠"——《孝经》思想的继承、发展及影响》,《孔子研究》2006年第6期。

41.章涛:《试谈忠怒之道的认识方法意义》,《道德与文明》1985年第1期。

42.周俊武:《论曾国藩的忠孝观》,《伦理学研究》2004年第3期。

43.左高山:《论"忠"与"信"的政治伦理意蕴与当代转换》,《伦理学研究》2004年第5期。

后　记

　　《儒家忠德思想与实践研究》的完成,既充满喜悦,又充满无奈。喜悦的是:在写作过程中,感觉自己的水平又有所精进和提高,这对于痴迷于学术的研究者来说,是一件值得庆贺的事。我生性庸昧,侥幸忝列杏坛,教书育人,立德树人,从事"为天地立心,为生民立命,为往圣继绝学,为万世开太平"的学术事业,这对于我来说,是今生的志趣和爱好。我喜欢学术写作,因为在写作中,完全能感受到生命存在的意义和价值。能够在书写中感受古代圣贤的喜怒哀乐悲欢离合,这对我认识和感受人性的真善美,又多了一条路径。从这个意义上说,我可以将笛卡尔的一句名言"我思故我在"改成"我写故我在"的写作体验。或者,我感觉,在写作中我就是一个有价值的符号,所以,我写作,我快乐。

　　本书的完成又让我感受到无限的无奈。我几乎每周周一到周五都要早起去送小孩上学,而偏偏我又有睡懒觉的习惯。陈寅恪说,一个人要想学问做得好,就一定要睡眠充足。可是,喜欢学问的人,往往又有一个通病:晚上不睡,早上不起。我就属于这一类。所以,早起对我来说,是一种思想负担。但是,在现实生活中,又不得不早起。不仅如此,我每天还要完成成人基本的日常工作,洗衣拖地、购菜做饭等。有时候刚刚进入写作状态,写作灵感来临的时候,又恰好是需要去接小孩回家的时间。等我接小孩回家之后,刚刚跑来的学术灵感,就荡然无存了。有时候看着时间在洗衣洗裤中溜走,心里顿生慌乱,因为担心溜走的时间无法追回,而自己又在时间的流淌中冉冉变老。这样一惊一乍的感受,又不断地消磨掉我的学术激情和学术浪漫。

如果说宋明哲学家说的"担水砍柴,无非妙道""穿衣吃饭即是人伦物理"是道德真理,那我也应该能够感受到"洗衣洗裤接送小孩读书即是人伦生活"。可是,实话实说,我感受到的不是人伦物理,而是生活的沉重压力。当然,如果说从日常繁琐人伦生活中,我全然感受不到一丝的人伦快乐和欣慰,那是一种不诚实的感受。但是,如果我说全然感受到的是人伦烦恼与痛苦,那也是一种对生活的诬陷。所以,越是这样的快乐并痛苦着,痛苦并快乐着的感受,就越使得我又不得不进一步去追寻圣贤的心境:去追求"一箪食,一瓢饮,在陋巷,人不堪其忧,回也不改其乐"的孔颜乐处;去提升"富贵不能淫,威武不能屈,贫穷不能移"的浩然之气;去体悟"己所不欲,勿施于人"的道德心境……

但是,人终究不能脱离历史语境去过一种超历史的生活。儒家最大的魅力之一,就是告诉人们,圣贤的气象不在红尘之外,而是在滚滚红尘之中。"身游乎蓬岛方壶之间,道沂乎伊洛洙泗之澨",这体现了儒家的一种心境。"喜怒哀乐,忧乐取予,有其度","养其心志,约其形体",这也是儒家伦理经久不衰的奥秘所在。如果我们抽空现在的所有儒家思想,那么,我们的大脑或许就是一片空白。那将会呈现一种怎样的可怕的人伦关系和人伦道德,所以,对于儒家思想包括儒家伦理,我们应该带有一种温情和敬意,去回到历史语境中,去感受和理解儒家的所思、所感、所想。否则,我们就容易带着现代人的傲慢去审视古人留给我们的只言片语。当我读到《论语》子夏说的"博学而笃志,切问而近思,仁在其中矣"这句话的时候,我之前无法抽象地理解什么是"仁",这个时候突然就豁然开朗了。子夏的话启发我对"仁"在何处的理解。仁,在博学之中;在笃志之中,即实践之中;在切问之中,即在对未知知识的探索之中;在近思之中,即在我对时效性问题的思考之中。于是,我就忽然顿悟,原来"博学""笃志""切问""近思"等都是"仁",那么,我沉醉古籍,喜欢学术,痴迷写作,喜欢探索未知的道德问题等,或者这就是在追寻"仁"的意蕴。

明代大儒方孝孺说:"学者汩于名势之慕,利禄之诱,内无所养,外无所约,而人之成德者难矣。"因此,如果要想取得一点学术成绩,就不应该为名利所累,"潜心静虑,验其所得","本末兼举,细大弗遗",这样才能做到"离析于一丝,而会归于大道"。正是因为有对"仁"的追寻,所以,在多年以前,我就立志决定今生把学术研究,尤其是把中国伦理思想史和中国哲学史的研究,作为自己终生的职业追求,以祈求将来能在这个领域取得很好的成绩。因此,我是十分认真面对每一篇论文的约稿,每一篇论文的审稿和每一部专著的出版。对于儒家忠德的研究,我本人也算是用力良多,但是由于本人学力肤浅,学识浅薄,很多方面在论述的时候难免会挂一漏万。这需要读者的谅解,更需要读者的批评指正,以便使我不断精进和提高。

感恩每一位关心和支持我学术研究和写作的家人、道友和朋友们!各位的大恩我铭记于心,但我又无以为报,除了努力研究和写作之外,也只有努力研究和写作了!

欧阳辉纯　谨识

2023 年 5 月 15 日

于湖南永州冷水滩区石溪江畔岭口潇湘草堂

责任编辑:柴晨清

封面设计:石笑梦

版式设计:胡欣欣

图书在版编目(CIP)数据

儒家忠德思想与实践研究/欧阳辉纯 著. —北京:人民出版社,2023.11

ISBN 978－7－01－026150－8

I.①儒… II.①欧… III.①儒家-哲学思想-研究 IV.①R222.05

中国国家版本馆 CIP 数据核字(2023)第 236044 号

儒家忠德思想与实践研究

RUJIA ZHONGDE SIXIANG YU SHIJIAN YANJIU

欧阳辉纯   著

人民出版社 出版发行

(100706 北京市东城区隆福寺街 99 号)

北京九州迅驰传媒文化有限公司印刷   新华书店经销

2023 年 11 月第 1 版   2023 年 11 月北京第 1 次印刷

开本:710 毫米×1000 毫米 1/16   印张:21

字数:320 千字

ISBN 978－7－01－026150－8   定价:79.00 元

邮购地址 100706   北京市东城区隆福寺街 99 号

人民东方图书销售中心   电话 (010)65250042   65289539

版权所有·侵权必究

凡购买本社图书,如有印制质量问题,我社负责调换。

服务电话:(010)65250042